U0741884

悟义 著

文匯出版社

图书在版编目(CIP)数据

莲花太极:全2册/悟义著.—上海:文汇出版社,2016.10
ISBN 978-7-5496-1887-3

Ⅰ.①莲… Ⅱ.①悟… Ⅲ.①禅宗-中国-通俗读物
Ⅳ.①B946.5-49

中国版本图书馆CIP数据核字(2017)第055804号

莲花太极 上册

著　　者 / 悟义
插　　画 / 雪山静岩
责任编辑 / 戴铮
特约编辑 / 灵和　灵禧
策　　划 / 茶密学堂
装帧设计 / 天月

出 版 人 / 桂国强

出版发行 / 文匯出版社
上海市威海路755号
(邮政编码200041)
经　　销 / 全国新华书店
印刷装订 / 江苏省启东市人民印刷有限公司
版　　次 / 2017年5月第1版
印　　次 / 2017年5月第1次印刷
开　　本 / 787×1092 1/16
字　　数 / 200千字
印　　张 / 19.5
印　　数 / 1-5000
书　　号 / ISBN 978-7-5496-1887-3
定　　价 / 120.00元(上、下册)

本书经上海民族和宗教事务委员会审定

中國禪

創始人惠能大師在壇經中
不斷強調禪者修行的
根本在于定慧等持即
明心見性需要修者
智慧禪定平等和諧
相應不二
後學者通常根据參究
壇經等禪門語錄增長智慧
那么禪定功夫呢

雪山靜者合掌頂禮

禅者悟义

主要著作

禅养生系列:《茶密人生》《茶密功夫》

禅文化系列:《茶密禅心》《禅者的秘密·饮食》《禅者的秘密·禅茶》

禅与生命系列:《本能》《生存》《禅》

禅修系列:《莲花导引》《莲花太极》上、下册《禅舍》《五心修养》

禅艺系列:《雪山静岩不二禅画释义》《不二禅颂》

禅法系列:《中国禅》《至宝坛经》上、下册

禅画美学系列:《高明中庸　修身为本》

"中国禅"讲座系列:《禅问》

"北大、复旦生活禅智慧"讲座光盘

目录

智慧篇

第三品:莲花太极的核心思想——般若空性

第四品:生命太极与佛法“四大”说法的相关性

弘揚
茶禪
修養
利益
世界
衆生

白衣小珠傳承惠能馬祖兩師心心相印

雪山靜岩

前 言

萧萧梧叶落不尽，飒飒秋风云起时。转眼到了金秋时节，我言秋日天高远，晴空一鹤翻云飞。

今日是重阳，余偕一众同伴共登长白圣山，我等于山中赞赏着阳光下山顶沐浴的金色霞光，赞叹着山峰上腾腾翻滚的簇簇灵气，感受着树枝上的黄叶随着山风起伏，飘向远方……

这明媚的、丰饶的、动人的、雄浑的、丰富的秋天啊！在这收获的季节，孕育和撰写了三年多的《莲花太极》终于封笔了。

和之前所有的书稿完成时的喜悦心情一样，这种心情如同怀胎十月，终于见到孩子降生时，母亲心中的欢喜和满足。

本书从构思到拍摄光碟再至动笔完稿，经历了三年多时间，对于笔者来说，算是准备时间最长、写作时间最久的一本书了，其中迂回曲折之心路不可言喻。

至今，笔者已完成了二十本关于“中国禅”修养书籍的创作。这些书角度不同，涉及面广，这里简单介绍一下各书之间的关系。

笔者先从通俗易懂的“养生”入手，从自身修习“中国禅”后不可思议的色身转化开始，撰写了《茶密人生》《茶密功夫》。

其次，撰写“禅文化”系列，至今完成了《茶密禅心》《禅者的秘密·饮食》《禅者的秘密·禅茶》三本，逐渐梳理“中国禅”文化脉络。

再后，撰写“禅与生命”系列，至今完成了《本能》《生存》《禅》三书，从生命科学角度，阐解生理、心理、物理、中西医等现代自然、社会科学各方面与禅的微妙关系。

其后，撰写《雪山静岩禅画释义》《不二禅颂释义》。介绍恩师雪山静岩博士的“不二禅艺”修养法。艺术修养是“中国禅”修养不可或缺的部分，亦是直指人心的手指。

而后，撰写《中国禅》，梳理“中国禅”法脉及人脉，为便于读者记忆和理解，还精心编制了大量禅门图表；后，将于学堂为学生们讲述的《六祖坛经》讲座实录，编著成《至宝坛经》上、下册，对禅门至宝《六祖坛经》予以详尽阐述。

随后，撰写“禅画美学”系列，目前完成《高明中庸 修身为本》一书，从《中庸》入手，以独特视角解读何为“中”“和”“庸”？何为人道精神？何为禅儒不二？

其间，辑录三次“中国禅”讲座现场师生三十六问答，成《禅问》。全书问在答中，理趣含密，无前无后，任取一页，当有所会。

在创作这些书籍的同时，笔者一直在构思如何能帮助现代禅修者提高修身功夫，定慧等持的人方为禅者，笔者整理出一些帮助修炼法，分别为

《莲花太极》和辅助太极运气的《莲花导引》。

目前，亦将有《禅舍》《五心修养》付梓，丰富“禅修”系列：《禅舍》似言房舍，实论“舍”之法，居“舍”禅修，由“舍”契禅；《五心修养》是针对现代人的身心失衡，“中国禅”修养适时广演三级修养法，其中“六根清净”普及法，帮忙身心平衡，学子可实证如何唤醒生命。

“禅”弘开于印度，东传至中土。然佛所传之法，无论显、密皆有据可查，皆有典籍可考，唯“禅”一门，并无文字所能据考，如强以“灵山法会，拈花微笑”为“禅”之开端，终有疑问，不能尽解。

再有天竺二十八祖，以及达摩初祖东来，其中事迹幽冥，实留阙疑。故，上述渊源，被后世称之为“如来禅”。

又，“中国禅”亦被后世称为“祖师禅”，此又为何？概因六祖惠能结合诸法，终于创始中华本土之“中国禅”。此后禅门皆以《六祖法宝坛经》印心，并未以其他佛经为依立门。

再后禅门肇兴于马祖、石头二师，方有唐、五代、宋时的一花五叶，五家七宗之兴盛。

唐宋之际，祖师林立，诸师见地超越，随机说法，应用无方，行相非关文字，行事不重律制。诸师彼此论道，言语平实，浅出深入，不落言诠，能使学人不教而得，豁开灵镜，可谓“但莫憎爱，洞然明白”。

诸师咸为出世入世不二之大善知识，理事并行，不滞不留，“实际理地，不著一尘。万行门中，不舍一法”。言谈举止、行住坐卧皆能自性起用，于生活中处处阐发新意，有时不离古怪幽默，倒行逆施；有时棒喝雷霆，电闪雷鸣;有时机锋转语,曲径通幽……吃饭困眠无处不“禅”,可谓不离凡夫事,却无凡夫心。

唐宋之际,天竺佛法式微,中土禅门大兴,以至于凡言“禅”者,皆本曹溪。此时,经由中国化后的“中国禅”,被日、韩遣唐使、遣宋使,带回本国,于东瀛、朝鲜扎根发芽,这些都是不容置疑的历史事实。

《莲花太极》与《至宝坛经》本是定慧不二关系。《莲花太极》旨在助修者提高禅定功夫,定是光源,《至宝坛经》乃是明亮照人之慧光。

定是慧体,慧是定用,对生命来说,这是身、心不二关系;对世间来说,这是物我不二关系;对人间来说,这是自、他不二关系;对出世来说,这是凡、圣不二关系。《至宝坛经》和《莲花太极》是“中国禅”修者鸟之双翼,不可偏废。

笔者此二十书,内含了多条进入“中国禅”修养的途径:禅文化、禅养生、禅与生命、禅门经典、禅艺、禅画美学、禅修等。

可以说,《至宝坛经》的智慧能量能帮助禅修者契合不可说、不可说的不生不灭的清净本性,而《莲花太极》的功夫能量则能帮助禅修者转化无常生灭的生命健康。

生命健康中,身是心的反射体,由于身是无常生灭的,故需要时刻净化。凡不能及时代谢、排出人体的皆可称之为“毒”,我们通过“莲花太极”八法的修炼,增进修者体内脏腑、心肺、消化、代谢、排毒、免疫、循环、神经等功能的提高、修复和净化。

六祖惠能大师曰:人人皆有佛性。现代修者需信、愿、行并举,也就是见地、修证和行愿不离。禅者如能忍辱精进，不忘初心，在痛并快乐的禅修过程中，一定能心契佛、菩萨、祖师、圣贤们的太极法界能量。

不过，“中国禅”本是妙趣横生，真证难言，动念已乖，况立文字？笔者动笔撰写文字实落有为，本属无奈之举。然，不立文字，何以显“禅”之意？仅靠文字，岂能明“禅”之心？

“禅心”如云似水，无常无不常，谁又能用笔描绘出真正的云、水呢？诸位大德，如想真正心契禅法，必重在实证实修，文字、修法、语录皆乃是指月之手，非“中国禅”本身，读者万勿以文为禅，误陷“文字”之迷障。至读者切实体悟后，方知“一月普现一切水，一切水月一月摄”实乃真实不虚。

感恩“中国禅”各位祖师、各位太极先师！

感恩智慧导师楼宇烈先生！

感恩恩师雪山静岩博士！

感恩各位一路同行的善知识！

感恩一切相遇、一切有缘、一切发生！

昭義

敬写于长白圣山

二零一五年 九九重阳日

二零一七年三月修改

蓮花精舍

第一品 何为『莲花太极』

本书名为“莲花太极”，许多读者一见到“太极”这个名字，通常会联想到“太极拳”，因此我们首先来解释一下何为“莲花太极”。

莲花

这里首先涉及：“莲花”和“太极”两个名称。在解释这两个名称前，我们要清楚，“名可名，非常名”，我们虽然离不开“名”，在应用的过程中也必须解释“名”的含义，但凡“名”者，皆为假名，人先立名，再为此“名”立说、推行、宣传，这本是方便法。“名”本是末，有暂时的、无常的属性，故此，禅者如果抱着某个“名”，某个“名”传之“位”以为其法之根本的，是自欺欺人。“法”的根本是无自性的，应机而化，缘起而立，缘散则消。

明知“名”为假名，但人活在世间，需要互相沟通，互相理解，传播、交换都需要语言、文字，都需要假定一些名称。从根本上说，真理是有局限性的，是语言、文字无法说究竟的。理解了这一点，我们就不会住在某个“名”之相上了，只要读者不着相，我们也就可以一起讨论“莲花”、“太极”的意义了。

首先什么是“中国禅”的“莲花”呢？

几乎每位亲近佛法的人士都知道莲花是佛花。

佛、菩萨们示众时，常常端坐莲花台；至于禅门祖师说法，说至精妙处，我们称之为“口吐莲花”或“天花乱坠”，那是不是真的嘴里吐出一朵莲花呢？尽管佛经上记录过确有此事，但笔者认为，如果学人心中并无相应妙法，还是烦乱时，佛、菩萨们口吐莲花、天花乱坠的法相，是凡夫所不能见的，因为看不见所以他们不信。心地法眼能见道，如果心地清净的修者，常常于听法时感觉眼前金星闪烁，或感觉眉心处有一深邃的通道等等，这在凡夫听来，也当作是胡说八道。

“莲花”因其清净、纯洁，被寓为佛、菩萨的极乐净土，祖师们说法至精妙处，学人心中当即开出了永不败落的自性莲花，这个清净的当下便是“莲花净土”……

在“中国禅”的修法体系中，“莲花”还有更多内涵。

“莲花”可指修者本人，其自性如“莲花”一般清净，如能在淤泥一样复杂、纷乱的社会环境中，保持独立的思想，不改自利利他之初心，此禅心即“莲花心”。

相对“莲花”寓意为“人”来说，“太极”在“中国禅”中寓意为“法”。“太极”指的是宇宙法界中无形万形、如来如去、不生不灭的般若性空之“法”。

《维摩诘经》“佛道品”中，维摩大士偈曰：“示受于五欲，亦复现行禅，令魔心愦乱，不能得其便。火中生莲华，是可谓希有，在欲而行禅，希有亦如是。”“莲花太极”正是契合了维摩大士的不二精神：修者的功夫智慧是在五欲中修行成就的；修者是在世间觉悟的；莲花净土是在淤泥中建立的，如果需要逃离现实社会的苦海，脱离有局限的肉体去追求什么遁世的修行，以离开人世间即身成仙为修行目标，这些不属于“中国禅”的修行。

维摩大士明言：“若菩萨行于非道，是为通达佛道。”从这里可以看出，禅者不逃避现实，不逃避责任，不畏惧困难，修禅不是顺道而行，而是明知山有虎，偏向虎山行，所以修者不要认为多做些好人好事叫修禅；打坐、念佛、吃素、抄经、放生叫修禅，这些是对“禅”的庸俗化误解。

禅者表面上看起来和常人无异，绝不会满口禅言禅语，举止佛里佛气。禅者是了悟宇宙实相，乃以“平常心是道，本分事接人”的普通人。由于其心包太虚，气吞寰宇，以内心无量广大而不会斤斤计较俗世人事，禅者是质朴的，对众生柔情似水，对外境不动如山。一般人很难理解：怎么样才可以做到平常心？如何行本分事？如何能无畏、无忧、无虑、无我？不仅一般人难以理解，其实就是许多修行了许久的人，也常常难以理解，为什么禅者的人生能如此自在？

其实，一切自在都是建立在高度自律的基础上的，禅者的这种自律《坛经》中称之为“心戒”，或“无相戒”。这就像卫星飞入太空，必然要先经历一段前途未卜，层层剥离的惊险而痛苦的过程。禅者在经受了极其严谨的忍辱精进和无常的修行后，才有机会像卫星一样最终冲破大气层，摆脱地球引力的束缚，从而得到人生的究竟从容和自在。

但要注意，这种自在也是在既定轨道里的，这个轨道就是刚才提到的看不见的“心戒”、“无相戒”。禅者因为超越了“戒之相”，而持“戒之体”，故此能于行禅之时不受“相”的局限，随机应变，乃至最后火中生莲，功德不可思议。

禅门祖师常说，有的人修行见地已经可以入道，但尚未能入魔，这还不究竟。一般人包括许多修行人听了，觉得难以理解，为什么修行还要入魔呢？因为魔力是倒行逆施的，反力常常比道力更强大。仅可以入佛尚不能入魔者，其见地仍然停留在“二见”中，顺着来挺好的，但一遇魔境就背转了，慌张了，恐惧了，不知所措了。

如笔者在《中国禅》一书中提及的如持世菩萨这样的大菩萨，见到魔王波旬时依然不能辨识，并且心生慌乱。再如《茶密禅心》里须菩提尊者乞食至维摩大士家时，听到大士一番讥讽后的惊恐不安，大脑一片空白，我们想想连这些大修行者遇魔境时尚无法保持平静，何况普通人？人很难实现自我突破，以为自己平时心如止水时就真的如止水吗？多数是自以为是，只要您心里还有个善恶、是非、对错、正邪、高下、道魔的分别在，还有执著在，遇到魔境时就必然会慌乱恐惧。

许多菩萨、禅者在世间的示相是魔相，为的是用逆法济众。《华严经》中善财童子参访的善知识里，有一位皇帝，他本是菩萨化身，却现出个杀人狂魔相。善财童子见他杀人如麻惊恐不已，那皇帝却对童子笑说自己在用清凉度人，不信的话可以跳入他的火坑试试，童子不敢跳，却听到空中有菩萨出声鼓励他跳，童子只好咬牙纵身跳入火坑，结果真的是清凉地。

《华严经》中善财童子五十三参，示现善人相的菩萨有几位？大多数菩萨都是显外道相，或魔王、或妓女，这不就是“行于非道而通达佛道”吗？但是不是所有的魔王都是菩萨呢？这就需要您的智慧来分别了。

千万不要以为“一切都是最好的安排”，这种观点属于心灵鸡汤。如果一切顺其安排，这是典型的宿命论。何为“生命”？“生”的特性是不断成长，“命”的特性是可转、可化。反过来说，如果什么都是定论，都是最好的安排，人就容易认命，被动地听从命运的安排，而失去了主动性、成长性。而如果失去了可转可化的特性，这种“命”便是“死命”、“定命”、“宿命”，都是最好的安排，还要努力修行做什么？顺境、逆境一概欢喜接受呗！这不是随缘自在，而是得过且过。

没有智慧分别的人，如果长期喝各种心灵鸡汤，就变成了心灵毒汤，对人生有百害而无一利。成天纠缠在各种宿命论、因果论等定论里，被扭曲的价值观引领，想着反正一切自有老天安排，所以要“顺其自然”，这种已有结论的被动人生还有何积极意义可言？

菩萨济度众生，不是您送些钱财，保佑您升官发财、人丁兴旺的，而是教化众生脱离愚痴苦海，得到究竟智慧。故此，才有时行顺法，有时行逆法，就如同临济、普化这一双大禅师，一位上堂每日顺法教导，苦口婆心，另一位则嬉笑怒骂，成天不走寻常路，无论顺逆皆是屠夫手段，菩萨心肠，两位禅师一唱一和为的是指引迷途众生离苦得乐。其实行逆法比顺法更难，能有大力不离世俗、不厌世俗、不顺世俗、倒转乾坤者，当须有万夫不挡之勇、粉身碎骨之愿、百折不挠之信、不为境转之力、虚怀若谷之量、通达方便万行，此方为禅门大丈夫本色。

有些修行人，只会用神秘仪式、庄严法相来摄众，可是这样接引众生的效果往往事与愿违，开始时他自己还明白神秘、庄严只是暂时的方便，但结果往往是受众在此引领下，变得更加迷信。而这些用惯了神秘、庄严仪式相摄众的人，时间长了，会忘了什么是方便法，会不知不觉地在受众的崇拜中，徒增“增上慢”，自以为自己就是菩萨，就是神了。名利心一旦养成，便很难消除，如此便在名、利的诱惑下，愈发贪执于外相，不愿做笨功夫实修了。佛法乃求真之法，乃教化之法，是离不开实证实修之法，而名利愈大者，能真修者愈少。如果修者显庄严相的目的，不免为服务自己的世俗功利心，此时其无论显相多么虔诚、地位多么高贵、武功多么深厚，讲经多么卖力，可惜的是，各种行为下包藏的是一颗自私的心……那么，一切神秘和庄严都只是被精心包装的舞台，我们要明白，在舞台上的，只是精彩的演出。

还有些实修的人，一谈到修行，就习惯想逃离繁杂的现实环境，找个深山无人处，图个安静自修。其实有这种心修行修的已不是大乘佛法了。禅门古德云：“不是菩萨不住山，没有见性不闭关。”为什么呢？能有资格住山说法的禅者，都是得到本师印证、于禅门得法之人。什么是“印证”？便是能荷担先师之法、继续禅门慧命、薪传无尽灯者。本师常会在一众弟子中择其根器、功德、智慧、功夫皆堪为龙象者，授受本门师法。如百丈禅师谈到授受弟子时曰：“见与师齐，减师半德，见过于师，方堪传授。”历来禅门，弟子得法后，皆复依止本师，多有数年，或十数年，执侍作役，并非一悟之后，便能究竟的。

即使六祖无法随侍五祖身边，也入山一十五载，自应机随缘。何为印证？即师徒间的心心相印。本师是过来人，手眼通明，弟子心念不待言喻，一看便知。得法时乃以师之心，印弟子之心，如印印泥，印去影存，影子中并无印泥之痕迹，此为“印证”。

自然界里，亦是如此，种子发芽后，种子就消失了，花朵开放时，花蕾就消失了，果子结成后，花朵就不见了，自然界物性如此，法性亦如此。生命就在这些交替循环中传递、成长，这就是“薪传”。通常弟子见性后，本师会安排其闭关，闭关是其涨功的过程，闭关后要入世行脚，闭关是自利，行脚是利他。佛陀当年为何带领僧团每日乞食？便是不能断了和众生的联系，乞食是联系，收受众生供养，回向殊胜智慧，这就是慈悲。见了性的禅者不会厌世、弃俗、退转、傲慢，禅者的慧命乃是顺应世间，度导迷众，不是个“自了汉”。

禅者顺应世间，在家修行其实比剃度出家修行更难，剃度出家者有个安静的修行空间，有特定的修行方法，不会受到家庭、事业的干扰，可是出家众往往难以理解世间法，一入红尘便容易迷在其中，这还是能入佛不能入魔。“中国禅”是生活禅，要修炼自己于平常生活中克己、伏魔的通天本事，修炼和世俗游戏玩耍的本领。人生如梦，人本应在梦中出入不二，结果常常是反被梦所缚，本来是玩玩具，结果却被玩具玩耍了，这就偏离初衷了。

禅法是佛法的密行，既是最快的，其实也是最难的，不过所谓“难”也是相对的，难者不会，会者不难。这个“难”难的是信心，禅法是适合有信心、有愿力的上上根器者，其思维、修法、行禅、密意、弘传、授受都有特别的方法。普通人由于缺乏独立思想，往往生不出来大信心和大愿心，故此难以理解。

不过禅法虽适合上上根器之人，正如《坛经》中六祖对张别驾所言："欲学无上菩提，不得轻于初学。下下人有上上智，上上人有没意智。若轻人，即有无量无边罪。"可见人的根器并无定论，一念成佛，一念成魔，故此修人切莫轻易给自己下结论。禅者修行甚深般若波罗蜜法，能于佛、魔之间来去自如，穿梭天堂、地狱上下其手，自心即是佛国净土，这种"人"，本身便是一朵无时、无刻不盛放的莲花。

每一位拥有"众生不度，誓不成佛"菩萨精神的人，就是这个世界上的活菩萨。这种人心系众生，脚踏实地，绝非成天在天上飞来飞去的所谓"神灵"；绝非装神弄鬼玩弄特异功能的"神人"；绝非弃绝喧闹红尘的"仙人"，而是在生活中不随波逐流的普通人。如马祖大师言："平常心是道，无造作，无是非，无取舍，无断常，无凡无圣。只今行住坐卧，应机接物，尽是道。"这就是返璞归真的活菩萨了，也就是禅者的平常心了。

《坛经》云："佛法在世间，不离世间觉。离世觅菩提，恰如求兔角。"有人说现在是末法时期，佛法已经没落了，这想法属于二见，佛法本是不生不灭之法，哪能局限于正法、像法、末法这些时间段呢？到处都有活菩萨的人间，哪一时不是正法时期呢？哪一地不是莲花净土呢？

法本无迹可循，法性如来如去，法相千变万化，法机无时不在……在不同的时间、地点、文化背景下，法的显现方式时时不同。因此，禅者在社会上行禅不仅是淤泥里生莲，还能火中生莲，火中如何生莲？在真空生妙有的定境里，禅者通身遍"暖"，这是"三昧真火"。"三昧"在"中国禅"即"定、慧、等"，此"三昧"中可生定光，有定光的修者周身时时温热如浸温泉，心中却空空如也，了无所得，此乃是“大定”，禅者常沐定光，便是火中生莲。

佛经中的“莲花”有五色：白、红、紫、黄、青，称为“五种天华”。其中“红莲”代表的是明诚慈悲的真心，这是禅者的初心。缺乏真诚心的人是没有真慈悲的，如果慈悲是可以用来避税，用来换取名利，这些行为是没有什么功德的。

“白莲”，因其纯洁稀有，称为“希有之华”，代表人人皆有的纯洁自性。“紫莲”中的紫是混合色，代表以出世之心行入世之事，于其中出入不二。“黄莲”的黄是土色，代表母性，也代表法布施的功德犹如阳光、大地对生命的滋养功德。老子曰：“生而不有，为而不恃，长而不宰，是谓不宰，是谓玄德。”“玄德”即是滋养万物的功德力。

“青莲”的青色在自然中代表生发的活力，也就是万物生长的动力，除此之外，“青”还有东方之意，东方即太阳升起之地，“青莲”因此被喻为自性之本体，能从中起用，生出万法。此外，青色还有清净之意，修行人如感应他人的修为能量，通常首先看眼，眼光是修者的神光，是心苗。大修行人的眼明眸似水，清亮清纯，佛经中称之为“莲眼”或“青目”。

通常情况下，修者平日里多数是半睁半闭眼，以养神光，而其全睁之时，即是放光摄心之际。如《维摩诘经》中长者子宝积赞颂佛曰：“目净修广如青莲”，佛的面相，双眼大而长，黑白分明、碧眼方瞳，这可不是西方人的蓝眼珠，而是如婴儿一样清净、如湖水一样透明的眼光。禅者唯有禅心无瑕，方能眼如“青莲”。

“莲花”还是百花中唯一能花、果、种并存的“花”，象征着禅者“法、报、化”三身同驻一身，应用变化，无一定之规。既能出淤泥而不染，也能离清波而不濯。出淤泥而不染之力有修养的人大多可以做到，而离清波而不濯就未必了。例如读书人恋书，世人恋名，修行人恋法等等，有几人能于清波之上，奋起而不恋？能入书易，能出书难；能成名易，能舍名难；能修行易，能不恋法难，当然还有那些功德福田、娇妻爱子、神通法力、成就名誉……这些是不是清波？故此，修行乃大丈夫事，非帝王将相即可为也。凡禅者，男中是丈夫，女中为豪杰。能不住染净、不滞善恶、不固成就，唯有入得了修行又出得了修行的人，入得了佛又入得了魔的人，可为“禅者”，禅心中会散发出挡不住的光芒万丈。

太极

说到“太极”，几乎每个人都会想到“太极拳”，这其实比较令人遗憾。

近代闻名于世的“太极拳”本是“太极功”的一种。“太极功”是历代先师用来显“太极”之道的功夫，非局限于“太极拳”一种。“太极功”法理深邃，源远流长，内容精奥，变化无穷，本是中国传统智慧的结晶，而非一人一门独创，亦非一朝一代之功。

由于近百年来“太极拳”大师频出，自明、清至民国，各位大师将这些蕴含“太极”玄理的拳法定名为“太极拳”，各人又根据不同的理解对拳法重点各有发挥，最后发展出以威猛的陈氏，绵长的杨氏为代表的“太极拳”名动天下。再往后，“太极拳”的发展从技击转向养生，其强身健体之效天下皆知，再以后更是演化出了各种“太极操”、“太极舞”、“太极音乐”，但又有几人能知“太极”的本意究竟为何?

自魏晋始，创立“太极功”的先师们，本意用功夫寓“太极”之玄理，契合“太极”之大道，炼“太极功”时需应物自然，身心俱超然物外方可。故，如不能心契“太极”大道者，则练的仅是拳脚功夫而已。

“太极”智慧直接影响了儒、道等中华文化的走向，《易纬乾凿度》和《列子》中均谈到太易、太始、太初、太素、太极这五个宇宙生成阶段说法。

笔者在《中国禅》一书中提及宋儒周敦颐在《太极图说》开篇就说：“无极而太极”，他认为太极是气，“太极”本于“无极”，“太极”的“有”产生于无极的“无”。故云:“无极而太极。太极动而生阳,动极而静,静而生阴,静极复动。一动一静,互为其根。分阴分阳,两仪立焉。”是故“二气交感,化生万物。万物生生,而变化无穷焉。”这是对太极、阴阳极详尽的阐述了。

但这里的“本于”、“生生”等概念不要理解为无极、太极在时间上有什么先后,这个先后指的是逻辑上的先后,如老子的“有生于无”一样,说的是宇宙本体论而非宇宙生成论。

怎么理解呢? 我们开篇就在强调“假名”,但是许多读者会忘了此理。例如我们明明知道没有日出、日落,却必须要用日出、日落这些名称来形容太阳在地球上的变化;再比如什么是白天和黑夜? 不过是太阳光被地球遮住的角度变化,遮或者不遮,太阳一直都在,我们习惯上假名被遮住时叫“黑夜”,可我们为什么不把树荫叫“黑地”? 不把洞穴叫“黑洞”呢? 对于某些动物来说,“黑夜”其实是“白天”,而我们的“白天”才是它的“黑夜”,黑、白本是相对的、有角度的,也就是“偏见”。

文字、语言都是相,是“相”就有观察的角度和论述的偏差,再比如梦里出现的奶奶、妈妈有年龄差异吗? 在梦里先后顺序出现的人物,真的有先后可言吗? 不过都是各种影子而已。太极本于无极,并不是有时间上的先后顺序,就像因、果是同时发生的一样,这在逻辑上说叫先后,在生成上看是同时。

许多人不理解老子的“一”,以为“一”是“无极”,是“宇宙起源”,其实不然。我们已经说过先后是逻辑上的说法,而老子的“道”不是逻辑,不是“思辨哲学体系”,“一”是阴阳和谐、平衡统一而又变化不已的“太极”。

"太极"里面,含有三个重要因素:阴、阳、非阴非阳。故老子说"三生万物",三者合一,就是"太极"。

除了三者合一的特性外,"太极"内含的阴、阳二气处于未发状态,一发一动即分出阴、阳二气,造化出万物,于是雄雌、刚柔、动静、显敛为之立;四时、四方物理场为之建;天地、日月、风雷、山泽"八象"为之显。

那什么是"一动分阴阳"呢?即原本处在平衡状态的"太极",一旦发"动",就必然有"动的方向",必有一偏。因此就不再平衡,不再完美,不再是圆满状态。

这就是说,世间万物都有其偏性,都是不完美的。例如任何食物和药物都有偏性,偏性越强的食物和药物,就越有疗效,就越稀有,但同时其毒性、危害性也是最强的。同样,不是建立在平等性上的任何学说、任何宗教都有"偏性",越是极端就越有对"异见"的打击和排斥。

而"太极"本是平衡、圆满的,可是一动便形成行为、思想,这便有了偏差,所以就有了所谓高低、上下、美丑、善恶的判断和各种价值和行为模式。故此,修炼"莲花太极"的修者要注意,禅门一切法、一切说须是从自性出,唯有在平等心、平等性下修炼"太极",才能脱开世俗"异见"之偏向性,真正契合到"莲花太极"的不二精神。

世间法,一动则分了阴阳,有了你我、有了偏弊,"好"与"不好"必然也同时生成。于是就对立起来,万物在阴阳对立中统一,消、长、转、化,在五行之相生相克中发生、发展,生生不息变化无穷。

常人于世间生存,知其生不知其所以生,知其灭不知其所以灭,于是终身处于浑浑噩噩、忙忙碌碌、不知所以、不明所以中无法自拔。您不能通过影子而观照本来，同样我们也很难通过浩瀚宇宙间的一切事物和现象，追溯出本源。一切现象都包含着“阴”和“阳”，以及“表”与“里”两面，是既对立又相互滋生依存的，这是物质世界的一般律，是众多事物生灭的由来，也是人类迷惑的根源。

修炼“莲花太极”的修者不是为了学习一些拳脚功夫，锻炼一下肌肉筋骨，而是为了契合天道，天道本是“损有余而补不足”，修者可于修中时时发现自心、自身、万事、万物的不足，之后“补偏救弊”，恢复天地人的“平衡”状态。因此，禅者修炼往往是“一手执药，一手执剑”，药是救己度人之甘露，剑是能打开心结之慧剑。

提到“太极”和“太极图”，宋朝大儒朱熹就无法跳过。中华文明之源是河图和洛书，在文字没有形成前，先人用图像和造型学的方法展现和流传出了中华文明之精要。可惜后人境界不够，没有充分理解河图、洛书的内涵，于是大学者朱熹决定要探个究竟。他请亦师亦友的蔡季通顺长江入蜀，帮自己找河图、洛书，没想到蔡季通历经千难万险后竟然真的找到了！

蔡季通给朱熹带回的两张图，即：四方五位图（河图）和八方九宫图（洛书），欣喜万分的朱老先生放在其大作《周易本义》的篇首。这两张图很像围棋的黑白子，图中有黑白两种圈点，它们按照某些方位的规定，以奇数和偶数分别组合。

不过朱熹直到死，也不知蔡季通在四川居然搞到了三张图，他隐藏了一张什么图，当时谁也不知道。直到元末明初，有个名为赵㧑谦的人在《六书本义》中显示了一幅“天地自然河图”，他自称此图是蔡季通从蜀地隐者陈伯敷那里得到的，为什么他的说法大家认为可信呢？因为图有“太极含阴阳，阴阳含八卦之妙”，这个图形非后人能创造出来，这图正是我们现在常见“太极阴阳图”的雏形。即一条盘旋的龙蛇，它的底色是黑红，后来才形成一黑一白相对的两条龙蛇，寓一阴一阳之意。明清时，被规范为我们现在熟悉的“太极图”。

河图的“河”许多人以为是指黄河，其实是银河，“太极图”中两条龙蛇扭结在一起形成一个“圆相”，好像银河系中的螺旋式旋转图，又像是台风中心的云图。河图的“太极”从浅义理解是整个天象围着北极星不停运转，从深义理解是整个宇宙围着某种能量而不停起伏。而龟自洛水中驮出来的“洛书”，书中的八角形浅义指北极星，深义指宇宙法界中被围绕在中心的这种能量，故此北极星不仅是某个特定的星体，北极星称“太一”。在古人看来漫天星斗，所有星宿都围着“太一”而动，故此，“太一”是中心，是“平衡点”、是“圆相”、是以“太极”为其消长、转化的运动方式的某种能量显现。

“太极”动而生出的阴、阳二气，代表一切事物的最基本对立面，自然界中有各种对立又相联的大自然现象，如天地、日月、昼夜、寒暑、男女、上下等，思想家们由此归纳出“阴阳”的概念，两者之间的种属关系是对立统一或矛盾关系的一种划分或细分，阴为寒，为暗，为聚，为实体化；阳为热，为光，为化，为气虚化，阴中有阳，阳中有阴，阴阳用来说明生命变化形式的“生、长、收、藏”，推动了生命过程的“生、长、化、收、藏”，形成周而复始的生命运动现象。老子云："冲气以为和"。"冲"是中国传统的精妙处，在儒家谓之"中庸仁和"；在禅门谓之"中道不二"，"冲"便是虚而不满，源远流长，绵绵不绝，川流不息，用"中"而不执一端乃无量众生相通之道。

三国时诸葛亮能"借东风"亦是熟知因"太极"运行变化之法则，可怜曹操花了八十万大军的代价，方入门，知晓事物本无定论。完美的生命体不盈不满，虚怀若谷，自然能顿挫坚钢，化解纷扰，道本无形，道本无名，强名曰"太极"、曰"至道"、曰"禅"，曰"莲花"、"太极"，皆已是"相"，"相"本不可执，更不可藉名言论证，故此，名、言只是求道的地图，非道本身。

阴阳是构成世界的基础，先师们不断地使用阴阳进行组合和再组合来契合世界万物的变化规律，而现代科学中的电脑二进制和阴、阳说也有相似的成分。假设"阴"表示"0"，"阳"表示"1"，数的二进制就好比是自然界的"阴"和"阳"，二进制的"0"和"1"在电脑里能够创造出一个虚拟的、纷繁的世界，自然界中的阴、阳能量好像也真实地造化出了我们纷繁复杂的"万有"和"万物"，创造出了这个世界，为什么说好像？就像电脑里的游戏人物无法分别自己是否真实存在一样，"人"是无法辨别同维度阴阳所造世界的真实性的。

不过自然界的"阴阳"和电脑的二进制仅仅有部分相似处而已，其不同点在于，阴、阳有着对立统一、此消彼长的灵活关系，两种能量不断地相互作用和影响，而电脑中的"0"和"1"只能机械地按照人类既定的条件来运行，不能体现现实世界阴、阳能量的灵便性，不能完全复制现实世界中阴、阳的特征和规律。这使得我们对"真实"世界的辨别会比电脑复杂太多。

当然，说电脑的二进制是机械性的，无法自然变化的说法也仅能代表过去，未来人工智能电脑、还有情感智能电脑将是发展的趋势，谁能预计到当有机生物体内含了电脑配件时，当电脑不再以机械状态存在，而变化成了您有情感、有思想的伙伴时，其还会是固定的机械定律吗？这些内含了计算机配件的人，以及人工智能机器人、还有情感智能机器人，会是未来世间中人的使用工具？还是人变成了它们的工具？越来越机器化的“人”和这些有情感、有智能的人形“机器”之间，是否对立？能否消长？如何转化？怎么交感？……

这好比妈妈生下了孩子，除了生命体共有的生理部分，妈妈其实并不了解自己的孩子，不知新生何时生成，不知其潜能，不知其业力，不知其思想，不知其精神状态等等。同样的道理，人活在地球上，对生存的社会、对生态环境、对自身文化、对生命本身又有多少了解呢？如果是以物质为主的“空心”人，漫无目的地“活着”的人，会有兴趣了解何为生命意义吗？

“太”有“至”之意，“极”乃“限”之义，“太极”就是极限，极限不仅是大，是可至大亦可至小，当然也有时、空极限之含义，放之弥六合，退之藏于心。管子云：“道在天地之间也，其大无外，其小无内。”今天我们借助天文望远镜可以有限地认识一下我们所处的这个“其大无外，其小无内”的宇宙，当我们观察到一万光年的星星时，映入我们眼帘的那束星光已经在茫茫宇宙间飞奔了上万年。换句话说，我们现在看到的仅仅是它一万年前的样子！进一步说，我们看到的是一万年前的过去！再进一步说，为什么见过去能知现在和未来呢？又有谁说过去不可见？星体见不到自己的过去，可我们却能见到！那么普通人见不到自己的过去，可有没有其他人能见到呢？如果过去可以见到，那么未来呢？我们的未来又是谁的过去呢？……

宇宙无穷无尽，时间和过去既然能停留光里，通过光"时"而达到"空"间。那么，在"宇"里的我们，就是一刹那，在"宙"中的我们，就是一微尘。如此，又有什么可以执著的过去、现在、未来呢？可以大于任意量即无量光、无量寿，也可以小于任意量，却不等于零的，即为"太极"。

我们人类这么微小的生命和无穷无尽、无量无限的"太极"之间究竟有什么契合点呢？汉代的河上公《老子章句》认为复归无极就是长生久视。生命只有与道相合，于法相应，时时不离莲花一样的清净自性便能长生久视。

道、禅、法是无限的、绝对的，地球出生前，天地开辟前，它已经存在，天地灭亡之际，它也不会消亡，不仅在时间、空间上它是无限的，在有形、无形之间，它也是无法琢磨的，故称之为"太极"。

第二品
『莲花太极』渊源

太极功法

我们上一章初步解释了"中国禅"中"莲花"以及"太极"的含义后，希望帮助读者摆脱"太极"等于"太极拳"的思维定式。

"太极"、"太极功"、"太极拳"都是中华民族群体智慧的结晶。"莲花太极"属于"太极功"，同样"太极拳"也属于"太极功"，各种"太极功"属于出世间的功夫，其创立的核心都在于以功法彰显"太极"之道，凡脱离了这个根本，追逐肌肉强健、养生养命、交际显摆、姿势美妙、比武搏击等等的，只是在世间法范围，更或者流于商业、养生、保健范围。"名"是假名，您可以叫，他也可以叫，修者如何区别呢？就是看有没有脱离核心根本。从禅的角度讲，一切法须从自性出，凡帮助人启发自性光芒的法，是禅法，修证这种法叫"修禅"或"禅修"，禅修是修者内求自性的法，反过来说，外求之法便不是"禅法"，从这个角度讲，修者如果目标在追求姿势动作、保健养生、延年益寿等方面，修的就不是"禅法"。

《坛经》是"中国禅"的根本经典，整本《坛经》六祖就在讲心内求法，大师是一个不识字的人，但为什么大师不识字，却能体悟佛法的深奥妙理呢?《坛经》中涉及《涅槃经》《法华经》《唯识经》《金刚经》《维摩经》《楞伽经》《楞严经》《梵网经》等诸经，他无一不透彻精到。因此，"诸佛妙理，非关文字"，同样，我们修炼"莲花太极"，要记住:修炼妙义，非关姿势。

"禅修"的根本就在于不是心外求法，而是心内求法。心外求法是外道、是枝末，心才是般若的泉源，起用的宝藏；只要心里一悟，便能信手拈来，随取随用，无所不通，无所不达。

深谙“太极”之道的先师们，是“太极”智慧的集大成者，但非“太极”创造者，他们深感世风日下，后学根器渐低，难以领悟到形而上的“太极”，故以形而下之“功”来彰显大道，这是令修者在修习中顿悟至道的方法。

“太极功”有多种，包含了：心功、身功、首功、面功、耳功、目功、口功、齿功、鼻功、气功、调息功、桩功、势功、松功、动功、听功、丹功等等，我们可以说“太极功”的部分功夫在“太极拳”中被进一步细化、提炼。当然，“太极功”中还有许多继续延伸出来的功夫，有些没有用“太极”之名，有些则称为“太极剑”、“太极刀”等等。

张三丰先师谈及“太极行功法”时，云：“太极行功，功在调和阴阳，交合神气。打坐即为第一步下手功夫。行功之先，犹应治脏。使内脏清虚，不着渣滓，则神敛气聚，其息自调。进而吐纳，使阴阳交感，浑然成为太极之象，然后再行运各处功夫：冥心兀坐，息思虑，绝情欲，保守真元，此心功也。盘膝曲股，足跟紧抵命门，以固精气，此身功也。两手紧掩耳门，叠指弹耳根骨，以祛风池邪气，此首功也。两手擦面待其热，更用唾味偏摩之，以治外侵，此面功也。两手按耳轮，一上一下摩擦之，以清其火，此耳功也。紧合其睫，眼珠内转，左右互行，以明神室，此目功也。大张其口，以舌搅口，以手鸣天鼓，以治其热，此口功也。叩齿卅六，闭紧齿关，可集元神，此齿功也。两手大指，擦热揩鼻，左右卅六，以镇其中，此鼻功也。既得此行功奥窍，还须正心诚意，冥心绝欲，从头做去，始能逐步升登，证吾大道。

长生不老之基，即昭于此，若才得太极拳法，不知行功之奥妙，挈置不顾，此无异于炼丹不采药，采药不炼丹，莫道不能登长生大道，即外面功夫，亦决不能成就。必须功拳并练，盖功属柔而拳属刚，拳属动而功属静，刚柔互济，动静相因，始成为太极之象，相辅而行，方足致用。此练太极拳者，所以必先知行功之妙用。行功者，所以必先明太极之妙道也。”

由此可见，“太极功”修炼包含了打坐、静心、调气、炼丹、功拳并炼，刚柔互济，动静相因等等，“太极”是“道”；“太极功”是“法”；应用到具体功夫是“术”，我们不可以“术”涵盖“道”、“法”。

先师们的修道经历赋予了“太极功”丰富的表现和内涵，例如张三丰真人本是先佛后道的成就者，此外，吕纯阳也是禅道双修的太极先师。

黄粱一梦

提起吕纯阳真人，大家脑海里通常会浮现出八仙过海大显神通的吕洞宾，但他亦是禅太极先师，这点多数人都不清楚。吕真人是全真道祖师，在道门中地位如同禅门六祖。他自小聪明过人，日记万言，过目成诵，出口成章。可惜他虽聪明绝顶，但科举三试不第，四十七岁那年，他再赴长安应考，在酒肆中遇到了钟离权。

中国历史上有几个著名的“梦”，如庄子的蝴蝶梦、南柯梦等，其中“黄粱一梦”说的是吕洞宾的经历：吕洞宾在酒肆里遇钟离权，两人一见如故，谈玄论道，不觉已半夜时分，钟离权说肚子饿了，就亲自架灶煮起了黄粱（小米）粥，而吕洞宾则趴在桌子上就睡着了，在“梦里”，他状元及第，之后平步青云，娶了两位如花似玉的太太，家庭和睦，生儿育女，之后出将入相，天下无出其二。然而伴君如伴虎，突然间祸从天降，被重罪抄家，妻儿老小流放边陲，只剩下自己一人无限孤凄……当他从“梦”中惊醒时，钟离权笑着对他说：“黄粱犹未熟，一梦到华胥。”

吕洞宾便知面前的是高人，遂俯身拜师。什么是大根器？他能因此“黄粱一梦”勘透人生，又经钟离权“十试”皆不退转初心，遂得钟离权的密传“金液还丹法”，后又得“天遁剑法”，可御剑飞行。

之后，他赴终南山中隐居修行，其后行脚游方，传道度人。但当时已经修到能御剑飞行，似乎无敌天下的吕洞宾真的天下无敌吗？《五灯会元》卷八记载了他在庐山归宗寺遇黄龙禅师的经历:“吕岩真人,字洞宾,京川人也。唐末三举不第,偶于长安酒肆遇钟离权,授以延命术,自尔人莫之究。尝游庐山归宗,书钟楼壁曰:‘一日清闲自在身,六神和合报平安。丹田有宝休寻道,对境无心莫问禅。’未几,道经黄龙山,睹紫云成盖,疑有异人。乃入谒,值龙击鼓升堂。龙见,意必吕公也,欲诱而进。厉声曰:‘座傍有窃法者。’吕毅然出,问:‘一粒粟中藏世界,半升铛内煮山川。且道此意如何?’龙指曰:‘这守尸鬼。’吕曰:‘争奈囊有长生不死药。’龙曰:‘饶经八万劫,终是落空亡。’吕薄讶,飞剑胁之,剑不能入。遂再拜,求指归。龙诘曰:‘半升铛内煮山川即不问,如何是一粒粟中藏世界?’吕于言下顿契。作偈曰:‘弃却瓢囊摵碎琴,如今不恋汞中金。自从一见黄龙后,始觉从前错用心。’” 这段经历,明朝时被冯梦龙写入《醒世恒言》,名“吕纯阳飞剑斩黄龙”。

吕洞宾的金丹、不老术、无敌剑……在黄龙禅师座下仿佛统统失灵,能使这个自认为天下无敌,功夫已趋化境的吕洞宾,能转性不恋金丹,不显神通的黄龙禅师何许人?此人为石霜禅师法嗣(详见拙作《中国禅》),承临济宗第八祖师位,在庐山归宗寺弘法,法堂一开,远近参学日增,缁素同参。

吕洞宾在黄龙禅师处得法后,曾作过一个《百字铭》:

养气忘言守,降心为不为,动静知宗主,无事更寻谁。

真常须应物,应物要不迷,不迷性自住,性住气自回。

气回丹自结,壶中配坎离,阴阳生反复,普化一声雷。

白云朝顶上,甘露洒须弥,自饮长生酒,逍遥谁得知。

坐听无弦曲，明通造化机，都来二十句，端的上天梯。

这是他对道、禅二家玄机妙理、实修实证后的体悟，大家最好能背下来。第一句“养气忘言守”，注意养气不是练气!不是练气功，养气和养心是功夫，养的气也不是气血的气，而是修养贯穿身心的浩然之气，养的是元气、正气、神气，这气怎么养呢？关键在于“忘言守”，忘言不是不讲话，而是言而忘言，说而无说，不要执著，言其实是“非关文字”、“非关言语”的，只是表达于外的部分思想，思想是无法表达出来的言，“忘言”是一念不生全体现，“守”是指定。

第二句“降心为不为”，这里的“降”是降服的降，如《金刚经》中须菩提问佛修者该如何降伏其心，便是此意，要想降伏自心的杂乱，用有为法克制是无用的，需要“为不为”，如老子说“无为而无不为”便是此意。佛告须菩提:“诸菩萨摩诃萨应如是降伏其心!”这个“如是”便是“为不为”。

三丰真人的《大道玄机直讲》中，开篇即说:“夫功夫下手，不可执于有为，有为都是后天。今之道门多流此弊，故世罕传真。亦不可着于无为，无为便落顽空。今之释门多中此弊，故天下少佛子。此道之行，由于道之不明也。”也是同义。

“有为”“无为”，本是修者修行方法的两面。此二者相依、相对、相碍、相生，故此，修行偏执于某一面都不行。禅门讲“无修之修”，既非“有为”也非“无为”，意思有两层:一指带着悲智双运的慧命精神，契合这种精神的修炼意志与信心；二是指修炼的不同过程中，不同阶段采取的不同要领与方法。缺乏具体的“有为”，谈不上修炼，修炼的过程就不得其门而入；缺乏了

"无为",就是偏执,不得修炼的真实要领。

修炼中"有为"是一切行之有效的戒律,"有为"法能使修者常年养成的散漫、昏沉、颠倒的习气顺应符合于生命本能。换言之,"有为"是无违背生命规律的身心调理行为,是扭转后天习气的行为,它既表现在专门修炼功夫外,也表现在专门的修炼功夫内。

修炼中的"无为"并不是不作为,而是"无修而修",是一切作为皆从自性起用、发出。也就是说,"有为"以后天返归先天,"无为"是以先天带动后天。有些人因《金刚经》中的"一切有为法,如梦幻泡影"说而认为"有为"低下,认为"无为"高尚,这种就是"二见"了,法无高下,对机而用。

例如修者修炼"莲花太极"时,先需凝神调息,由后天入手,运用后天识神使身心规范自律,无论修炼打坐、立禅、行拳、唱诵、抄经等,都需先调整好站姿、坐姿、拳架等基础,由呼吸法入手调节身心的稳定,这是以"有为"入手通往"无为"的过程。但是如果一入功中,还再意守、再凝滞某一窍、穴、区域、境界不放,甚至还在一些色、光、物、人、神、景等幻象中沉迷的话,便是偏执。不少从身体入手的人执著在这些境界内妄生慢心,等于是自己封闭了真正入道的门。无论修成什么,只是无关"道"、"禅"、"法"的养身、强身、健身、搏击术。

修行人"无为"之境,自能顾神与气如何链接,自明性与命怎样转化,自懂阴与阳怎样交替,否则不是单一片面地关注肌肉、体式,就是单一片面地追求法喜、禅悦等幻象,在这两种偏执状态中,即使感觉身体轻盈也是"顽空",杂念减消也是"枯木禅"。自古修者如毛,为什么契道者如凤毛麟角呢？主要的还是苦于“二见”，不是偏执于有为，就是偏执于无为，各走向一个极端。

我们修炼“莲花太极”，是引导修者从有为处能入无为门，多数人不能进门的原因就是在偏执于有为，沾沾自喜自己的“成就”，舍不得，放不下那些感觉，如同世人不能放下名利财色一般，修者止步不前多是舍不得苦修来的境界，所谓“法喜”和“禅悦”。禅门功夫重“禅”不重“功夫”，功夫是帮助觉悟的方便，故此，要想修行契道，必须先搞清楚修炼中的本、末关系。

至于“动静知宗主，无事更寻谁”，这是最直接的禅语了！禅并非不动心，不起念，禅的“无心”如《坛经》云，是：“慧能没伎俩，不断百思想；对境心数起，菩提作么长”，而修者普遍误解的“无心”如《坛经》云是卧轮禅师的“卧轮有伎俩。能断百思想。对境心不起。菩提日日长”这样的，这样“无心”的人其实就是枯木和行尸走肉，《坛经》开篇即说：“但用此心，直了成佛”。禅修是修炼如何用心，“莫谓无心便是道，无心犹隔一重关”。

禅修时动静之中处处是道，初修者在静中能不乱，稳定者于动中亦能不乱。于动、静处皆不乱，便是知根本所在了，“真常须应物，应物要不迷”。禅者修行须应物，您跑到深山老林里躲起来，感觉自己很清净，结果一群蚂蚁、一堆苍蝇、蚊子也同样能破坏您的清净，这样修有什么用呢？习惯了这种假清净，出来人世间，待人接物就更迷了，现代修行人为什么被人感觉是另类？就是只懂模模糊糊片面感觉自己在出世间，而根本不懂世间法，禅法是生活禅，从生活中来为什么不能回到生活中去？这样修行，对社会有什么贡献？如果对社会毫无贡献，这种法还有多少生命力呢？

“自饮长生酒，逍遥谁得知”，什么是长生酒？就是修者修行时由内而发、喷涌而出的又甜又醇的口水，故称“甘露”，这是最降内火、调和身心的美酒，可惜多数人享受不到。为什么呢？因为内火过盛，欲望是最大的火，把体内的甘露都烧没了。三丰真人云：“养气到此，骨节已开，神水不住上下周流。往来不息，时时吞咽，谓之长生酒。诀曰：流珠灌养灵根性，修行之人知不知？”

最后何为“坐听无弦曲”？此乃观音菩萨的耳根圆通法门，这个乐不是世间弦奏之俗乐，而是听而无听，心内永不消失的天籁，俗乐之极是人籁，自然之声是地籁，而天籁是大音希声。

“明通造化机”指的是修者终于明了宇宙法界的真相、根源，因此无惑、无畏、无忧、无喜、无悲、无苦……修到这个境界，便完成了生命的超越。能以现有的这个躯体为用，以“无为之心”用“有为之体”。三丰真人云：“功夫到此，耳听仙乐之音，又有钟鼓之韵，五气朝元，三花聚顶，如晚鸦来栖之状，心田开朗，智慧自生，明通三教经书，默悟前生根本，豫知未来休咎，大地山河，如在掌中，目视万里，已得六通之妙，此乃实有也。吾行实到此际，若有虚言以误后学，天必诛之。遇之不行，罪遭天谴。非与师遇，此事难知。”

禅、道之路，最重要是能遇到大善知识指示正路，所谓明师难遇，佛法难闻，依止正路修行，方可以“端的上天梯”。那么什么是禅的正路呢？这个“正”不是和“邪”相对的“正”，禅的核心精神是中道平等，此“正”乃定慧等持，平等不二为“正”。

说到这里，或许有的读者悟到些许端倪了，原来道、禅殊途同归，其实中华文明自唐宋始，儒、释、道三家，早已你中有我，我中有你，硬生生地拆出你、我，本来不智。吕祖、三丰等先师皆是禅、道双修者，而“中国禅”中又何尝没有孔孟、老庄的身影？

太极先师们的伟大之处，在于将“太极功”融入了生活，真正的“太极”修者，并非有个什么特定的时间修什么特别的功夫，凡是能在生活中时时契合“太极”妙理的功夫，皆是“太极功”，“莲花太极”属于其中一种。我们的莲花八法囊括了契经、读经、写经、禅画、运气、炼气、养气、行气、导引、立禅、坐禅、行禅、发力、平衡、弹力、柔韧、持久、禅医、禅箫等等各种生活禅功夫，以帮助禅者契合“太极”法界的能量。可以说“莲花太极”的成就者，生活中无不是逍遥太极功夫。

有些人不理解，禅师们为什么功夫如此了得？如黄龙禅师拿什么破“天遁剑法”？这是什么功夫？……其实，禅门祖师每一位都有独特的功夫，如达摩祖师的“易筋”、“洗髓”；如四祖、五祖几十年不倒单；如六祖顿悟成佛；再如各位祖师谈笑生死……这些都是无修而修的，禅门很少给这些功夫确定名称，也无专门经典论述这些功夫如何修成。为什么呢？因为祖师们皆以甚深般若波罗蜜多法成就，外在皮相功夫显现都是心契般若波罗蜜多法后自然而然的游戏，因此，“莲花太极”并非借用了道家、道教、瑜伽、拳师们的功夫，而是功夫之道本来贯通。

尽管“莲花太极”的调息功、桩功、势功、动功、听功、眼功等外在功夫、体式、发劲等外功和其他门派的外功看上去有某些类似，而内在修炼的心法则不同，心法才是一切修法的关键点。

例如“静坐”，各个修门都有“静坐”法，此为修行之共法。从体相上看大家坐的姿势都差不多，但从心法上来讲，可谓千差万别。如冥想法重“减”，内观法重“加”，天台止、观禅法是先减后加，而禅门的“不二禅观”下手处、侧重点又和上述不同。真正修行的人知道，体式、体相的高低不代表什么，他们会更为关注内在的心法差别，这一点请修炼“莲花太极”的修者时时牢记。

玄虚清谈

佛法自汉朝传入中国后，先是被当作原始巫术、神仙之教，没有引起广泛的社会影响。汉末中国经历了三百六十九年魏晋南北朝的频繁战乱，此时，儒家经历了汉代由盛而衰的转变（详见拙作《至宝坛经》），在民不聊生的动荡时期，名士们开始风靡老、庄、易的三玄之理，史称“新道家”、“玄学”，此为弥补汉末儒家之不足而产生。玄学家以早期的王弼、何晏，后期的“竹林七贤”嵇康、阮籍、向秀、郭象等为代表，然而谁也没想到，由于魏晋名士的玄学清谈，直接演化成了举国上下一致的务虚文化。

我们只知道印度僧人爱辩经，其实中国传统文人也同样爱辩论，早在战国时期就有“百家争鸣”、“稷下学社”，文人们放下身份、官位忘情地互相辩论，打开学术争鸣之风，至东汉尚有“夺席谈经”，这些是文人们的精彩思想辩论活动，因为这些精彩的辩论，学术界有了无穷的活力。

再至魏晋，这些辩论衍变成了清谈，清谈和辩论不同，其不仅是一种学术交流方式，也变成了名士们的日常生活方式，他们乐此不疲地将人生也玄理化，他们任情放达，不拘礼法，不着形迹，高自标置，箕踞啸歌，谈笑人情，冷眼厌俗，放浪形骸，无论不欢，这种纵情豪放的生活方式，已经使得名士们拉开了和社会的关联，脱离了群众，这些人分出了阶级，在这样的文化中，名士们仿佛每天穿梭于天堂云雾间，而非生活在滚滚红尘里。由此，社会风气羡慕这种虚拟化、理想化的生活方式，避实的习气最终影响国体和国运,故史称:“清谈误国”。

与此同时,在人们深感“清谈”玄虚的弊病时,东晋时涌现出了一大批务实的佛法大士,如鸠摩罗什法师来华译经、传法就是这个时期中国思想界的转折点。在罗什法师来华前,西域来华弘法的法师,弘法方式多以显露神通为主,讲佛经也多借用中国传统儒、道二家的词汇,史称“格义”。被“格义”的佛经内容似是而非,容易让人误解。直到罗什法师来华,将佛法中关键的般若中观思想带进中国,用新的翻译方法清晰地翻译出了佛法真实义,译文优美流畅、内容准确精妙,罗什法师的出口成章,文不比附,语不攀缘,使得中国的知识界、修行界、各界精英叹为观止,如痴如醉,中国人至此才真正了解什么是大乘佛法。

罗什法师从西域东来中国之曲折经历,笔者在《茶密禅心》《中国禅》等多本书里都有论述,此处不再赘言。历史上,两位帝王为了争夺他而挑起过两场大规模战争,这是空前的,并且至今也没有再发生过。

罗什法师的弟子中,如僧肇、僧睿等,均为当时中国最博学的才子,什门师徒的智慧、学识、风度、气概,深深影响了东晋以后的学术、文化、风气、思想,为僧俗所共仰。尤其是“解空第一”的僧肇法师,所著《肇论》,融合老、庄之道,倡“物不迁论”、“不真空论”、“般若无知论”,“涅槃无名论”,为佛法中国化思想的首创。《肇论》的成就从哲学、佛法中国化,中国文学史等方方面面上来说,都可谓不朽之奇局。

罗什法师的出现,改变了西域东来中国传法的法师们,依靠神通弘法的情况,使得佛法与儒、道两家真正在思想界分庭抗礼,变成中国思想界的一股清流，乃至在隋唐有机会变成主流。可以说自罗什法师始，才有了真正意义上的儒、释、道三学平等之说，以此构成中国思想界全貌。

罗什师徒之后，有慧远师徒，以及梁武帝时代的达摩、宝志公、傅大士三大士受其影响至深，这些思想在佛法中国化的征途中，凸显出了承上启下的作用。傅大士是公开弘扬儒、释、道三教合一的大善知识，其事迹笔者在《茶密禅心》里有提及。注意"三教合一"的本义，"教"不是宗教的"教"，而是教化、教育的"教"，"教"的本质是通过教育的方法转化学人的素质、思想、精神。傅大士乃创"三教合一"先河，在后世中，以"中国禅"为代表将此种平等不二的精神发扬光大。

八宗三类

隋朝时,智者大师创立了中国佛教第一个宗派:天台宗。天台宗之后,中国佛教主要八宗相继成立:三论宗(又名法性宗)、瑜伽宗(又名法相唯识宗)、华严宗(又名贤首宗)、净土宗、律宗、密宗(又名真言宗。注意这里是唐密,不是藏密),最后是禅宗成立。通常称之为:性、相、台、贤、净、律、密、禅"八宗",此分为:教、密、禅"三类"。

佛法本是一昧的,由于接受者的程度有利钝之别,即个人根器高下不一,以及生存时代与生活环境的差异,因此需要各种不同修法的宗派。那么在宗派林立,众多高僧大德中,为什么后世只说禅门六祖惠能是真正实现佛法中国化的第一人呢?

因为八宗内,其中三论宗、净土宗、律宗、密宗、法相唯识宗五宗的修法体系、思想理论可以说是完全继承了印度佛法的内容,除了服装、饮食、居住、作息等外在习惯为了适应中国环境而略作修改外,其余与印度并无二致。

另外二宗:天台宗和华严宗算是相对中国化的宗派,其修法、理论在印度的基础上有了本地化变化,但从本质上来说,"天台宗"的根本经典是《法华经》,并且"天台止观"等天台修法也没有超越印度的修行框架,只是略作了些变动。"华严宗"也是如此,其根本经典为《华严经》,贤首大师虽提出一些中国化理论,如和庄子"万物齐一"思想吻合的"相即"说,和庄子"万物皆种”思想接近的“相人”说等等，但这两个宗派的本质还是印度的，因此，不能称之为“中国天台宗”或“中国华严宗”。

但是由禅门六祖惠能大师最后创立的“禅”，却被称之为“中国禅”，“中国禅”称其余佛家七宗为“教”，自称为“教外别传”之法。为什么呢？因为禅门不是以有限的观点去看事物，禅门称“彼亦一是非，此亦一是非”为相对相待，谓之“有偶”，这又叫“反覆相明”。

禅门是以“无诤”为基础的，其观点不会去以甲破乙，也不以乙破甲，这并不是禅门祖师不作为，而是祖师们太干脆！太直接！他们破天荒地敢把甲、乙一起“抛向坑里”！禅者是不与万法为侣者，超乎万法、不离万法、又游戏万法者。如黄檗希运禅师言：“若未会无心，著相皆属魔业。乃至作净土事，并皆成业，乃名佛障，障汝心故。被因果管束，立住无自由分，所以菩提等法，本不是有。如来所说，皆是化人。犹如黄叶为金钱，权止小儿啼，故实无法，名阿耨菩提，如今即会意，何用驱驱？但随缘消旧业，莫更造新殃！”

祖师们的禅语，浩浩荡荡，可昭日月，因此，“中国禅”是大开大合，只破不立，完成了真正意义上的佛法中国化。

可惜的是，经过了元、明、清的一路衰落，禅宗的“宗”多被误解为宗教的“宗”。禅“宗”的“宗”本意，是以“禅”为“宗旨”。“禅”不属于知，不属于无知；不属于修，不属于无修；在知和修层面尚且如此，更何况宗教化的仪式？仪轨？仪相？故此从语法上讲，称“禅宗”为“宗禅”更妥切。

禅门里，“宗教”应作“教宗”之解，禅法方便万行，其方便虽有多门，归元却无二性。"宗"与"教",本是一体不二的,"宗"为宗旨,"教"为教义,有宗无教,无以显宗;有教无宗,偏入空论。

中国的宗教自古和西方有别,西方的宗教是一种神、道的宗教,以一神论、多神论为基础,以神为本。而中国的宗教一直是一种以人为本的精神,中国的"神"不是西方那样的"上帝"、"造物主",它可以指精神、可以指灵气、可以指意志、也可以指某种灵性,中国先哲以儒家为主皆避谈鬼神,"六合之外,存而不论",既是即不是,非是非不是。

西方的宗教,首要点在于人要无条件服从神。西方的生命观是个体的,上帝创造每个个体,个体是独立的。而古时候中国传统的宗教是非常实用的,讲究内在的自我超越,强调人本,《尚书》讲"天视自我民视,天听自我民听"天要服从民意。中国人的生命观不是孤立的,在中国传统里,生命是一个"群",人群是一个"类",是子子孙孙的一个"薪传"的连续过程。

那么中国的先哲们如何看待宗教呢?例如老子一方面说:"治大国,若烹小鲜,以道莅天下,其鬼不神。非其鬼不神,其神不伤人。非其神不伤人,圣人亦不伤人。"这是在破除鬼神迷信,可是另一方面,他又说:"人之所教,我亦教之。"这又是随顺众生,圣人的随顺是有独立性的随顺,这点和凡夫"为境所转"有本质不同。所以,老子可以做到"善者,吾善之;不善者,吾亦善之,德善。信者,吾信之;不信者,吾亦信之,德信",这不是随波逐流,是"圣人皆孩之"。

在庄子那里,解牛的庖丁,能"循督以为经"者,这种职业的信仰和热爱就是他所宗之教了。故,庄子处没有所谓的正道、正处、正行、正色、正经,凡是人情所安、自然而然的，就是正道、正处、正行、正色、正经。反过来说，也就是如果人为地立个“正”，则如马戏团里被人驯化后演出的动物。一味说“正”、说“道德”的人，虽得了一面，却也同时失去了另一面。

有人说佛法讲布施第一，修者要多行布施，以种福田，那么布施是不是宗教性行为呢？岂不知佛法中讲布施是为了对治修者的妄心、贪心、私心，是使修者增大心量的方便法，和宗教性无关，修者妄心不起时，自然随顺本性，真心自显时，济度众生是乐事。就像人一旦吃过什么好吃的，自然会想约亲朋好友们共同品尝；去过什么好地方，自然想介绍大家也去观赏一样。

修者明心见性时，发现内心一片湛蓝寂静，无比清净，时时欢喜，自然发自内心地希望与人共证这种境界，这时候有什么布施、弘法、行善的概念呢？只不过是人之常情而已，是本性使然。因此，所谓布施、弘法、行善亦都是方便说。迷时师度，悟了自度，对于悟道者来说，邀请有缘众生一起品尝佛果，同登佛地，共享自在人生乃是本分事、寻常事、生活事、不善不恶事，自利利他事，哪有什么宗教性，或者高、大、上可言？

又有不少人以信仰来说宗教，似乎信仰等同于宗教，这是曲解信仰之意，信仰本有道德信仰、政治信仰、文化信仰、学术信仰、民族信仰、宗教信仰、职业信仰等等多种形式，信仰不能等同于宗教，否则我们能说这一切信仰都是宗教吗？

更有人一提起宗教就认为在讲鬼、神，这是更荒诞的认知了。宗教虽分有神、无神，但源于佛法的佛教原是六亲不敬、鬼神不礼的。“心、佛、众生”三无差别，佛法修行是要超越因果、轮回，哪里会局限在有没有鬼神、神通、法术上？佛教本质是和中国传统哲学思想一致的，都是以人为本、以教化众生脱迷得智的，是强调命由己造的。

那么，对于充斥在宇宙间的阴性能量、物质，先师们怎么解释呢？其实他们的态度很一致，东方的圣人们“存而不论”，西方的哲学家们，如苏格拉底、笛卡尔、康德等同样也是没有公开去明破有无神灵，东西方的大师们态度为什么那么一致？因为他们都在随顺众生，天上的神灵是否真实存在，和自己的思想没有相干，可以说原本的哲学中兼存了宗教，而非宗教中包含了哲学。

佛教在印度的灭亡和佛教被神秘化、迷信化、神灵化有极大的关联（详见拙作《至宝坛经》），而“中国禅”在印度佛法的基础上，更是进一步超越宗教；更强调修者自性本净，强调“一念相应，便成正觉”、“心净则国土净”；强调佛法在人间、菩萨在人间；强调诸法平等无有高下，就好比佛陀当年座下的多位弟子，以及文殊、弥勒等菩萨，不也都曾是外道宗师吗？能说出“放下屠刀，立地成佛”这种惊天动地之语的，该是何等人物？

有人说佛教也注重个体生命啊，轮回、因果、灵魂这些不都是佛教徒常提到的吗？注意，佛教鼓励修者通过个人努力，超越六道轮回、了脱生死、超脱因果法则才是究竟的人生，不是陷入轮回、因果的定论中，不是寄托在灵魂升华去极乐世界上，这点必须搞清楚。修禅的禅者则是连这个目的也没有，在当下一念里修行的人，无所从来、亦无所去，无论是佛教还是修禅，这些观点和死后被“裁判员”裁定上天堂或下地狱截然不同。

不是自诩为继承了某某“宗”的传人就是真正传人的，其中区别在于：

其修法是否继承了某某“宗”的禅法，契合了顿悟禅宗旨？能以无念、无住、无相为法要？是否心内求法？是否以人为本？……世间最难放下的、最可畏的、最难打破的，不是“相”，而是“名”，执著在“禅宗”之名里，而不行禅事、不具禅心的人，是为名所累故，故，老、庄二位先圣开卷先破“名”，开宗明义，绝不含糊。

戏论之粪

达摩祖师东渡中国弘扬禅法，所传四卷《楞伽经》给二祖慧可大师，此为禅门印心法宝。《楞伽经》中有“菩萨一阐提”，是“不住生死，不住涅槃”的人，这是修者的究竟义。经云：“菩萨一阐提，知一切法本来涅槃，毕竟不入”，如印度的文殊、普贤、观音、维摩等大士，再如禅门各位祖师，都是菩萨一阐提，菩萨们发愿的“总相”是悲、智双运，而发愿的“别相”又各有妙用。

说起《楞伽经》，曾见有学佛多年的人疑惑：《楞伽经》是综合了“虚妄唯识系”及“真常唯心系”的重要经典，此经是唯识宗的所依经典之一，为什么达摩祖师选择此经作为禅门传承？禅门心法和唯识宗有很大区别啊！

笔者相信其实不少人都不明白，可惜多数人提不出问题来。是的，《楞伽经》与《解深密经》《瑜伽师地论》是法相唯识宗的根本经典。但如果您的佛法不仅仅是从理论上来，而是实修实证的，就会理解佛法之真义。

不仅佛经，一切圣人经典，真义皆有浅、深、密三种，浅义乃指字面意思，也就是用名、相来解释文字内容；深义乃指实修者在个人修行和修证方面的真实体悟，修行是修者体悟之因，修证为修者体悟之果。而密义是修者体悟中隐藏在洞里的宝贝，文字是通往藏宝洞的地图，后学者契法时可以按图索骥，发掘文字、语言相背后不可说、不能说、说不尽的内涵，这需要写者和读者心心相印时，才能出迸发的灵光，灵光一现时，密义显现，此时无说者、无受者、无往来者，说和受者皆心如虚空，空空一体。

《楞伽经》从浅义上讲，依“唯识”立言；从深义上讲，依“法相”立论；从密义上讲，无在不在的“如来藏清净心”是其核心根本。不少修行人误解法相就是唯识，其实不然，这些误解源于民国时期唯识宗复兴者重唯识轻法相故。其实简单地说，法相唯识是一体两面，一方面是陈那菩萨依“唯识”建立的因明学范畴，一方面是法称菩萨依“法相”建立的量学范围。两者分别在于：依“唯识”时，则外界万事、万物、万有是变现、是假有，故言：“唯心所现，唯识所变”；而依“法相”时，则视外境为实有。

弥勒菩萨创立的法相和唯识是不可分割来修的，法相和唯识是往复不二的关系，再进一步说，唯识是修道能依；法相是修道所依；而如来藏清净心是证果。有些修者，由于没有完全理解法相、唯识真义，不理解此两者之间的真实关系，故此过分重唯识来宣说大乘法义，这一点上，或许是玄奘法师的遗憾。

至于不可说的“密”义，这是“直指人心”的密，不是“秘密传授”什么武功秘笈的“密”。佛之密、禅之密，都是公开的秘密，如老子说：“善闭者无关键而不可开，善结者无绳约而不可解。”真正的“密”就是没有秘密，没有关键，没有门锁，大道无在不在，为什么人不见？因为心闭了，修者没悟道时百思不解，以为“禅”有什么大密法，似乎遥不可及，悟道之后，发现“至道无难，唯嫌拣择”，难者不会，会者不难。

一切知识、玄虚在禅门被百丈禅师称为“戏论之粪”，药山禅师则称其为“闲家具”。“戏论之粪”又名“死语”，又名“粗言”，执著这些大粪的，名为禅门的“运粪人”。是粪总要运出的，禅门名为“搬粪出”，如黄檗希运禅师云："以佛出世来，持除粪器，蠲除戏论三粪，只教你除却从来学心，见心，除得净，即不堕戏论，亦云搬粪出。"

在禅门，密义又称"第一义"，凡自以为是者、凡鹦鹉学舌者、凡不明真义而胡乱说法者等，都是说"死语"的运粪人，这些人在师门免不了总是挨师父打，脱离师门乱说法则为谤法，自负其因果。

药山禅师称此为"闲家具"也是同理，知识、名相、见解其实都是大粪，需要清除干净，清除后所剩的，就是公开的大秘密了。如百丈禅师云"未悟未解时名贪嗔，悟了唤作佛慧"一样，故云："不异旧时人，只异旧时行履处。"

有人说，既然不可说，那又何必立个密义、真义、第一义等等名相唬人呢？因为密义虽不可说，但不等于没有方法显现，如果无法显现就等于没有！就像老子说圣人传"不言之教"亦是有"教"啊！故此，密需要有师者授密之法和有弟子受密之心，修习"莲花太极"是帮助修者心契密法的方法之一。

一切密义绝非通过大脑意识的思量、分别、分析、判断、比较可以契合的，也绝非是通过说文解字可以明白的。修者如以皮相解佛、禅，遂流入肤浅之术，须知法义时时不能离具体修行之法和所求修证之境。

佛法的经典，不是用来做学问、辩论和考证用的，所有的经典都是为了能帮助修者明心见性的；都是为了帮助修者降服自心的。故此，就像武术有南拳、北腿一样，针对的是不同根器的人，每个人都会有自己相应之法。每部佛经粗看似乎差不多，深入则发现各种说法有相悖处，究竟什么说法正确？究竟应该怎么修？究竟哪部最殊胜？……贪心的人用大脑意识去东看西看，研究、琢磨、分析、思辨就会糊涂。

修者参究经典时要离心、意、识，参究不是让您琢磨，而是从自性发出的感悟，那才叫其味无穷，唯有从自性发出的参究才能摄持身心。如果读者有缘能听闻禅师说法，会听的人，一闻法语，常常心生感触，有人当即开悟；不会听的人，听了一堆名相、知识，有时感觉没有逻辑性，莫名其妙，听不懂，此是“死在言下”的。

读经也是如此，不会读经的，执著在语言文字里，叫“死在句下”。经论、书籍是祖师们启发后学者的悟性、帮助寻回本来面目的地图。结果我们因为用了大脑意识，就愈读障碍愈多。怎么才叫会读？懂得消归自性，如何消归自性？第一个不要着相。您学术术语背得再好，也不过是活的《佛学辞典》，和禅修有什么关系呢？名相、术语是教学工具，是手段、方法，不是目的。故此，禅门读书不是研究，研究是用第六意识在思考，而禅者不能用思考，拟思即乖，思量即不中用。用大脑意识来分别是修禅最大的障道因缘，离心意识才叫做“参”。

达摩祖师说的法乃藉由如来藏清净心而明了缘起和空性之间的关系，禅者内证三身四智为“空”，然依三身四智而缘起显现的识境为“有”，此自显现为识境之智境，假名为“如来藏”。

这条修路从修行的角度讲，叫“行摩诃般若波罗蜜多法”，此为道因，从修证的角度讲，称“般若波罗蜜多行”，此为证果，关键都在离心、意、识而自性起用。

虽然一切经典都有浅、深和密三义，但一定要理解此三义并无高低、上下之分，就如同根、果、道，三者是不离的，因人有利钝，故说三义之别。例如为初学者讲深义，硬要他们体会密义，可能让人百思不得其解，越讲越糊涂，故此多给他们谈体会，简单解释名词，为的是导其入门，不要恐惧、自卑，如果坚持下去，终有一天，他们会明了三义。三义所归处，实乃万法一如。

除了并无高下之外，三义也没有先后顺序，全在说法者一心中，什么时候宜讲什么法，在于师者应机说法的能量。禅门师者从无定法示人，如果说法者本身不具备理解三义之能量，自身只知浅义，不解深、密，那么所说之法便是定法，不过是一堆名词解释和有限的泛泛之谈，故，法虽无高下，说法者和受法人有智愚、利钝之别。

悟道之师，既能为初修者讲浅义，也能和稳定者谈深义，其间内含密义，也就是说，其说的法并无深浅，在浅义和深义之间，处处内含了密义，至于能否解读出来，就看受法者本身的心当下是否能契合。故，《楞严经》曰："性风真空，性空真风，清净本然，周遍法界，随众生心，应所知量，宁有方所，循业发现。"

六祖自黄梅山得法后，隐身猎户十五年，这十五年的隐身生涯不是为了提高个人功夫、见地，他在黄梅山得法时是顿悟顿修，顿至佛地的，这就是顿悟法的不可思议处。禅门是由心门入道而顿至佛地，这是真正的大密法！那么，六祖不为个人提高又是为什么藏身猎户呢？他是为了等待弘法最好的时期！六祖创立的"中国禅"是为了不安、浮躁、功利、僵化、无序、颠倒的世人，为了在漫漫修途上迷惑、彷徨、盲目、恐惧的修者而出生的。

中国人传统的生活方式、思维方式、文化表现方式、语言表达方式和印度社会是有极大区别的，如果仅仅生硬地把印度的体系搬来中国，势必水土不服。当时机到时，六祖大开弘门，宣讲“中国禅”，以其直指人心的大白话，简易平实的修法把几百年来学佛者和佛学者身上那些繁重的文字语言、深奥哲理、海量经书、庄严仪式的担子统统卸下，此无异于雷霆万钧的霹雳，劈开了中国思想界、修行界的障道迷云！

“中国禅”转化了佛弟子们对戒、定、慧的认识；转化了修习禅定唯有坐禅一途的认识；转化了出家修行胜过在家修行的认识；转化了对皈依和忏悔的认识；转化了极乐净土在远方的认识；转化了对涅槃的认识；转化了法身、报身、化身三身的认识；转化了成佛之路遥不可及的认识；转化了人们对善恶、是非、内外、时空、高低、先后、速缓、来去的认识；转化了对因果、轮回、报应、生死、彼岸的认识；转化了对佛像、佛寺、僧团的认识，转化了对神灵、神通的认识；转化了对佛性、本性、自性的认识……可以说，几百年里诸多人为立起来的“庄严国土”，自六祖出山后，在曹溪法堂里一瞬间轰然倒地！

“中国禅”是为人服务的法，法如果不为人而生，那必将成为人的枷锁。禅门每一位祖师的人生，都是活生生的维摩大士再世，他们的人生正如维摩大士：“虽观诸法不生而入正位，虽摄一切众生而不爱著，虽乐远离而不依身心尽，虽行三界而不坏法界性。”

祖师们不住涅槃、不昧因果、不缚生死、不著名相、不生分别、不攀高位、不念过往、不畏将来、不留一物、不滞一情……不敢想象中国唐宋之际，如果少了诸位“中国禅”祖师，历史的画卷将会是怎样顿失华彩？

多少年来，大众的苦从未改变，皆源自于：颠倒梦想。就像修行之人，心本应是法的主导，而多数人局限在宗教理论、仪式仪轨、法相法术里。自宋以后，中国社会因各方面因素变化，人的依赖性也变得越来越强，就连最强调自悟、自度、自觉、自修的禅门也变得宗教性越来越强，规矩越来越多时，“禅”却不知所踪。

纵观人类历史，从远古人至今不过几万年的时间，这期间，从身体状态看，总体结构并无本质改变。但人的精神状态呢？尤其是近二百年随着科技发展，几乎每隔一段时间就发生质变，并且越变越快。未来社会，更是虚拟化、网络化、机器化、娱乐化、实用化的社会，人类的精神面貌、意识形态越有差异性，就越容易引发社会矛盾。精神是整个人类社会的主导，在如此快速、紧张、无常、无序的环境中，人未来会不会宁可相信机器也不信任人？人未来会不会变成“造物主”？人未来会不会不需要家庭了？人未来还会自己生育吗？……如果在此突飞猛进、日新月异的现代社会中，修者还是抱死古法不肯变，那才叫死法！真正的法因其“无所住”，故能“生其心”。

人不能被某种理论、知识、仪式、形式所固定，“变”的是“用”，“不变”的是“体”。“中国禅”本就像云和水一样，哪一种才算是云和水固定的形象呢？墨守成规、画地为牢是“禅”吗？那些以为坚持和继承了法的人，其“不变”的行为和思想却往往在背离法。现代禅者，唯有在契合自性的基础上，以“变法”和“适机”跟上人类发展的脚步，这才能真正“不变”！

要“变”才能生存，但“变”不能乱变，万变不离其宗，我们首先需要深刻理解“宗”。例如我们需要想想为什么佛教八宗产生于隋唐？为什么“中国禅”在唐初出生，而又在宋末渐衰呢？六祖隐身猎户等待的机缘究竟是什么？

大唐的兴盛，来源于其强盛的经济、强大的军队和丰富的思想、文化，这使得大唐拥有了“一览众山小”的全球视野。经济、军事实力是对外发展的保障，而具有高度文明、民众有稳定信仰是内在政权坚实的基础。内、外平衡发展的唐人，有着强大的自信。唐太宗曾说:“自古皆贵中华，贱夷狄，朕独爱之如一。”由此可见，太宗心中对外国人文、风俗并无猜忌，也无高下之分，唐朝对各种文明、信仰和文化抱着海纳百川的大国胸怀。

唐王把汉人、胡人、外国人看作一样的臣民，外国人可以在唐为官，这在古代欧洲可能并不少见，但在中国绝对是罕见的。唐朝时来长安做官的外国人多达三千，有波斯人甚至官拜宰相，这在今天来看也是惊世骇俗的，但大唐做得如此自然。

大唐之盛，盛在其平等、自由、包容，这让世界各国不得不佩服，不得不仰望，以至于百鸟朝凤，万国来朝，迎来四方宾，繁荣文明流。正是在这样的环境下，六祖等待的时机终于到了，公元676年，中国人自己的佛法在岭南这个化外之地，诞生了！

物壮则老

六祖之后，有马祖、百丈师徒建禅门丛林，唐、宋之际，“中国禅”五家七宗相继而立。自此，“中国禅”走到了至高点，可惜的是，物壮则老，至高点通常都是大转折点。

唐、宋时，弟子如问师父“如何是佛祖西来意?”师父可能会笑答：“喫茶去”，任你百问千问，还只是笑：“喫茶去”，弟子由是顿悟原来诸法俱是佛法，诸法皆空，非真非假，非有非无，这是“中国禅”独有的传心方式。诸位祖师驻世时，无论多少妄言狂语、棒打暴喝，他们能随取随用，灵机应变，嬉笑怒骂皆成文章，那时，有如此智慧的师父，也有如此根器的弟子。

但在有“禅”无“师”的今天，一切难免落入口头功夫。谤佛骂祖，哪个不会? 大吼大叫，谁个不能? 莫非，只一句“喫茶去”便能道尽佛祖西来意了吗? 莫非，只一句“喫茶去”还不能道尽佛祖西来意吗?

当禅语先落为话头，再变成为人人皆可卖弄的浑话；当师徒应对固定成八股；当禅变成了高风亮节、风花雪月、锦绣文章、诗词歌赋……这禅早已是毫无生机的死鱼了。公案、唱诵、机锋、转语如可作为公共话语，变成可复制的学习方法时，“禅”已悄然不见。

晚唐时期，天下大乱，一大批贫民出生的文人，科举入朝，但这些进士多穷酸，心理自卑又不淳朴，他们身上没有春秋、战国时侠士的豪情，又缺乏魏晋南北朝时名士之风流，这批既无气魄又不潇洒的文人，科举前虽黄卷青灯相伴，过着像僧人一样的清贫生活，但却少了士子的清高，也无僧人的信仰，这些缺乏情怀的晚唐文人，怎能当得起国家、民族的重任？

再至宋朝，太祖杯酒释兵权，文风日盛，虽有范仲淹开创书院，及其立张载，后至宋儒复兴儒家，但已文弱化的儒生终没有当起这个天下，故先受辱于辽金，再灭于蒙元。世界第一经济繁荣又怎样？挡得住虎狼之师的铮铮铁蹄？

宋儒们大兴理学，赋予了儒家新的精神，"新儒家"希望恢复汉儒之盛况：他们以书院为载体，想把唐时禅门的精神也转移到儒学上来；他们欲将"无念、无住、无相"的出世智慧转变成"格物、致知、诚意、正心、修身、齐家、治国、平天下"的世间修为；他们向往"中国禅"能将"高明"和"中庸"的对立转变成统一之法；他们赞同禅者担水砍柴、穿衣吃饭皆是妙道。既然这样，何以修道还须出家？何以经世济民不是修道？

宋儒的使命，在以"中国禅"为基础，做了个华丽转身，他们以修身为中心，对内"格物、致知、诚意、正心"，称"独善其身"，对外"齐家、治国、平天下"称"兼济天下"，内成则"圣"，外成则"王"。

他们是一群拥着崇高理想的知识分子，观其使命："为天地立心，为生民立命，为往圣继绝学，为万世开太平"，"先天下之忧而优，后天下之乐而乐"，何其浩然？一时，天下为之震动，各地书院风起云涌。但建个院子简单，挥洒文字也不难，然而有场岂能代表有"道"？文字岂能代表生命的学问？放眼天下，能在人格上作榜样、修养上作熏陶、思想上作引领、修身上作典范之大儒，能有几人？

儒家自周公始，在春秋、战国、汉朝，孔子、冉求、荀子、张奂、度尚、卢植等儒家先师，均是文治武功皆备的，绝对不是后世懦弱的书生。儒家先师讲仁慈但绝非做好好先生，而是以直报怨，做光明正大的君子，处处为人的榜样。

明代大儒，也是军事家王阳明曾说："仲尼有文德，必然修武备，区区章句之儒，叨窃富贵，遇事临危而无以应对，此通儒之羞也。"可见，儒者本应是文武双全的。唐甄的《潜书》中也写过这么一段话，代表着儒者的价值观："所谓仁者，有宋襄公之仁也，亦有周公文武之仁也。仁不可退敌者小仁也，水不可载舟者水浅也，非此理不通哉。"

儒家先师需通六艺，其中：射、御、礼、乐四项属于武艺。而为什么宋儒们后儒生们越来越文弱了呢？除了大宋朝廷重文轻武的政治原因外，宋儒的理学本身就发生了巨大的变化。首先本来文武皆备的儒者变成了思辨化的儒生。儒门在唐一代，如韩愈、李翱等大儒已经深受禅法的影响，意识到儒学本身在形而上的层面，尤其是心性方面存在着严重的不足。所以如何从哲学本体论上论证儒家思想的正当性与必然性，成为宋儒的一个重要命题。

宋儒们为了完善儒家理论体系，借鉴了道、禅之在本体、心性论方面的成果，创造性地提出了许多富有特色的儒学形上学本体论概念，如周敦颐、邵雍的"太极"、张载的"太虚"、二程和朱熹的"天 理"、王安石和二苏的"道"，再至明朝王阳明的"心"等等。

其次，宋儒们把社会的伦理道德加入到了儒学的核心，他们所强调的义理，就其内容而言，与汉儒相比，已将重点从政治哲学转移到了社会伦理道德；而春秋时代的儒学，其对伦理道德的阐述，更侧重于哲学思想的表达。

宋儒们提出了一系列非常有逻辑层次的哲学范畴和理论结构，从“存理去欲”或“存心去欲”的修养论，到“格物”或“格心”的认识论，再到外圣内王的境界论，修齐治平的成功论，均是以伦理道德为核心内容。

这些显著的变化，使得宋儒变成了理论、道德的先驱，而忽略了个人修身之法要，他们虽个个受道、禅启发，平日也常习静坐，但终不知修身之密在心不在势。

如马祖悟道时，其师怀让问他：“磨砖不能成镜，坐禅岂得作佛？”禅无定相，法无定法，宋儒们偏重理论，忽视修身修行。是故，虽有一腔热血，儒生们终未能将高明的哲理，化为生活的智慧。

禅法不是空言，说自性清净，非有个什么具体的东西叫“自性”，更非自性中有个什么特别的状态叫“清净”，一切禅法都必须修者自己证悟。故，禅法不离定慧等持，离开了修持功夫的就是“口头禅”。如果不认识到这一点，“形而上”势必被“形而下”取而代之。即使现代科学，也是离不开不断实践的啊！而可惜宋儒们，基本上走了纯理一途，故虽志存高远，然如鸟断一翼。

能伏外者易，能降内者难。宋儒虽摒弃宗教之相，发扬了禅门普度众生的人文精神，但他们却难以降内，不明从心入门的心法，他们乃用一种大无畏的理想精神，在世间摸索。惜仅有理论一途可乎？鸟断一翼，想翱翔于蓝天何其难哉？

密中有禅

宋灭后，蒙元帝国建立，从忽必烈开始，扬密抑显，一时藏密大行其道。显教、道教皆受抑，而儒生们更是可怜，与丐为伍，被打入下流。

提到藏密，大家习惯性认为这是印度直接传入西藏的佛教，和汉地无关。甚至有人误以为，密教修行比显教境界更深。殊不知，吐蕃王朝，这个七世纪初期才崛起于青藏高原的民族，它的兴盛是多元文明的产物。在吐蕃民族最繁荣、强大的八世纪，"中国禅"曾深受吐蕃信众的崇敬和喜爱，几乎所有的"中国禅"早期经典都被翻译成藏文，藏密功夫里，从宁玛派的大圆满法、噶举派的大手印法等至深密法中，禅门功夫的影子一直都在。

近期在内蒙古黑水城发现了二百五十多万卷文书，大约有八成是关于佛法的，其中就有"中国禅"的文书，也有密宗的文书，最有意义的是关于禅密交流的文献。我们从中可以看得出，当时汉传和藏传佛法是怎样在西域交流的。

在吐蕃，摩诃衍、虚空藏师徒是"中国禅"吐蕃化的关键人物，根据宗密禅师《禅门师资承袭图》所载，摩诃衍禅师属于荷泽神会禅师一脉，但在依止荷泽神会前，摩诃衍曾和降魔藏、义福、惠福三位禅师修过北禅。我们从实际情况上可以看到，身兼二宗禅法的摩诃衍，在吐蕃所传之禅调和了南、北二宗。

在敦煌藏文禅宗文献中可以看到，摩诃衍是在敦煌陷落于吐蕃军队后被俘虏到拉萨的。在努钦·桑吉益希大师所著的《禅定目炬》中提到，摩诃衍是藏王赤松德赞的师父，禅师在拉萨、昌珠、琼结等地传授禅法，当时吐蕃人称顿悟禅为“万灵教”。

短短几年间，摩诃衍的弟子已达到了五千余人，赤松德赞的姨母、妃子等都随禅师修禅。一时之间，上自王室，下至众僧，藏地习禅蔚然成风。

此外，摩诃衍的法嗣虚空藏禅师的藏文重要著作《禅书》也在敦煌被发现，此书系统介绍了“中国禅”的教义及修行特点。他深受师公神会禅师“以无所得，即如来禅”思想的影响，将《楞伽经》中的“如来禅”和“大瑜伽”二者结合，强调大瑜伽者接受的如来禅教是最上智之教。如来禅为大乘法，相信一切法不在心外，此法任何人都可通过努力修习。公元796年，因为这本《禅书》，他取得了与其师“同开禅教”的特殊历史地位。

密教的密法中可以见到禅门功夫的身影，例如大圆满法，本由密教祖师吉祥狮子在印度得到传承，莲花生、无垢友、毗卢遮那皆是吉祥狮子的弟子。莲花生大师是密教公认的祖师，无垢友大师圆融了藏地顿、渐之争。摩诃衍禅师口授的《般若经》《涅槃经》《毗奈耶经》等很多经典是通过毗卢遮那大师译成藏文的。毗卢遮那大师的自传《面具》中也叙说了自己如何到汉地修禅，并把禅融入大圆满法的详细经过，这些都是汉藏早期交流的重要史实。

1952年，法国汉学家戴密微出版了《吐蕃僧诤记》，曾激发世界各国汉学家对汉地禅门于吐蕃弘法曲折历史的浓厚兴趣。上世纪七八十年代，日本学者开始对敦煌古藏文中幸存的禅门文献仔细研究，使得这条禅脉也逐渐清晰起来。

不过我们要理解，唐朝与吐蕃，在松赞干布到赤德松赞不到两百年时间里，虽然来往使节不断，又有两次重要和亲，但争夺与争战却几乎没有停止过。吐蕃曾数次占领西北丝绸之路一线，公元763年甚至一度占领长安，因此唐、蕃一直是亦敌亦友、敌多友少的关系。在这种时战时和、以战为主的形势下，吐蕃信仰虽以佛为主，但佛、苯之争尚激烈，故其政治、文化、思想自然会从唐朝偏向与他们没有利害关系的印度。

八世纪末"吐蕃僧诤"之后，"禅"退出吐蕃，摩诃衍一脉禅法被迫转移至青海湟水一带弘法，此地古称"宗喀"，这对后期出生于此，格鲁派创始人宗喀巴大师的思想形成有多少影响，还是留待学者们考证吧。

现代不少汉、藏的修行者，不解藏密的血液亦有禅基因，不解佛法从来都是你中有我，我中有你，偏执地将汉、藏粗暴地分割，妄论法的高低上下。这种言论本就失去了般若波罗蜜多之平等义，大道本是殊途同归的，何来高下之别?

所幸蒙元不到百年之际，朱氏即复汉衣冠。此时，忆及蒙元暴政，生灵涂炭，汉人吃尽苦头，明人欲重拾汉唐遗风。一时，民间往两个极端发展，一方面有些人在长期暴力统治下，失去自信故重他力信仰，迷信之风日盛；另一方面，又有些人由于饱尝文弱书生被欺凌之苦，故武风大兴。

元末明初有三丰真人，行佛道双修法，视儒、释、道三教平等，推演"太极功"。其门下一众弟子皆为人中龙凤。除了三丰真人，明朝还有一位禅、儒不二的大师——王阳明，他龙场悟道后，开"心学"一门(见拙作《禅》)，其门下龙溪、泰州等弟子在大江南北，遍立讲台，应机说法，男女老幼、高官商贾、贩夫走卒，随缘听法，阳明门下推知行合一，广良知之学，此“心学”和“禅”异名而同出，讲的都是平常心，做的皆为本分事。

可惜至明代中叶，八股盛行，闭关锁国，民间思想僵化，从这时候开始，泱泱中华一觉睡了四百多年，禅门当然也无可避免地演化为以他力信仰为主，时运如此，谁又能扭转乾坤？谁又能改天换地呢？自此天下修禅者寡，念佛者众。

公元1644年满清占领中国，二百六十八年的治国方略为，以科举应汉人，推行“奴化”；以和亲对蒙族，推行“钝化”；以宗教治藏地，推行政教合一的“教化”。国家虽经康乾盛世，文治武功皆傲立世界，但短短几十年后，即有鸦片、甲午两次大战，此时，所谓大清国除了地大，已非有任何孕育、创造、革新等生命力，国情起伏动荡实由外力冲击而至，内在已无自净、自新之力。

辛亥革命后，中国知识分子一直处在反思中，批评封建、传统的愚昧，但其实传统只是一个历史概念，它是在历史的延续中稳定起来的，又是随着历史的发展而变迁的。进一步说，没有延续的“不变”谈不上传统，同样没有与时俱进的“变”也谈不上传统，因此，传统必须是有继承和发扬的。

传统与现代是对立的吗？现代是建立在斩断与传统的联系上实现的吗？传统与现代是依人们的主观意愿而客观存在的吗？笔者认为凡事不能一概而论。现代人向西方学习没有什么不对，若真要学西方，我们应当具备当年高僧们的求法精神，具备他们诚恳的信念，深入学习西方文明的精深内涵，不要敷衍了事地学习，只见其表，不见其奥。学什么皆涉其浅，未历其深，如此只能效其害，不获其利。

说来说去，回到主题，“中国禅”自惠能、马祖始弘，就注重出家和在家不二、修行和生活不二、定和慧不二的不二精神，这正是现代以西方文明为主导的社会更加需要的平等、平实精神，那么，为什么现代人往往聪明有余而智慧不足呢？因为知识太多；因为耐心、信心不足；因为不重修身，最终流于形式，似是而非。

《坛经》云“定是慧体，慧是定用；心口俱善，定慧即等。”《坛经》本是曹溪禅门的密不外传之法，我们今有幸得此心法，更需潜心参悟，不要只从字面上理解。知识越多，碎片就越多，唯有通过智慧赋予文字新的生命，使其生动、灵活，这才是文字、语言的真实作用。“莲花太极”正是帮助修者、现代人修身养性、提升智慧的禅定功夫。

第三品

莲花太极的核心思想——般若空性

不忘初心

修炼“莲花太极”非是以肌肉锻炼、强身健体、延年益寿等养生活动为主的运动，而是通过每日精进的修炼契道、明法，提高自身的心量、体量、能量。所谓每日精进修炼，读者不要误解为坚持每天的锻炼身体。精进指的是功夫、智慧持续平衡增长，如果一旦过分关注运动方式、体格筋骨、肌肉姿势、身体功夫，常会忽略修炼的初心。“莲花太极”的修法是一种帮助禅定功夫的动、静不二禅。

不过，通过动、静等各种功夫修法而培养的“觉”，其“觉性”属于觉知，和“明心见性”的“觉”的心性觉悟说的还不是一回事。此外，我们还需理解，禅定不是“禅”，是帮助契合“禅”的主要途径之一。

如果没有大定的身心，禅者很难契合殊胜的般若波罗蜜多。佛陀悟道前跟从的两位婆罗门教老师都是禅定高手，是当世数一数二的大瑜伽士。可是佛陀修至禅定最高境界后，尚感觉其法有认知局限，其教理以四禅八定为最高真理，强调梵我合一的三摩地是最终境界，一代代婆罗门祭司的最高境界便在于此了，可是佛陀认为此亦非究竟之法。因为当世已无人可以为师，不得已自己独身一人开始走上自我证悟之路，最终证得第九灭受尽想定，从而成就佛果。

普通人理解修炼是为了身体强壮，如果身体修得越来越强壮而心智未开，则遇事反而更容易暴怒，更容易伤身，更容易引起严重的结果。体健而乏智者，其生命的开关容易被身边居心叵测的人控制，体健而自我感觉能力强，所以更是一点即着，一触即发，不知觉便成别人的棋子而不知。故此缺乏智慧的清泉灌溉，修炼至武功高强的人，总是难免自傲及易被人利用。

谈到这里，想起金庸先生的《天龙八部》里有个人物，是姑苏慕容氏麾下四大家将中排行第四的"风波恶"，他武功高强喜好打架，只要有架打，不吃饭也成。有一段文字极为有趣，描写有一次段誉见风波恶的情景：

"行到二更时分，忽听到有两个人站在一条小桥上大声争吵。其时天已全黑，居然还有人吵之不休，我觉得奇怪，上前一看，只见那条小桥是条独木桥，一端站着个黑衣汉子，另一端是个乡下人，肩头挫着一担大粪，原来是两人争道而行。那黑衣汉子叫乡下人退回去，说是他先到桥头。乡下人说挑了粪担，没法退回，要黑衣汉子退回去。黑衣汉子道：'咱们已从初更耗到二更，便再从二更耗到天明。我还是不让。'乡下人道：'你不怕我的粪担臭，就这么耗着。'黑衣汉子道：'你肩头压着粪担，只要不怕累，咱们就耗到底了。'

"那黑衣汉子站在独木桥上，身形不动如山，竟是一位身负上乘武功之士。那挑粪的乡下人则不过是个常人，虽然生得结实壮健，却是半点武功也不会的。我越看越是奇怪，寻思：这黑衣汉子武功如此了得，只消伸出一个小指头，便将这乡下人连着粪担，一起推入了河中，可是他却全然不使武功。像这等高手，照理应当涵养甚好，就算不愿让了对方，那么轻轻一纵，从那乡下人头顶飞跃而过，却又何等容易，他偏偏要跟这乡下人怄气，真正好笑!

"那乡下人见了他这等神功，如何再敢和他争闹，忙向后退，不料心慌意乱，踏了个空，便向河中掉了下去。黑衣汉子伸出右手，抓住了他衣领，右臂平举，这么左边托一担粪，右边抓一个人，哈哈大笑，说道：'过瘾，过瘾！'身子一纵，轻轻落到对岸，将乡下人和粪担都放在地下，展开轻功，隐入桑林之中而去。

"这黑衣汉子口中被泼大粪，若要杀那乡下人，只不过举手之劳。就算不肯随便杀人，那么打他几拳，也是理所当然，可是他毫不恃技逞强。这个人的性子确是有点儿特别，求之武林之中，可说十分难得。众位兄弟，此事是我亲眼所见，我和他相距甚远，谅他也未必能发见我的踪迹，以致有意做作。像这样的人，算不算得是好朋友、好汉子？"

试想天下有几位功夫高手能如金庸先生笔下的"风波恶"一般，身怀绝技而不欺人？"侠"字，乃夹、人的组合，能受夹板气，不仗势欺压民众者、不鲁莽不居功者、能仗义施财者、路见不平能拔刀相救者、能屈能伸者皆乃侠士。不过，这和禅者的不二智慧是有区别的。禅者不是"中流砥柱"，而是因势利导、游戏神通的大丈夫，他们的行为不会是外部能看出来的"侠义"，或大家能看懂的行善，做好事。例如过桥遇到挑粪人，侠士如能像风波恶一般不欺负人，已经是气量宽广的大侠了，而善人则会选择退身让他人先行，但禅者的不二智慧绝非不欺人、让人先行这么简单。禅者因知本末，故遇事更随机应变，更匪夷所思，其喜怒、顺逆皆非普通人可以简单理解。

禅门行、相的关注点都落在心法上，故此，言谈举止、行住坐卧、起心动念、六度万行一切都从自性起用，契合了自性其身心自然能和谐、姿势自然能圆润、行为自然能放松、运气自然能变化……反之，如果本末倒置，在行上关注行"善"、放"生"、"法"事、超"度"等仪式，在修上关注体式、动作、力量、调息等外相，忽略心法，本末倒置，结果往往是越行、越修越顽固，越不见自心。

《金刚经》云："一切有为法，如梦幻泡影。"凡有为法，有修而修的，并非禅修。因一切"有为"都是生灭法，即使千辛万苦、忍辱精进修成了，结果也还会"坏"，脱不开"成、住、坏、空"的必然过程。如黄檗希运禅师云："设使恒沙劫数，行六度万行，得佛菩提，亦非究竟。何以故？为属因缘造作故，因缘若尽，还归无常。"又说："诸行尽归无常，势力皆有尽期。犹如箭射于空，力尽还坠。都归生死轮回。如斯修行，不解佛意，虚受辛苦，岂非大错？"

"莲花太极"的修炼不是有心的修行法，如有修而修，其所得的"莲花太极"不过八万四千法中的一法，其所成就的姿势、招数、功夫也不过是真正"莲花太极"中的些许微尘。修者在修炼"莲花太极"时是需要内契入定的五个基本指标：寻、伺、喜、乐、心一境性。至于这些究竟代表什么不同境界，只能靠自己实修时在定中一步步体会，不是文字可以解释清楚的。佛法有教法和证法之分，"教法"通过闻、思可以了解，"证法"唯有通过修行方可证得。如果缺失了实修功德，理论无法融于实际生活。真正能融入生活的，是通过证法，唯有通过实证对佛法的领悟才有实际意义，这也是"中国禅"的核心。

修者能契合"莲花太极"的核心精神，唯有无修而修，这才是真正超越万法的禅修，修者才能真正不与万法为侣，是真正的修禅的禅师。禅法，信未必灵，但踏实起修一定灵！因为禅法是行法，不是盲信，更不是迷信！那为什么这么简单的打坐，自己在家坐不行非要明师指导呢？就像一个人在黑屋子里摸来摸去也不知道小小的开关在哪里，看似每天在精进，却不知还有个开关可以开灯。禅门师者必须是懂得掌管灯亮之理的人，能导引学人在黑屋子里逐渐找到开关。知道开关在哪里的人才有机会把屋子点亮，这和精进努力、修行时间长短没什么关系，只和悟与不悟相关。

有人问为何觉悟和时间无关，那么觉悟从哪里来？觉悟不仅不从时间上来；也不从沉迷中来；不从知识中来；犹如煮砂石，再懂得如何做饭、坚持不懈地持续做，砂石煮一万年还是砂石，不会变成饭。因砂石非饭本，故此觉悟只从悟性中来，不从其他中来。

有读者奇怪，《莲花太极》明明是帮助提高功夫的书，为什么没有谈到具体招式？这是修太极功夫吗？

修“莲花太极”的修者每天也会修炼基本功，似乎感觉不到自己有什么明显进步，师父似乎迟迟不具体教授招式，这是为什么呢？因为如果不先理解“莲花太极”的核心，一修就偏向招式、身体的变化，炼的都是技术，没有明白根本，这样即使炼成，也不过是拳脚功夫，对于以心法入道的“莲花太极”来说是弯路。

如果只炼拳法，太极、瑜伽、打拳、跑步其实都一样，只是不同方法锻炼不同肌肉能量而已，修者唯有在反复、简单、循环的日常修炼中契合了“太极”的核心精神，那么才能明白何为顿悟顿修，世间人就难以想象，为什么唯有顿悟的境界能叫一日千里，一步登天。

契合了禅门精神的修者，便是禅者、禅师。也可以说，生活中能让学人契合大道的每句话，无论是什么人说的，哪怕是个乞丐、儿童，所言都是“开示”，否则无论什么名师、高僧、大德讲的殊胜大法，只要无法令人契合大道、产生共鸣的都叫"知识"。

禅师是什么样的人？如裴休在《传心法要》序中所云，乃"独佩最上乘离文字之印，唯传一心更无别法，心体亦空万缘俱寂，如大日轮升虚空中，光明照曜净无纤埃。证之者无新旧无浅深，说之者不立义解不立宗主，不开户牖直下便是，动念即乖，然后为本佛"。禅者"其言简，其理直，其道峻，其行孤"，言、谈、举、止无不是"太极"之道的显现。

道本是天下的公道，是无在不在的，既然"道"存在，为什么常人不见、不闻、不悟、不明呢？因为"道隐于小成"，您关注在小成上，心量狭隘，智慧不开，"道"就自己去隐居啦！

什么是"小成"？重视修炼时的体式、动作、力量等外在之"相"；重视修炼时的"境界"；重视别人的羡慕、夸奖等"名誉"；重视有所得……这些都是"小成"。

纵观历史，我们会发现，古往今来鲜有能从姿势、拳脚、剑术、气功、打坐等外门而入道者，精于外门者，或许是世间的大拳师、大掌门，但和入道未必有直接关系。

现代社会非冷兵器时代，现代战争也朝着不见面的战争发展，信息战、网络战、金融战、心理战、生化战、核战……武功早已非必需品，有多少机会需要人贴身肉搏？练武也自然变成了养身、健身的一种运动，更有些变成了演出、演艺表演。要想养身、健身您不练武也一样可以啊，马拉松、瑜伽、舞蹈、徒步、登山各种丰富的健康活动，比比皆是，何必苦修什么武功呢？

故此，我们必须时刻谨记，修"莲花太极"不是用来和人比武的，"太极"

先师们，个个都是由心门入道的成就者，绝非什么武功高手。

就像前文提到的吕洞宾虽遇钟离权而得登峰造极的密法，在功夫方面应该说出神入化了，但为什么他的无敌飞剑斩不了黄龙禅师呢?《坛经》中，武功高强的慧明禅师为什么提不动看上去弱不禁风的惠能大师之衣钵呢? 禅之妙理，不仅非关文字，也是非关武功的。

如果吕洞宾当年无缘遇师黄龙，那么他可能也会像历史上无数的神仙方士一样，消失在漫漫历史长河里，直到他顿悟心法后，他才真正身心蜕变，成为“太极”的集大成就者，蜕变成了太极法界的虚空，此虚空生成之妙法是链接世出、世间的通天河。

看到这里，或许还是有些人不理解，难道从功夫、体式入道就不行吗?我们不断提到:莫忘初心。修禅的初心就是为了契道、明法！如果不偏离初心，那么体式、动作也是可以入道的，如果修者过分关注力量的准确性，心停留在技击、搏斗技巧的威力上，停留在打坐时间的长短上，停留在气脉运行的幻觉中，停留在姿势的高难度和优美上，停留在名誉、地位、传承上……您就是偏离了初心。

当然更多的人会因为修炼时受不了身体的苦痛而半途而废，还有人会满足于身体暂时取得的连“小成”都算不上的微末成绩而鸣鸣自得，这些，就更加谈不上初心了。

因此，如果偏离初心，不重视智慧开发，不契合心法修炼，修者是难以证悟到逍遥境界的。所以我们并没有区别心门和外门入道的高低，只是强调必须在修炼体式、动作、气息的同时，认真契合“太极”心法，只学习外在动作，那么和西方体育运动无别。

“太极功”本不是用来养生的，否则叫杀鸡用牛刀，养生是其自然而然的作用之一。禅者修行，是能令到唯一一次的生命能活着无憾，能活明白，过一种究竟的人生。

用世间的角度理解，人至少能在活的时候好好活，死的时候有本事好好死。要知道能好好死是需要本事的，笔者见到多少人，看上去身强力壮、年富力强，但实际上身体内脏腑老化，细胞老化，思想老化……这些人无论年龄，会因为长期不懂生命规律而突然倒下，然后在医院里经历各种痛苦的检查和治疗，这在古代叫“不得好死”！奈何有些人徒有万贯家财、雄心壮志，在疾病、在意外面前，方才真正体会了什么叫“人人平等”。人真的固执到非要见棺材才流泪，到黄河才回头吗?

从禅门的角度理解，修行是要修到不仅能自主生死，还能在世出世间往来自在，这就需要修行了。否则，带着以祛病延年、长寿长生为目的修练，偏离了修“中国禅”的初心，想养生最后还是养不了生的。生是生灭法，禅是不生不灭禅，这两者之间没有必然关系。世界上所有不快乐的人，都是带着自私自利的目的，只想着自己的快乐，故此凡有求必苦；世界上所有快乐的人，都因为他们不忘初心，自利利他，因想着能给予他人快乐，而自己能随缘自在。

孔子曰“朝闻道，夕死可矣”，儒者对真理的渴望和追求亦可见一斑。那么，“莲花太极”契道、明法的心门究竟是什么呢？即：“般若空性”，从“空”门入道契“太极”是最快捷、有效、顿悟顿修的心法。

盲人摸象

说法不易，闻正法难，说到“空”这个词，笔者常见有些老师为学人用“无常”释“空”。常说人生无常、世事无常，所以大家要修行，要看开，要放下，这就叫“四大皆空”或“一切皆空”。如果仅以此解“空”，无疑是一锅热腾腾的心灵鸡汤，炖鸡汤的和喝鸡汤的人其实自己都处于似懂非懂的状态，经不起再多一问。

“无常”不能代表“空”，不过是“空”的一种现象。我们在后文中会谈到“四圣谛”，其中“苦谛”便分别有无常、痛苦、空性、无我四个行相，“四圣谛”中每一谛都有四个行相，共十六行相，故此也称为“四谛十六行相”，我们在后文会展开讨论。故此，“无常”不过是十六行相的一种，不过这里说的“空性”还是因观“五蕴”空而得的“人空”，非禅门的“二性空”。罗什法师说无常仅乃“空”之初门，就像儒门中“爱”是“仁”之初门，“勇”乃“义”之初门一样。我们不能以“无常”为“空”。

“无常”是空的一种现象，分外无常和内无常，外无常指的是万事、万物、万有的不断变化，有的可见、可感、可触，有的则不可见、不可感、不可触；内无常指的是微小的、极微妙的刹那变化，生命体越精细时，感受越清晰。凡人由于执著在可见、可感、可触上，粗心和粗重身对于内外的细微变化视而不见听而不闻，以为固体之物是不变的，这就是被自己的感官愚弄，心里存在着“常”的念头，以为有什么可以地老天荒不变的东西。现在连科学界都证实了每一个原子、分子都在不断生灭，不断运动，世上没有一个静止不变的事物，他们称之为“布朗运动”。佛法中将其解释为，一切的变化都是随着因缘的变化而变化，因为“缘”的不可测、不可量性，故此，没有什么一成不变的人、事、物、理、法、世界、宇宙……

这个世界上最“无常”的是人心，最“常”的也是人心，故此，人心是非常非无常的，我们修行的根本是自己带动这颗心，与之和平共处，与之相应契合，故此，知无常是修行的动力，佛陀说无常有四：有生必有死，有聚必有散，逢高必坠落，聚集必灭尽。此四种无常佛法中称之为：四边、四际、四终。一切有为法，都在此四个范围内，没有一个可以超越。

我们再看看六祖在《坛经》中如何开示“常”与“无常”义：

志彻禅师问《涅槃经》，祖曰：无常者，即佛性也。有常者，即一切善恶诸法分别心也。志彻曰：和尚所说大违经文。师曰：吾传佛心印，安敢违于佛经。志彻曰：经说佛性是常，和尚却言无常。善恶诸法乃至菩提心皆是无常，和尚却言是常。此即相违，令学人转加疑惑。师曰：《涅槃经》吾昔听无尽藏尼读诵一遍，便为讲说，无一字一义不合经文。乃至为汝，终无二说。志彻曰：学人识量浅昧，愿和尚委曲开示。师曰：汝知否？佛性若常，更说什么善恶诸法乃至穷劫无有一人发菩提心者。故吾无常，正是佛说真常之道也。

这段话什么意思呢？佛说佛性是“常”，是在述说一个事实，说佛性“非常”，同样也是一个事实。需要修者在自性起用时对内、外有觉，方知佛性非常非无常。六祖又说善恶诸法乃至菩提心皆是无常，是起用之后依对生命法则的体认，及内、外在缘起法掌握程度的高下，而各人有不同的根器，觉力、悟性也不同，故同门修行，有人发的是“阿耨多罗三藐三菩提心”，有人发的则是“妄心”，同一个师门，听闻同一堂“常”法，学人却生出不同的觉知，此即“无常”。

佛法不是知识的堆砌，而是念念契自性，佛说“常”者，乃为破凡夫外道之邪常、恒有之心。而世人不解佛性的“常”，其实是实相无相，故执于无常，以“无常”解空，乃肤浅的认识。众缘和合而生的一切有情生命，无情植物、矿物都是在无主的无常变化中生灭灭已，所以才说“众生平等”！在无常、无主的变化生灭中随着有情生命的心而应对所知的量，据习气而吸附“地、水、火、风、空”五大，故：高山于鸟不为碍，深渊对鱼乃是家，长空笑纳白云飞。

我们前文已经提到，达摩祖师东来所传的印心法门是“如来藏清净心”说。“如来藏”这个名称我们曾多次提到，这不仅在禅门，在印度大乘佛法中也是极其重要的思想。

玄奘法师之后，在印度给佛法致命打击的印度教大师商羯罗（详见拙作《至宝坛经》），其著作《无二论》其实是根据佛法中如来藏思想改头换面的。我们讲法界，他们称为“大梵”，他偷换概念，把如来的法身改成“梵”，把佛智改成大梵的智、大梵的境界。

《无二论》是商羯罗经三代而集成之作，其拥有精密的逻辑性，这给予了当时所有佛家道场最严峻的挑战。古印度时，外道找佛家辩论，只要道场前竖这个幡，把辩论题目挂出来。若有僧人出来应战并输了，整个道场要改信胜者的信仰；如果外道输了，有割舌的、有砍头的，这一点我们从玄奘法师曲女城的辩经大会上也可以看到，辩论如果输了，输的是人头。

当时印度教的大师们去了很多佛家道场辩论，我们同样从玄奘法师在那烂陀遭遇的几次经历可以看出，当时印度僧人中已经鲜有大师能应辩了，由于缺乏通达佛法妙论的僧人，修行见地不够，故此无法破解《无二论》和佛家的不二法门的分别，辩论就无法获胜，于是要么投降转投印度教，要么自杀。

眼看佛法面临大难，幸好有陈那菩萨出世，创立了一套逻辑性更强的"因明法"。"因明"的心法是唯识。什么是心法？心法就是见地。"因明"中明确了根据什么来定正量，根据什么来定非量。当时陈那菩萨创立"因明"，就是为了一个最根本的辩论：声是"常"还是"无常"？如果按印度教商羯罗大师的"大梵"说法，其为"大梵无二论"，"声"必须是常，如果"声"无常，"大梵"也就无常，因为大梵的声音是嗡(oμ)，"oμ"代表了大梵。

凡和印度教密切相关的咒语、真言、瑜伽里，"嗡"字具有特殊的意义，源头便在此。印度教的寺庙前都有一个大大的"oμ"字，这是他们的标志。如果"声"不恒常，也就是说"大梵"也不恒常，这就没有根基，怎么行呢？

陈那菩萨出世后，他便用唯识来立量，"声"只有是"所缘境"才是正量。如果"声"是所缘境，那么"声"当然是无常的，唯用唯识立量才能说到心识与所缘境的关系。陈那菩萨的立量一出，终于把印度教顶住了。为什么呢？因为佛法是建立在缘起法则基础上的，缘起不仅包括了主观，也包括了客观，还包括了非主观非客观，如以狭隘的、被动的、单纯的主观、客观来局限法义，这就不属于缘起法范围，而是宿命论了。

在陈那菩萨那个时代，唯识成为主流。那个时期的印度，无论印度教还是佛门，有大师出世则法兴，可见，自古都是"人能弘法，非法弘人"。

玄奘法师刚好在这个时期到印度，可惜的是他那时没有遇到商羯罗，否则历史又将会是怎样一番模样？商羯罗是在玄奘法师离开印度后近百年才出现的灭佛者。

玄奘法师师从戒贤论师，所学《瑜伽师地论》是唯识宗根本经典。唯识宗虽没有提"如来藏"，但玄奘法师作为"法相唯识宗"的创始人，从未明确对"如来藏"说法提出过异议。

有人说达摩祖师传的是"如来藏清净说"而六祖"中国禅"传的法是"自性清净"。其实"自性清净"便是"如来藏清净"，《坛经》开篇即言："菩提自性，本来清净，但用此心，直了成佛。"还说"世人性本自净"、"菩提般若之智，世人本自有之"、"识自本心，是见本性"、"故知不悟，即佛是众生；一念若悟，即众生是佛"……这些关于论述自性清净的语录在《坛经》中俯拾皆是，可见，强调"般若空性"的"自性清净"是"中国禅"修行、修证和解脱的主要依据和立论基础。

何谓"清净"？有人认为是"人之初，性本善"，善者即心净的人，此又是误解。就像天空，时有白云，时有乌云，时而晴空万里，时而星光璀璨，那么有乌云时就是恶天，晴空万里就是善天吗？清净是包含白云和乌云的，天空是真的"空"吗？

佛法中称"真空"为"毕竟空"，如龙树菩萨在《大智度论》中说，"毕竟空”即是“毕竟清净”，以人畏空，故假名“清净”。也就是说，凡人一听说“空”就害怕，怕“空”是什么也没有了，故菩萨假言“清净”，其实，空即清净，同出而异名。

但这不是说，人的“心”内真具有清净庄严的功德，或者真有一种什么干净、善良的心叫“清净心”，再或者认为“清净心”就是好心、善心、静心……我们一定要理解，所谓“清净心”不是相对“污染心”而言的。如果相对“污染”而言“清净”，那么，“污染”不在了，“清净”也就同时不在。而“毕竟清净”是绝对的，其本质是“空”和“虚”，空中含万有，虚中化万物，故，万不可用世间的善恶、好坏、染净等二见来理解禅门“清净”的内涵。

有些学人看了一些关于佛法的书，也听了各种讲座和课程，他们听什么、看什么都觉得老师讲得有道理。其实内心还是稀里糊涂，一问三不知。关键在于哪种说法都没看懂、没听懂，被各种说法带着云里雾里地迷糊。故此，这些学人一开口，便是各种心灵鸡汤，您仔细一听，会发现其中大有矛盾。如果再问问他，各种矛盾的关系呢？他自己又不知其解，如果此时接着再去听更多的讲座，看更多的书，会发现自己其实根本驾驭不了这些知识，以有涯之身追无涯之知，何其愚也？除了令到自己多些谈资，内心其实也不知道自己该学什么，听什么，修什么。

所有的经典在浅义中，分别内藏有“纲、目、经、纬”“四通”，“纲”为宗旨，“目”为重点，“经”乃纵观，“纬”是类比，四“通”方可八“达”。否则如何举一反三？通达“纲、目、经、纬”后，学人的境界则不是水到渠成，而是有滔滔江水一泄千里之势，这种融会贯通的境界不是积累，而应是顿时豁然明白。

愿意四处求学的学人，必也谦虚、也好学，可惜多数人无缘得遇大善知识直示正法，故此在法海中成天被法转，被境转，甚为可惜。故此笔者建议，学人在没有辨别能力的情况下，接触的“大师”、门派、知识、各种花样修法越少越好，一门深熏方可得法。听得越多越容易晕头转向、无所适从。老子言：“为学日益，为道日损。损之又损，以至于无为。无为而无不为。取天下常以无事，及其有事，不足以取天下。”要知道世间的博学、广交是无益于修道的，修道之人最重要是不忘初心，遇难不退，经得起诱惑，耐得住寂寞，这已是八地菩萨了。

如黄檗希运禅师云：“慎勿向外逐‘境’，认‘境’为‘心’，是‘认贼为子’。”又说：“为有‘贪嗔痴’，即立‘戒定慧’。本无‘烦恼’，焉有‘菩提’？故祖师云：‘佛说一切法，为除一切心。我无一切心，何用一切法’？本源清净佛，更不着一物。譬如虚空，虽以无量珍宝庄严，终不能住。佛性同虚空，虽以无量功德智慧庄严，终不能住。但迷本性，转不见耳。”

笔者也见过有些学人倒也真是在一门深入，看上去好像对法理、修行也不糊涂，但为什么就是进步慢呢？这些人认真修行几年下来，除了年龄、相貌、体态变化了，见地、修为一点没长进，这大多是源于固执己见，以为自己懂了。还有人是用嘴巴修行，坐而论道易，起而行之难。用嘴巴修行的人，以幻说幻，如人梦中坠水，只知搏水，不知醒梦，唯有等搏水力尽时，方知是梦。

修行之难难在如因地不明，果地必然受碍。如难起而行之；再如骑马又找马是病；再如找到马了又不肯下马还是病；再如指鹿为马更是病！

学人究竟怎样才能找到正法呢?

一、看您修的法是否具足平等性?

二、看这个法是依他力还是自力成就?

三、了解您修的法是迷信还是智信?

四、观察自己修的过程中是否在成长?

五、您的导师在学、修过程中传授过您什么?

六、您跟随导师学修,是因为其名气还是因为其功夫智慧殊胜?

七、检视一下自己求法的心,是为了自私自利,还是自利利他?如果是私心带动,那么有法的师父会传法给您吗?传了您能听懂和实践吗?

八、修行是换一种方式娱乐和交际吗?混在一些有名望人的队伍里,跟着有名望的师父修,代表什么呢?

九、修行后,您是越来越谦逊了,还是越来越看不惯别人了?

十、您知道自己所修之法的传承、核心、根本吗?

十一、修行后,您的身心有明显变化吗?

十二、修行后,您是否能更加清晰地观照出自己的各种问题?

……

修行首重心无成见,对本门妙义,仔细、认真、反复精读、参究,否则看到的只能是一些表象。例如禅门以“自性清净”立论,有修者认为这个容易理解,那么我们来尝试回答一下:有观点认为心本有“净心”和“染心”两种,由于“心”为客尘所染,客尘和染心相应因此产生烦恼,反过来说,如果本心中没有染污,是什么能和客尘相应产生烦恼呢?换一种说法,如果说客尘也能与净心相应，但客尘带来的烦恼相并不因此而清净，也就是说，清净的本性，也可以不因客尘的染污，而出现烦恼相。那么请问，这两者之间观点的异同如何解释呢？

再如，既然自性是清净的，那么清净的“心”是否先于客尘有的呢？如果先于客尘就有清净心，也即是说，心和客尘已分别住于两个时间段，这说得通吗？如果说不通，那就是说清净心和客尘是同时具有的，如果这么解释，那为什么六祖只说自性本净，而不提客尘本具呢？

还有人说，《成实论》等诸经中云，“自性清净”等只是佛为教化众生发净心的方便说，是“非了义说”。这么解释通吗？如果这么解释，也就是说，六祖创立“中国禅”居然以“非了义说”立论！岂非笑谈？

不少本来以为自己明白的学人一遇到刨根问底的问题就开始变得含糊其辞，有些人就在这么说有道理，那么说也有道理的怪圈中无法自拔。为什么呢？皆因一肚子知识都非自证所得，皆非究竟，经不起推敲。要是遇到古印度时辩法以生死为赌注，相信就再没人敢胡乱开口了。现代人，学问来得太轻易，所以无心，张嘴就说，说的什么自己也不理解，甚深微妙之法，究竟妙在何处呢？笔者每次见人这样糊涂地修行和学习都觉可惜，为什么呢？因为浪费时间！浪费生命！

自隋唐以来，华严、天台和禅门等诸多祖师依据《大乘起信论》《金刚经》《楞伽经》《圆觉经》《楞严经》诸经，弘扬自性清净、本觉真心说。禅门分了南宗、北宗，虽对“心性本净，烦恼客尘”犹有不同认知，但都赞同心性本净。

神秀大师的北宗禅强调“时时勤拂拭，莫使惹尘埃”，可见是将“净”和“染”分住于两个时间段，是将染和净的身心都执为实有而修之，故此要息灭妄念才能得“清净”，由于客尘染心，故时时以修心而拂拭，这种灭染求净之论近于唯识学，和六祖以中观般若为主导思想的自性清净观存有很大差异。

《坛经》中明确论述曰：“若言看心，心元是妄，妄是幻故，无所看也。若言看净，人性本净，为妄念故，盖覆真如，离妄念，本性净。不见自性本净，起心看净，却生净妄，妄无处所，故知看者却是妄也。净无形相，却立净相。言是功夫，作此见者，障自本性，却被净缚。……看心看净，却是障道因缘。”

由于对“自性清净”的理解不同，故，禅门用弘法的地域分，称：南、北二宗，以悟道契机分，称：顿、渐二门。

修行“莲花太极”的修者，是通过修行“中国禅”南禅顿悟法而契合“太极”大道的禅者，能否契机悟道关键在于是否心中时时契合般若空性思想。一念相应，便至佛地，而非修炼如何时时拂拭烦恼客尘，使心变得“清净”。

顿悟法是突破自我、超越自我的过程。世界既不是物质的，也不是精神的，更不是物质和精神的集合体，而是一种幻像。物质或世界，是由心、意、识创造出来的，是精神的产物。万事、万物、万有，大至三千大千世界、六道轮回，小至生活里所有的一切，都是心的投影，是一种幻像。中观称之“自显”，世界不是外在客观存在的东西。

故此，修炼“莲花太极”的修者，需是契合以《摩诃般若波罗蜜多心经》为代表的般若空性。我们谈“空”，通常有两个角度，从人的角度讲叫“般若空性”，这是指人人本具的清净心，也叫“人空”；从法的角度讲叫“般若性空”，是唯心所现，唯识所变，也叫“法空”。

“法”的“般若性空”和“人”的“般若空性”二者在禅门，被六祖概括为无念、无相、无住的三无法门。即禅者于一切境上不染、不住、不著。反过来说，一切染、住、著相的思想、意识、形态、行为，皆非真正“中国禅”的禅修。

老子说：“万物生于有，有生于无。有之以为利，无之以为用。”六祖所得“本来无一物”是本“无”，触境而生是后“有”，禅者念念空，行行有。但我们不要又误解，有个什么东西叫“无”，这个“无”像妈妈生孩子一样生出了一个“有”。我们在前文已经讲过，这个“本”和“生”不是时间上有什么先后，“本”和“生”不是住于两个时间段的，此乃本体论，非发生论，庄子说“方生方死”便是此意，生死、因果皆是同时发生的。

宇宙里没有“有”，只有“万有”。

什么是“万有”呢？就是无在不在，如来如去，“万有”不是“万有引力”，“万有引力”只是万有的一种变现，“万有引力”同时存在的“万有斥力”也是万有的一种变现。

“引力”是可以被确实的测量，但是“引力波”呢？如何测量？能应用吗？“引力波”和其他“波”一样，是宇宙中的一种能量，是某种阴性存在，这些无形无相、无生无死、无来无去、无增无减、无垢无净的“电磁波”、“引力波”、“声波”等等，是宇宙“万有”的各种主要组成，宇宙不是被物质主导的，而是各种变化莫测的能量在主导,"万有"面前,我们引以为豪的科学还只是个稚嫩的而好奇的孩子。

物质的"有"生于能量的"无",物质的"粒"生于无形的"波",物质的"力"取决于其所在的"量"。物质和能量可以同时存在;波、粒可以同时存在。修者契合了人空、法空之理后,便进入了"禅"的甚深法界,以至不二圆融,连"空"亦"空",关于这一点,请读者参考大珠慧海禅师的《顿悟入道要门论》。

曾有人不理解地问笔者:我好不容易搞明白点佛理、佛学,您又让我契"空",既然文字、语言、修法都是空,为什么我还要花力气学习这么多名相?什么蕴、处、界啊;不二、四谛、缘起、法界、太极、人空、法空、摩诃、般若啊,没有学习这些名相前,我也过得很好,现在天天认真学习,总算明白点了,您又给我破得七零八碎!既然早晚要空,还不如不学,否则不是多此一举吗?

这问题不是牢骚,而是很有代表性的疑惑。禅门本是:大疑大悟,回头是岸,或许有些人想问又问不出来。那么我们为什么需要先学名相,再一层层像剥洋葱一样拨开迷雾呢?剥洋葱的人最后发现洋葱是没有心的,那么迷雾会有心吗?

迷雾本是万物构成,名相是构成迷雾里的成分之一,不理解名相真义的修者,就容易被各种二手的说法、修法、知识背转。我们说"空",并非是讲一切以"空"为归结,如果这样,死人应该比活人幸福才对。都空了,这个"万有"的世界还存在吗?世界是有情的世界,有情则是由"五蕴"积聚而成的。“五蕴”皆空后还有没有“色”？有没有众生？没有“色”没有众生，还有菩萨？还有法吗？菩萨观空本是不离色，不着色的，普通人观什么，着什么，故此想要不着“色”，就得修如何观“色”，空“色”！否则“色”是一定黏附于您的。

名相即是“色”，也是众生之间沟通“色”、“空”的共识，通过各种共识，众生彼此了解、传递心意。佛所说的教，祖师们讲的法，都需要假语言、文字等“色”相来流传。否则后学者根据什么来学、来思、来想、来进步、来反思、来深入呢？但需要注意的是，修道不能以表面的详释名相为标志，知名相仅仅是为了从义理上明法，义理的领悟除了名相，重要的是不离实证。

也有些修者误认为实证便是埋头苦修，结果发现苦修了许久却还是不明白，为什么呢？因为实证从来都离不开义理，理和证不二。佛陀当年雪山苦修六年，也没有因此而悟道，修行如果仅重修而不重义，会落在邪见里，对佛法的理解容易停留在现象界，会过于重视个人境界而忽略佛法教化众生的本质。

故此，义理不明的修者缺乏祖师们弘法能量，对于各种由于不解佛、禅而所讲述的不究竟经义，例如经典的内涵、佛法的历史过程所造成的教义变化、各宗派教理的异同、不同区域教理的分别、教义有无高低等等，无法深入正确给予引导和解答。

理、证并举便是定、慧等持。

否则我们会发现修行界将满是靠“神通”、庄严、仪式、苦修、武功、效果等弘法的“大师”，抱着方便当饭碗，这些“讲师”、“大师”、“名师”指导着渴望求法却又茫无头绪的学人。以盲导盲是多么令人惋惜？修法需要信，但这个信是智信绝非迷信，否则道场再兴旺、法会再盛行、慈善事业做得再好，也不能代表就有法、就有道。

现代人的修习多流于皮相，不谙真旨，如非理、证并举，学人但执名言，便以为真理，还有人参加了几次所谓的“禅修”，便以为禅修不过如此，谁都会！禅的能量其实如同深海一般沉稳和寂静，如同微风一样透明和轻柔，您能一眼看穿大海里的世界吗？您能抓住这一丝微风吗？

自古能敌人者愚，能克己者智。克己者，自律、自觉、自修、自证、自悟、自行，绝不会好为人师，刚愎自用。例如我们常讲禅者“了生脱死”，就有人以为禅门能修什么生死轮回术，修怎么得肉身舍利，修怎么去极乐世界，再或者就是修怎么养生长寿。岂不知真正的禅者，不在生死上著脚，亦不知生死为何物，更不谈什么气血通畅、阴阳五行，其心中何曾想过要去什么极乐世界？心清净时，哪里不是极乐世界？

禅者日用生活本与凡夫无别，不离见闻觉知。然，凡夫和禅者之别，在于知于不知，觉于不觉。禅者的用心处、下手处，便在当下一念。祖师们的语录，字字句句落在出生死处，出生死就在这一念了，一念了然，入世遇境逢缘，如镜显像，无一物可动于镜中，此为入禅要门。哪有人会把增长禅定功夫变成如何修双盘打坐？怎么拉筋炼腿？如何养气炼气？或者怎样长生不老呢？但行一直心，直心乃净土，何为直心？佛言：心如弦直，可以入道。

禅心无别妙处，禅者即是直心人，直心者，不委屈，心中一尘不立，方谓之直。好像弓弦之上岂容他物站立？一念不直，便是过错，能念念和直心相应，念念不留一物，不立一物，则本来面目自显。此即常自见己过。此是禅者顿悟成佛的密法，见己“过”的“过”，不是指反思自己做错什么事，而是指时刻观照自己有哪些妄念。妄念是因，错事是果，菩萨畏因，众生畏果，禅者的一切用心，便在当下一念上。

现代人常常说“活在当下”，这句话源于禅门，但现代人虽然会说，但几乎都不太理解，常见的误解就是活好现在，此是得过且过，是现实主义、享乐主义。当下的一念，如人想行千万里路，殊不知最关键的便在未离脚跟这一步，这一步决定了脚下的方向。方向不正确时，无论怎么走都是逆行。这一步是狂心顿歇，歇即菩提的一步，宁可千年不悟，不可一步错行。修行悟道，就在这一步，易亦难，难亦易。

六祖言：“一灯能除千年暗，一智能灭万年愚。”一念契法，一步踏对，如同摸到了黑屋里电灯的开关，弹指之间，大放光明。否则，修者虽精进不怠、忍辱持戒，方向不对。时时拂拭便能次第花开，花开见佛吗？下结论简单，结论多的人往往是缺乏独立思想性的人，因其结论多、成见多、禁区多、知识多，故智慧少、创见少、灵活少、活力少。修禅是活法，活法是越活越空虚的，不要把活生生的一念修成了死念、定念。抱死一个念，如痴如醉，如幻如梦，最后无明火起，着魔发狂。凡成见深固者，岂知我门中万法如妙用恒沙，处处皆禅机？

通常学者们都认为宋、元、明、清佛法已渐衰颓，可是我们看看宋、元、明、清诸朝中，民间信佛者少吗？道场、法会、经忏不够兴旺吗？养老、慈善、救济、教育等佛教公益事业不普遍吗？既如此，又为何谓其为衰？其衰，乃修行和教义皆衰！非法事、慈善之衰。换句话说，因为民俗、道场、法会、经忏、慈善等事业的兴旺而忽略了佛法的实质，此乃本末倒置之哀。

有人不理解，难道做法事、办经忏、常放生没有作用吗？念力的作用不是很大吗？这误解在于，在时空环境下，物质的反作用力是无法和宇宙法界的能量相抗衡的，如果利用意识的作用能改变宇宙法则、改变因果律，那么岂非利用念力就能使天地运行尽如人意？如果众生的“心因”不愿改变，而只想改变“成果”，这就是典型的幻想。

宇宙法界的能量运行和人类所处的时空环境、事物运行并非在同一个维度上，您能用念力、用法事、用放生使地球的温度略降一点吗？地球都无法改变，何况太阳系、银河系、宇宙以及宇宙界无在不在的能量？佛陀有运用神通法力使弟子们悟道吗？如果念力这么有用，菩萨、祖师们还用得着这么辛苦，一次次乘愿再来我们这个婆娑世界，不离不弃我们这些迷途众生吗？

自惠能、马祖以后，中华大地一时尽归禅门，如柳宗元说：凡言禅者，皆本曹溪。可惜的是，后世有禅无师，本来活泼泼之禅也随众渐落于民间信仰泥潭，事实上，各种宗教形式多已成为缺少灵性的仪式化交换行为，超度、烧香、开光、礼拜、放生、经忏、念佛、吃素、算命、消灾、驱鬼、弄神、拜佛，这些是佛法真义吗？能度人离愚痴苦海吗？

曾有人说参禅、学佛的目的是为了成人，说心、佛、众生三无差别，所以成佛就是完成人格，人成即佛成。有人因此说就认为自己是个人格完备、乐于行善的人，那为什么还要参禅、学佛呢？这种常见的误解，也是属于心灵鸡汤的危害之一。参禅如果只是侧重在成人上，那么也就是顿悟成佛便是成为人格完备的好人，这等于把“成佛”等同于“成人”。“人”本有其不可避免的局限性，在环境、时空中无法自在，而“成佛”是达成超越生命、超越时空，也就是《心经》中的无有恐惧，究竟涅槃。佛虽由人成，但不要误解人格完备即已成佛，人格完备仅仅是成佛的基础。

还有人误解佛教便是佛法，禅宗便是禅法。冰能代表水吗？以宗教形式弘扬佛法是弘法的一种形式。佛、禅之法本以教育为本质，以无神为核心，以命由己造、人人平等为立论，“中国禅”自创立即在破除迷信、破除固定形式、破除定论邪见，这些，只要仔细参究《坛经》便知，如果本末倒置，则必然导致佛、禅的庸俗化、迷信化。

不二禅观

修炼“莲花太极”的心法，便是契合以《心经》为代表的“般若空性”，这才是修炼的重中之重。

《心经》中，观音菩萨的成就法是“观”法，即“莲花太极”修者要修习的“观”法，也叫“不二禅观”，这是实证“五蕴皆空”之法。

“观”法不是一种义理和名相，如果学人不曾经过实修，只有按照理论来分析“观”，那就通常会变成这样的逻辑思辨：“有情”由“五蕴”组成，而“五蕴”的每一“蕴”可以拆分再拆分，最后拆分到佛经里称之为“极微”，西方科学称之为“微中子”或者“夸克”之类，连肉眼也看不见的无形体，那么无论叫“极微”还是名“夸克”究竟是真实还是虚幻呢？说其真实不见相，说其不真又存在，这些若存若亡、无在不在的“极微”对生命体有多大影响呢？它们彼此之间是什么关系？每个生命的“极微”之间是相同的吗？生命与生命之间的“极微”是相通的吗？“极微”有源代码吗？源代码会是谁编写的？谁能改动？……

唯物主义至今没有讲清楚究竟什么是“物质”。连究竟何为“物质”都讲不清楚，便唯物是否有些太轻率呢？可是唯心主义呢？能讲清楚究竟什么是“心”吗？既讲不清楚物，又讲不清楚心，为什么人类喜欢如此轻易划分阵营？

从科学的角度认识，曾经被以牛顿为代表的经典力学家们解释“物质”

为有质量、有形态的实有物，物体的质量是它本身重量的量度，也就是物体上所受重力的量度。此外，物体的质量还量度着物体的惯性，也就是它对加速度的抗拒能力。经典力学家们把“物质”归结为具有某些绝对不变属性的“质点”的集合。

“质点”概念本来是对做整体运动固体的一种抽象理解，但它在液体、气体乃至热现象中的应用也获得了成功。对于所有这些能够具有机械运动的物质形态，科学家称之为“实物”，又称之为“实体”和“物质”。科学家先把物质归结为物体，进而把物质看成实体，就是因为其在任何机械运动过程中，乃至在化学反应中，似乎质量始终如一。

由于科学家们理解“质量”有着“物质不灭”或“实体不变”的特性，于是“质量”被理所当然地看成是物质本身所绝对固有的。任何人都知道，推动一个重物比推轻物困难，使轻物的停止运转比重物容易，科学家们认为物体的质量和不可消灭的有形物质相联系，故此世界是由物质构成的，而“物质不灭”。

然而，就在经典力学理论似乎圆满无瑕时，相对论笑眯眯地出现了，爱因斯坦轻轻地告诉我们，质量只不过是能量的一种形式，相对论证明质量与速度有关。同一个物体，相对于不同的参考系，其质量就有不同的值。爱因斯坦的著名的质能方程：能量等于质量乘以光速的平方，这无疑是一声惊雷，炸得经典力学家惊慌失措。不久后科学家们又发现了核裂变和链式反应，把部分质量变成巨大能量释放出来。现在知道原子弹的人，都相信了质量不是不变的，物质不是不灭的，质量可以转化成能量，而宇宙中绝大部分是由能量组成的，能量的流动是宇宙的生命力。

能量不仅可以用人们已知的形式存在，可怕的是占绝对主导地位的能量是人们未知的形式存在，而对于这些，人类科学还处在没入门的阶段，那么这些科学尚未知的存在，究竟如何是存在呢？

现代科学未知，不代表真的无人知，科学走到今天，不得不认识到了物体不再是必须有什么固定形式，也无法被人为推论和限定为物质不灭，物质和能量的互相不断转化是非以人的意志为转移的，千变万化的各种变化形式是自然而然的现象。

言及至此，我们可以发现，现代“物理学”其实已经趋于精神化了，可惜的是，本该以精神为主的“心理学”、“生物学”、“生命学”等学问却在“还原论”导向下变得越来越物质化。例如心理学家在积极寻找意识粒子，或许在他们认为，所谓“心心相印”可以理解为双方脑内的“振子”的“本征频率”相似，故此科学家们想实现不同生命体脑内的无线电通信。

那么，是否发现了这种无线电密码，人人都可以通过意识粒子来进行思维通信了呢？实现了脑内无线电通信后的人类是否会更先进？更幸福？就像发明手机时，人类迈出了通信的一大步，现在我们看看社会上的人，有几人能离开手机？有几人不被手机约束？人类的情感因为紧密联系后变得更加紧密，还是更加疏远和彼此不信任了呢？

如果科学真的解读了“振子”的“本征频率”的密码，就意味着人类真的可以建立意识通信传递吗？意识通信传递是“心心相印”吗？禅门的“心心相印”是主动的、积极的，而非人为主导、刻意输入、偷换概念的，如果人类的大脑、意识也能商业化，以广告人为主导的、意识化的、各种有目的性的宣传，这究竟是人类的大进步抑或是大灾难？

当科学家们欢呼一个个发明创造，当企业家们欢庆一次次股价沸腾的同时，他们是集体忘却了一切力皆有反作用力呢？还是故意选择忽视？

我们想想，如果在不久的将来，在被某些人、某些利益集团控制下开始了无线思维通信，人的思想可以被遥控，定点输送他们想输入的信息，人类还会有安心吗？除了被各种不堪其扰、糖衣包装的意识、思维误导之外，人类还能有自己的独立选择吗？对能主导他人意识、创造各种非人非机器生物的利益集团来说，他们俨然会成为“上帝”一样的角色，利用不明就里、自私偏激的知识分子为其牟利。生活在这样的未来里，谈何幸福人生？人之所以称之为人，每个“人”都理应有人生的幸福，有祥和平静的生活，这本是作为“人”正常的诉求，可恰恰在人类似乎更加“自由”的今天，人类本应更加具有创见、独立意识、广阔视野，可惜的是滔滔的利益洪流下，社会发展却朝着另一面疾驰。

西方文明本源于“还原论”思想，“还原论”起源于“原子论”。这是古希腊时代哲学家们的猜想，他们猜想物质是构成宇宙永恒的基石，万物由物质所成，物质是宇宙不变的、绝对的实体和基质。实体是实实在在的客体，物质及其性质是独立于人类的意识而存在的客观实体，而构成物质的基础，暂定名“原子”。

现代科学进一步命名了“原子”的核心是“原子核”，“原子核”又由“质子”和“中子”构成，但“质子”和“中子”就是物质的最基本元素吗？

再后来，科学家们发现了，原来物质是能量的集束，也就是个能量包，物质的本性是其内在的能动性，物质不是石头一样静止的三维固体，而应是：如果用空间和时间融为一体四维连续区的框架来表达，应该把物体理解为"时—空"中的四维物体。他们的形态是"时—空"中的动态形态，而非固态不变的状态。

从空间角度讲，它们是呈现出有一定质量的可见、不可见，有形、无形的物状；从时间角度讲，他们是等价能量的过程。

目前科学家们已经解释了能量是使物体变化、作用的内在功用，能量的特性是永远不会消失，是可以以不同复杂形式变化的，因为能量而使宇宙间的自然现象互相制约。可是，宇宙间这些无形、无相、无常、无可琢磨的能量究竟是如何形成？互相之间的关联性如何？能量实有吗？能量可分割吗？可计算吗？可预测吗？可修炼吗？谁曾看到、摸到、听过能量？谁又能否认能量？

能量是生命的体现吗？如果是，那么脱离了能量的生命和生物学研究，这些被物质化的"生物科学"、"生命科学"所研究的还能叫"生物"吗？还是说，脱离了能量的"生物学"其实是"死物学"呢？例如古代东方医学重视的是生命活着的时候的气、血、经、络之变化，而现代医学是建立在尸体解剖基础上的，谁在活学活用？谁在死物死理？如果通过死物、死体、死质、死量来制作、应用药物，反哺活着的生命体，这样的医学理论能对生命真正有益吗？有人说，西医治好了多少病啊！这句话能否换个方式说？西医暂时压制了多少症状啊？或者说西医真正治愈过多少疾病呢？拆了东墙补上了西墙,我们能说墙修好了吗?

生命时刻以不可测量的速度生灭和变化着,物质、气息、能量、精神,究竟是真实的生命本身,还是真实生命群复杂关系的各种反应? ……从知识界、科学界、名相界的角度讲,这些有答案吗? 从修行和修证角度看,这些没答案吗?

还有人说既然诸法是因缘而生,那么"极微"就不是永恒的,也是无法拆分的,它就是个"空"。由此,他们得出"四大皆空"的观点,提倡"即色空"或者"当体空",也就是不离"色"而把握它"空"的本质或者实相。那么,请问各位读者,您认为这种观点是否究竟呢?

禅门对物质和物体有自己的理解,此乃是万物、万事、万有在因缘和合当下显现的过程。万物、万事、万有属于"行为"和"事件",它不是孤立的,而是动态的。

宇宙中没有什么可以独立存在,物质和能量相互转化的能动性是万事、万物、万有存在的真正本质,存在和能动性既是不可分割的,又是同一"时—空"过程的不同方面。

故此,禅门把万事、万物、万有都看成是在宇宙之流的过程,生命就是一次次的"流经",就如同其实河并不需要水,河只需要水的"流经",宇宙中,一切都是"流经","流经"的本质是无住、虚空,凡一切复合的、人为所作的物体、物质、情感、能量、法相、心念……都是"流经"。因为"流经",生命在循环和成长,因无所住,故而生心、生万法。

万事、万物、万有经历着成、住、坏、空的循环过程,这些过程皆是流动的“禅”、“道”、“法”，皆是“禅”、“道”、“法”处在刹那、刹那间转化和变易的流动之相。是故，每个刹那，每个瞬间，每个极微都有“禅”、“道”、“法”。

僧肇法师曾作《物不迁论》论述物质变与不变之理。禅门谓“法无自性”，即“般若性空”；禅门称“自性清净”，即：“般若空性”。故此，禅门之“空”必然是不二的。《维摩诘经》中维摩大士谓迦旃延尊者：“诸法毕竟不生不灭，是无常义；五受阴，洞达空无所起，是苦义；诸法究竟无所有，是空义；于我无我而不二，是无我义；法本不然，今则无灭，是寂灭义。”

可以说，西方文明倾向于在物质中发现某种“实在”，执著在“实体”、“实有”上；东方文明尤其是佛法是“空”法，佛法的“空”不是唯心、不是唯神，不过同样讲“空”，小乘讲人空，大乘中有些宗门虽也讲人空、法空，但以空论空，知空者谁？

禅门的心法是般若法，其性是“空”，讲的是在性空的法中、关系中体会“实在”的当下。什么是“实在”的当下？即“当下”不是虚无的，也包含了阴、阳二面，阳面是果报现前时，阴面是耕耘因地机。如果只看到当下阳面的果报，忽略了因地之机遇，当下就是有束缚的、局限的、执著的。

曾有学生感慨地对笔者说，自己博士毕业，满以为也算学养深厚了，可一入禅门深似海，越修越看到自己浅薄，似乎哪里都是问题，切实感觉到自己过去的固执和僵化，局限在单线思维的模式里，缺乏独立思想。现代社会，是高度商业化的经济社会，进取、积极、有创新能力的人才是社会的精英，因此，更加需要人能够保持思想的独立和高度敏锐性。一个被局限、压制、固化了的大脑，只会模仿和守成，如何能于千变万化的棋局中纵横驰骋？人的独立思想和智慧与恐惧不安成反比，可以说内心的局限、恐惧、不安、焦虑越大，独立思想和智慧就越稀有，时常不安的人，内心其实一片空白，丧失了对外界的反应能力，这种身心钝化引起的后果就是日渐消沉、逃避、娱乐化、庸俗化，钝刀子割肉就不疼吗？只不过，人已经习惯了禁区，就像住久了监狱的人，害怕自由，在绝望中自我放逐，被动地一天天糊弄自己，生命如果停滞不前，住在某种境界自我麻痹、自欺欺人就是渐死状态。

因此，我们要理解禅者是通过修禅而恢复生命"空灵"状态，使得钝化的身心恢复敏锐，"莲花太极"是帮助这种恢复的修法之一。其实，人的"空性"和法的"性空"都属于体悟，"空"是无法论证的，唯有修者通过实践实证"空"，而"空"会在契道时自显，这个自显的过程便是修炼"莲花太极"的目的，其中"不二禅观"的"观"法是显"空"的通路。

何为缘起?

笔者曾见过一些修行多年的修者,还有一些学者,他们不像初入道者一样,以世事无常等心灵鸡汤来解"空",而是常用"缘起性空"来说"空"。不过,我们也要注意,以"缘起"说"空"也并非佛的究竟说,因为我们常识中"缘起"还是没有脱离形成"缘起"的轮回界。

"缘"是触境而起的,如果认为由于"境"的空幻不实,故"缘起性空"便等同于"空",这个理解是不充分的。禅门讲"缘起"是超越相对、相依的甚深缘起,禅者是因修摩诃般若波罗蜜多法而不昧因果、超越轮回的人。

《中论·观四谛品》云"以有空义故,一切法得成;若无空义者,一切则不成",此即谓:没有唯依业因的"缘起性空"可得,所以如果仅以"缘起性空"解般若空性,已失"摩诃般若波罗蜜多"正等、正觉之平等义。

甚深法界因其正等、正觉的平等殊胜性,故称"波罗蜜多"。"正等"与"正觉",为法界现证之两重自性,前者为悲心大,后者为现证大,前者尽所有智,后者如所有智。

佛法在印度,小乘分有二十余部,大乘之分般若和法相二支。法相唯识是般若的渐次演化,法相唯识系的阿赖耶识,本是般若系的延伸和发挥。是故,般若系不说阿赖耶识,说的是"心境皆空",但无心、无境,如何缘起? 故此,我们要理解般若系所破的"心、境",实乃法相唯识系的"见相",佛法本是一法,因修者根器不同而说法不同而已。

我们前文讨论说的“如来藏清净”思想，是马鸣菩萨在《大乘起信论》中率先提出的，《起信论》有八识、九识之说，但根据《楞伽经》法义，“如来藏”和“阿赖耶识”本不说有分别。

例如佛性由“性”角度，名为法性、法身、如来藏、本性、自性等；由“相”角度，名为真如、报身、实相、不动、如如等；由“用”角度，名阿赖耶识、化身、如来、释迦牟尼佛、阿弥陀佛、观世音菩萨、文殊菩萨等，皆乃同出而异名。

说到缘起，究竟什么是“缘起”？“缘起”的“本因”究竟是什么，是万物互为缘起？还是心识互为缘起？再或者是物质和心识互为缘起？“无明”是业因？还是“本因”？“本因”是缘生？还是另有所生？是“果”待于“因”，还是“因”复有“因”？“缘起”是次第循环还是各个不同？

有人曾问笔者，缘起之后，还有没有推动力了？如果缘起之后还有推动力，这又不是“缘起”了。缘起本是法则，或者说，“缘起”是因缘和合，因各种相对、相待、相持、相碍、相生、相克等现象界自然而然的表现，这么理解属于“佛法”。如果认为“缘起”之后还有推动力，还有继续推动的“神力”存在，这属于“宗教”。

有读者看了这些问题感觉头疼，说我为什么要搞清楚这些？不搞清楚不也活得挺好吗？人生的境界取决于其人之见地，不同见地的人，心量、胸襟、气魄是完全不同的，故此，您的人生路是自己的见地决定的，修禅的禅者如果对什么都一知半解，“本因”不确定，谈何“缘起”法？

“缘起法”是佛法的核心，是佛法不同于其他宗派、哲学观点的独特观点。禅者在这个问题上绝对不能人云亦云，在各种说法里被法海转。

进入讨论“缘起”前，我们先一起参究一下玄奘法师译的《佛说缘起经》：

“佛言：云何名缘起初？谓依此有故彼有，此生故彼生。所谓无明缘行，行缘识，识缘名色，名色缘六处，六处缘触，触缘受，受缘爱，爱缘取，取缘有，有缘生，生缘老死。起愁叹苦忧恼是名为纯大苦蕴集。如是名为缘起初义。云何名为缘起差别？谓无明缘行者。云何无明？谓于前际无知，于后际无知，于前后际无知，于内无知，于外无知，于内外无知。于业无知，于异熟无知，于业异熟无知。于佛无知，于法无知，于僧无知。于苦无知，于集无知，于灭无知，于道无知。于因无知，于果无知，于因已生诸法无知。于善无知，于不善无知。于有罪无知，于无罪无知。于应修习无知，于不应修习无知。于下劣无知，于上妙无知。于黑无知，于白无知。于有异分无知。于缘已生或六触处，如实通达无知。如是于彼彼处如实无知。无见无现观。愚痴无明黑暗是谓无明。

“云何为行？行有三种。谓身行、语行、意行，是名为行。行缘识者。云何为识？谓六识身。一者眼识、二者耳识、三者鼻识、四者舌识、五者身识、六者意识，是名为识。

“识缘名色者。云何为名？谓四无色蕴。一者受蕴、二者想蕴、三者行蕴、四者识蕴。云何为色？谓诸所有色，一切四大种，及四大种所造，此色前名总略为一，合名名色。是谓名色。

“名色缘六处者。云何六处？谓六内处，一眼内处，二耳内处，三鼻内处，四舌内处，五身内处，六意内处。是谓六处。

“六处缘触者。云何为触？谓六触身，一者眼触，二者耳触，三者鼻触，四者舌触，五者身触，六者意触，是名为触。

“触缘受者。云何为受？受有三种，谓乐受、苦受、不苦不乐受，是名为受。

“受缘爱者。云何为爱？爱有三种，谓欲爱、色爱、无色爱，是名为爱。

“爱缘取者。云何为取？谓四取，一者欲取、二者见取、三者戒禁取、四者我语取，是名为取。

“取缘有者。云何为有？有有三种，谓欲有、色有、无色有，是名为有。

“有缘生者。云何为生？谓彼彼有情，于彼彼有情类，诸生等生趣，起出现蕴，得界、得处、得诸蕴，生起命根出现，是名为生。

“生缘老死者。云何为老？谓发衰变。皮肤缓皱，衰熟损坏，身脊伛曲，黑黡间身，喘息奔急，形貌偻前，凭据策杖。惛昧羸劣，损减衰退，诸根耄熟，功用破坏，诸行朽故，其形腐败，是名为老。

“云何为死？谓彼彼有情，从彼彼有情类，终尽坏没，舍寿舍暖，命根谢灭，弃舍诸蕴，死时运尽，是名为死。此死前老总略为一。合名老死。如是名为缘起差别义。”

这段经文对于理解“缘起”很重要，其中涉及的一些专业词句，由于笔者曾在多本书中做过解释，此处便不再重复。

了解“缘起”实相，观照“缘起”本因，是禅者最终能自主“缘起”的关键。如不能自主“缘起”，谈什么了生脱死？来去自如？坐脱立亡？往来三界？“缘起”是生处，亦是灭处，是循环往复处，亦是修禅下手处。

“缘起法”可以大致归纳为以下几种：

一、业因缘起，这就是我们通常讲的因缘和合。比如陶瓷，乃土、水、火等和合而成；房子，是砖、瓦、木、石等和合而成。因为其是由多重因缘组合而形成的，这种组合的特点是缺一不可，同等重要，此称“业因缘起”。

二、相依缘起：此和“唯识”观点近似，是指心识跟外境相依，外境是心识的变现。我们的心识，没有外境是不能起作用的，所以外境依心识而变现，心识依外境而起用，彼此相依，称“相依缘起”。

龙树菩萨在《中论》中多用“相依缘起”说方便。

《中论》云：“缘起者，何性可起，待缘而起，故名缘起。”相依缘起，是由众因缘相互依赖而生起，因缘就是指因素和条件，任何事物，假使没有它应具备的因素和条件，就不可能生起和存在。因事物由众缘生起，故名缘起。诸法是缘生则起的，因缘既然能生诸法，就也能灭诸法，诸法的生灭都由于因缘。那么诸法建立在什么上？因立于“空”，故佛门称之为“空门”。

但空门真的“空”吗？因其空而能生成一切法，因其不空故能立一切法。

既然法性是“空”，其不空的法相是什么呢？即世间相。

故，《中论》云：“因缘所生法，我说即是空，亦为是假名，亦是中道义。”一切法的核心是中道，要知道“一切法”是假名，但假名必有落下的实体，如同一切名字都是假名，但假名暂时代表某个实体。有实体的世间相，都是生灭的，不是常住的。

生灭虽实，但生灭依赖的时间、空间却不是实体，而是依法上而立的。依的是什么法？就是摩诃般若波罗蜜多心法。这法是不二法，特性是“非一非异、非断非常，非来非去，非生非死”的“八不中道”。

“相依缘起”相对“业因缘起”来说，已离世俗因果，不过虽离世俗因果，但不离人与社会、环境、万事、万物、万有的相互依存关系。

我们前文提到，初修者常误以为“无常”是空，也以为“无常”是缘起性。佛法的“诸行无常”中，“诸行”指的是一切有为法皆有所依赖、有所造作的现象。“行”不是指已生成的行为，而是指起心动念，一切无不在不断生灭变易中，故此“无常”。先有今无，今有后无，此有彼无，没有恒常不变的“行”。

我们经历的一切现象，无不是刹那生灭的，山河大地，日新月异；天地日月，斗转星移，整个宇宙莫不在变化中运动，运动中变化，何有一“常”驻不变者？诸行所以无常，乃皆依赖一定条件而相依存在。

“相依缘起”和“业因缘起”之区别在于，业因缘起中诸缘同等重要，而相依则不然，此生故彼生，下一个必须依赖前一个才能生出。然，有所依必不自在，不自在故必无常，必不究竟。

是故，无常只是宇宙法界“空”的现象之一，我们可以以“无常”说苦，但不可以“无常”释“毕竟空”。

三、相对缘起：这是以“相对有”来超越“相依有”。

一提起“有”、“无”，常有人问：空是有还是无？这又是另一种执著，“有”、“无”皆属于二见，不要误将“有”、“无”关系当成佛法的“空”、“缘起”。“有”和“无”在佛法中是属于同一范畴的，“有”属于有表色的事务，“无”属于无表色的事务。无论是有表色的“有”还是无表色的“无”都是无常的、变化的、可转换的、无主宰的、非自起、非他起的，都是遵循“缘起法则”的，因而从现象上表现出“有”、“无”，从本质上属于“空”。

但是，相依不是空，相依能成“有”，事物怎样成“有”呢？因为心识和外境相依，因此生成一切法为“有”。可是我们不能住在相依缘起里，否则便是住“有”。住在识境里，何谈“无住”？禅者需要超越“相依有”。

佛在《涅槃经》中说修证之佛“果”为：常、乐、我、净四境。此与凡夫无常、苦、无我、不净的修行之“因”相对；再如宇宙的爆炸和坍塌，往复循环也是相对缘生，佛经里称之为“劫”。

说起时间线，就有修者犯迷糊，纠缠在先“有”还是先“空”里。我们反复提及禅门的悟性乃与时间无关。这里我们简单以禅门特有的“参话头”为例，虽然从本质上说无有先后，但实际起“参”必有先后。修“参话头”需是先承认有，如果一开始就说空，那还参什么谁是我？我是谁呢？全空了，参什么？一定是先参“有”，可是这个“有”是什么呢？“有”是如何“有”的呢？此时然后再返照这个“有”，这才是真“参”，否则，就无法参了。

我们需进一步理解“有”（无）、“空”是相对的，时间和空间是相对的。再有修者容易糊涂的“心性”和“法性”的关系，心性和法性亦是相对说。我们可以这么理解：心性指“人”，法性指“法”；心性属“色”，法性属“空”；心性有漏，法性无漏；心性是凡夫的心识，法性是佛智……故《心经》说的“色不异空，空不异色，色即是空，空即是色”，即为“相对缘起”。

四、相碍缘起：相碍是碍周遍，周遍者为时、空。修者皆因未能“周遍”，才被时、空局限。因为被时、空局限，才有固定的世界、宇宙、家庭、人生、事业、能、所等，这些概念一旦固定，则修者反成为局限于此时、空中一切有情之障碍，自令其不得“周遍”。

故此，“相碍缘起”是超越时、空的甚深缘起，证得此法，便是“行深般若波罗蜜多时”的观自在菩萨了。

“相碍”有四义：

第一是外碍，即我们要明白为何声、色不能互变？能互变者，世人称之为“不可思议”或“不科学”，再或者说是特异功能、神通……我们常识认为，声、色的波段不同，声波和光波的频率也不同，因为不同故不能互变、互转而形成相碍。

有“碍”就有无“碍”，能变，就是无碍，不能，便是相碍。只要有人能“无碍”，就说明此碍就可以相通，不通是没有找到“碍”之源和“通”之密。

第二是内碍，例如为什么人的耳不能见光？眼不能闻声？《楞严经》中，二十五位菩萨都是由一门深入而终能无碍。观音菩萨由耳根圆通而入道，六根圆通法门即六根圆通，皆能闻声，皆能见光等，六根无碍后就没有六根之别了。《楞严经》说了如何修通内碍而入道的大秘密。

第三是法碍，例如心性和法性的相碍，也就是“中国禅”所说的“那个”、“第一义”，我们每遇到一事，升起一念，都会有第一反应，可是我们不顾这个第一反应，转念去思维、琢磨，就变成第二念、第三念……无数念，这就离开了本觉，变成了心性和法性相碍。

社会上生活的人是按概念来定义一切事物的，亦根据概念来认识法。

例如小孩子生下来，大家说这是草，以后的概念这种东西就叫草，不会去想到草也会变成虫。这就是成见，年龄越大，知识越多，成见越深。所以有些修行人起修时，遇到外道师父，灌输了外道修行迷信外求的概念，心中形成定论，再闻正法便会心生不信，不信自己可以顿悟，不信因果可以自转，不信命由己造，凡事依赖上师加持，反而视自修、自觉为外道。

故此，每个人都被自己牢固的概念所困，此时心的行相显现出来的是概念而不是实相，有概念的相，就是法碍。

禅门要离名言与概念，祖师们一言一行都在“破”，说法句句不离自性，告诉学人心性即是法性，你的觉受就是本觉。

第四为心碍。例如宇宙中何为存在，何为显现？此有四层含义：(一)既存在也显现；(二)无存在也无显现；(三)存在而不显现；(四)显现而不存在。读者感觉听着费解，尤其是什么叫显现而不存在？例如海市蜃楼等就是显现而不存在的幻觉。而太极法界呢？分明是存在的，一切识境都依着法界而成显现，可是并不显现，故能显现的是人的识境，识境依着法界而成显现，这就是心碍。

“相碍有”进一步超越了“相对有”。“相碍有”是何意？即一切法的成立都要适应局限，这些局限便是法的相碍。例如人被局限于肉体，其形必成为立体状，以适应三度空间；其身也必须因新陈代谢的增长或消退而有衰老，以便适应一度时间。唯有修至超越时、空时，便未必局限于三维立体状，也可以不局限于新陈代谢，而能逆龄生长……凡能不局限于肉体，这时候，身心便无碍了。

无碍的禅者的言行举止一定是利众的、谦下的，心与万物齐，等心众生，谦下无碍。

此外，读者们一定要理解，“缘起”不是真有个什么东西叫“缘”，这个“缘”莫名地会“起”，此亦是假名。“缘起”也可以称之为“性起”或“缘生”。凡名“起”、“生”者皆是有生灭的，具有无常性。

大修行者视一切世间，无定时、无定方，是为自性“周遍”，是为“无碍”。有情众生则不然，心中有个线形的时间流，身边有个方圆的空间地，以此经、纬而存有情身，执著于此有情身，以三度空间加一度时间，人为定为四维时空。不能想象还有更高法界的存在，亦不能想象时间是如何轮转、空间是如何消失的，以至于生老病死，轮回于业力之海，这点和菩萨、祖师不同。菩萨、祖师们虽也为有情身，但不局限、不固定、随缘不住，故能无碍周遍。

《华严经》云“反流还灭”，即说“无碍”、“无遮”，唯此方能建立反体，老子曰“反者道之动”，反体是道的动力源泉。但凡有遮相对，即属于能量对冲和消耗，直接减弱了生命力。

超越了相碍在禅门叫“自性起用”，其特性即为：周遍、无碍、无间。周遍一切时，周遍一切方，无拘无碍，如来如去，如此，方可契合“摩诃般若波罗蜜多行”。

当年马祖道一大师座下入灯录者，有一百三十九位大善知识，其中百丈怀海立禅门清规，西堂智藏由师父亲授袈裟，大珠慧海著《顿悟入道要门论》百世流芳，“弓箭手”石巩慧藏度人无数。

其中南泉普愿被称为“独超象外”，他门下更是出了赵州从谂这样的大禅师。一天，时宣州(今安徽宣城)刺史陆亘大夫，久闻南泉禅师具四方法眼，特前往求见。一见面他提出了一个古怪的问题:古人瓶中养一鹅，鹅渐长大，出瓶不得，如今不得毁瓶，不得损鹅，请问该怎么办?

禅师听完，没有急于回答，停了一下，他大声道:大夫!

陆亘应道:诺。

禅师道:出也。

陆亘大夫是上根器，于此言下当即开悟。

这个公案与裴休当年见黄檗禅师何其相似。于是，陆亘大夫当即礼南泉为师，终身执弟子礼。跟随禅师参学日久后，陆亘大夫觉得自己于禅法有所契入。

一天，他告之禅师:弟子亦薄会佛法。南泉便问:大夫，你在一天十二个时辰当中，时刻处于一个什么样的状态?

陆亘道:寸丝不挂。

禅师道:犹是阶下汉。

为什么修到了“寸丝不挂”之境界在禅门犹为阶下汉呢?这值得读者们好好参究。南泉禅师曾言:在禅门修行到了“担得起，放得下;放得下，担得起”，空而不空、不空而空的境地，始才相应;须是“有时孤峰顶上啸月眠云，有时大洋海中翻波走浪，有时十字街头七穿八穴”时，始得自在。

修者如仅由浅义的缘起、性相而感知“般若空性”，这不过是“寸丝不挂”境界，只是感知空性的某一部分和境界而已，并非真正得了自在。

仅以浅义的“缘起”解“空”者，知见限于一切法是因缘和合而生，或相依、相对、相碍而生，用这种认识来解释法“无自性”，实已将空性范围限于“有为法”。

“无为法”是超越因缘而生之法，如不解此理，说什么涅槃与轮回不二、菩提与烦恼不二、染与净不二、空与有不二便同疯话，即《般若经》中所说“颠倒宣说般若”。

修行“莲花太极”的修者如于空性现证时，修法不离空而明空、明空亦破空，且能安住于不二之境，方可生成、契合一切法。

注意，我们说修者心住于不二之境，要知道安住的仍是心之行相，还是停留在心识层面，不是本性，本性是不住不滞的，也是不生不灭的。

禅门的般若空性，是缘于修般若波罗蜜多法而证得殊胜智、无上智，唯有此智可以超越时空、超越相对而到达绝对禅境。

真理是绝对的，故“太极”、“本性”、“佛性”、“道”、“禅”、“般若”都是绝对的，而缘起、无常、名相等皆是相对，以此等论解“空”非究竟。

《中论》云：“即薪非是火，异薪亦无火，火亦不有薪，火中亦无薪，薪中亦无火。”我们不能把火和薪对立，同样也不能将色和空相碍。一提到色，莫认为有什么实实在在的什么东西，一说到空，莫感觉虚无缥缈什么都没有。色和空、心性和法性都是我们对没有自性的各种现象的称呼，一切现象的名称实际上都是一种假名施设，“名可名，非常名”。

当然，“般若空性”和“假名”也不是对立的，离开现象，你不能够说它是“空”；而离开了“空”去讲现象，就会把现象误以为是实实在在的东西，这就不是“假名”的问题了。现象的虚幻存在是不能否认的，万万不可把现象的存在看做是真实的存在。

现在的人往往执著在现象中的“我”，而在网络时代，我们就不仅仅是一个“现象的我”了，还多了许多“虚构的我”。网络上有各种网名的“假我”，人在各种“假我”间往来穿梭，乐此不疲。这些带着各种面具，游戏在各种圈子里的“假我”真的“假”吗？而不带面具时的“真我”真的“真”吗？哪一面才是真实面呢？抑或人根本就不存在真、假面？

人生烦恼的根源就在我执、我见。真、假难分的各种“我”，是在生命体上产生的多种意识态、生存态，更是各种虚妄分别。换句话说，“真我”、“假我”本身就是各种面具，可惜大家带着面具生活却信以为真。有的人纵情声色，迷迷糊糊混了一辈子；有的人却感觉生不逢时，郁郁不得志。为什么呢？都因定慧不等故，才情高者空有一腔才情，聪明绝顶却反被才情束缚；志存高远者空有一腔热血，身心分离者被雄心大志逼得筋疲力尽，若无自觉之力，无转身之法，才情、聪明、胸怀、壮志这些资粮，既可以是智慧人生的资粮，也可以是压垮健康人生的负荷。

“莲花太极”修者用“不二禅观”起修，高高山顶立，深深海底行，实修实证照见五蕴皆空，照见的目的不是如同南传法一样要消灭五蕴，而是学会观照到我们在五蕴里所起的种种妄念，观照到人在不同心态下的各种游戏，并不被其控制和玩要。

禅门所谓“观空”，不是不要和消灭，就像“放下”不是舍弃一样，而是要超越、突破、转化，“观空”是在空性中升华，放下是为了更珍惜，只有真正了解、掌握才能超越。

“空”了，生命的原态就显露出来了。生命的原态是什么呢？是纯、真；是不生、不灭、不垢、不净、不增、不减的本来面目。禅门不留一法、不执一法、不立一法，因无所住，而生其心，以此“照空”，这是功夫和智慧的集中体现。

修禅，如果五蕴不空，就会纠结在五蕴假法上，纠结在养生、拉筋、神通、福报、因果，这种种执著、妄想，分别、计较、高低、苦乐……哪里有尽头？世间的人所谓做好事、行善，只是成了个相对来说的“好人”，不是禅门行者。“好人”自己执善迷善而不悟善空、恶空、心空、法空之理，这些令其沉迷的“好”，因其心底未通达，故无法随顺因缘，最终其“好心”多数成为他人的“负担”。要明白禅本是不二的，不二即是两面同时存在，禅门之师者对坚定求法的善知识是慈悲摄受，对邪魔恶道则是威猛折摄。

可是有些人不理解，总以为修禅就应该修成“好人”，把禅法、禅者认为是固定不变的“老好人”。如此一来，禅必然沦入二见泥潭，禅者必然在一条路上举步艰难，无法起用威猛刚毅、迂回机变去对治邪魔恶道。这些不明，自认为是佛弟子、禅者有什么用呢？怎么可能见到生命的本来面目呢？

《心经》释义

“莲花太极”行者的心法是《摩诃般若波罗蜜多心经》。有人说这简单，我早就会背《心经》了，但会背、大致理解、能够用般若心法来指导修行、起用至生活是四个层面。

《心经》虽只有五十四句，二百六十七言，却包含了六百卷《大般若经》的般若法要，并内涵着修行的密法及太极法界的运行法则，因此，它是真正的微言大义！

《心经》的心，不是心脏、不是心识，而是指修者的“心”，此心契合般若空性，便行深般若波罗蜜多。但“般若”是没有固定形相的，不过因为修者有心，心有体、相、用三种显现，此合称为心之“般若”的起用。为什么仅是般若起用呢？因为甚深般若不仅是人空、法空，它空一切行、相，空一切意、念，空一切识、别，最终究竟成佛的般若是虚空一样的，此即《金刚经》所云之“实无有法如来得阿耨多罗三藐三菩提”。

“般若”无相、无名、无知，但为什么我们一般说“般若”的时候，感觉有物呢？因为般若可以起用，例如用在文字上，便是般若文字相，可从文字而达到观照，此即从“文字般若相”转为“观照般若相”；再从观照相而进入实相，即是最终的“实相般若”，“实相般若”是无相、无名、无知的，这是返流循环的过程。

为什么“实相般若”为无相、无名、无知？因为“实相般若”是法身，因其没有名、相、知，没办法，给了一个假名，叫“实相”。证得实相般若的修者，即能从假入真，游戏行、相、知、名，世出世间的一切文字、语言、修法、规则、禁区、戒律皆可无碍，也就是说，此时没一个名相不能入，没有一种行为能束缚您，没有任何修法可以使您背转，没有规则、戒律、禁区能让您窒息……这种逍遥境界即为大成就者的“实相”。用心来形容，就是湛寂的禅心、清净的莲花心，此心无相，因而随缘建立一切相，这便是“实相”。

实相般若、观照般若、文字般若名虽三种，相是一相，即是无相。好比天空一样，无论云卷云舒，雾气蒙蒙，疾风暴雨，都是一切不留、无可记忆的，宇宙中有万物、万有、万事的实相，便是不留一物、一事、一有，故般若乃以“空”为宗。

《心经》从定名来讲就开始有争议，玄奘法师定名《摩诃般若波罗蜜多心经》，许多宗门、学派反对这么简短的经也用“摩诃”定名，似乎不妥！故此，后学者自主将名改为《般若波罗蜜多心经》。但这么做有没有道理呢？我们再看看罗什法师的翻译也定名为《摩诃般若波罗蜜大明咒经》。

可是，六百卷的《大般若经》全名却是《大般若波罗蜜多经》，没有说《摩诃般若波罗蜜多经》，难道历史上最享受盛名的二位三藏法师一起犯糊涂？不理解何为“摩诃”吗？还有人说“大”就是“摩诃”啊，这么理解乃不解“摩诃”意（详见拙作《至宝坛经》），“摩诃”岂是一个“大”字可以概括的？

二位三藏法师皆将《心经》用了“摩诃”冠名，当然绝非偶然。这部经乃是记录舍利弗尊者向佛请问如何修持般若法门成就的经文，佛于是请观自在菩萨代为回答。于是舍利弗问，观自在菩萨回答，般若法门是佛法中大乘道最后成就的大法，所谓“三世诸佛依般若波罗蜜多故，得阿耨多罗三藐三菩提”。

般若法门是大、小乘佛法修持的转折点，我们前文提到由般若为基渐次演变出法相唯识，法相唯识是般若心法的延展和发挥。般若法门至龙树菩萨时，因其雄才大略而光芒万丈，发展出佛法大乘八宗，“中国禅”的大部分思想便是继承了罗什法师带来的般若法门，故也称“般若宗”，另外还称为“佛心宗”，即一切诸佛心中之法。

故此，《心经》从法相上来说虽不具备“摩诃”之相，但法的核心是法性，从法性的角度讲，此经文虽短，却是成就般若至深法门，具足“摩诃”之法性，故二位法师都用“摩诃”为此经定名。

“莲花太极”中，“太极”具足了“摩诃”的无量性，“莲花”具足了“莲花”的清净性，而修法则具足了“波罗蜜多”的智慧性。

《心经》的“心”不是理论，不是名相，不在外、不在内、不在中间、不是因缘和合而成……故佛在《楞严经》中为阿难尊者找心，“七不征心十番显现”（详见拙作《中国禅》），那么，“心”既然找不到，究竟什么是禅心？什么是莲花心？“心”不见，何以修？何以安？又以何为“经”呢？

为了初禅者更容易理解和入门，我们假名具足了“摩诃”无量性的修法为“太极”，“太极”听上去似乎无边无际，深不可测，遥不可及，实际上，“太极”本是“万有”，是无所不在的显现。从大处说，它是宇宙法界生成的根源，从微处说，它是个体生命昭显之能量，禅者契合“波罗蜜多”法修行后，即会明白：摩诃和般若不二；莲花和太极同在。

我们感觉“心”难以理解，其实整本浩瀚无涯的《大般若经》从根本上就只在说“心”，说对“心”的认识。能认识到“心”，即能了悟到一切皆幻，万法皆空中又存在着非幻、非空的真相。

如，六祖自五祖处得法时，五祖谓曰：“不识本心，学法无益。若识自本心，见自本性，即名丈夫、天人师、佛。”由此可见，禅之本便是“明心”，为什么普通人明不了“心”呢？因为宇宙、社会、环境、事物、意识等全部都是“心”的投影，您难以从影子的折射里看清楚本质。

影子好比是电脑显现出来的图像，您能从图像入手分析出后面的程序，解读出“二进制”的编程吗？进而破解出源代码吗？这些程序、编程、源代码是影子后面的“非幻”，什么是“非幻”？佛法中称为“诸幻尽灭，觉心不动”。

自性、觉心是非幻的，但是，人因时刻处在幻影中，便无法认识到身处幻境，就好像梦中的人不知道自己在做梦，游戏里的“人物”无法认识到这是在游戏里一样。只有身处游戏外的“人”，知道游戏是编程出来的，电脑里的“人物”无法超越电脑，梦里的人无法超越梦，同频、同境之间无法超越的，超越唯有发生在更高境界，故此，禅门修行只有向上一路，别无他途。

从根本上说，既然有“幻”，就必然有创造“幻”的“非幻”存在，能实现这种超越的，称之为“顿悟”，这不是理论上接受和认可，而是通过修行，通过禅定，达到定、慧等持之境时，便能自己脱离众生的三维世界，“观”到生出一切幻象的“那个”来。故此“顿悟”的认识绝非逻辑、也不可说、更不可预测，祖师们称之为言语道断、心行灭处的“那个”，您得自己“观”照“那个”才是。

《金刚经》中，佛言“若见所相非相，即见如来”，即明确说“那个”不是什么实在的东西，“那个”是“所相非相”的。《金刚经》讲的是甚深般若，用世间法很难理解，故此，有些学者不理解，说此经是颠三倒四，毫无逻辑，其实，说毫无逻辑就对了，只是您自己境界不够，不理解而已，但凡实相皆无逻辑可言，天空变化有逻辑吗？我们看到的所谓逻辑不过是微小的一部分而已，“是故如来说名实相”就是典型的非逻辑、不可思议的法语。

修者如能顿契般若，超越了幻象的迷惑，便即证悟到：烦恼是幻、快乐是幻、情感是幻、成就是幻、因果是幻，业报亦是幻。悟及此时，心中哪能不是湛然空寂？“湛然”是清净、本来；“空”是空虚，因空虚而生万物，因空虚而容万物，因空虚而演万物；“寂”是不自生、不他生、不共生、不无生，具足这些特性的，我们起了个假名，曰：“禅”，帮助我们契合这些特性的法，假名“禅法”，帮助成就禅法修行的，假名“禅修”，帮助理解禅法的，假名“祖师语录”……

下面，我们一起来参究《心经》全文：

一、**“观自在菩萨，行深般若波罗蜜多时，照见五蕴皆空，度一切苦厄”**。

什么是“观自在菩萨”？罗什法师翻译为“观世音菩萨”，《法华经》普门品中也称“观世音菩萨”，这位菩萨究竟名“观自在”，还是“观世音”呢？这位菩萨是不是中国人喜爱的观音菩萨呢？这位菩萨是男还是女呢？

有人说“观自在”和“观世音”不是一位菩萨；还有人根据古迹的部分线索，推论说“观自在菩萨”是释迦牟尼佛本人；更可笑的是居然还有人说罗什法师翻译错了，众说纷纭，莫衷一是。这里，笔者的解释仅代表个人观点，每个人境界不同，观点自然不同，经典释义很难说孰对孰错，读者们可根据自身见地采纳和自己最相应的解释。

"观自在菩萨"又称"观世音菩萨"，也就是大家广为熟知的"观音菩萨"，菩萨的多个名称是根据不同角度来称呼的，例如释迦牟尼佛有十个称呼一样，从法的角度讲，称"如来"、"正遍知"、"明行足"、"世间解"；从人的角度讲，称"应供"、"善逝"、"无上士"、"调御丈夫"、"天人师"、"世尊"。

由于中国人对观世音菩萨有特殊情感，故此我们首先要正解"观音菩萨"。《楞严经》中观音菩萨自说他有三十二应身；《法华经》"观世音菩萨普门品"记观音菩萨有三十二化身：

一者，圣贤身三位：佛身，辟支佛身，声闻身；二者，天界身六种：大梵王身，帝释身，自在天身，大自在天身，天大将军身，毗沙门身；三者，道外五族：小王身，长者身，居士身，宰官身，婆罗门身；四者，道内四众：比丘身，比丘尼身，优婆塞身，优婆夷身；五者，妇女四级：长者妇女身，居士妇女身，宰官妇女身，婆罗门妇女身；六者，童子身二种：童男身，童女身；七者，天龙八部：天身，龙身，夜叉身，乾闼婆身，阿修罗身，迦楼罗身，紧那罗身，摩睺罗伽身；八者，一神：执金刚神。可见，说观音菩萨是男是女这个问题就十分可笑，菩萨本是超越世间肉身局限，亦男亦女，非男非女身的，菩萨无心，以众生心为心，故此随众生心，顺应示现的。

菩萨之性乃其真实本性，平等一如，无男女之分，到果证菩提时，已是绝对的实相无相，何来男女相对的世间境界相呢？

《楞严经》中，记录了观音菩萨自言其修证得法的经过，曰："忆念我昔无数恒河沙数劫，于时有佛，出现于世，名观世音，我于彼佛，发菩提心，彼佛教我，从闻思修，入三摩地”，可见观音菩萨是通过耳根悟彻声性，得大圆通法，再曰：“忽然超越世出世间，十方圆明，获二殊胜。一者，上合十方诸佛本妙觉心，与佛如来，同一慈力；二者，下合十方一切六道众生，与诸众生，同一悲仰。”因观音菩萨与诸佛同一慈力故，故能以三十二应身，入诸国土，普度众生；又因与六道众生同一悲仰，故能施众生以十四种无畏，观音菩萨有如此神力，皆源于其功德智慧等，慈悲辩才皆不可思议。

菩萨有两种：一是因地菩萨，二是果地菩萨。因地菩萨即是众生，如果用渐修法，众生须经历十信、十住，十行，十回向、四加行、十地、等觉，如是等五十五个贤圣位，经三大劫，方能功行圆满，证得无上菩提。观音菩萨是果地菩萨，是已成过了佛的菩萨，因为要度众生，所以再返回来做菩萨。佛法中叫做“倒驾慈航”，观音菩萨及文殊、普贤等菩萨摩诃萨皆是如此。

由此可见，众生要想修行成就，用渐修法确实是安全的，就是想要成佛困难了点，时间太长了，凭什么释迦牟尼佛能在菩提树下顿悟成佛？各位菩萨可以通过修行顿悟成佛，“中国禅”六祖惠能可以顿悟成佛，成百上千位禅门祖师能顿悟成佛，而同样是人，您就没有这份自信？这种觉悟？

说回观音菩萨和舍利弗的对话来，《心经》中为什么称其为“观自在”呢？这是从菩萨个人的修行和修证角度来称谓的，《心经》是菩萨讲如何通过修行、修证而究竟涅槃的，“观自在”菩萨是从自利的角度而言。而大众熟悉的“观世音”则是从菩萨利他的角度而言。菩萨因观世音而循声救苦。

每个称呼都有其角度，都不是完整的，都是菩萨的某一种身份象征，好比言“菩萨摩诃萨”,“菩萨”是从自利角度讲的;“摩诃萨”是从利他角度讲的,而合称为“菩萨摩诃萨”则是从俱利角度讲的。

当然在“莲花太极”修法中,“观自在菩萨”还可以有更多种解释:

(一)正在修行“莲花太极”的修者,心契“太极”大道时,身心自在,故即是“观自在菩萨”;

(二)一切得“大自在”的修者,都是“观自在菩萨”;

(三)修者通过修行“观”法可以得“自在”,“自在”的修者即为“菩萨”;

(四)“观自在菩萨”即是“观世音菩萨”,唯有自利、利他、俱利方能真正“自在观”。

(五)菩萨又叫“菩提萨埵”,菩提是自觉,萨埵是觉他,能令到一切有情众生觉悟者为菩萨。不能“自在”者不具备自觉、觉他的能力。人之利钝差别,在于“觉”力,个人觉力的差别导致悟性的利、钝。修者的觉悟力,对内称为“明心见性”,对外现为“智悲双运”。

(六)菩萨心之体、性、相不二即自在。即于自、他;内、外;时、空;善、恶;是、非;前、后;一、异……皆不二圆融,无不包容。

(七)“观”是修者的念头“观”,“自在”是因修者的心能超越“时间流”、超越“空间体”,故,菩萨是世出世间不二的自在人。什么是世出世间不二?什么是超越时间流、空间体?也就是这大乘经上常讲的“无住涅槃”。凡夫住在生死里、因果里、轮回界里,大、小乘的修者住在涅槃里,这些还都不究竟。佛、菩萨、禅门祖师,是善恶、生死、涅槃两边不住的,他们皆随类化身,众生应以什么身得度,他们便以什么身现世,这叫大自在。他们虽化现种种身度一切众生，但心里一尘不染，“实际理地，不著一尘。万行门中，不舍一法”，作而无作，无作而作，于事相上不执著，于心上不落痕迹，这才是不住生死。

不过不要认为不住生死就是成佛了，这样理解还是不究竟，不住生死的罗汉、菩萨还是会住于常、乐、我、净的“涅槃”，不住“涅槃”就是住生死，故此，说不住生死或不住涅槃的见地，还是落在二见里。佛、菩萨、祖师是以甚深般若波罗蜜多得度，是无住不住的，这就是不二法门，这才是真正的“大涅槃”、“大自在”。

（八）“莲花太极”修炼中，“观”是精、是身、是天；“自在”是气、是口、是地；“菩萨”是神、是意、是人。

（九）“观”法成就，是修者在自己的时空里成就的，菩萨也是在自己的生命里“观”，而非在他境、他人那里“观”，非依他能修成“观”。故此，“观”是个人的成就，成就后即无分别自他、内外，可同时起“观”。

禅门的观法是“不二禅观”。注意，“不二禅观”和南传小乘佛教的“内观”不同，目前“内观”法在西方比较流行。南传的“内观禅”中包含了“止观禅”，先止后观，以观摄止的修行法，“内观”法因有内外、有先后、有加减、有次第，这点和曹溪禅门“不二禅观”不同，和大乘中的渐修一脉修法接近。

“内观”禅讲“正念”，要使得念头清明专注，也叫维系在心所缘上。而“不二禅观”的“正念”却不是维系一境的，禅者要能念念做主，这就融摄了定力观慧，更摄尽缘起，可惜的是，现在人多数搞不清其中区别，名义上修大乘，理解上是小乘，误以南传“内观”替代禅门“不二禅观”，这是混淆概念。

为什么南传的“内观”禅法在现代可以流行呢?

其一、中国人经过近百年的新文化运动,失去了曹溪祖师禅立足的语境,大家看不到祖师语录、公案,理解不了禅门各种灵活多变的教学法,把活泼泼的公案转成了死知识。此时,南传禅的简单、细腻的特点就显现出来了。

其二、盛唐之后禅虽然一直都在,但正如希运禅师所言:有禅无师。对于玄妙精微的禅法,没有究竟的理解时,就会落在死处。曹溪禅苦于无师落在理里,而南传却在不断吸收和成长,如现代南传的佛使比丘和阿姜查尊者,二位在开示中常常讲述《六祖坛经》及禅门各位祖师。

有人不理解南传佛法和曹溪禅门的区别究竟何在。其中最重要的区别在于,南传小乘的成就是成为阿罗汉。阿罗汉是以灭除见惑、思惑无复余习为成就的,而禅门不强调灭惑、断烦恼,以明心见性为最终成就。南传小乘没有明心见性的修行方法,只能是断灭了见、思二惑后得无余涅槃,而解脱成为阿罗汉。

其三、南传禅法简单、次第鲜明,也没有强烈的宗教性,原始佛教简单易行,其目的清晰明确,即断除烦恼,而非建立宗教组织。而大乘佛法被区别出了各种宗派,天台、华严、净土、三论、法相唯识、禅等,其内容深奥,宗派林立下,普通人根本无法搞清楚其中区别。

其四、由于过于复杂的理论、经文,加上传统中文过饰非的陋习,元明以后,禅门明心见性的根本反而少有人提,宗派盛行后,重点放在了仪式仪轨等宗教行为上，这就从法理、法义、修行上自己把“禅”逼入死胡同。禅一旦脱离群众，脱离了教化众生的特色教育方法，沦为特定人群和精英们的特产，就彻底丧失了生命力，无论怎样高陈法义，都不能改变其方向性的偏失。相反，日本禅却能走入武士、走入生活，这就是生命力。佛法其实不分大小乘，都是以教化众生为己任的。佛经记载，只有一位阿罗汉没有度众生，就是佛陀涅槃前最后收的弟子须陀跋罗，他一百二十岁得度，先佛几小时涅槃。余下的阿罗汉，是全部必须走入世间弘法的。如说法第一的富楼那尊者，就是阿罗汉中度众的佼佼者。

南传佛法和北传佛法本应是相即相融的关系。禅门不立文字、直指人心，见地透彻，帮助上根器直至佛地，彻底领悟众生平等的真实，而南传简洁明了可以帮助修者实证佛法灭苦之道乃真实不虚。因此，禅者修行在具足禅门正见后，可以辅以南传一些修行法，法无高下，修者勿生分别。

还有人以为“冥想”就是“内观”。“冥想”源于古印度瑜伽术，是一种自我反思、对杂念的自律的方法，而禅定是内心清明的天人合一。“冥想”属于“内观”中“止法”的一种形式，不过有现代人练习瑜伽时辅以“冥想”，以为闭上眼睛想象什么花草河流、蓝天白云、彩虹光线就是冥想，那多数是瞎想。如果瞎想时间久了，人容易执著和出现幻觉。故此，我们要清楚：内观、冥想、止观禅、禅定是有区别的，没有明师指引，在精神领域游弋是有一定危险性的。禅门“不二禅观”的特性就是波罗蜜多的平等性。

（十）菩萨是通称，而“观自在”是菩萨的别称。也就是谁能修“观”法成就，谁自在！您不观不修，当然不自在！

《中论》云:“以有空义故,一切法得成”,修者不观五蕴空,怎能真正明了人生如梦?梦如人生?凡夫因为不明真义,故执假为真,被游戏而游戏。

人类发展到今天,今日世界已非过去之世界,地球在人类欲望中,早已生态大变、气候大变、人心大变,物种即将进入第六次大灭绝,一旦物种开始大灭绝,难道人类能逃离灭绝的命运吗?但此期人类的灭绝就代表未来没有人类吗?“进化论”说人类是由低等生物逐渐进化为人,我们先不管这个理论是否究竟,我们应该想想人类凭什么那么有自信说人类站在生物链的顶端?进化真的到“人”就停止了吗?看不见代表没有吗?人类究竟从哪里来?又往哪里去?生是真的“生”,死是真的“死”吗?局限在人类是进化顶端的人,就好像鲨鱼自我感觉在海洋中无敌,它能看见陆地上还有克星吗?轻易下结论是人类的狂妄,我们从万年前遗留下的文物可以发现,万年前的古人似乎也曾有类似火箭、飞机的飞行器,现代人的科技一定是最先进的吗?

爱因斯坦的相对论是以四度空间为基础的,现代科学建立在三度空间的基础上,可以飞天入海,能进入四度空间的文明就能穿越时、空,那么五度、六度空间的文明是否贯穿阴阳、转化自然律呢?七度、八度……

在零度空间里,一切都似乎是静止的,虚空一样飘渺、恍兮惚兮,寂兮廖兮,能量周遍,这就是混沌的法界,是心的起点,也是心的终点。在这里,一霎间便是永恒。从静至动,便形成一度空间,形成点,这是组成空间的基本单位,“点”动成“线”,“线”动成“面”,“面”动成“体”,“体”再运动就产生了“时间”,时间是“立体”的,我们在诸多佛经、《易经》里都能看到这样的启示。

其实时间不是真的流逝,而是一种复杂的多维空间中的交织轮转,“时间”的轮转极其复杂,例如因空间、物体运动速度、物体所受的引力大小等各种因素影响,我们常识中的所谓时间“流逝”仅是坐标改变的表现。因此,坐标改变的顺和逆取决于观察者的角度,常人只知顺行,不知逆动之理,故此受到自己思维方式的固定,体悟不到“时”、“空”的真相。

运动是宇宙中普遍的现象,宇宙无时无刻不在动中,一动就有方向,有方向就有角度,有角度就有局限,故此我们认为的时、空变化都是带着自己的有限观点的片面认识。其实超越三度空间就已经能发现许多维度的时、空交织了,此即是时、空隧道。

可喜的是,现代科学已经越来越清晰认识到三维世界的局限了,早在千百年前,祖师们就是通过修行超越有局限的三维世界的,不超越,怎知“五蕴”本空? 不过这里说的“五蕴”空,实际已是包含了五蕴、十二处、十八界皆空之意。禅者论及此处要注意,我们常说“五蕴”空的这个“空”犹是指“人空”,而非“毕竟空”;另外常说的“一切法无自性”之“法”,也指的是依他缘起之“法”,凡需依他,皆非究竟。

要空“五蕴”,即是包含了:色(物质、身体)、受(感受)、想(知觉)、行(意志)、识(心识根本)这些元素。普通人由于不理解“五蕴”的这些属性,对现实世界认识模糊,才误以为真,执著在一个“假我”里。

“我”这个词是古印度诸学派辩论的重要概念,其根本义为“自在”。指的是能自存、不依他、实常不变异的自主者。如《涅槃经》中释云:“若法是实、是真、是常、是主、是依、性不变易,是名为我。”由此可见,佛法中的“我”

和常人与生俱来、无谁不有的执著的“假我”是根本不同的。世人执著的“我”，在佛法中称为“假我”，世人的一切思想、言行，无不以这个“假我”为中心而运转，紧抱着“假我”不放。可“假我”的内涵究竟是什么?以何为实体? 世人的答案大概无非是:“我”的姓名、年龄、体格、相貌、性格、才能、职业、头衔、爱好等等，这是世人心中的“我”，由此而扩展到“我”所占有的东西:我的住房、财物、家庭、名誉、地位、作品等，这些被称为“我所”。

一般人日常所体认的“自我”，乃至社会上大家公认而据以分别你、我、他的“自我”，除了物质、名誉、地位、身份外还包括了记忆、情感和一个似乎属于“自我”，而“自我”又不了解的特殊物体(个人肉体)联结而成的复合体。

记忆属“五蕴”中的“想”与“识”，情感属“受”，肉体属“色”，这些东西复合在一起的集体便为“自我”。对这种个体人格、分别自他意义上的“自我”，佛法并不否认，只是名为“假我”或“俗我”。小乘四本《阿含经》中所破的主要就是这个“自我”之见，为什么“我见”可破呢? 因为构成“假我”的“五蕴”是空，小乘通过“内观”法即可照见“五蕴”的特性。

“五蕴”首先是皆非自主，《佛说五蕴皆空经》云:“色不是我，若是我者，色不应病及受苦恼，我欲如是色，我不欲如是色，既不如是随情所欲，是故当知色不是我。受、想、行、识，亦复如是。”

能自作主宰者当然是随心所欲皆能如愿，但“五蕴”却非如此。就拿“色”来说，您能自作主宰自己的肉体吗? 最基础的色身都不能主宰，还谈什么受、想、行、识精神层面呢?

“受”:是指常有我所不希望接受的苦、忧、愁、恼、焦急等;“想”:是指常有我所讨厌的妄想、杂念等;“行”:是指“依此而被形成”,又译为:迁流运动,更准确地说是指行为前的起心动念;“识”:是指若自主便可身心和谐的精神意识。

故没有专门修行过“观”法的世人,很难辨别“五蕴”之虚幻,其实凡不能自我主宰的,谈得上什么“我”的呢?

“五蕴”不仅具有不能主宰性,还具有无常变易性、生灭不息性。如龙树菩萨在《中论》中讲到的,若身体是不变的自我,有其自性,则婴儿应常如初生时大,不应有匍匐时、长大时乃至衰老时,故此没有哪一个阶段的身体形貌可以长住不变,这就叫“一期无常”。

观自在菩萨的慧眼往深处观照,能观“色”由因缘和合而成,身体由头目脑髓、四肢躯干、筋肉骨血等部因缘和合而成,各部件又由地、水、火、风“四大”合成,而“四大”再由“极微”集成。

从头目脑髓等部件到每个“极微”,无不日日、时时、念念乃至刹那刹那生灭变异,近代物理学证明:构成一切物质现象的微观粒子,皆在急速运动变迁,生已随即湮灭,正是“若此处生即此处灭”。物质的生灭变迁是绝对的,相似性和相续性的暂住相则是相对的,如《楞伽经》所言:“速灭如电”,这叫“刹那无常”。

至于受、想、行、识的无常,则更显而易见。心中念头此起彼灭,没有一刻停息。《圆觉经》云:“我今此身,四大和合,所谓发毛爪齿、皮肉筋骨、髓脑垢色,皆归于地;唾涕脓血、津液涎沫、痰泪精气、大小便利,皆归于水;暖气归火;动转归风。四大各离,今者妄身当在何处?即知此身毕竟无体,和合为相，实同幻化。四缘假合，妄有六根，六根四大中外合成，妄有缘气于中积聚，似有缘相，假名为心。善男子!此虚妄心，若无六尘，则不能有。四大分解，无尘可得，于中缘尘各归散灭，毕竟无有缘心可见!”

道理说得如此明白，为什么常人即使修“观”法，“五蕴”也很难空掉?这就是因为妄想、执著故，常人修不成的原因在于观什么执什么，修什么著什么。因为不舍得放下，所以永远难得自在。此皆缺乏般若智故，所以，回到本题，这些妄想、执著的人，即使拥有强健的体魄，柔软的筋骨又有什么用？运动冠军的人生就幸福吗？修行的成就在于“空”，不在于“强”，不空怎能与生命的核心能量——自性契合？与宇宙法界的一切清净本性相应?

禅者修“莲花太极”第一步“观”是“内观”，要观“五蕴”空；第二步则是“不二禅观”，观众生平等，万法平等，这时方才是“行”至“般若波罗蜜多”时。

“不二禅观”非用眼观，乃是超越了内相碍的平等观，是智慧心的光芒照亮了生命的黑夜，照亮了迷雾重重的心、意、识。最后，“所”观是境，“能”观是智，以智照境时，突然醒觉“能观智”是空的，没有实相之智，“所观境”也是空的，并无不变之境，此时真正能、所俱泯；智、境双亡，十方世界圆明无碍，这就通达了，通则顺，顺则畅，畅便自在。是故，菩萨名曰:观自在。

“五蕴”中的每一念都时刻生灭变化中，故它是无常的；因为无常，每一念生起后，终归会消灭，故“苦”；因此“五蕴”聚合中，任何的一念、一物、一识、一感、一情、一受都不“常”，都不是独立的、单一的，故曰:非常非一，而且没有主人，没有人控制，它一直随着因缘生灭，故“无我”；“五蕴”乃因缘所生，因缘所生的东西就没有自性，既是没有自性，故“空”。禅者因具足“空性”故自在。

佛陀在《五蕴譬喻经》中讲述了如何观“五蕴”空，经云：“观色如聚沫，受如水上泡，想如春时焰，诸行如芭蕉，诸识法如幻。”也就是起观时，要观出“色”如河水冲击时形成的泡沫一样虚有其形，实无一物，保留片刻，容易破灭；“受”如水中一个一个浮上来的气泡，一下子就破灭了，无可记忆。就好像眼睛里一念一念的视觉感受，一下子就过去了；“想”如春天阳光照在地上，水份蒸发成为水蒸汽，它有时会反射，形成各种幻象；诸“行”如芭蕉，我们的心念好像芭蕉，一片一片的剥开后，发现是没有种子、没有心、没有寄托的；诸“识”法如幻，“识”是我们能知觉的心念，它就像魔术师，又像万花筒，人看着这些变化出的东西，就迷失了，以为是“真”的有，同样的，我们也执著有一个“心”实际存在，其实同样是幻想。

证悟到真空不空时，修者便自在，明白唯有当下的智慧存在。此所谓：“现证当下清净平等性者，观一切业力皆空”。自在是离相依、相对、相碍性的，是和清净本性相应的，由此发出正等、正觉的究竟涅槃，即禅者能以不二法认知万事、万物、万有，从而“得大自在”。

那么“行深般若波罗蜜多时”是什么含义呢？这里的“时”是指超越了过去时、现在时、未来时，三心不可得“时”，诸法实相，即是“深般若波罗蜜”，契法的当下便是“时”。

曾有人对笔者说，他读禅门经典时，脑袋里一团乱麻，看得晕头转向，三观尽毁,又想看,又不明白为什么要了解这么多?其实很简单,没有读过书的人难道不能在社会上生存吗?道理明白得多一定赚钱多?农民的人生就不如教授的人生吗?人生本无高低上下,您的人生见地、追求决定您的境界,如果仅仅想混口饭吃,仅仅满足于赚钱,当然懂不懂道理都无所谓。但想求得安心,想懂得这个宇宙、社会的规则,想明白究竟的真理、想不被外境、情绪、舆论游戏,想具备独立思想,想人生能够自由自在的人就不同了,您就得明白自己现在的生活是否在颠倒梦想?是否盲目?是否能认识到影响自己的"境"风从哪吹来?为什么吹?吹着您往哪去?您有没有能力御风而行?而这些至关重要的殊胜智慧有几人能在学校里、在家庭里、在朋友圈、在社会上得到呢?

修者"观"空,先要过"色"门,此门一过,后四个会自然一起空。当然也有些宗派的修法是先从受、想、行、识等其他门入,但是由于后四门属于意识形态,比"色"门难把握,因此,观"色"入手较为实际。就像修禅定虽有各种修法,但用坐法入门较为普及。

一切色法、心法,也就是名、色二法,目的是"观空"和"度苦",但这些皆是方便法,是有为法。这里,"观"是从修者本人的角度来讲的,"度"是从修法的角度来讲的。再深入,会发现人、法不二,但有言说,都无实义。

禅法里,一切苦的"苦"不仅包含了:生、老、病、死、爱别离、怨憎会、求不得、五阴炽盛这"八苦",还包含了:苦苦、坏苦、行苦这"三苦"。

前八苦的说法大家都很熟悉,后三苦可能有人不太了解。"苦苦"是指贫穷的苦,"坏苦"是指富贵的苦,"行苦"是指不贫不富的苦。这些全部属于“四谛”中苦、集、灭、道里“苦”的范畴。

不过，禅法的苦不仅包括了这些苦，禅门的“苦”是无量苦，何为无量苦？即乐也是苦，因为一切力都有反作用，物极必反，事极必非，乐极生悲……人心里产生乐的同时，内在必然隐含了更大的苦。例如我们久别亲人后相见为乐，然而分离时必然心中难过，乐有多深，苦必更苦，苦隐藏在乐里，和乐一起出生，由于苦的属性，其程度一定远远超过乐。人都是因为怕苦，所以才更执著、更害怕、更多禁忌、更畏惧、更不安、更容易妥协。当人随着年龄、阅历、地位的不断增加，而顾忌加强后，人心中的各种恐惧元素就会大幅度提高，这便压抑了大脑的生命力，失去了人的活力，从此不再习惯于思考，也就失去了进取和创新能力，人因为怕苦而失去敏锐性和意志力。

这种情况下，人的精神状态实际上是虚妄的、脆弱的、不正常的，需要靠酒精、娱乐、新闻、牢骚来刺激和麻醉自己。从而，变成越来越情绪化，人困于无助的情绪而跌宕起伏，而其实，这种困扰人的情绪不过是一种抽象的概念，毫无实际意义。但它就像生命的魔咒一样，无时不在，活生生的人，因为莫名的恐惧而被抽象的情绪困在牢笼里，听起来似乎可笑，实际上放眼望去，这牢笼里的被恐惧情绪束缚的困兽比比皆是。

禅者的“度”，首先是内“度”，“度”自己的内众生，内众生不“度”，谈什么利他是幻想，唯有“度”内众生离开这看不见的牢笼，故此，唯有先“度”化自己内在的无量众生离愚痴苦海契清净自性。但“度”不是常人理解的消灭、断绝，而是相应，超越，要有能力和一切“苦厄”相应，化“苦厄”为“极乐”，例如折磨人心的抽象的情绪需要用具象来化解，什么是具象？您把情绪拿出来，把恐惧拿出来，把不安拿出来，把这些对人生不具有实际价值的紧箍咒拿出来看，拿不出来，就意味着您需要一个新的开始。

其实万事、万物没有什么可以根本断除的，想要依靠断除法斩草除根，这通常都是幻想，野火烧不尽，春风吹又生，植物的种子在地里发芽，但更多的“性”种是在血液里、基因里、人心里、宇宙万物里，无处不在的，您看不见、摸不着、触不及、想不到，怎么去断？简单如有实物的肿瘤，西医用切除法、化疗法想根治癌细胞，实际上真的能根除吗？癌细胞不是什么外来生物，而是生命体内在细胞的变异，是生命体的一部分，除了导其转化，实际上别无他途。

有什么力量可以真正以武力真正消灭别的事物呢？或许表面上被“消灭”了，看不见了，但这些被“消灭”的会不会变成另一种方式存在呢？这是动用武力者不愿思考的，反正只要表面不见就可以了。水不能克水，火不能灭火，情绪不能断除情绪，生命的特性是哪里有压迫哪里就有反抗，所以用武力断除法得到，只有暂时的平静，而此平静背后，一定隐藏着更大的反抗。

埋在地下、心里的种子遇到合适的气候，就能发芽，故，灭“苦”断“厄”是不可行的，万事、万物、万有的进化永远都是双向的，就像我们使用先进的抗生素时，却无奈地发现病毒进化的速度更快；再例如我们在土地里使用化肥、农药杀虫时，却无奈地发现70%以上的化肥、农药污染的是环境，我们破坏的是生态、是空气、是人类自己，而虫子的生命力越杀越强……

“度一切苦厄”，指的是内外、善恶、自他的共存之道、超脱之道、中和之道、相应之道，森林里有老虎、豺狼也有兔子、麋鹿，还有蚊子、苍蝇、蛆虫、毒蛇，正因为众生平等，无善无恶，互为资粮，这才叫生态，森林因生态平衡方有生生不息的生命力。人类社会如是，人体内众生亦复如是，有的角色是老虎、豺狼，有的角色是兔子、麋鹿；有的则是蚊子、苍蝇、蛆虫、毒蛇，如无平等心视世间众生态，内在众生态，人为分出好坏、是非，人为取舍，那么生命力一定是被无知而破坏殆尽的。

故此，禅者对内需转化自己要断除烦恼、杂念、情绪、疾病的念头，变成能与其和谐共存；对外则是敬畏天地、自然，与环境和谐共存，与所谓的一切好运、厄运、不好不厄运和谐共存，这才是观自在菩萨“度一切苦厄”之本意。

说起“和谐”，在常人心目中这只是一种名词和概念，因为我们已经习惯了、适应了成天身心、内外都处在各种不和谐状态，例如饮食方面，我们多数为了口舌之欲而牺牲肠胃；再如我们为了所谓的“成就”、“名利”而牺牲身体、家庭、亲情等等。现代人忙得无时无刻不在妄念中，就连睡着了，也是噩梦、春梦交织不停，几乎变成了精神狂躁症患者，片刻也停不下来……这些都是常见的生活中的身心不和谐，至于在社会上的各种口是心非就更加常见了，故此，人越来越不相信人，不仅不相信别人，这样下去，自己也不相信自己，为什么呢？因为精神狂躁而无法自控。现代人的这些精神变化和西方文化的侵入密切相关，西方文化是分裂的文化思想，一切都可以分割，所以一心可以几用，边运动可以边听音乐、边聊天、边看新闻……

不专心一致成为时尚，生活中吃饭也变成边聊天边工作，这和东方传统讲究身心一体，专心一致、制心一处的文化截然不同，人如果习惯了身心二体时，谈“和谐”就是口号。

“中国禅”是生活禅，所修的一切是生活中来的法，就必须回到生活中去，讲那么多大道理有什么用？我们先从改变生活习惯、思维习惯、工作习惯、作息习惯开始修行，每一起心动念时观照自己是否契道？每一言谈举止时查看自己是否如心？长此以往，就会有根本的变化。

禅的甚深般若，关键就在于平等、和谐，有些人把禅门甚深的“深”理解为深浅的“深”，这些人心中总是能分别高低上下，说“甚深”就出去炫耀自己的法最殊胜高明，其实又是在分别，失去平等心了。“甚深”绝不是表面的高低、上下，而是指不可测量、圆遍广大、究竟无上的妙行，是体悟到人、法不二的平等性，这才是般若空性。天空有高低、上下吗？不过是角度不同而已。角度是“观”，“观”是从“体”而起的“用”，“用”是“体”上来的，最后还归于“体”，体、用终无别。

二、**“舍利子，色不异空，空不异色，色即是空，空即是色，受、想、行、识，亦复如是”**。

观“五蕴皆空”后，禅者契合了空心之境，“心”究竟是什么？佛法中，人的心脏叫“肉团心”；植物的心叫“草木心”；人的执著叫“分别心”；人的妄想叫“缘虑心”；人的业识叫“集起心”。这些都不是禅者的空心，心因不生不灭而称其为“空”、“虚”。

前五种心，内不空，故含“五蕴”，“肉团心”和“草木心”属于物质现象，故叫“色蕴”，对治色蕴的修法叫“色法”；而缘虑心、分别心、集起心，属于心法，也就是心理和精神的现象，含受、想、行、识四蕴，对治这四蕴的修法叫“名法”。

不生不灭的空虚禅心是修者照见“空”后，显现的清净状态，好像一池蔚蓝的湖水，水上映现出天空的影子，清净的湖水影来则应，影去不留，红来显红，胡来现胡。禅者以此大圆镜一样的清净心自主带动生活，清净的湖水里也有淤泥、有杂草、有鱼虾、有寄生虫，但这些客尘都不能影响湖水之清净，禅者的心就如此清净之湖水，越静、定便越不受七情六欲、喜乐苦厄的干扰，反射投影、观照实相便能越清晰。

龙树菩萨在《大智度论》中云，除诸法实相外，其他一切均为魔。我们通常说的“清净”是相对“污染”而说的，不是无魔、无烦恼就清净，所谓“污染”即在有魔之境，如禅者内心已契合“空”义时，此时通常理解的“清净”于心中是不存在的，能与魔共舞，才是真正的禅心“清净”。

有些不理解佛法密义的人，以小人心度君子量，自己不懂却贬低佛法的妙义，说什么佛经为什么老是颠三倒四、反复重复？如他们认为“色不异空，空不异色，色即是空，空即是色”就是在说废话，以这些人的世智辩聪如何能理解佛、菩萨的甚深般若呢？他们更不理解古印度人佛经不是读的，而是唱诵的，经文是优美的、反复的、有韵律的、螺旋式旋转的，如果仅以皮相、浅义、名词、哲学来理解佛法，是不甚了了的。佛法之所以称为甚深微妙，是因其中穿插着、交叠着、隐藏着各种导引说、方便说、迂回说、逆行说……

“莲花太极”的修者，如果能深入禅境，多数会感觉修行的路越修越深，有时感觉深不见底，有时却又感觉豁然开朗，此为变化无常、迂回叠绕、明暗交替的“甚深”法界。深不是水深，而是不会游戏者感觉深，会水者则如鱼得水，鱼儿为什么不害怕水深呢？其实百米深和千米深有什么区别呢？不会水者都得淹死，会戏水者则越深越有空间，这叫：难者不会，会者不难。

契禅心者如契如来，无所从来，亦无所去，如笔者在《至宝坛经》中作《无我歌》曰：“无来无去，怕什么？无始无终，留什么？无前无后，争什么？无生无死，了什么？”禅者参明白了心中的恐惧究竟是什么？身外之物有什么能留？身中之物能留什么？无需怕、不能留，还有什么需要“争”的？有什么需要“了”的？“我”即本无有来去，诸法亦无有来去，既然无来无去，便是无在不在。

僧肇法师在《物不迁论》中云：“人之所谓动者，以昔物不至今，故曰动而非静；我之所谓静者，亦以昔物不至今，故曰静而非动。动而非静，以其不来；静而非动，以其不去。然则所造未尝异，所见未尝同。逆之所谓塞，顺之所谓通。苟得其道，复何滞哉？”又曰：“既知往物而不来，而谓今物而可往！往物既不来，今物何所往？”又曰：“求向物于向，于向未尝无；责向物于今，于今未尝有。于今未尝有，以明物不来；于向未尝无，故知物不去。复而求今，今亦不往。是谓昔物自在昔，不从今以至昔；今物自在今，不从昔以至今。故仲尼曰：‘回也见新，交臂非故。’如此，则物不相往来，明矣。既无往返之微联，有何物而可动乎？然则旋岚偃岳而常静，江河竞注而不流，野马飘鼓而不动，日月历天而不周。复何怪哉？”即甚深般若波罗蜜多。

禅者在反复参究、体悟、实证、突破“自我”的过程，其实已不知不觉进入另一思维的世界。虽身处人世间，但心中所思、所想、所感、所悟已和原有之“我”大不同。禅修后，心中的内、外，清、浊观渐渐空了，再遇到什么，看到什么，得到什么，感觉到什么，失去什么，修证到了什么境界，也都可以不执著了。至此，我们才明白，修炼“了生脱死”原来不是修什么养生长寿之功法、神通，不是把人修炼成“仙”！

生命本无来处，亦无去处，触物生缘，缘生则聚，缘消则散，您为什么不为随风而逝、又随风而生的云，不为奔腾到海不复归的水而哭泣？您为什么不为体内细胞、脏器的成长和衰老而兴奋和哀伤？自、他，他、他无分别处，生命的本来面目自显时，即是超越了。

《心经》所言色、空“不异”和“即是”绝对不是什么常人认为的重复、啰唆，或者为了好听、押韵，这是两个层面的表法。

“不异”是离相言“不异”，而“即是”则是未离相而言“即是”。离相、未离相是两个境界的说法。

我们看罗什法师的译本中，此句译为“非色异空，非空异色；色即是空，空即是色”，前两句和玄奘法师译略有差异，后两句相同。不过在此句前，罗什法师还有一段很重要的话：“色空故无恼坏相，受空故无受相，想空故无知相，行空故无作相，识空故无觉相。”这是法师从更加细微处，宣讲了“观照”五蕴皆空的具体行相，这是法师个人修行的感悟，是法师的了不起处，他的翻译许多都是再创作（详见拙作《中国禅》），法师认为空了行相，方能离相，离相后才可讲转语而随处立相，故此，“即是”一说，必须在此时才可说，否则先说“即是”，容易误导修者修行。

玄奘法师讲色、空“不异”；罗什法师说色、空“非异”，那么“不异”、“非异”和“即是”究竟有什么区别呢？为什么二位都认为先说“即是”不行呢？简单比喻，好比说“波即是水，水即是波”，我们不能说成“波不异水，水不异波”，再如《楞严经》有云：“青赤种种色，珂乳及石蜜，淡味众华果，日月与光明。非异非不异，海水起波浪，七识亦如是，心俱和合生。”此即谓世间种种色相，乃至如地下的矿物、林中的植物与天上的日月光华等等，追溯根源，也都是由如来藏清净心而生出的心意识变相。所有物体和藏识，在本质上并非相异，可是当它们形成为万物后，就不能说与心识无异了。譬如水转变成波浪后，波浪的形式与作用，和水不同，故不可说“波不异水”，可是波浪的根本是海水，故可以说“波即是水”。

从物的方面来说，万物的分化和归类都是一体所化生；由心的方面来说，心、意、识的分别作用，也都是由如来藏识所化生，又因心与物的和合，发生世间种种不同的形式和现象。

但读者注意，我们取水和波为例，这仅仅是举例，就像老子言“水德”几于道，而并非即是“道”，“水“和”波”的关系也仅仅是比喻，而并非“色”、“空”的真正关系，色、空的实质是无法比喻的。为什么实质是无法比喻的呢？试想如果一个思想的实质可以采用多种比喻方式，而这些比喻方式又可以用来阐述其他思想和见解。我们如何能将比喻视作为思想实质呢？故此，比喻是“格义”、是修辞、是为了便于读者理解的方便，比喻自身可能为真，但思想和观点不会因比喻而更真，更具说服力。并且，比喻也常常使思想偏离自身轨道而纳入比喻自身思想的轨道，从而形成另一种误解。这就好像是起点是一个假设，而对这个假设再进行思想和说明，然后再回到起点，这就是矛盾了，所以，修者理解法的实质时，一定要记住，比喻是不可靠的，修法的价值在于实践，而非停留在以文字寓文字的游戏。

故此，我们要如实理解例证和比喻，例证是自证的部分，比喻是以物寓物的假设，此两者是不同的。如以人眼能辨之“色”为例证，人之眼能辨、见之色在宇宙间甚微，不仅白天看见的甚少，正常人的视野范围不过在五百米左右，而老鹰呢？在千米高空上可见地上草丛里躲藏的小兔子。人在迷雾和黑夜里更是毫无辨别能力，而小小蜜蜂却可以像我们戴上了夜视眼镜一样，自由穿越迷雾找到回巢的路，猫头鹰等绝大多数动物只在黑夜里活动，黑夜在它们眼里是五彩缤纷的。宇宙中人的眼其实如盲人一样，占绝对主导地位的阴性物质、阴性能量都是人眼所不可见辨的。

那么除了眼睛的局限，耳、鼻、舌、身、意，人的哪一根是圆满的？和敏感的动物比起来，没有修行过的钝化的人类，在各个感应区都是极其粗重、笨拙的。故此，禅门修行多讲“粗”和“细”的变化，身心通过修炼从粗到细再到微细，因此变化，修者的根、意、识、境、觉等方方面面皆改头换面，脱胎换骨，根本上和原来身心不同。

禅者修养的过程，是身心由粗转细、逐渐契合灵性的过程，而非简单的锻炼身体、养生运动，也非别家修门打通气脉、修炼神通等法。在修者世俗习气深厚、身心尚未转化前，粗心粗身的人，其实每天都是懵懵懂懂、醉生梦死一般，这和事业是否“成功”、地位是否“出众”无关。没有转化的人，各方面都是钝化的，而修行后，身心逐渐转细，越精微、越精细、越能契合微妙的灵性，能契合自性的人，才是真正的万物之灵。

人就本能方面讲，身体的耐力、爆发、弹跳、敏锐、细心、柔软、坚硬等方面，都是不如各种动物的，之所以人能成为万物之灵，便在于人的灵性了，动物虽有灵性，但还是远远无法和人相比的，六道众生唯有人可以通过修行成佛，如果唯一可以修行成佛的"人"放弃了灵性修养，而一味追求物质的快感，堕落在无尽的名利、物欲里，人，便"几于禽兽"了。

当我们遥望浩瀚无垠的太空时，会感觉太空是多么空无虚幻、湛然常寂，但太空真的空无虚幻的吗？真的湛然常寂的吗？无处不在的黑洞、暗物质，连光都逃不脱黑洞的吸力，而太空中充斥的各种撞击和爆炸，这些巨声由于没有人耳可闻的传导体，人以为太空"无声"，此即"大音希声"，真正的大音是粗身心的人听不见的，大音是密音，是天籁，禅者内无碍时便可闻。

除了天籁，太空里的宇宙线像瀑布一样在天际飞舞和倾泻，而在地球由于臭氧层和大气层的遮蔽，人视而不见，好在宇宙线还有极微小部分是可见光，由于磁场等各种因素的关系，它们在地球的两极舞蹈，凡人用肉眼在两极可见宇宙线的这一小部分飞舞，即如见神灵一般，自认为幸运，此便是"极光"。其实，太空中哪一处没有绚烂灵动的"极光"？宇宙中可见、不可见，可闻、不可闻，可感、不可感，可触、不可触之"色"中，哪处不"空"？而"真空"中哪里无"色"？色、空的关系，见与不见，闻与不闻，感与不感，悟与不悟……它一直都在，这是物质与宇宙本体的关系：不异、即是。

故，两位悟道的法师译文，均先离相，后未离相，此即太极法界：万事、万物皆因“先空而又有”，也即是：无中生万有、真空生妙有。万“相”需经由“无相’方才能“有”。

无相是“能”，所无者为“所”，故知色、空建立于能、所，但如果颠倒过来，先说“有”后说“无”、先“立”相再“破”相，易令人误解依他而起的“色法”即是“般若空性”。

故法师们均不约而同，先说离相法，离缘起、离因果说色、空，是为破修者执著，之后再转语，立色、空等，次第解色和空之密义。

三、1:“舍利子，是诸法空相，不生不灭，不垢不净，不增不减”。

“诸法空相”便是“诸法实相”，本来如如，何来生灭？诸法实相，即是法性空，此即“太极法界”的“空解脱门”，不垢、不净说的是“法相”，不增、不减说的是“法性”。

何以禅者人、法都能修至不生不灭之空境？概因宇宙法界的一切有形、无形，有相、无相，有力、无力，有量、无量皆是不生不灭的。其特性是：

（一）无主宰，非自生。由于人、法皆无自性，都须对境和合，因缘起生成的。

（二）不他生。万事、万物之间是相依、相对、相碍而生。

（三）不共生。一切物并无实体，只是一个偶合，所以也不是共生。

（四）不无因生。存在着的、看得见的一切现象皆非真象，从因至果是现象的流经，我们要知道因果绝非定论，而是可转化的，根本的因果是不生的，我们能见的是因果相，果从因生，因未必果。因果的本质终是生而不生,既不生,就不会灭。

因此,反过来讲,万物、万事、万有是不自灭、不他灭、不共灭、不无因灭,这都是一个理。明白了这个理,才可以说在修行“不二法门”。

三、2:“是故空中无色,无受想行识,无眼耳鼻舌身意,无色声香味触法,无眼界,乃至无意识界,无无明,亦无无明尽”。

这段经文讲的是“人”,好比在修行“莲花太极”的修者,如果心契太极大道时,自性自然清净。是故,“五蕴”已空、“六根”已净、“六尘”不具、心超越缘起法,身脱离无明界,最后亦无无明尽,这种一念不生、万法具足的自性清净是生命的本来面目。

在这一段经文里,罗什法师的译本比玄奘法师的译本多了一句话:“是空法,非过去、非未来、非现在。”笔者在前文论及过,何为行至“甚深般若波罗蜜多”时?便是这句:“非过去、非未来、非现在”,三心不可得之时,便是这个“甚深般若波罗蜜多时”。

罗什法师特别强调了《心经》的核心是“空”,那么我们修炼莲花太极的修者唯有在不念过往、不畏将来、不执现在,三心不得之际,才能契合空法,也就是说您在修炼时如果心存幻想,还停留在名利、事业、家庭、成就上的话,辛苦修炼“莲花太极”也只是学了几招三脚猫的招式而已,和真正的“莲花太极”没什么关系。就像会双盘代表禅定境界吗?会太极拳代表契合太极大道吗?招式和般若智慧没有关系,招式是用来契合般若智慧的方便法,这是重中之重,修者切切勿忘。

我们前文提到,由于罗什法师的翻译是得意忘言,不循常法,法师苦口婆心，是要修者能懂得如何以空法破色门。修行入门是最难的，通常入门后便能一日千里，为什么人不了门？因为“色”在！色门一破，受、想、行、识四蕴皆空。

每个修门，每位修者皆有自己的相应入道之法，“莲花太极”不过是八万四千法门中的一法而已，佛法、禅法中无论哪一法，都是为了能使人照见本来面目，能契合本性之法，否则就是外道。

修者修时必须要专一，一门通而门门通，修成之后，万法一如，关键在于专一修一门难，常人皆贪，习惯性地这山望着那山高，什么都觉得不错，都想试试无妨，结果是哪一门也入不了。哪一门都是在门外看了看风景，真正的修门是任何一门皆可入道的，是万法皆通的，区别在下手处，每位师父根据学人根器、特性、阅历、条件而因材施教，故此，修行是无法比较、也没有资历可言的。顿悟之门，一念相应，便至佛地，人和人的区别只在悟性上。

菩萨的自在不是普通人理解的自由，常人的“自由”还是有局限的，如果环境不如意，或者被什么事、情、物限制了，便“不自由”了。故此，修者是得“自在”，到处能安，不受任何外界事物、情感、环境的困扰，不思善、恶，不喜、不恼，凡事皆自控、自主、独立，这个“自在”，非是简单的自由可比。

眼、耳、鼻、舌、身、意“六根”和色、声、香、味、触、法“六尘”相对，产生了眼识、耳识、鼻识、舌识、身识、意识“六识”，此共称为十八界。十八界就是生命，六尘无知，六根有觉，六识起分别。十八界由妄心集起，心同外境集合而缘起的幻影，即名“妄心”，这种妄心中起的意识，叫做“妄法”，执著个幻我成为“妄见”，于是就有六道轮回，就有因果报应，但因果、轮回、生死的是妄心，如果修者契合般若空性，即了生脱死。

能了生脱死的修者不是没有了妄心，而是还能继续用这妄心成佛悟道者，不同的是，修者知道此心之虚妄不实，故不像常人一样执著妄心所现，其深知人生如梦，妄心造成妄法，世上的万物、万事、万有，六道轮回、因果报应、生死涅槃，哪一样不是虚妄的？但知妄而不离妄，为的是能唤醒滚滚红尘里、在梦中而不知梦的迷途众生。

如果明白了本来没有生死，都是虚妄造作，那么既无生死，用得着涅槃吗？因果既然是自作自受的，用得着许愿消灾吗？所以说诸法空相，涅槃、生死、轮回、因果皆空华，即是此意。

心本是一心，何故经中又分出真心、妄心？要理解这是为初学者说的，一心中本具真、妄，就像湖水中本具染、净，心，其实不可得，不可得之心又分什么真、妄呢？

为什么没有明心见性的人总是忍不住爱分别呢？如同“六根”有觉而无分别，如舌品物，不会分别好吃、难吃，只是知道有东西吃，但舌识就会分别酸、甜、苦、辣，好吃、难吃；再如耳根只能闻声，不能分别是男声、女声、风声、雨声等，但是耳识能分别……众生不肯出离生死，皆因不知六根、六识、六尘的真相，放不下这十八界的游戏，在十八界内跌打滚爬，其实离十八界即无众生，所谓“此无故彼无”。十八界和合即有众生，故云“此有故彼有”。众生因黏着在蕴、处、界里，故名“众生”，是云覆慧光，是故于六道中轮回而无法解脱，在因果里往复无有了期。

唐朝大诗人白居易仰慕惟宽禅师。一日，得见禅师，问道："既曰禅师，何以说法?"惟宽禅师答："无上菩提者，身体力行是为律；口宣言说是为法；行之于心是为禅。应用者三，其途一也；譬如江、淮、河、汉，依处立名，名虽不一，水性不二。律即是法，法不离禅，身口意皆不离于心也，为何要在这些中妄起分别呢?"白居易再问："既无分别，何以修心?"答："心本无损，云何要修? 无论垢与净，一切勿起念。"白居易不解，又问："不起垢念，净无念，可乎?"禅师说："如人的眼睛，容不得一物。金屑虽珍贵，入眼亦为病。蔽日的不仅是乌云，白云同样遮蔽天空。"白居易又问："无修无念，与凡夫何别?"答："凡夫无明，二乘执著，离此二病，是为真修。真修者，不得勤，不得忘。勤即近执著，忘即落无明，此为心要耳。"白居易听后，心下赞叹欢喜，愈发坚定了修行的心。

祖师们都是明心见性的人，能观世间游戏的本质，清晰心、意、识的转化、变相，清晰一切乃五蕴流转；而色的形形种种，如梦亦如幻，总是幻有而不可得。如永嘉玄觉禅师在《证道歌》中曰："不见一法即如来，方得名为观自在。"

人有烦恼是不可能"自在"的，无量无边的烦恼由"无明"而缘起，轮回于六道的众生凡起心动念，言谈举止无不是烦恼，无不是"无明"，众生忙忙碌碌却不知所以、不知所云、不知所谓、不知生死往来……佛法中说凡人的烦恼有一百零八种，此又分三类说法：

（一）依龙树菩萨《大智度论》说，有："十缠、九十八结为百八烦恼。"

（二）眼、耳、鼻、舌、身、意六根和色、声、香、味、触、法六尘之境为对象时，各有好、恶、平(不好不恶)三种分别，合为十八种，又一一各有染、净之二分，合为三十六种，再辅以过去、未来、现在三个时间段，故合计一百零八种烦恼。

(三)六根各有苦、乐、舍等三受，合为十八种；六根复各有好、恶、平三种，合为十八种，总共三十六种；再辅以过去、未来、现在三个时间段，合为一百零八种烦恼。

无论哪种说法，既然世间的人有如此众多之烦恼，为什么在世间生活的大修行人没烦恼呢？因为大修行人的言谈举止、行住坐卧、起心动念无不时时和自性相应，自性是如如不动的，怎会有烦恼？

“无明”是源于众生对“自我”和宇宙万物的错误认识所形成，由于这些浅薄的、不究竟的“成见”而执著。“无明”不是单纯的“无知”或“不知道”，而是颠倒梦想、本末倒置的错误认识，因“无明”而生诸多烦恼。六祖说“佛法在世间，不离世间觉”，能“无无明，亦无无明尽”必是在人世间证悟，远离颠倒梦想，不是多学一些知识，而是通过实际修行，能由宏而入微，微到最后，一切了不可得，无可追溯。

既然逐本是“空”，哪里还有什么“烦恼”可立？大修行人也有“无明”，但区别在于，这个“无明”不过是在心中缘起缘灭的镜像，他们清楚这些只是镜像，烦恼在镜像里转成了菩提，因此，能“无无明，亦无无明尽”。

三、3.1:“乃至无老死，亦无老死尽”。

这是讲修者的生命观，是修者明心见性后的生命状态。

凡是生命都会存在生、老、病、死的现象，但这些是生命的假象，就像春来秋去，花开花落一样，是循环往复的。可是为什么明明知道生、老、病、死是假象，修者还需要修呢？常人往往会在现象界迷失，执著在现象里，好比布满了云彩的天空看不到太阳一样，云彩是不会自己散的，也不会明白了些道理就能吹散云彩，这必须通过精进不怠的修行，心中升起慧光，以此慧光之力吹散云彩，此时方能看到云后的一轮不灭的红日。

有人说，太阳也有生灭啊，无论几十亿、几百亿年的生命，也有生灭啊！那么请问，太阳爆炸后变成什么？有人说是黑洞，黑洞是生命的终极状态吗？爆炸的尽头是坍缩，坍缩到极致又是一次新的爆炸，太阳爆炸后形成的黑洞是太阳的阴性状态，您能说，这个假名“太阳”的星球灭了吗？生命的终极是不生不灭，但每一次的生命都离不开当下的身体，这个身体如果不修，坐禅时弯腰驼背，立禅时腿脚抽筋，运气时气息乱串，读经时有气无力，在身心分离的状态下，明白的那些知识是无用的，因为无法变成生命的智慧。

现代人由于过分关注外界身份、地位、财富、名誉，而不在意身体，故此身心健康者甚微。大多数人在滥吃、迟睡、超强度工作中承受着巨大的压力，长期身心保持紧张的状态，身心疲惫不堪。知道身体跟不上便想养生，糊里糊涂地跟着广告乱吃补药，这乱吃下去的究竟是补药还是毒药，其实自己都不清楚。如果得了病，便四处拜访名医，又开了一堆药，我们要清楚，身体的病靠吃药、靠治疗都是治不好的，没有谁能真正治愈您的疾病，就像电脑出现问题无法自我解决一样，医生是无法真正解决身心问题的。那么有什么方法呢？唯有向上一路！能行至高处往下看时，一览众山小，电脑的病需要工程师来杀毒、编程，人的生命也一样，需要心灵的工程师从另一个角度杀毒、编程，心灵需要不断成长，成长中的心灵才是身体最好的补药！

现代人常讲“灵魂”，“灵”是指灵性，“魂”是指自我意识。人的魂是能清晰地意识到自我存在的，有魂的人是独立的个体，否则就是行尸走肉。魂的来源是灵性，也就是自性、本性、佛性。灵虽是魂的来源，但人出生后，在社会上逐渐忘却了自己的来源，也就是丢失了灵性。一切修行，本意就是让灵和魂统一，这个统一是信仰的力量，由信心，而生愿力，以至知行合一。灵和魂统一后，能去掉了分别心，发现原来“自我”和天地、宇宙都是一个本体，能有这个认识就是般若之智。

祖师们为了点燃学人心中的慧光，应机说法，对病下药，一切众生自出生后，在家庭、社会、学校的教育下，为了生存而把自己变成了有各种技能的人，然而生命不是为了生存而生的，如果本末倒置，必然身心分离，于人世中不得自在。

曾有人问：如果通过修行知人生如梦，山河大地也从妄念生，那么妄念若息，人生、山河大地还存在吗？学习、事业、家庭还有意义吗？那么，人从梦中醒，梦中之爱恨情仇、山河大地是曾经有过？还是根本没有发生呢？菩萨能识人生如梦，然不舍众生自觉在梦中，使得更多人明心见性，此乃菩萨“众生不度，誓不成佛”之大悲心。在“生”中不断自我成长，不断帮助他人成长，这难道不是生命意义吗？

如果不理解生命的意义，身心分离地生活，修行观色，便著色；闻声，便染声；嗅香，便迷香；读经，被经转；学习，便只为求生之技，孩子会为了一部玩具车而痛哭流涕、茶饭不思，人如果本末倒置和孩子有何区别？本想和玩具玩，结果被玩具玩，所缺者，定、慧也。

定、慧不具时，若修观财，则起贪财心：若修观色，易生色欲，修一切法、做一切事均不自在。故，生命不是在数量上求长久，而应于质量上得超越，有质量的生命，是“吾心似秋月，碧潭清皎洁”，从容、安详、稳定、自在的，行、住、坐、卧是修禅，每天行禅、立禅、坐禅、喝茶、吃饭、睡觉、如厕、品箫、契经……处处皆可为用功处、下手处，顺境、逆境，时时都能保持清明的空心。禅心逍遥者“无老死，亦无老死尽”。

三、3.2：“无苦集灭道”。

刚才讲了“人”，这句讲修者的法。

苦、集、灭、道是修行的因，常、乐、我、净是修行的果。

佛法中的“苦”，是凡轮回于三界，流转于生死，滞情欲苦恼的凡夫皆苦不堪言；“集”谓积聚一切有苦果之因；“灭”谓永无生死患累；“道”谓通过修行，向上一路之道。

苦、集、灭、道四谛内含两重因、果。苦为果，集是因，由苦集二谛成为世间生死因果；灭是果，道是因，灭道二谛为出世因果。

《涅槃经》中，佛言：“昔我与汝愚无智慧，不能如实见四真谛，是故流转，久处生死，没大苦海。”若能见四谛，则得断生死。由于圣者所证，故称之为“四圣谛”，或“四真谛”。故此当学人向“中国禅”祖师们求法时，祖师们常说修禅要了生脱死，此即佛言因不能如实见四真谛，是故流转，如能如实见“四真谛”，则已入禅门。

“莲花太极”中的每一法都内含了苦、集、灭、道这四因，修“莲花太极”的修者，每一次修行时需要心契：苦者我已知，集者我已转，灭者我已证，道者我已修。

如修“白莲初生”时，没有契合此心法，则是落入养生运动，谈不上禅修，同样，修“红莲盛放”时，如果没有契合心法，也不过就是一种另一种剧烈运动而已。

三、3.3：“无智亦无得”。

这是讲修者的成就境界：无智亦无得便见本来面目。

不见本心，是心识自扰，而本来面目不是“得”来的，而是生命的本来，从迷到悟就在回头是岸的这一念中。

《坛经》中把禅修分为四个不同的层次：见闻转诵是小乘，悟法解义是中乘，依法修行是大乘，而最上乘禅则是“万法尽通，万法具备，一切不染，离诸法相，一无所得”。“中国禅”的根本精神就在这“无智亦无得”上。

修者修行如果为了求解脱，多以分别见设想有一个彼岸、菩提、涅槃在，因此想求往生、超脱到彼岸去。禅门依据大乘般若诸经，如《金刚经》《维摩诘经》等不二法修行，认为一切法的实相都是般若性空，修行不二法门的修者应具足般若空性，人的空性叫“无智”，法的性空是“无得”，无智和无得便是色、空不二。“一无所得”是指修行不以得菩提、得涅槃、往生净土为目的，一切无所著，心净则国土净。

如黄檗希运禅师云：“终日吃饭，未曾咬着一粒米；终日行路，未曾踏着一片地。与么时，无人我等相，终日不离一切事，不被诸境惑，方名自在人。更时时念念不见一切相，莫认前后三际。前际无去、今际无住、后际无来。安然端坐，任运不拘，方名解脱。”修者于修行中，体悟到从妄受执著，到身心自在，只是个“失而复得”的相，究其实，是本无生灭、本不增减的。

四、“以无所得故。菩提萨埵，依般若波罗蜜多故，心无挂碍。无挂碍故，无有恐怖，远离颠倒梦想，究竟涅槃。三世诸佛，依般若波罗蜜多故，得阿耨多罗三藐三菩提”。

故此，无智亦无得修者，就是自觉觉他的“菩提萨埵”，何为“依”呢？此处有二义：

（一）初修者的“依”，是特指离开平时的工作、生活的专修时，能依般若波罗蜜多法修行。

（二）稳定者的“依”，是指自己在日常生活时，每一念都能和般若波罗蜜多法相依相应。

禅者要知道：得失是非转头空，青山依旧在，几度夕阳红？以无我、无挂碍、无恐惧之心，视世出世间皆量等虚空，无有边际，包罗万有，明白心且是空，挂碍何依？苦厄安在？

此处的“三世诸佛”，有二义：

（一）指过去、现在、未来佛，这是果位佛；

（二）指修者本身的过去、现在、未来时，修者即是因地佛。一切因地、果位佛无不由此心法入门而具足无上菩提。

一切般若，无不由“自性”所生，生不是“出生”，而是启发。“得”也不是

"得到",而是无得之得。有心栽花花不开,无心插柳柳成荫,心中了无所得,万法具足,本来面目自显,此时无我、无他、无众生、无寿者、无说法者、无听法者、无往来者、无智者、无得的人……寂然不动,妙用恒沙,这种平等性的觉悟就是无上、正等、正觉,佛法中称之为:"阿耨多罗三藐三菩提"。

五、"故知般若波罗蜜多,是大神咒,是大明咒,是无上咒,是无等等咒,能除一切苦,真实不虚。故说般若波罗蜜多咒,即说咒曰:揭谛揭谛,波罗揭谛,波罗僧揭谛,菩提萨婆诃"。

老子说:"多言数穷,不如守中",禅门说"言语道断,心行灭处",都是一样的道理,这就叫"一念不生全体现,六根才动被云遮"。

注意一念不生的"一念"是指杂念,不是叫人不生念,否则就是死人了。念念和自性相应时本来面目就全体现了。什么全体现呢?就是全体大用,也就是如来藏清净心现前了,人如果一黏在十八界里,黏在烦恼无明里,本来面目就被云遮住了。

本来面目显现时,此时的人,不是凡人,而是"神人",这个"神"不是上帝、神灵的意思,"神"乃清净、平实义。做的是本分事,此时清楚所谓利益众生、弘法传法这些其实都是本分事,不是为了具足功德而做,不是为了积善修福而行,有一颗平常心,朴实、无争的禅者,就是"神人"。故此,心咒又名"大神咒","大神咒"不是什么能呼风唤雨、撒豆成兵的咒语,而是禅者念及此时,心内清净,和天地万物形成链接,感而遂通,这个来往的震动频率,就是"神咒"。

禅者心中能一念不生,自然是一念不死;念念不生不死,即"大神力",

清净心中发出一切声音都是“大神咒”，这种“大神咒”对内可以帮助修者打开生命中气脉能量的通道，对外可以和宇宙中无量无边的能量往来。

有人问，佛法有这么多神奇的咒语，什么“楞严咒”、“大悲咒”、“准提咒”等等，个个都是“大神咒”吗？其实无论您念什么咒，如果是清净心中发出的，皆是“神咒”，如果欲望贪求之心、交换之心、恐惧之心、颠倒之心下念的，什么“神咒”都保佑不了您。

还有人问我是不是该念咒？这么多咒语，我该怎么选择呢？我们说了，八万四千法门，门门都是入道门，每位修者应该寻找到自己相应的入道门，在自己定力不够、慧力不足时，您如果什么都学，在不明咒语内涵的情况下，鹦鹉学舌一样念咒，对您的修行可谓有百害而无一利。

每部佛经最后都说这部经书是最殊胜的，可是究竟哪一部最殊胜呢？即和您最相应的那一部，同理，您需要选择和自己最相应的法，这法便是最殊胜之法！

八万四千法门，每法都有其自有的修证体系和义理，入道处未必相同，但归处必定相通。如果您不明法性，稀里糊涂地乱修乱念，只有在法海中被溺转。故此，修者入门修行第一要务乃选择和自己相应的师门、修法、同修，就像孩子上学先选学校、老师、同学一样，一旦选定后需要一门深熏，不断在看似单调的重复中坚定修行，逐渐转化习惯，再转变习气，最后是修正业力和因果。

修“莲花太极”的修者相应的心法是般若空性，和般若空性契合的经典是《心经》，《心经》中帮助修者清净的心咒就是大神咒，又名大明咒、无上咒。修者通过契合心咒，在每天的修炼中打开生命的能量通道，契合本性，这种力就是神通力，通天地、自然、众生之心，能感受众生苦厄、能敬畏诸法妙理、能发心发愿受持……

有些修者误认为咒语、真言这些是密教的修行法，禅门没有咒语，其实禅门的修行本就是不立一法，不舍一法的。如宋朝的普庵印肃禅师（公元1115年—1169年），是沩山牧庵禅师法嗣，临济宗第十三代祖师。他十五岁出家，师父教他持诵《法华经》，他却说："诸佛玄旨，贵悟于心，数墨循行，何益于道？"启蒙师父一听，大为诧异，知是大法器，于是让他在寺里干了七年杂役，充分磨砺了才为他剃度。

普庵禅师受戒后，入湘拜当时的大德"沩山黄龙牧庵法忠禅师"为师。一日，他问牧庵禅师："万法归一，一归何处？"牧庵禅师便竖起拂子示之，普庵禅师一见，恍然有省。

此后普庵禅师驻锡宜春慈化寺，其间精进修行，"不倒单"十余年。一日，读《华严合论》至"达本忘情，知心体合"一句时，禅师豁然大悟，遍体流汗，如梦忽醒。禅师欣喜曰："我今亲契华严之境界也。"又过良久云："不可说，不可说，又不可说。始信《金刚经》云'信心清净，则生实相'，实相既生，妄想相灭。全体法身，遍一切处，方得大用现前。"述开悟偈云："捏不成团拨不开，何须南岳又天台？六根门首无人用，惹得胡僧特地来。"

禅师修行成就多得益于《金刚经》，故乃广发"正法永驻、金刚不坏"之坚固大愿，刺血手书全部《金刚经》，共历时五年。终于圆寂前书成，宋孝宗乾道五年（公元1169年），禅师结跏趺坐化，时五十五岁。普庵禅师精于梵文,曾以梵文拼音为咒,人称为《普庵咒》。因其具有“普安十方,安定丛林”的神力,是禅门每日必诵的功课。

禅门不让初修者念咒,和不让初修者乱读经书是一样的道理。初修者搞不清本末的关系,念咒就被咒缚了,读书便被书迷了,故此,如果说这个咒有大神力、大明力,是无上咒,他可能会想念咒是否就能发财?通神?改运?……“咒”本是一种声法,是通过振动引发能量的频率,就像地震是地壳快速释放能量过程中造成的振动一样,能量释放的过程中会产生地震波。

禅者念咒分两种过程,初修以唱诵为主,这时候修者体内越有能量,声波就越大,效果也越强。但需要注意的是,能量强、声波大不代表声音一定大,有一定基础的修者念咒以心念为主,从心底发出的心声能量更强,和天地交感就越相应。

修者心量广大时,唱颂或心念神咒时能和宇宙法界的各种能量相应,可是如果自心体量不够广大,修心的初心存的私心越重,因地不正时,就没什么作用。为什么呢?因为您相应的能量和您的心是成正比的,如果您的心本不够广大、包容,时时常算计,那么千万不要以为有什么大神咒、大明咒、无上咒可以帮您获得神秘能量、转运、发财、长生不死!自己心量如何,相应的能量便如何。

我们只有心量广大时,体量才能大,心量、体量大了当然和宇宙间大能量相应,而非认为需先有大能量再产生大体量、心量。明白了这一点,才清楚无论多大能量的神咒都是修法的辅助,这些都是末!心才是修之本。

那么，如何扩大自己的心量呢？这需要资粮，如何扩大修行的资粮呢？一、自利修行；二、利他功德；三、俱利共生：三者是并行的，缺一不可的。如果只有自利，而无利他、俱利的心和行，无论您多么精进、多么忍辱，修的功夫多么精妙，也是无法和宇宙法界无可测量的摩诃能量相应。就像若只有一只蚂蚁大小的心量，怎么能获得大象的能量呢？如果大象的能量真的来了，反而会被压死的。

当修者常行布施，自利利他，只发愿、善行，而不求回报利益时，此时的心，毫无挂碍，配合唱颂、心契心咒，对内和自己内在的无量众生相应，对外和外界万物、万有的共通密码相应，内外统一平衡，此时一切因果、苦厄、轮回、愚痴都会自然、不自觉转化。

此时哪有苦要灭？哪有运要转？哪有法需修？一切因果、苦厄、轮回、愚痴、运气、修法皆无所依附，我们还需要断除什么？依赖什么？转化什么呢？心无挂碍时，自然无有恐怖，自然得大自在，这又何曾是迷信呢？

观自在菩萨的“心咒”是般若咒，名之为“心”是其契之修者本心；名之为“咒”，以其本住而不须观待于他；名之曰“大明”，以其明心见性；名之曰“大神”，以其大宁静、大清净故；名之曰“无上”，乃般若是甚深法，乃离因果法，以更无业力可支配因果故。若不超越因果，则不能现证轮回与涅槃无分别；名之为“无等等”，以其不建立有为法，无等于性相，其自性相即是功德，等同无分别要义，通达要义时，能除灭一切颠倒之苦。无所不包谓之“大”；无所不通谓之“神”；无所不照谓之“明”。

因此，“莲花太极”修者只需要契合一个般若咒就足够了，“心咒”便是观自在，便是总持法门，便是般若蜜多。禅者契合心咒时，观空不住空，行有不滞有，如《坛经》六祖云：何期自性，本不生灭……何期自性，本无动摇；何期自性，能生万法。故于无所缘之澄明之境，“能除一切苦，真实不虚”。

普通念咒念经的时候，是有配合呼吸方法念的：例如治病的、驱邪的，是大声的念颂；而敬神的、礼佛的是中声念诵；增福增寿的则是小声念；消灾的是默念。所以颂念的声音是有区别的。那么如何念心咒呢？心咒是般若法，是佛法的终极法门，是为了和本心契合，不是为了辟邪、消灾、治病的，所以修者可以和缓地唱颂，唱出来或者默念均可。

由于心咒是用梵文写的，所以我们最好用原文来颂。梵文由于发音有三合，许多字在中文只能有近似音，如“娑嚩诃”，娑suo(可念sa)，嚩 (可念po婆)贺(可念he诃)，“嚩”本是多音字，在有的咒语中念Wa，如湿(shi)嚩(wa)啰(la)等 。“嚩”因用处不同，发音也不同，“娑嚩”(sv ā h ā)，在梵文是一个字，发二合音，念So，中文中由于没有相应的字。有些人把svaha，读成s、va、ha，再根据读音，翻成汉字，这个音用藏音念做：司哇——哈，或念：梭哇——哈，或念：梭哈。但无论怎么念、怎么翻译，与梵文原音都有很大区别，也并不十分确切，还都是近似音。

故此，我们念诵“心咒”时，可用罗什法师的译文，这个发音相对比较接近原文：“竭帝竭帝，波罗竭帝，波罗僧竭帝，菩提僧莎呵。”梵文为：“gate gate p ā ragate p ā rasaṃgate bodhi sv ā h ā ”。

第四品
生命太极与佛法『四大』说法的相关性

何为“四大”

前文提到，观自在菩萨“观”“五蕴皆空”而修行进入“深般若波罗蜜多”之境，为什么是观五蕴皆空后才进入甚深般若呢？因为能观“五蕴”空仅是“人自在”，而菩萨的“法自在”、“事自在”、“境自在”，这些是因为修至“深般若波罗蜜多”而得的大自在，此时，人空、法空、空亦空，禅门称之为“契合本性”、“自性清净”时，《心经》中称之为“深般若波罗蜜多”时，异名而同出。

无法契合本性的人，所谓“人生”和“生活”无非是生理和心理活动的过程，也就是执著和停留在“五蕴”变化的过程中，生生灭灭、交替循环，无法超脱于“五蕴”各种变化带来的现象界。

“五蕴”又名“五阴”，经云：“名色开之为五阴。”阴的本义为“阴覆”，也就是能障碍出世间的般若智慧，而徒增生死，集散轮回，因果不断，故名为“阴”。

大乘佛法中将“五阴”广义为“五蕴”，蕴是“集聚”之义，也就是众生由此五法，积聚成身。但因此身在，积聚的皆是有为、烦恼等法，故沦于收受无量生死。故云：“积聚有为，盖覆真性也。”佛在《楞严经》中详细讲述了由“五阴”能发生五十阴魔，其实魔岂止这五十种？魔界深广，五十阴魔也不过是《八大人觉经》四大类的第一类，其他还有烦恼魔、业魔、心魔、死魔、天魔、善根魔、三昧魔、善知识魔、菩提法智魔等。

前几种魔笔者曾和读者们讨论过，那什么是善根魔呢？即执著于自身所得之善根，小善障目，便不再增修，以此害己慧命。什么是三昧魔？三昧者即禅定也，也就是耽著于自身所得之禅定境界者。什么是善知识魔？也就是悭吝于法，不行法布施，故障蔽正道者；什么是菩提法智魔？执著于菩提法，不懂起用者。

这些八万四千魔，皆因妄想执著而生，能度一则可度众，故此我们从“五蕴”下手度魔。“五蕴”为何能空？皆因其具有：外在性、不自主性、不自在性的特性，“五蕴”既然非实，哪里还有什么“我的东西”？即我们称之为“我所”的东西？这些“我的”财产、名利、情感、能量是能真正具实的吗？万物、万法、万有皆不实，魔界岂能实？概因缘生，而凡因缘所生之，皆有无常性、不实性、变化性，哪里有一个能令人“自在”的净土存在？又哪有一个能令人“不自在”的魔界存在呢？故禅门宣说人、法“无我”，通过修行以证“空”性。证得空性时，净土、魔界均能自在无碍。

不过，证“空”首先是要证“五蕴”空，“观”空是一法，“闻”空是另一法，“莲花太极”是导引修者契合空性的修法，其中有“观”、有“闻”、有“颂”、有“冥”等各种修法，动静不离，定慧等持，为的就是帮助禅者契合“空”性。这种修证需从有物质性的“四大”空开始下手。禅门一切修法皆通过身而契心，心法乃根本，如黄檗希运禅师针对“五蕴”中如何空“四大”，曾云：“学道人莫疑：‘四大为身’，四大无我，我亦无主，故知‘此身无我、亦无主’。‘五阴为心’，五阴无我、亦无主，故知‘此心无我、亦无主’。六根、六尘、六识，和合生灭，亦复如是。十八界既空，一切皆空，唯有‘本心’荡然清净。”

禅者从“四大”入手，在修炼“莲花太极”的过程中能逐渐观“五蕴”空。“四大”的观念本不是佛法独创，此本是东、西方先圣们，于宇宙万物初期探索而得的共识。

印度古吠陀本集说世界的形成是基于“地、水、风、火、空”这五种元素，古希腊哲学家恩比多克里斯也提出“气、水、土、火”四种宇宙基本元素，那么宇宙中的第五元素是什么呢？现在西方有观点认为是“以太”……其实，这些还是基于从物理方面认知生命的基本元素，这些思想是唯物论的先驱，故此不是究竟说。故此，佛法中虽讲“四大”，但更重要的是修证，如何通过修行证得四大皆空，因为如果如同这些哲学和科学家的观点，生命就是由这些元素组成的话，生命便会胶着于此，那么又归于“还原论”的误区里，生命是由实体组成的，生命是可分析的，如此一来，佛法就被导入“唯物论”的误区了。

“四大皆空”是佛陀在古印度婆罗门固有的思想和理论体系上，加以升华的观点，因为地、水、火、风“四大”是物理元素，是佛法必须超越的基础，如不能超越“四大”，必然受制于身体内外环境。所谓佛法，是基于帮助修者通过自证自悟能超越时、空局限，脱离妄想、执著的愚痴苦海而得大自在之法，背离了这个原则的，属于心外求法，即是外道。

不过要想证得大自在，须有下手处，所以我们选择具有了物质性的“四大”下手，此属于“色”法。从宇宙的角度观，一切固体物质，山川星球都属于地大；一切河流海洋属于水大；一切温度变化都属于火大；一切空气流动都属于风大。用人体角度观，则毛发骨肉属地大；血液、内分泌属水大；体温变化属火大；呼吸、气脉属于风大。

从物性上说：坚硬属地大；湿润属于水大；温暖属火大；流动属风大。我们可以看到，无论怎么讲，“四大”都属于生命的物理性，无法涵盖生命体的心理界、精神界。唯物论者以“四大”为宇宙的根源，此观点是和佛法截然不同的。

佛法强调的是相由心生，命由己造，读者不要误解“相”是指面相，“相”是指一切外在有形的现象，面相、相貌乃至人生、社会都是“相”中微小的一部分。

关于“四大”，小乘与大乘观点有别，小乘说的“四大”，是指造成物质现象的基本因缘，即“四大种”。也就是说，地、水、火、风是形成一切物质现象的种子，一切的物、象都是基于“四大”的调和分配完成，四大调和则万物生长，欣欣向荣，四大不调便会归于衰老和毁灭，故此，小乘把人生病的现象称为“四大违和”。

大乘则认为“四大”只是物态的现象，是假非实，是幻非实，对于物、象的形成而言，仅是增上缘而非根本法。大乘虽也承认“四大”为物、象的种子，但不以“四大”是物、象的真实面貌，这种观点和小乘是有很大区别的。

故此，大乘把“四大”视为因缘和合的集合，但既然“四大”是属于身体的生理现象，就必是引发疾病的受体和载体。因此，对于“四大”引发的身体和心理疾病，大乘有具体对治方法，此为禅者修行过程中逐渐精通的禅医之道。

如天台智者大师在《摩诃止观》“观病患境”中云：“有身即是病。四蛇异性，水火相违……四国为邻，更互侵伐。”因为四大相互冲突，引发身体的五脏病、四大病、六神病、八触病、强观病、鬼神病、魔病、业病等。那么禅门有什么对治方法呢？可用止法治病，也可用调气治病，还有用调息法治病，

“莲花太极”中能用“运气”、“炼气”、“养气”法，调养、调理、调整人体内“风、气、喘、息”四种气息。修炼中止法能治病，观法能治病；出息、入息、逆息、屏息也能治病；除此以外，禅门的“禅医道”中还有各种独特的治病法，例如杖打法、捻指法、唱诵法、摩腹法、喝骂法、断食法、调食法、净肠法、熏蒸法、倒仓法、止语法、洗鼻法、持咒法、通气法等等。

我们发现现代许多学佛、修禅的人，执著地认为自己所修的属于大乘佛法、最上乘禅，可惜的是张嘴所说的是因果报应、六道轮回、往生极乐、许愿还愿、放生修福等等观点，其实连小乘佛法都不讲这些。这些学佛、修禅人的心和行都停留在原始迷信上，这和您皈依什么上师、什么宗派、什么寺庙等等通通无关。佛法是心法，是教化众生脱离愚痴的师道，和您穿什么衣服，供奉什么佛像，皈依什么上师、什么宗派、什么寺庙等等通通无关，您的心、行决定了见地和境界。

佛法中虽部分接受了印度教的轮回、因果说，大乘佛法中也有菩萨说，但这些说法都是不离众生平等、人人皆具如来智慧德性、人人皆有佛性的。佛、菩萨、祖师不是人，而是开悟的觉者，这点和其他宗教截然不同，佛法不唯物，不唯心，不唯神，佛、菩萨、祖师不是保佑人的神灵，而是以教化众生为己任的人、天导师，如果脱离了这个宗旨的佛法还能算佛法吗?

由于不理解何为佛法，不理解大、小乘佛法，教、禅之间的区别，这些所谓学佛、礼佛、禅修的人，忽略了佛、禅之道重在心法，不是修相，那么所谓修了什么宗、什么派的，自认自己是某某法脉的，关键在其是否契合了这一宗、这一派的思想核心，而非剃头、穿戴所能决定的。

小乘修者虽可证到“人空”，也能把物、象看空，但仍以“四大”为“极微”，也就是“法”是实有的，“法”不能是空，这一点和大乘佛法有区别。不过注意，小乘修者虽有极微质的说法，但千万不要误解他们是唯物论者，可以说是多元论，因为修到“人空”时，必然已经是“五蕴”空了。“五蕴”是三界之内的生死法，“五蕴”既空，“我见”全无，故而超出三界生死。

我们前文提到，“五蕴”空，大多从色门入手，其原因就因为色门是物理的，因此相对后四蕴来说，“色蕴”容易辨别，比较容易破除。但有人又因此误以为“色蕴”是“五蕴”中最重要的，在佛法里“五蕴”最重要的是“识蕴”，其他的受、想、行的三蕴皆是“识蕴”的陪衬，乃是用来显示精神界的功用之广而且大。我们修时，之所以不能从最重要的“识蕴”入手观空，因为其复杂性是“色蕴”所不能比拟的，初修者如果先从“识蕴”下手，绝大多数会徒劳无功，半途而废，故一般初修会从容易观的色门入手，就好比打仗，元帅派出先锋队，往往会寻找敌方最弱处下手，最弱处不代表是最核心处，而是突破口。但这么说也不代表所有人观空必须从“色”入，就只有一种修法，例如“法相唯识宗”的修者就是从“识蕴”下手的，擒贼先擒王，他们的修法重在转识成智，将“阿赖耶识”转成“大圆镜智”。

禅门本以“直指人心”为法要，祖师们的棒喝、机锋、转语、话头这些修法不是从“色”门入，顿悟一法是直入心门，不存在先空“五蕴”之说。由于现代人迷于商业、科学之道，如古人一般道心坚定、志存高远者不多，能生信心通过顿悟法一步登天者甚少，故此，“莲花太极”不立一法，不舍一法，包容了渐修法门，故此，亦含有“色”空修法，此处，禅修者需要理解。

生命太极三核心

一、物质

生命的基础成分是物质，有人或许会问，为什么物质只说是生命的基础？没有了物质成分还能叫生命吗？持此疑问者不在少数，那么请反过来想一下，仅有物质成分的就叫生命吗？植物人身体内物质成分俱在啊，这能算“生命”吗？生命的“生”之特性是活力和成长力，“命”之特性是转化性和不确定性，故此，“生命”就是在无常性中不断成长的过程，也是具有精神能量的人不断创造、成长、流经这个世间的过程。由此，禅门说“活在当下”，即是当下是转“命”之机，命运之关键在于“运”，不“运”的话“命”即“死命”，故此凡持有确定性因果观、固定轮回不能改的，叫“宿命论”，而不再具备活力、成长力和转化性这些特性的“人”，我们只能叫拥有了“肉体”的“生物”，不能算是具足精神能量的“人”。

身体以物质为基础，故有生灭的现象循环发生，而生命因其有超越生灭现象的潜在能量，故修者有可能通过修行而得超越之境，成为“不生不灭”的生命体。换句话说，没有实现超越的身体因为只能顺着生灭现象走，自己无法解脱故被称为“凡人”，所谓“凡人”是指迷于以物质、现象为主的“人”，凡能游离于物质内外，观其实相，自由出入现象界的叫“圣人”、“佛”、“祖师”、“菩萨”……凡、圣、佛皆是假名，是生命体某种状态下的称呼，就像人在不同成长阶段有不同称呼一样，都是可转化的，禅门讲一念迷则凡，一念悟则佛，也就是说，人的境界取决于其自身的迷、悟，人人皆具如来智慧德性，唯因妄想执著而不能证得。

既然这么说，有人又会疑问，物质成分对人是否还重要呢？不要忽略我们说的是，佛、菩萨、祖师超越是能游离于物质内外、自由出入现象界的“人”，凡以“人”的面目出现的肉体，就不可或缺物质成分，我们从没有说过物质和现象不存在或者不重要，人迷就迷在这里，这里能不重要吗？修者是通过修行正确地、清晰地认识它们，不受它们的干扰。

生命需以肉体为载体，佛陀、祖师们皆是以人身完成证悟后，进入“不生不灭”的境界。肉体有生灭，因时空而存在，开悟后则是一种超越生灭的生命状态，非因时空而存在，可以非依靠显现而长存，如果仅仅只有物质，生命是不完整的。

被时空局限的肉体有形象，而不生不灭的“生命”本质是无形无象无住的。凡人因不明生命本质，不理解一切幸福只关乎精神，非关物质和肉体，只知道通过肉体的感觉而轻易评判自己是否活着，或活的质量如何，仿佛肉身健康便等同于生命健康，误以为肉身满足便是活的价值。岂不知由于肉身有形象、有各种组合，就必然受到各种局限，包括业因局限、认识局限、健康局限以及时空局限等，故此，肉体在生命中属于最低层的物质显现状态。

观自在菩萨能观照到五蕴皆空，空五蕴通常是先观“色”空，“色”如何空？“色蕴”是和其他四蕴紧密链接的，例如修者坐禅时，身体腰酸背痛是

“色”在起作用，因为这个作用又同时引发了其他感受，产生了舒服或难受的感觉，这就是“受”蕴在作怪了。“受蕴”又叫“受阴”。为何“五蕴”又称为“五阴”？因为几乎看不见的阴性显现，它来了，您的心理就会受到影响，是选择坚持还是放弃，或者怀疑自己修法对不对等等，这便又是“想阴”在作用了，之后，这些种种形成“识”和“行”，故此行为、意识都是由地、水、火、风“四大”生起的。

因为人有利钝，故此佛法才有八万四千法门，看上去眼花缭乱的法门皆为了修者成就甚深般若的差别智。故，从色阴上起修的法，是通过修气脉、调息、功夫入手；从信念上起修的法，以引导修建净土入手；而从心地上入手的，可依顿悟法成就。

提到修气脉，读者们可能常听说，虽然自己没有亲身体会，但也比较容易理解，但是从信念和从心地入手有什么区别，就不清楚了。其实从信念入手就是要修者深信不疑，这是针对普通根器的修法，常伴随着较强烈的宗教性行为和仪式，目的令到修者绝不能产生怀疑，故特别强调：信、愿、行。而禅门本因从心地入手，强调打开修者的自信、自力，而非依靠他力，但现代人于此多缺乏自信，从心地入手的修法适合大根器，上上根器，此法本已超越了信、愿、行的范畴，建立在对法不疑、对师不疑的基础上。在不疑上要生疑，这个疑不是像狐狸一样，有点风吹草动便警觉，一会怀疑效果，一会羡慕别人等等，这是基于小见、小心产生的狐疑，叫“小见狐疑”。禅门要的生“疑”，是对生命的大疑，是从内心起观，例如坐禅时，如果只是昏沉呆坐，不观心，这和昏睡何别？能时刻对生命生疑，对环境生疑，对时空生疑、对来去生疑、对源头生疑……由大疑而至大悟，您不疑怎回头？您不回头哪里能是岸？您若回头何须菩萨救苦？您不回头又有谁能救苦？

那么为什么从心门下手必须大根器呢？因为小根器者心量不够，因“业”而障目，法眼不明，自性无法起用，总是聚焦在鸡毛蒜皮的小事上，生不出大疑来，大疑是从平等心发出的，是对究竟生命本质的追问，是为了更好地了悟，例如如何“度一切苦厄”？如何“观五蕴皆空”？如何“行深般若波罗蜜多时”？如何众生相应和谐？……

“小根器”是人在某种状态下的假名，根器大、小随心而变，皆可随时转化，其小是因为心被局限在小见、二见、妄见中，每一念、每一行皆是偏见、偏执，如此怎能成就智慧人生、圆满生命呢？但是，坐而论道易，起而行之难，大部分人自己不清楚自己问题所在，也有人即使明白自己的问题，也无法自拔。

为什么小根器者念念皆妄呢？因为成见、偏见僵化了思想，身、心严重不和谐，既不懂“身”，也不解“心”，如何能和谐呢？如我们谈到“身”时，老子有一段话常被人曲解：“宠辱若惊，贵大患若身。何谓宠辱若惊？宠之为下。得之若惊，失之若惊，是谓宠辱若惊。何谓贵大患若身？吾所以有大患者，为吾有身，及吾无身，吾有何患。故贵以身为天下，若可寄天下。爱以身为天下，若可托天下。”

这段话历来有两派很有代表性的意见：一派主“厌身”，他们认为“何谓贵大患若身？吾所以有大患者，为吾有身，及吾无身，吾有何患”，这是老子认为身为苦本，身有局限性，唯有“忘身”、“舍身”，才得自在。所以老子西出函谷是厌弃红尘，遁世成仙去了。作此说者，趋向避世，同时也将佛法“身苦”之说，牵强附会到了老子这里。

另一派主“贵身”，他们认为老子是更加看重身体祸患或疾病，故需重身、贵身，由这种观点出发，进一步发展出了丹道养生说、炼丹长生术，这也是曲解老子本意故。

这两派皆各取了老子的部分思想而断章取义，将此段话的重点误集中到了“身”。我们如果稍微认真地参究一下，不难发现老子这段话既非“厌身”，亦非“贵身”。乃是论述了“身”和“天下”的关系：“宠辱若惊，贵大患若身”，但是为了怕大家误解，老子马上接着说道：“何谓宠辱若惊？宠之为下，得之若惊，失之若惊，是谓宠辱若惊。”

读者注意勿将“宠”、“辱”两字作为并列关系理解，如果这样误读，则将老子的论说对象变成了“宠”和“辱”的受动者，将此章的内容解释成了明哲保身的处世哲学，这样则完全背离了老子的原意。

老子的“宠”不是宠幸，而是它的本义，是“尊居”、“贵宠”、“荣耀”义。也就是说，当人处于尊位时，要充分认识这种位置的危险性，更要谦下、卑下、处下、宽容，以这种心态来对待人、事、社会环境。故，“宠”是要做到“居宠思危，罔不惟畏，弗畏人畏”，而“宠之为下”是对于“辱”的解释，所以，“辱”不是“羞辱”而是“辱没”义，“辱没”什么呢?“辱没”尊者的傲气、傲慢和尊位，故，在顺境里虚怀若谷，在逆境里百折不饶，此为“宠辱不惊”，源自于“及吾无身”。

“身”的原意，不是指有物质性的肉体，而是指“自身”，是思想认识层面的“自我”，也就是认识到处于尊贵的地位的那个是“假我”。大患不是来自别处，是来自于人心中狭隘的“自我”，错把“假我”当“真我”。“唯吾有身”的“身”是贪心、私欲、嗔恨、愚痴之心。

儒家也常说，一个人未来的福祸，不用看别的，只看这个人现在的为人处世是谦虚还是骄傲，如果能够“以百姓心为心”，认识到“假我”的真相，不做“假我”的囚徒，能将“自我”完全地融入到“为天下”之中，则“有何患”？

在生命中，以“四大”为基础的肉体既是“自我”的享受体，也是“无我”的显现体，还是心识对待内、外种种烦恼的条件之一。没有了烦恼，用什么基础来怎么转菩提？没有肉身，拿什么基础来成佛？没有肉体，“自我”何存呢？只有肉体，“自我”何在呢？

肉体即是“自我”的容纳处，也是显现处，更是转化处，并非没有肉体就没有烦恼了，烦恼来自于心性的迷惑，心性如能转迷为智，那么烦恼何在呢？如《楞严经》云：“一迷为心，决定惑为色身之内。不知色身，外泊山河虚空大地，咸是妙明真心中物。譬如澄清百千大海，弃之。唯认一浮沤体，目为全潮，穷尽瀛渤。若能转物，则同如来。身心圆明，不动道场。于一毫端，遍能含受十方国土。离一切相，即一切法。”

故此，我们不可草率下结论认为老子重身或轻身，凡事先要充分理解。小根器者之所以小见，因为其结论多，成见多，禁区多，借口多，知识多，身份多，杂事多，妄想多……这些多了，心量、体量便无法“空”，水满则溢，故此，自然智慧少、领悟少、成就少、创见少……

老、庄等道家先师重“大我”，轻“小我”，重养生主，非重养身，养生主乃人之神，神具者老而常春，精神矍铄。据史学家考证老子活了一百二十岁，此说虽非定论，但道家先师的寿命几乎都是长寿，如列子、庄子七十六，至于吕祖、彭祖、陈抟、三丰等祖师更是人莫知其寿也。若无“大我”，先师何以超脱？若无“小我”，先师之道，载体何存？

说道家先师长寿，读者肯定不奇怪，但说儒家先师本也长寿，大家可能就不清楚了，儒门原亦重修身之道，非口耳之学也，儒门长寿者同样比比皆是，此谓：仁者寿。当时人的平均寿命在四十岁左右，但孔子寿七十三、孟子年八十四，都是古来稀者，孔孟二圣外，儒家弟子亦多高寿者，如曾参七十、子贡七十一、子思八十二、子夏八十八，就连“短命”的颜渊，也有四十一岁。最神奇的是荀子，史载，他游学至齐，见齐宣王时已五十多岁了，到春申君卒后，荀子终老于兰陵，这样算他的寿命在一百四十岁以上。

由此可见，道、儒的先师都不是唯理论者，他们都是知行合一、修身养性的圣人。儒家经典《大学》云：“知止而后有定，定而后能静，静而后能安，安而后能虑，虑而后能得”，就如何修止、修定、修静、修安、修虑、修得，论述了独到的修身之法。可惜的是，先儒的修身养性之道，自宋后多沦为理论之学。现代人提到儒家，皆以为是学问知识、伦理道德、人际应对、学术研究，而其本有的内省、修身之法被人忽略。儒门如果徒剩一群只会学术的书生，怎堪担当起经世济民之任？《中庸》云：“自天子以至庶人，皆以修身为本。”儒者能慎独，靠的是格物、致知、正心、诚意等内省修身之法，而能至齐家、治国、平天下更需以修身为保障。

在修身方面，儒门本有多种实际理论，如“五行”说本出自儒门，再如孔门再传弟子公孙尼子说："多食甘者，有益于肉而骨不利。多食苦者，有益于骨而筋不利。多食辛者，有益于筋而气不利。"由于公孙尼子的著作现已多失传，他的言论现代人已经不熟悉了，他还说，人身体三百六十骨节上应天数，全身血脉则如江河川流，这种人身"小宇宙"的讲法，经汉儒韩婴、董仲舒推广，深入人心。

我们常说的颐养之"养"，出自《易经》；养神之"神"，源于《荀子》，荀子以"心"为形之君、神明之主，这与庄子说"神"是"养生主"，人勿以养形为养生，养生命之主是根本这些观点是同出而异名。

那么佛门呢？诸多佛医典籍涉及生命，仅仅关于治病的经典就有：《佛说佛医经》《除一切疾病陀罗尼经》《能净一切眼病陀罗尼经》《医疗八支心要略论》《医经》《配方百论》《大藏治病药》《释门本草》等等专经和专论。"医方明"本是佛门修者的基本功，是"五明"中一明，修者本着慈悲济世的思想，六度万行，其中修养身心乃是不可离的方便法，经云："菩萨求法，当于五明处求。"

现代人误解佛法是出世间法，似乎和世间没什么关系，佛门被赋予了许愿、还愿、修福的功能，出家者也似乎不是常人，应该是"看破红尘"的厌世者，所以才会"抛家弃子"剃头出家。这样一来，佛门就变成了异于常人的地方，禅门也一样，好像那是个和世间无关的，受了打击，在世间混不下去才去的地方。我们一定要理解，"中国禅"的根本是生活禅，和出家、不出家有什么关系？如果修禅修得神神鬼鬼，修得脱离生活，那么，这就是外道。禅本是生活中来，就必须回到生活中去，这才是禅的生命力！回到生活，又能随时不局限于生活的人，叫“禅者”。禅者能身心和谐的基础，是通达，其中“五明”是世间的学问、学科，是禅者通达的基础功夫。

“五明”概括了世间理论体系，包括了声明、因明、医方明、工巧明、内明五类。

“声明”包括了语言、名句、声法等范畴。娑婆世界的众生，六根之中耳根最利，故此以修观音菩萨的“耳根圆通法门”最易成就，楞严会上，文殊菩萨赞叹观音菩萨曰：“此方真教体，清净在音闻。”因声音前后、左右、上下、内外、十方都无碍，故云：“十方俱击鼓，十处一时闻”，这是声音的“圆相”，如无论距离远近，若有若无皆能闻，这便是“圆通”。“莲花太极”中就有声法的修炼，例如禅颂中颂的特殊发声法、呼吸法属于声明法。颂者的声波产生上、下、空转的各种立体、多重气旋，在旋转的过程中，颂者通过声法勾出并传达其心识，成为闻者灵性的觉醒的导体，这也是联通宇宙万物的媒介。不过要注意声法是颂者从自性发出的微妙音声，不是普通乐者喉咙里发出的曲调。

“因明”是印度逻辑、思辨学，由陈那菩萨作《集量论》，发展出了“量论”，这带有认识论的意义。“因明”尤以“法相唯识宗”为盛，玄奘法师学成回国后传习因明，译有陈那的《因明正理门论》等，从此“因明”在中国佛学界流传。

“医方明”从浅义上理解相当于现代的医学和医疗技术，从深义理解相当于包含了生物学、意识学、心理学、基因学、物理学、药理学等在内的综合生命科学。释迦牟尼佛本是大医王，其弟子耆婆也是当世名医，佛法中本有“四大违和”和“四百四病”之疾病说。义净法师译的《金光明最胜王经·除病品》中讲到风、热、痰荫、总集等病和针刺、伤破等八种治疗方法。无著菩萨的《菩萨持地经》中提到有九种大乘禅，其中治身病的“治病禅”就是其中一种。此外，融合了汉、印、藏医学的《四部经典》不仅是藏医，也是藏密修者的圣典之一。

“工巧明”的涉及范围就更广了，据《瑜伽师地论》中“工业明处”称：农，商，事王，书、标、计度、数、印，占相，咒术，营造（雕塑），生成（豢养六畜等），防那（纺织、编织、缝纫），和合（调解争讼），成熟（饮食业）等均属工巧明范围。现代日本禅的大师们精通园林、建筑，创造了“枯山水”等建筑风格，这些都属于“工巧明”范围。

现代禅者，需要适应现代社会的发展，更是应该精通“工巧明”，在工商、文化、数术、物理、生理、心理、生物、艺术、装饰、建筑、布局、种植、养殖等方面，都是应该有创见的，万勿仅以为打坐、念经、放生、做法事就是修禅，生命力是当下的活力，古人的传统是在继承中发扬的，死守传统而不知变化者，守的即是“死法”。

“内明”，是指外在学问、学理通达，内在通达因果、命运。古印度时，凡大乘修者皆通小乘经典。那么禅门呢？我们从大珠禅师的《顿悟入道要门论》中可以体会到，祖师们的学养之深厚，涉猎之广泛，令人叹为观止。哪一位祖师们不具辩才无碍之大神通？只不过，禅门宗旨乃“无诤”。故此，祖师们传的是“不言之教”，绝非现代某些人，学了几句禅语作为谈资，就可以说自己在修禅的了。

或许有读者看至此,会想,哦!祖师们为什么这么了不起啊?要知道唐、宋之际,全国最优秀的知识分子和英雄豪杰几乎都被网罗进了禅门!唐代知识分子的气魄、意境和近代重视理论的知识分子迥然不同,他们大多从门第中来,带有贵族气质。本身家门的礼教、子弟的修养以及政治上、社会上、学术上、文艺上、人格上、事业上都出类拔萃,加上本身唐人皆具的大气、宽阔之心胸,使得他们的各方面表现也与近代不同。

自六祖惠能以下的禅门,无论从精神上、意态上、仪式上、修法上、思想上,都是一番翻天覆地的宗教大革命,这种大改革非有绝大理解、绝大胆量、绝大能量、绝大气魄之人何以为之?但神奇的是,禅门祖师将这番惊天动地的宗教大革命,居然在寂天寞地、清天宁地中轻松地进行,这又是何等伟大?他们将禅引入普通人的生活,或生活的方方面面,这是祖师们对社会、文化、思想做出的不朽贡献。他们的言论风采,说法讲经,实在是当得起"不世豪杰"四个字!唐宋的禅门,之所以精彩,是因为禅师们全带有无畏的豪杰气。没有他们,下半部中国史必然走样,他们是如此的才情洋溢,气壮山河。

祖师们的气魄、能量,非是用世间的学习方法可以学习来的,就像"五明",用世间法一步步提高,一点点琢磨,每一"明"可能就要花上十年、二十年才能精通,光一个"五明"就可以皓首穷经,一辈子也学不完,更不要说禅法了。

我们要理解,佛法是不可思议之法,修者因通悟而通达。许多修者修行了一段时间后,会很明显地发现自己记忆力突然好了,灵感也突然增加了，还有人感觉自己遇到困难和问题能不被情绪、现象带着走了，也更容易抓到问题本质了……这些就是逐渐“通明”的现象。

因通而明，因明而无碍，修者如何能更加“通明”呢？如《中庸》云：“唯天下至诚，为能尽其性。能尽其性，则能尽人之性。能尽人之性，则能尽物之性。能尽物之性，则可以赞天地之化育”，这叫“心诚则灵”，心越诚越容易通，没有一颗真诚的心，无以“明”。

如《鸠摩罗什传》记载：“遂博览四韦陀五明诸论。外道经书阴阳星算莫不究晓。妙达吉凶言若符契。”也就是说罗什法师十五岁在沙勒国时，已通晓各种外道、五明六通了，为什么法师十五岁便能通明各法，而我们就不能?“五明”本是大乘菩萨行者都应该掌握的学问与技术，不过是小学而已，故又名“菩萨学处”。

再次我们要理解，并非所有修者都必须先学“五明”。如六祖和诸祖师，哪一位也不是从学习五明入手的。诸祖师因明心见性而顿悟顿修，祖师们的修如《坛经》中怀让禅师面六祖时所说：“修证即不无，污染即不得。”祖师们无修而修，因通而达，《坛经》云：“迷人渐修，悟者顿契。”故此禅门修法和其他次第修学的修门有所不同，但此不同皆为了契合学人根器而设，并非有什么高低上下。

祖师们悟后，能观世出、世间皆自在，起用各种法门通达无碍，不执一法，不舍一法，故此，没有祖师因为通了医方明，而四处给人看病；因为通了工巧明而帮人去盖房子；有了宿命通就给人算命、看风水……佛陀自己本是大医王，但怕人执著故其驻世时也会示现病相，他“生病”了也找医生给他配药。据佛经记载，当时有个名医自恃医术高明，非常傲慢。他告诉佛：这个世界上只有你、我两人可以解决人的痛苦，你是解决人类精神上苦，我是解决人类肉体上苦。佛为了断除他的慢心，就把他带上喜玛拉雅山，让他指认出那里每一种草药的作用，可他只能辨认出其中的有限几种草药。于是，佛陀便从头到尾把那儿能见的草药的作用、副作用、味道、配制的方法等一一跟他说明，医生听后，惭愧不已。

有人不理解，佛已经圆满了一切功德，脱离了生老病死，为什么还会“生病”？其实一地以上的菩萨，也不会真生病，如维摩居士所言菩萨病乃因众生病，好像父母看到病中的孩子一样，菩萨为众生而示现“病”相。那么佛为什么要示病相呢？就是为了佛弟子在生病的时候，也不要拒绝看病、治疗、吃药，也不要执著小善、小成、小事。为人治身病易，为人医心病难。佛、禅之道乃大法船，要度千千万众生，庄子云“道隐于小成，言隐于荣华”。

如永嘉禅师云“大象不游于兔径，大悟不拘于小节”，大修行者治的是众生心病，故应机说法，行事不落定处，落了定处乃住相，其中当然也偶行悬壶济世之事，但其中舍身、受身、治身乃应用无碍，道、术之用乃行方便法，为导学人于无尽生死苦海，幡然醒悟。

二、气场

我们常会说：某人看上去很有气场，或者某人很有能量。可是究竟什么是气场和能量呢？几乎都语焉不详。

其实每个人都有自己独特的气场。气场是能量场，因个人能量不同，气场的大小和发挥也不同。能量的决定因素是“量”，心量、体量、气量之“量”决定了游弋其中的“能”的大小，同样，“场”的大小，决定了“气”的流动范围。因此，心无量，则能也无量，“量”和“场”是“能”和“气”的居所，反过来说，如果您是个小心眼、自私的人，再怎么认真修，“能”和“气”也无空间大施拳脚啊！从这里可以看出，修者要想有气场、有能量，决定因素不在身体上，而在如何打开心门，使得心无量、无际、无边。心胸越广大，神气越清净，则“能”和“气”才能与宇宙法界相应。

气和物质的区别在于：物质的特性是可眼见，可耳闻，可感触，可分析，可解剖，可调节，可独立，可加工，可复制……而气的特点是：模糊、无形、无定、无时、无向、无相、无可预测、不可拆分、不知深浅、不可分析……

有人说为什么天气能预报，而人体的气场不能预测？其实现在天气预报也不是特别精准，气象台只是根据气流冷、热的变化速度、方向等因素推算出一个大概，因此只有参考价值，但凡加入了别的因素，天气预报就难以精准了。什么是精准呢？如可以精确到几点几分下雨？多大的雨量？雨的范围？持续多久？风向变化等等。

对于气场强的修者也一样，如果这个人平时修行精进，那么不用预测也知道此人气场足啊！但气场足的人未必就能如心发挥，当下智慧能否配合气场的发挥，这属于自性起用的智慧，就像足球巨星在比赛时一定能进球吗？

故此,“气”是生命体的动力源泉,般若智慧是生命列车的方向盘,车能否高速行驶离不开燃油动力的基础。“气”不仅是呼吸系统,还是沟通生命中精神和物质的桥梁,“气”的流通地称之为“气场”。

“气场”不是固定的“场地”,其特性是流动和变化。“气场”的根在气脉上。提到“气脉”二字,有人会认为那是经、筋,有人认为是血管,有人以为是内分泌、腺体,也有人认为是神经系统,还有人认为是中医的营、卫、元、宗四气,此“四气”是“气血”之“气”,非是“气脉”之气。

我们不要轻易定性“气脉”就是什么,可以说有形的部分血管也属于中医学中的十二正经,在解剖学上来说,是肉眼可见的人身的组织。但是“气脉”,只是具有“气”通流的作用,而在解剖时,不见一物。可以说:气脉是身心结合的能源,而经络是身心结合的核点。气有热气、脉气、灵气之分,热气是中医的“四气”,也就是气血之气,其特点是不离身体的血液循环,而气脉之气是身心结合的脉气,也就是说,气脉的脉气和血液循环并无直接关系,脉气和精神能量有关,不仅存在于身体内部,也可以出离身体,在体外循环周遍。那什么是“灵气”呢?就是念念契合灵性、本性之气,所谓灵气足,指的是自性清净。

气是无形而有质的,好像原子能的排列,如果拿眼前东西作比,就如天空中的云,云被风推着也有大致的方向,但由于风变、温变、湿变等无常因素,云也就聚散无常了,非按照既定的管道路线行进,也非可以推测其形状。所以,多少年来,西医搞不清气血是什么,中医虽知道经络和气血,但医者如果非是修行人,也搞不清气脉的走向、运行和变化。

为什么修者必须重视气脉呢？因为气脉和定力有直接关系，无论瑜伽师、道士，还是佛门弟子、禅修者，想要进入禅定的门，就需要打开气脉。气脉不通者，难入定门。气脉能量既不是呼吸之息，也不是空气中之氧气，或许可以称为“生命能”。那么祖师们悟道是否必须先打开气脉呢？未必，六祖就是顿悟顿修成就的，每位修者的机缘不同，因人而异，不可断言。

“气脉”既然没有固定路线、方向、规律，为什么却可以说“气场”呢？有了场，不是就有落脚点和方向性了吗？因此我们要理解，所谓“气场”不是足球场一样有固定大小、范围的落脚处，而是河床一样的流通处，时刻流淌的河水都是不同的，这个河床可以称之为“三脉七轮”，也可以称之为“奇经八脉”。

“奇经八脉”和“十二正经”是有区别的。“十二正经”是“气血”，以养生、治病为主，而“奇经八脉”说指的是“气脉”。“气脉”的出入口，称之为“窍门”，道家修气脉是以即身成仙为目的的，而印度、密教行者修“气脉”，是以即身成佛为目的的，此二者是有很大区别的。

“气脉”的落脚点，有“上、中、下”丹田说，也有“气脉明点”说，这些其实说的都是气之“场”，是气的运行地、集中地、发散地，更是转化地。

“上、中、下”丹田说，是从气集中的区域角度说的，“气脉明点”说则是从气脉通顺后散发的光明点及形象和形状角度说的。“丹田说”笔者曾在多本书中介绍过，而“气脉明点”说，读者们可能不太熟悉，气脉明点通常分为“身气脉明点”、“心气脉明点”和“自性气脉明点”，修行中所谓的调伏“气脉明点”，是从心和自性气脉明点的角度来讲调伏的。

从“心气脉明点”的角度讲，气指的是飘动一切妄念之力。比如当我们内心先起了一念贪心而后变成嗔心，这由一个妄念转变成另一个妄念的飘动之力，就称之为气。而所谓的脉就是指这个通道，即一个妄念变成另一个妄念的通道即为脉，所以“脉”并非是指身上的脉络，而是妄念往来的通道。“明点”就是指“识“，也就是“阿赖耶识”，转“阿赖耶识”的通道，为“脉”。这样一来，我们就清楚气脉明点和奇经八脉的不同点。

何谓“自性气脉明点”呢？也就是智慧气脉明点。增长智慧的飘动之力就叫做“智慧气”；“智慧脉”是指圆满证悟见解之通道。“自性气脉明点”即指人的“觉性”。

由此可见，气脉不仅局限在身体范畴，佛法中的气脉通畅也和道家打开奇经八脉含义有别，佛法中的气脉更加重视转化妄念和觉性中气脉的微细变化作用。

禅门祖师的语录里几乎没有出现如何打通气脉、调伏气脉的说法，祖师们打通气脉靠的是悟性和觉性，明心见性后，三丹田也好、气脉明点也好、奇经八脉也好、三脉七轮也好，是自然可以通顺的。这一点许多修门不能理解，禅门强调是气随心转，故此祖师们说法句句不离自性，心法为禅门第一法要，心转了，气会跟着变，所谓禅修，禅者当然不能局限在气的各种虚幻境界上。

既然禅修不局限在气的境界上，为什么禅者还需要了解丹田、气脉说呢？从浅义上讲，修行要有下手处，禅者不二圆融的般若智慧是终极心法，但修行时也需要落脚点，精、气、神不是一类，修法不同，落脚点也不同，精、气、神各有各的“场地”，在自己“场地”里才能放松无碍，故此，有上、中、下丹田修法，有左、右、中三脉修法等等；从深义上讲，明心见性是禅修的终点，不过由于修者尚处在迷路状态才需要修，迷路的人精神很难集中，只有到了终点，精神才稳定和清明，要想使得精神集中是需要方法的。

例如，您携带一个特别沉重的铁球长途跋涉，必须找到一个合适的方法才能带得动，虽然从物理学角度讲，抱着和背着铁球的重量一样，但是从携带方便的角度讲，背着明显比抱着可行，故此，我们必须运用合适方法，使自己修行尽快到达目的地。铁球好比修者的妄想和执著，也好比是笨重的身体，修行是需要找到调伏它们的方法，要想轻松地携带铁球，气脉就是一个支点。

觉力高、悟性强的修者，自我意识可以从大脑转移到全身，修行能量越强的人，自我意识分散越微细，越精密。现在医学归纳人体有许多系统，例如骨骼系统、神经系统、荷尔蒙内分泌系统、消化系统、呼吸系统，还有脑下垂体、甲状腺、肾上腺等等，各个功能不同。西医认为每个系统需要独立研究，中医则将其视为一个整体。而修行者，则是非个体、非整体，整体中有独立，独立中有整体。

例如气脉可以说是统摄了荷尔蒙内分泌、脑下垂体、甲状腺、肾上腺、气血循环等等的集中体现，还包括了督脉的中枢神经系统，任脉的自律神经系统范围，所以说，气脉通畅者，能感通天地，与天地同归于寂。

见到过一些修者，修行了一段时间，自诩辩才了得，精通教理，但一看他肚皮上那几坨肥肉，就知道大多是口头禅。通常情况下，修行人是不能肥胖的，人的下丹田区域有一条横行的带脉，带脉如果不通，肚子就积脂肪，古代修行人为什么几乎没有腰粗的？因为腰一粗，肚子上有脂肪，能量就不凝聚了。真正修道是“神凝气聚”，怎么可能有肥肉？当然这也不是绝对的，有些修炼特别功夫的人身体是胖的，虽胖但气足、神足、精足，不会有半点粗重之态，不因胖而气散。

古代的读书人、修行人大多通医理，《黄帝内经》是给每一位读书人看的医书，不治已病治未病，唯有人人通医理，才不会依赖医生，才不会乱吃补药。古代医者和现代医生不同，他们通常会修行，真正的医者的目的不在赚钱，也没有指标、任务，不会十分钟看完一个病人，他们皆本着悬壶济世的善心去行医。行医不是医者的职业，而是其良心和使命，医乃人命关天之大事啊！可是现代人去医院，医生主要依赖化验，看着化验单就开药，即使中医也一样，一伸手就把脉，把个一两分钟就敢开药。

古时候中医开药通常不超过三剂，病情在时时变化，哪能三天不换药？医者摸脉本叫“三指禅”，这不是修禅的“禅”，医者的医道出众，需自己常修吐纳、调息、静坐，内观，没有修为的能仅凭三指便判断到患者的病症吗？医者如果修为达到了“心物一元，自他不二”的境界，那时伸指把脉并不是光靠感觉血脉搏动，而是靠医患之间的心电感应，才能体察出来他的病症。否则成百上千种脉象和病症，如何能靠三个指头去感觉其粗细、浮沉、长短、迟速的微妙变化？故此，医者把个脉需时很久，把时凝神闭目，心气合一，去仔细体会脉络变化，而现代医生可以一边摸脉，一边聊天，这样把的是什么脉？问题是病者并不以为怪，也不害怕，乖乖地边聊天边把脉，之后照方抓药，什么都敢吃，这样能治好病？估计也只有天知道了。

“气”的特性就是不固定。有些人一说炼气，便要“意守丹田”，这是禅修的大忌，为什么呢？活生生的生命中，本来无处不丹田，无处不气场的，如果守，气不动即结，结就容易生病。就像有人修炼习惯屏息，屏息的修法不适合初修者，因为容易气结。气本是活的，为什么要守着不动呢？如果女修者长期屏息，很容易导致经量过多。禅修是顺其自然、因势利导的修法，气有其自然的流向，也有其不定的变化。其实五脏六腑、身体器官个个都有自己独立的气场，这些小气场、分气场、微小气场和全身气场既相关又独立。

上、中、下丹田是独立气场，手有手的独立气场，手上的气场就未必和丹田相关，和手臂气场相关。故此修炼时，独立气场有分开修的方法，也有和大气场并修的方法。如果知其然不知其所以然地自修及引导他人修行，也和刚才说的世间医生、病人一样，都属于无知者无畏。

那么，既然有这么多小气场、分气场、微小气场，丹田的作用何在呢？这好像是川流不息的河水，但也会有分支、有湖泊、有瀑布、有小潭，但水一直在流动，水停三日则腐，气住三分则结。由于气脉不固定，也没有具体形象，它属于物质又超越物质，是物质和精神之间的桥梁，又是物质的能源。故此从不同角度观察，得出的观点就有不同。

从生命的规律看，气受到精神影响，心量宽广者，外弱内实，无处不通畅；心量局限者，气急败坏，外强内虚，无处不碰壁。

从气脉运行的规律角度讲，东方传统的思想是“意到气到，气到血到”，这是修行中以精神带动气脉运行，而非西方的运动观，乃以精神带动身体。西方人通常会注重身体指标，例如肌肉率、体脂率、心率、呼吸等等，他们是直接用精神作用来控制身体指标和行为，可是他们不知道从生命的规律来看，这中间是气脉在起作用。西方人不懂气脉的奥妙，故此，他们的运动观，以精神直接指挥肉体作用。虽有短暂成效，但有很大局限。故此西方运动和东方养生是两码事，我们可以看到，许多职业运动员在役时看上去精力充沛，身强体壮，但退役后不少人的身体甚至不如常人。

那么是不是西方运动就没有长寿者呢？当然不能绝对地否定，我们只能说，如果西方运动者，能够进一步理解东方“气”的奥秘，则会优化其运动方式，至少初步可以在练习瑜伽运动、健身时不会吹着空调练，运动时不要聊天、看电视等，再进一步可以训练自己的专注能力，然后体会体内气息变化等，当然如果想修炼气脉，这就需要拜师求法了，如果增加对“气”的了解，会更利于他们身心平衡、健康、长寿。

东方的养生，是指滋养精、气、神能量，但是“神”并无实体，故无法养，“精”属于生灭法，故养不足。因此能养的唯有“气”，“气”是精源，是神明的通路。

能养之“气”儒家称之为“浩然之气”。怎么养呢？孟子说：“夫志，气之帅也；气，体之充也。夫志至焉，气次焉；故曰：‘持其志，无暴其气’。”也就是说这是一种合于自然、通于宇宙的感性力量，是灌溉人心志的源泉。故“浩然之气”是既感性又超感性的。“超”是指突破生命体内在局限，而非向外驰骛的超越，故此这是一种人格的精诚修炼过程，这一修炼过程是无目的性的，从而自然化成“天人合一”。

能养之“气”里，不仅仅是“气”，还包含了“义”。义能养气。不要误解“义”是鲁莽的江湖义气之“义”。何为真正的“义”？孟子说：“生，亦我所欲也；义，亦我所欲也，二者不可得兼，舍生而取义也。”也就是说“义”是被君子视为高于生命的“气节”，“浩然正气”正是源于无畏的“气节”滋养。当然“义”还是“仁”的基础，“仁义”是不可分割的，缺乏了“义”的“仁”不过是演戏。

“义”是指不受社会、道德、时空局限的“正义”，“正”也不能是人为定出来“正邪”的“正”，因为如果人为可定“正”，此“正”会被局限于某种社会、舆论、权力等因素，脱离了“不受社会、道德、时空局限”的原则。“正”应是具足了平等不二的平等义，即无畏、公正、公义。它是指处理问题、看待事物、发表见解都能站在不二中道的角度，不受时间、空间限制，从最基本的人性出发，处处为直心道场。

此外“义”还代表了菩萨自利利他的行为，将个人得失荣辱置之度外，明知山有虎偏向虎山行，遇事不先考虑如何保全自己，而是敢于为他人、为大众适时负责和担当，这是“义”的智慧担当。

最后“义”还有“相宜”之意，得理也需让三分，不二皆同，无不包容，这是“义”的慈悲情怀。

从禅门角度讲，禅者皆是有“义气”的人，表现为在世间生活中：不见净土，故不爱住；不见垢地，故不厌居。

可以说，由平等性而至无畏的“义”，滋养的“气”，是“莲花太极”修者的脊梁,这样气场能量越足,阴阳交融的智慧就越殊胜,觉性也就越高,觉性是生命太极的大秘密,是悟道的资粮,人有利钝、智愚之别非他,乃觉力使然!

三、精神

生命太极的第三种核心成分是:精神。

禅门祖师说法时多提到“主人翁”一词,这是时刻引导学人发现何为自己的“主人翁”。修者要想了悟生命实相,需先明白生命的“主人翁”,否则就是认贼作父,颠倒梦想。世人执著的地位、财富、欲望这些“假我”是不是“主人翁”呢?没有人生使命,即人生战略不明确的人,如果仅有企业战略,就会变成人生为企业服务,人是为了事业而活着,如果有了人生使命,那么事业只是人生的一部分,是实践人生的一种方法和过程,那么企业价值就会变成人生价值的一部分,这种本末的关系搞不清的人生,岂能不苦?这个世界是聪明人的世界,肯下“笨”功夫修行、体悟的人实在太少了,故此,真正能活明白的人实在太少了。

世人执著名利、财色,而修者会执著修法、忽隐忽现的禅悦,有时感觉天空、地空、我空、法空,住在清清明明的空境里以为自己已经到达,误以为这就是“主人翁”了。这些都是不同的妄想和执著,真的“主人翁”是“随风潜入夜,润物细无声”的,它就在生命里,时时都在,没有空和不空的分别,不会有什么忽隐忽现,一切源于生活,一切就是生活。

我们为什么找不到“主人翁”？不是不存在，而是不知有它。怎么找呢？首先要明白，我们有个“主人翁”在，这个“主人翁”不在大脑、不在心脏、不飘忽在身外，不固定在身内。接下来，我们要内转意识，学会和它心心相印，此时会发现它在身体的每一个部位，从脏腑到细胞再到极微粒子，无处不在。

不过，这个发现的过程不是理论和知识，而是通过修行证得的，随着这个修证的过程逐渐深入，原来的各种执著转化了，强烈的自我意识也逐渐淡化了，取而代之的是逐渐升起的不二圆融之心。这个时候，修者不是无自我，不是无意识，而是身心不是由大脑意识主宰，不是大脑意识所能主宰，而是能和“主人翁”契合，因为对比“主人翁”来说，大脑意识是很慢的，已经是经过分析、判断后的第二念、第三念……思量即不中用，生活中有许多事情，身体本能早就已经反应了，大脑却没有跟上。其实生命体内每一个器官、细胞都是一个全息的智慧独立体，不过居住在一起的，不代表就能链接，生命体要对内和内众生链接，对外和宇宙天地链接，就必须有共同的密码，从内在的角度说，如果每个器官、细胞都能独自和“主人翁”相应，若被全部激活，那么自然能和宇宙、天地、六道众生相应，此时生命的能量是真正的重构，将与宇宙、天地齐，这时，您可以和宇宙、天地沟通，和内在众生心印，这将是何等的不可思议？

有些修者修行很精进，每天很认真地打坐、行拳、练气、息念、读经等，看上去忙得不亦乐乎，但念头依然执著在身体上，所谓息念也是心理行为，而非念头和“主人翁”契合。这种“修行”更准确地说是在锻炼身体。

还有人成天忙着做法事，看风水，放生，拜佛，收藏“佛”像、“佛”珠，参拜佛教圣地等等，这种“修行”是心外求法，故此，禅门祖师时刻提醒学人修禅，首要在于内契自己的“主人翁”，不要偏离修禅的根本精神，禅门的这种精神叫“心法”。

禅法是“一切唯心造”，“一切唯识转”，修行时，修者的一切思想、心识最关键便在当下这一念上转，六祖言：“但用此心，直了成佛。”也就是说，学会“用心”，便能成佛，这话直白到了不可理喻的地步，所以许多人不信。“心”无形、无相、无住，所谓“修心”是假名，不过是习惯用语，“心”都找不到，怎么修呢？故此，真正能下手修和转的是当下一念。

当下一念不是思想，此一念中万法具足，包含了“意识状态”：即转瞬即逝的体验，即意识转化状态，包括了梦、醒、晕、焦虑、幻想、高潮等，意识状态是意识的动机和驱动力，也是下手处；也包含了“意识阶段”，即可驻留的记忆和能力，它反映了生命发展与成长的真实历程，一旦生命处在哪个意识阶段，便能拥有该阶段的能力，例如在孩童阶段，我们学会的语言能力，就是可驻留的记忆；还包含了“自我意识”，即我、我们、他、他们四个象限的分别，由此层层递进发展出人的关系范围；不仅这些，当下里还有“意识层次”，即从物质层次角度讲，生命内原子、分子、细胞、脏器等等都是能够层层含摄的意识层次，意识不仅有“含摄层次”，还有“运用层次”，如潜意识的层层递进和开发等，当然意识还有“多元层次”，我们常说的气脉也属于意识多元层次。

可以说意识层次越高，身心越微细，世人因不懂修行故此是粗心粗身，修者提高觉性后，其微细身、微细心中情感、能力、灵光和光的变动速度等等，皆因其修为境界和世人大大不同……

尽管看上去大家都生活在一个同样的世界，拥有同样的外形，但由于意识的层次差别，人看到、听闻、感觉、思想等等又是全然不同的，这就是“随众生心，应所知量”，《华严经》说：“佛土生五色茎，一花一世界，一叶一如来。”这就是《华严经》中讲“一真法界”，即一切众生皆具如来智慧德性，唯因妄想执著不能证得。人生的痛苦皆来自于妄想和执著，以假为真，这种人生注定是悲惨的。反过来说，这个世界又是无所缺陷的，因为缺陷也可以是美的，一切都是可转化的，我们所处的世界是个无缺、无憾、无与伦比的“一真法界”，时时可闻道，万法自如如。《梵网经》云：“卢舍那佛坐千叶大莲花中，化出千尊释迦佛，各居千叶世界中，其中每一叶世界的释迦佛，又化出百亿释迦佛。”故这个世界，又称之为“花花世界”。

当下一念便是包罗万象的“花花世界”，一粒沙中可见三千大世界，一念中同样包含了全部人生。不过当下一念指的是精神能量，不是指大脑意识，这是生命的本来能量。因为其为生命的本来能量，所以才能提高，可以说当下一念是因，大脑意识是果，这一点常常被人分不清。

那么修行中如何转化当下一念呢？我们可以从“六度”中的忍辱般罗蜜入手，修外忍辱是我们上文提到的“宠之为下”，“宠辱不惊”，修内忍辱就是在智慧带动下的“精进”，内外皆备的忍辱精神是修行能量顺利提高的保障，也是转化当下一念的条件。

为什么这么说呢？如我们出外徒步、行禅时，去哪里其实不是长期琢磨出来的，而是当下一念，也就是一念背后的精神来决定的，如果此时用思想来思考，则会产生分别。例如玄奘法师西行求法，是冒着生命危险偷渡出境，法显大师六十岁高龄翻越帕米尔高原，这些行为如果用思想分析、判断计划，大脑意识会找出各种理由，诸如气候恶劣、年岁过高、语言障碍、政治环境等等借口，阻止求法的行为，通过分析多数人会放弃。故此，用理智的大脑意识来思考，是难以成就修行的，也是不可能升起无畏心的。不仅求法，开悟也是不“理智”的，祖师们之所以能成就，原因就是成功脱开了大脑意识的“理智”控制。

对于做事，《论语》中季文子曰：三思而后行。子闻之，曰：“再，斯可矣。”也就是说孔子同样是反对三思而后行的。“三”是指多次，不是仅仅是三次。为什么孔子也反对不停琢磨呢？又为什么说“再”就“斯可矣”了呢？因为一个人如果不假思索地采取行动是冲动，祖师们的每个行为都绝非冲动，而如果凡事“理智”过了头，就是大脑意识来当冒充“主人翁”了，此时必然丧失原有行动的精神和时机，多数人思想复杂、顾虑重重即是障道因缘，顾虑是心灵的枷锁。契合本性后的禅者，其平时修行中增长的智慧能带动行事的尺度，因此孔子在“思”与“行”之间找到一个适当的尺度，叫“中庸”。故此，“中庸”绝非胆小怕事做“好”人，孔子说“智者不惑，仁者不忧，勇者不惧”，他能成为“知其不可为而为”的不惑、不忧、不惧、不朽的人天导师，靠的一定不是大脑意识。

那么禅者的精神是什么呢？便是“发菩提心”，即通过修禅必须的“成佛”的决心和信心。何为成佛？便是了悟宇宙、万物实相后，悲智双运，不离世、不顺世、不厌世、不住世，有了成佛的初心才不会滞留在身体、神通等修行境界，一路上行，绝不退转。也正因为了悟了宇宙、万物的实相，禅者才能实践“众生不度，誓不成佛”的菩萨行。此二者是相辅相成的，如果不具足成佛的初心，就会满足于“小我”、“小成”的自私自利境界中，有时候或许也行“小善”，但无法入善根，这种情况，忽遇困难或刺激，就马上心生抱怨、嗔恨，埋怨的情绪比不行善、不修行时还要激烈，这都是善根没成就故。禅者通过菩萨行，勤集善根，方能最终因禅定、智慧而明心见性。

“小成”者因为缺乏了利他心，故而不能转心中的恐惧，一遇风吹草动，环境变化，或者身体难受，经济困难就会找各种理由放弃。有些人一边修禅，一边去医院用体检、指标来分析自己的修行的成果，仿佛指标好了就是修行有成就，健康本是身心健康，这有指标可以检测吗？体检只能将您尽早送进医院，难道不体检，就不知道自己有病了吗？

体检的指标是假名，迷惑人的假名越多，则人越不健康，如笔者在《本能》一书中提到，糖尿就是糖尿病吗？病因是什么？病因、病理不明而盲目吃药，乱打胰岛素，实则是病上加病。身病在于防患于未然，自己哪里不好，难道不应该自己更清楚吗？清楚了自己的问题就要时刻注意修正和调整。带着用体检指标检查修行结果的心，还是因为缺乏信力故。

现在多数科学家的科研是集中在物质现象上，许多人越研究越进入迷宫，发现有无穷无尽的不可解释现象属于科学未知范畴，如果此时科学家并没有因此产生对天地、自然、先圣们的畏惧心，而是满足于自身那点小发明、小成的话，那么他的发明往往最终成为破坏人类幸福和谐、生存环境的事物。

如果这些科学家中有人能够产生敬畏天地、自然、先圣的心，也能感受到被时空局限的物质是由气场、气脉带动的，相信能量能转化成物质的不同形态，诚恳地认知物质内在变化的规律。那么这些科学家一定会有一天和天地间无在不在的能量相应，其在科研时，重心点会放在尽量不破坏人类和自然的和谐共存，放在天、地、人相应的规律上。由这种心念和信仰带动下的科学发明，是利益众生的。

还有的科学家，最终能够和圣人相应，进入不生不灭的自性境界时，那么他们的一切科研即是禅修。也可以说，他的科研成果、学术论文都是祖师说法，科学论文和禅门经典一样，是平等不二的。我们现代社会，更需要这种精神的科学家。

再例如，男女相爱，如果相爱双方的境界彼此停留在物质和肉体上，他们会根据对方的态度、行为、语言、表情等等来判断自己在对方心目中的位置。不过如果一方开心时，当然态度和蔼亲切，而如果身体不舒服，或者诸事不顺时，则态度当然不好，此时另一方就立即受到影响，感觉不被重视，产生各种情绪和不理智行为。

人的态度、行为、语言、表情真的和内心一致吗？多少人心中明明爱对方，却习惯性地批评和指责，明明是违心的行为，还美其名曰：恨铁不成钢。说爱的，就真的爱吗？不说爱的，就真不爱了吗？

停留在物质和肉体上的人，成天主动或被动地不是骗就是演，对方因为无智而总受到外在现象的误导，情绪起伏循环，成天活在苦乐交替的游戏中。说是苦乐交替，其实是苦多乐少，人的记忆总习惯停留在不好的事情里，自己折腾自己，自寻烦恼。

我们要明白阴阳的道理，通常内心强大的人，语言、行为是温和的，只有内心虚弱的人，语言、行为才是暴躁的。人的情绪、大脑意识如同大海的波浪，随着境风而起伏，物质和肉体是生灭灭已的波浪，如果习惯了停留在动态的波浪上，那么心永远也无法宁静，迷人常用一种物质和肉体的满足来替代另一种物质和肉体带来的烦恼，这就叫“饮鸩止渴”。

我们为什么总习惯停留在不好的记忆中？总是率先想到对方的“劣迹”呢？总是喜欢用语言攻击和刺激对方的敏感地呢？这些意识行为不是搞一些心理分析可以解决的，都源于本人的当下一念。如果当下一念是善心，是包容、体谅的，自然会念起对方的好，包容和理解对方，讲善语，行善行。这样的心不会把自己变成法官一样判决对方行为是什么性质，也不会用自己的个人想法去选择和取舍，凡需要选择的爱都是假爱，需要选择的关系和利益，不是爱。

人的可笑之处在于，明明是自己无知，却喜欢把自己放在法官的位置宣判，有许多人连什么是感情，什么是爱都分不清。真正的爱是双方心智上的共同成长，那么能滋养爱的一定是利于生命成长的因素，例如自由、信任、包容、珍惜、体谅等，而扼杀爱的一定是不利于生命成长的因素，例如嫉妒、要求、埋怨、计较、限制等。感情是七情六欲，是脆弱的，容易起伏和受伤的，而真正的爱是使得内心平衡和平静的，爱只能是相应，不能被固定，真爱永远应该是开放的、灵活的、珍贵的，是彼此一起成长、一起向上的，相爱的人是一起体悟生命奇迹的人。所以人人皆以为自己在爱,其实真正懂爱的寥寥,就像人人都会死,但真正活过的人寥寥。

只有真正爱过的人,才能懂得如何爱人,能够时刻发善心包容和体谅他人,不会轻易宣判和刺激对方,谁不犯错呢?或许永远躺在坑里的人才不会跌倒犯错。

许多人由于缺乏智慧,故此当下的一念是杂乱的、浮躁的、不安的、不稳定的、排斥性的、不信任的,也不懂爱和尊重,故此,遇到事情往往扮演一个受害者,考虑的往往是别人如何伤害自己,自己如何委屈等等,从未考虑到自己平时言行给对方造成的伤害是因,对方的行为是果,抱怨别人时,您有没有看清楚自己?人想要找的另一半其实还不是自己?用自己的想法、标准想控制、改变对方,愚人要找的不过是自己的影子,如果这种妄想不除,不明白每个人都是独立的个体,就不会真正懂得尊重的含义。因不除,果必重复。其实生命中的所有的一切缘分都是恩情,即使对方的言行在伤害自己,智者也能从中提升自愈能力,从来,只有弱者会受伤。

我们因为不了解对方,才会遇到事情就习惯用自己的想法去假设,去怨恨,去报复性地刺激对方,刺激得越深层,似乎越解气,越感觉自己有本事……从来也不会想,爱本是生命中希望的光,是最不可思议的能量,您可以绑架光吗?可以固定能量吗?平时不用心培育爱,似乎爱是可交换和索取的"物质",带着这样的偏见和习性,说什么爱人、对人"好",其实都是有条件的交换,这种"爱"就是生活中杀人不见血的刀,谈爱其实皆是妄语。

但这种偏见和习性非人的本性,伤人之语也往往是出口即悔,大家都知道有些内伤是无法修复的，但由于缺乏修行，自己控制和管理不了情绪和怒气，恶语是自然喷发的火山，这皆源于不懂生命的规律。误以为物质和肉体是生命的核心，把波浪当作是水的实相，这样的爱，实际上叫折磨。

如果能够明白生命的组成有身体、气脉、精神三部分，这样在生活中，就不会只局限于外在的浅薄现象，这时候，就不会轻易下结论，就会多了许多深层的理解。在一起时，即使话不多，也能去用心体会对方的心，这种相爱是互相滋养。此时相爱的双方即便在茫茫人海中，双目交印，便能心心相映，爱本是生命体与生俱来的一种心灵能量，本是无限、无量的，这种能量本无科学性、逻辑性、功能性、交易性和指涉性，我们相爱就是用心贴近，用心体会彼此，用心打开开发启悟的空间，故此，真爱是简单的，因为接上了关系、利益而变得复杂，停留在关系、物质、利益和肉体的“爱”，明明在一起，却因为“无心”，故此需要不停地用语言、行为来确认和判断对方的“心”。

再如果，相爱的双方能契合圣人的智慧，这样虽然大家都生活在地球上受到时空的局限，但和普通人的幸福感、人生观有着本质的区别。“中国禅”强调的是精神相应的圆满人生，所谓相爱，不仅指的是男女双方，在亲人之间、同修朋友之间、六道众生之间皆能相爱，菩萨因有情而不离三界。这种相爱，是语默动静体安然。

有的人说，修“中国禅”是需要大根器的，我的根器比较低，所以不适合修。这种说法是不了解什么是“根器”，在禅门，没有什么是定论，根器的大、小是随着本人的心念转化的，放下屠刀便能立地成佛。如果您发心成佛，那么不会因知识程度、文化程度、经济程度、社会地位而有区别，暂时的不理解、不会、不懂，在坚定的信念和不断增长的智慧中，总有一天会转化。

可是如果您自甘沉沦，那么再好的内、外条件也无益。故此我们要清楚，所谓禅者，即使最下根器，也是发了菩提心的善知识，发愿成佛是修禅的基础。那么为什么还有大、小根器之分呢？区别在于，下根器自我感觉弱，自信不足，虽有成佛之心，却不相信靠自己能行，因此依靠佛、菩萨、祖师、师父的能量，渐行渐修。

而禅门的上根器者，明白佛、菩萨、祖师本性和自己无别，他们在果地，自己在因地，因此会追随直指正路的大善知识，在因地上发奋精进，果地上随缘自在。

凡不愿发心成佛的修者和执著在物质、肉体上的心盲之人一样，是缺乏眼光、见地、自信的人，这些人平时信誓旦旦，可一遇到事情跑得会比兔子还快。人因痴而贪，因贪而畏，因畏而心不安。人的智慧和其内心深处的恐惧成反比，恐惧越大，越缺乏智慧，这和看上去的聪明伶俐没有关系，也和能否赚到钱没有关系，当恐惧达到足够程度时，其智商可以飙降为零，大脑一片空白，丧失反应、自分别能力。故此，我们一直反复强调，修禅是要生成无畏心，不安之人是修不了禅的，修禅首要是先克服内心深层的各种畏惧，社会上的“成功”人士不少，但多数人遇到事情一样慌张、盲目，甚至在绝望中会轻易主动放弃机会，用一些可笑的理由被动地等待痛苦降临。

事业“成功”不代表人生成功，我们看越来越多的富豪，在财富的光环下感觉自己大放异彩，身心却常不健康，由于内心的空虚和不安，所以喜欢出入各种娱乐和交际场合，这其实是逃避到一个虚幻的欢乐、假设安全的环境中以求解脱。

娱乐行业的繁荣靠的是寂寞；安慰行业繁荣靠的是痛苦；安全行业繁荣靠的是恐惧；欺骗行业繁荣靠的是愚痴；股票行业繁荣靠的是贪婪；医疗行业繁荣靠的是疾病……那么广告行业、餐饮行业、网游行业等等等等呢？故此商业繁荣并不能代表什么。人越恐惧就越贪，越贪则越多恐惧，这是个死循环，人一旦起了贪念，不分大小，会同时失去公正、公义和实践的勇气。

贪是不分大、小的，就像障目只需要一片小小的叶子，有叶碍目，如人入暗，在暗室的人如同溺水之人，抓什么都好像抓救命稻草一样，无比执著，而且会把救命稻草当作“自我”或“自我价值”的一部分，这就叫“祸福无门，惟人自召”。

生命的秘密

一、动静、阴阳

生命态是动静、阴阳不断变化的状态,“四大”是生命的物质基础,也是生命的物理性存在,我们简单用图表来看“四大”和生命太极的关系:

“地”—属静—是生命太极的舞台—代表无常环境—人与“地”合一

“水”—属阴—是生命太极的舞台—代表无常原因—“人”我合一

“火”—属阳—是生命太极的舞台—代表无常原因—“人”我合一

“风”—属动—是生命变化的主因—代表无常过程—人与“天”合一

简单地说,即地和风一组,属静、动;水和火一组,属阴、阳。修者要修气脉,气脉究竟是什么?就是四大色法的变化,“气”是风大,“脉”是水、地、火的综合。

“水”、“火”因在“地”上交融、表现而形成“风”的变化。“风”如同《易经》之易,具有简易的特性,是生命太极形成变易、不易的源头,从身体的角度讲,也是神经系统初步发起的作用。

“四大”的交融关系如何把握呢?可以通过禅者的“不二禅观”观其内在关系,知缘生缘灭的起伏,明五蕴皆空后,禅者因此能超越阴阳、动静,而依性起修。

什么是“依性起修”?就是和“主人翁”相应,语默动静皆能不离自性,

"依性起修"便是"自性起用"的禅智慧。

二、温度影响

生命为什么会产生温度？因生命体内水火变化故。火大则人体热躁动，表现为：因外境纷扰，身心动摇，不能摄伏，因而恼乱，杂念纷呈，称名为"掉举"；水大则体寒身凉，修者常常记忆不好，迷糊头晕，打坐一上座就犯困，这是"昏沉"。

相对来说，禅者只要认真修行，提高智慧，"掉举"问题很快能解决，而"昏沉"则非提高智慧可以解决的，但凡"昏沉"之人，是"失心"人，常怀疑和忧郁，很难升起坚定的决心和信心，"失心"是无法领略到玄机的，故这病较难愈。

当然地球属于生命体，和人类，动、植物一样，哪怕温度仅仅只是高低变化了一度，其生命活力、状态的区别都会很大，修者修"莲花太极"时，如果精进修行，会很快感觉到体温有显著变化。

有人奇怪，为什么水、光等元素是生命的重要元素，而我们却先提温度呢？因为通常科学上的水、光指的是外在环境，而我们讲的温度是人体内的温度变化，温度变化是包含水、光变化的，体内温度的变化直接和水、光变化有关。

人身由于水多而湿寒、昏沉、下坠，修行后身体温度提高，增加了火力，火大则能驱湿寒，身体水火平衡则功能清晰稳定，修者唯有在稳定的身心中才能进入禅定，定中生的火叫“三昧真火”，发出的光叫“自性光”，修者定力越强，则火力越强，光明越强。大家不要误解这个火力会破坏水火平衡，定中的火是从平等性、平衡性里发出的，和普通人上火的“火”大截然不同。而“自性光”更是清净的月光一样温柔的光，不是灼热的、刺眼的强光，具足了这种光的修者有个显著特点，就是浑身如同透明一样，仔细看散发出一层幽幽的蓝光，眼睛像婴儿一样清亮，称为“青目”，所以，我们说的温度是涵括了水、火、光等元素的。

现代人和古人相比，由于环境变化快、生存环境污染加剧、事业家庭稳定性皆差，更需要应对的智慧及强健的体魄。但是现代人常糊涂，为什么学个手艺都可以花几年，那么难以琢磨的修心、养生却简单地认为在家看几本书，吃些保健品就可以解决？心不通，谈什么情绪稳定，身心健康是妄想；经络不通，吃什么补药如同服毒。

忙碌的现代人究竟要什么，其实自己也不清楚，在别人的眼光里盲目地活着。我们生命的三大防护系统：如同护卫队的免疫系统在沉睡；如同清洁工的排毒系统在消极怠工；如同发动机的代谢系统在外出旅游，那么供养生命活力的能源从哪来？靠吃保健品能吃出来？生命如果既不能开源，也不能节流，唯有在不断消耗中天天衰老。

现代人苦于信息大爆炸，太多的事情，纷扰的妄念，消耗了体能、降低了智能，妄念之中尤其使情绪激动的是强烈的欲望、忿恨、傲慢、失望等，均能使得生理组织，发生震撼而失去平衡。

修行是学会转化杂乱及无益的妄念，使您时常处在身心和谐放松状态，当需要解决问题的时候，大脑能发挥出最佳状态，放松能使全身各种内分泌腺，保持相互调配、合作无间的平衡状态，促进交感神经系统与副交感神经系统的相互良性作用。

例如，属于交感神经系统的脑下垂体、松果腺、耳下腺、胞腺等，对内，能收缩血管、升高血压，使得全身的兴奋机能活跃起来；对外，则为反应机警敏感等的功效。属于副交感神经系统的副肾、卵巢、胰脏等内分泌腺，对内有扩张血管、降低血压、缓和兴奋机能的作用；对外，则为沉着稳定的功效。两者的优点相加，便可形成完美的人格，偏于任何一边，均不圆满。

而令到交感、副交感神经有活力就需要温度的配合，现代人由于普遍工作紧张、用脑过度，外来突然刺激频繁，情绪突变概率高，不论是狂喜还是暴怒，均能令血管突然收缩，脉膊跳动次数增加，血压升高，胸闷息短，这样一来，容易形成脑溢血、失眠、心悸、耳鸣、神经过敏、消化不良、神经痛等病症。

人的情绪如果长期处在剧烈的变动中，血液就会由于内分泌腺的作用而失去平衡，出现血液毒素。内分泌腺在正常状态下是促进人体健康的，若失去平衡，便会大大影响人体健康。故此修禅，要将人浮动的情绪转化为清明；能遇难无畏、逢喜不乱；得之不多、失之不少；逆之不怒、顺之不傲。为什么清明的心这么难得呢？从医学观点来看，人脑分三层，新哺乳类脑、哺乳类脑、爬虫类脑，三层大脑越往里层越古老。修禅后不久，禅者就会减缓心跳、呼吸频率，供应新哺乳类脑的血流也会随之减少，这部分在大脑皮层的最外侧，是管理理性的语言、计算、时空认知等功能的地方。随着这部分血液放缓，中层的哺乳类脑会从沉睡中缓慢激活，这部分不是理性的新哺乳类，而是比理性更深刻的情感，任脉的自律神经便受其影响和支配。再修行一段时间后，最里层的爬虫类脑则被突然激活，这个区域是生命的根本觉性，是最原始的本能部位。

也就是说，人类进化本是从原始到情感到理智，而修行则是逆法，从理智到情感再回到本能，此时，人为的部分在弱化，生命最根源的要素被唤醒，这个人也就由此发生了生命的质变。为什么动物的生命力始终保持旺盛？即是最源头的生命状态处在觉醒状态，不被欲望和妄念游戏，但这种力是把双刃剑，如果没有智慧带动，是危险的，本能驱动下，愚痴的人会因生命力旺盛而产生新的烦恼。但是这种生命力又是步入悟境的必要条件，只有当生命时刻有着勃勃生机时，才具备步入悟境的资粮。

大家千万不要误解生命的原能在爬虫类脑，所以激活了这里就能悟道了！唤醒这里不过是唤醒生命的原动力，其实，当禅定进入大脑深层后，修者全身每个毛孔会有无数根“天线”和天地、宇宙连接，这些天线好像信号接收器一样，能将体内、外信息有效互换，形成强大的信息流，生命的这种状态好比是军队处于备战状态，菩萨就是时刻处于备战状态，时时循声救苦，故称之为“善应诸方所”。不过大家不要误以为菩萨循声救苦就是您一呼救菩萨就来，这么理解是神话小说，循声救苦不是做好事，您不回头谁能救苦？您若转心何须人救？循声救苦是菩萨见闻众生种种苦难，故发愿“智不住三有，悲不入涅槃”，常驻世间以六度万行，各种方便利益众生。救苦不是您缺钱了菩萨就送钱来，缺子嗣菩萨就送个儿子来，这种想法是误解。

能达成宇宙、神佛、众生之间的无碍沟通才是真正的“互联网”。这种互联可以超越时空、生命类别的互联。也就是说，修行者通过修行能加入这个互联频道，此时，无论您是显佛相还是菩萨相，抑或各类众生相，三无差别。

但是要清楚，无限风光在险峰，定慧功夫不够的人，就算能加入这个通道，会更加执著，以为自己已异于常人，这就像一个武功不高的人却带着倚天剑屠龙刀行走江湖，您不是在招贼吗？宇宙间不仅存在着佛、菩萨、光明，更多的是阴性世界里的未知存在，这些灵性存在，可显可不显，妖魔鬼怪，群魔乱舞，您能真无碍吗？当您无法自在出入佛、魔之界时，魔就化显出各种相来游戏您，所谓“道高一尺魔高一丈”。故此，我们需要提高定慧功夫，能游戏神通，不受其扰。

“莲花太极”的修者通过修行进一步学会管理、控制、带动被激活后的本能，转一切烦恼为菩提。修者一旦打开了生命力的通路，开了天窗，通了互联，要安全，必须更加增加利他心，时刻善应诸方所，如果缺乏了利他心，则成为了个人主义的修行。那么，您的境界再高，于太极法界、天地众生何关？

如果忽略了回向和利他，修者的境界就不会再成长了，您的能量也就变成短暂的昙花一现。我们看自然界中青菜一旦长了菜花，自己就主动停止生长了，宁愿选择干瘪，而将地底的营养供养给花籽。这就是生命的薪传，生命和法因为薪传才能延续。如果人人自私，生态是无法传承的。故此，菩萨时刻处于备战状态，看上去是在消耗能量，实际上，菩萨因无分别内外、自他、消长、生灭、能所、得失而成就一切功德。

什么是妖魔鬼怪？从外界角度看，六道众生，能真正修行的唯有人类，动物成精的称为“妖”，植物成精的称为“怪”。从内在角度看，扰人心者为魔；迷人心者为妖；乱人心者为怪；衰人心者为鬼；从气场角度看，身体中阴气下沉为浊重的死阴，如臭水沟一样，称为“鬼”，阴气重的人身上皆有极重的鬼气、病气、死气、妖气，说话也是怪里怪气，相反阳气上升者，内心独具光明，如太阳光一样可以照耀别人，故称为“阳神”，这些人身上显出的是清明、活力、朝气。他们不是没有烦恼，“烦恼”是什么？本是生命力的一种，为什么要消灭烦恼呢？您会去消灭生命吗？生命力没有好坏、正邪、善恶之分，其力分散即烦恼，统一即菩提；内乱即烦恼，清明则菩提；糊涂即烦恼，明白即菩提；失控即烦恼，能控则菩提；分别即烦恼，平等则菩提……

人的感觉，总是随着观念，一刹那放大到无限，一刹那烟消云散的，故此，感觉是最大的幻觉。贪、嗔、痴、疑、慢五毒，并不是本能，由此引发的烦恼不过是生命力的一种表现，这些的实质不过是某一妄念的瞬间缩影。

人无论是身处无尽烦恼苦海，还是处于如如不动的定境中，生命的本质、构成要素一点都不曾变过。人还是那个人，只是修后的心已非过去的“心”。故，百丈禅师云：“节级、奢缓、升降不同。未悟未解时，名贪嗔。悟了，唤作佛慧。故云：‘不异旧时人，只异旧时行履处’。”

“莲花太极”修者，通过一段时间修行后，身体上能感觉到交感神经系统的负荷减轻了，这与呼吸发生了变化有关。常人以肺部为呼吸的重心，而修者的呼吸重心则逐渐移至小腹，也就是气海穴附近，以腹压为媒介，再以意志支配副交感神经系统，扩张血管、降低血压、松弛兴奋机能。

腹式呼吸可以产生镇定、安静、解毒的功能，但能将呼吸的重心，由胸部移至小腹，不是短期能成就的功夫。因为如人为强制地腹式呼吸，很可能导致其他疾病。禅门的呼吸法，尤重顺乎自然，修者在天长日久后，随着杂念净化，修时能心平气和，呼吸的速度自然放缓、频率自然减少、深度也自然下延，这时候呼吸重心，自然从胸部下降到下丹田区域了。

一旦可以腹部呼吸，修者会明显感到体温的变化，即头以下身体温热，尤其是腰、腹暖洋洋的，而头部却很清凉。呼吸均衡和缓时，气血旺盛，血液输送营养的功能也加强，赋予已经萎缩了的细胞组织新的活力，能使得闭塞而沉睡的细胞苏醒，这便是禅门修者不老回春之密。

正因如此，修禅能治百病，非是用了什么奇药，而是将自己体内的免疫、排毒、代谢系统激活，这才是生命中真正取之不尽、用之不竭的大补药！人的种种疑难杂症其实唯有自己能治好，修行虽不能使修者长生不死，但绝对能够使人活的时候像个人，有人的快乐。什么是人的快乐？即能享受本能的快乐，例如：不担心便秘能好好吃；不担心失眠能好好睡；不担心身体跟不上而能保持有质量的生活，能快能慢，能跳能蹲，拥有柔软和弹性，这是修行对世人实实在在的好处。

生命如果没有气的供养，身体就很重，普通人身子常发沉，走路声音很大，跳不动，跑不动，就是气供养不足的原因。气足的人是轻灵的，就像孩童一般身轻如燕，轻巧灵便，此皆因元气充足故。年纪大了，气弱了，身体不好了，就越来越笨重了。

气一弱，水火便不调，通常身体弱的人，因为火力不够，头热而躯体冷，下腹、四肢都是凉的。反过来说，禅者明心见性时，如祖师们所述，不少人在顿悟的刹那，会轰地出一身大汗，这就是冷热交替的生发“暖”。再例如有修者一朝得法，那刹那间，是“众里寻他千百度，蓦然回首，那人却在，灯火阑珊处”，这时身体也一定是发热的，心跳加速，血脉贲张，由冷、热变化而生出疾风骤雨，风云雷电，这就是新生，因心生而法生。

色身转化的第一步是温度改变，开始修行的人，修行一段时间便会感觉到内外温度发生了变化，例如对外界温度的感觉，夏天不感觉那么热了，还有原来喜欢凉快舒服的空调，现在一吹就难受；体内温度的变化则从肢体上先显示于小腹、四肢的温度升高，从内脏功能则显示在例如消化、睡眠功能的明显改善，从内分泌功能看则表现出循环、代谢、女性月经经量……

对内、外温度的敏感度是色身的第一步变化，修者体内渐发的光明是热量，那么初修者体内的光明怎么辨别呢？可以观察自己皮肤的变化，是否变得透亮和白净？这是体内光明升起的特征。

普通人的体温是倒行逆施的，头热脚冷，腹寒背凉，故此，死气沉沉，什么是死气和病气呢？就是向下之气，以黑、黄为显色，如衰老的女人叫人老珠黄，就是病气缠身的表现，但凡病人体温都偏低。有人说，发烧时体温热啊，要明白发烧是体寒所致，内寒则外虚热，并非修者身体时刻散发的温暖如春。

还有人问，不是禅定中的修者，呼吸、心跳皆低缓或者停顿，体温也很低吗？这种人有没有生命力呢？这好像动物冬眠时一样，动物依赖外界环境而进入冬眠，修者可以通过禅定进入自冬眠状态，好比在冰鲜状态下的生命是否可以保鲜得比凡人更久呢？定中的修者体表温度低，不代表细胞活力弱，大家看看为什么禅门祖师圆寂后有的能肉身不腐？不像普通人死后一样变僵硬？祖师们圆寂后肢体柔软、尸身洁净，荼毗后有舍利子出现，这是因为身体气脉通畅，内心平静稳定、细胞温暖如生，一旦失去内在生命力，则必然僵硬、腐臭。

再例如，人的心、意、识是哪里来的？法相唯识学里说有暖、寿、识三个条件。第一个“暖”便是指温度，保持生命力需要和生命体能量境界相应的温度，这和体内水、火的变化有关系；第二个是“寿”，是因为有了温度就有寿，寿是指独立的一期时间，可能是片刻间的生老病死，而不是整个生命体的人寿；有了暖和各种独立的“寿”，精神意识才开始起作用，就形成了“识”。暖、寿是形成“识”的条件，但三者是三位一体、不可分割的。

那么，暖、寿、识跟“风”有什么关系呢？暖、寿、识的根本是什么？靠“风”的变化作用，“风”是无常变化的，这也是生命的“根本依”。

“风”不只是后天的呼吸，也包括了先天的精气。所以人死的时候，最后一口内外交换的气息停了，意味着“风”的变化停止了，所以生命活动也就停止了！“风”停止来去生灭的作用时，普通人就死亡了。

为什么说是普通人就死亡了？因为禅定功夫深厚的修者，包括一些修行瑜伽功夫的修者，他们可以不依赖于口鼻呼吸，全身毛孔都可以呼吸，叫“胎息”，这时候，看上去“风”的变化停止了，其实“风”还在作用和变化。只是从可见、可感的变化转化成了几乎不可测的极微变化。禅定功夫更加深厚的人，连“胎息”也无，心跳呼吸完全停止，和“死人”一样。但其实，这个生命体还有“风”的作用，否则就无法唤醒和出定，“风”的来去生灭作用并没有停止，只是变成了极微变化，用精密仪器也感觉不出来，可以说“风”变化得越极微者，其生命体越精妙。

不仅个体生命如此，宇宙中也是一样，过去天文学家们认为太阳系中，行星的运行遵循着一条非常简单的规则：距离太阳越远的行星，太阳对其施加的引力作用比较弱，所以它公转的速度也就比较慢，因此符合逻辑的想法便是：那些距离星系中心比较远的恒星，由于星系中心对其施加的引力较弱，因此它们的公转速度应该会比较慢一些。

事实真的如此吗？现代科学家们已经发现不管恒星距离星系中心有多远，它们围绕星系中央公转的速度都是一样的！那么为什么那些位于星系外侧较远的位置上的恒星，他们受到星系中央引力作用比较弱，它们并没有因为引力弱而飞走呢？一定有大量目前科学看未知的东西存在，阻止了星系的崩溃。

现在，天文学家们称这些为：暗物质，他们承认暗物质是构成宇宙的基本组成部分，暗物质在宇宙中起到了聚合剂的作用，从另一个角度看，暗物质好似宇宙的风。我们不能直接看到它，但它确实存在，构成宇宙的绝大部分是暗物质，暗物质里是否包括能量？就看我们是否把能量也算成物质的一种存在形式了。

由此我们可以发现，无论个体生命，还是宇宙，原理相同，微细的风变活动是目前科学还无法解释的，您不能解释宇宙的风，也无法解释禅者定境的不可见、不可测风，这也算是生命的暗物质，相对无垠的宇宙法界、无量无边众生，科学还是个蹒跚学步的孩子。

三、先水后火

我们修习“莲花太极”八法时，必须遵守“先水后火”的修炼规律。

修者于修前先观自己内心是否平静，如果观时发现脊背堵塞，肠胃没空，杂念纷呈或身心紧张时，需要先将身心调至静态，也就是先“水”。

有的人修炼时，随意把电话放在身边，修行中如果电话突响，这种行为不但影响自己，也会影响同修，因为修炼时必须专心致志，而电话声音是刺激的，有人因此导致岔气，笔者曾在《本能》《生存》等书中多次提到气病的危害性。

修行需先入“水”态，即，修炼时需要感觉自己好像孩子回到妈妈怀抱里一样安宁，不烦心，不杂乱，妈妈的怀抱就是典型的“水”态。如果感觉身心未静，初修者最好不要马上进入专修，因为稳定者是要求在行、住、坐、卧都保持“水态”，这和初修时的有为法入静有不同。

水主静，火主动。一切生命的诞生是从水态开始的，如胎儿在妈妈子宫里，是以静为主的生长状态；再如精子和卵子的结合，结合前，火态的精子要用尽全部力量冲破重重阻碍，在几亿个同伴中奋勇夺冠，如没有最大的爆发力、冲刺力则被淘汰，必须在规定时间内冲刺到水态的卵子面前，才有新生的希望。

这是生命的本能，不受爱分别和幻想的大脑意识控制，因此，冲刺时的精子必须全力以赴，专一和集中，就好像发了菩提心势必成佛的禅者一样，没有全力以赴，没有专一和集中，没有毫不畏惧、一往无前的冲刺，怎么可能获得新生？

而水态的卵子则是静静在等候，这种等候就是坤卦的精神，坤卦永远是平和的，我们看地球就是具备了这种精神，无论人类如何开采，车轮如何碾压，它依旧静静地守候着，不生气、不抱怨、不烦躁，这就是海纳百川的包容，就是心包太虚的宽广，就是上善若水的谦虚，就像菩萨包容众生、妈妈包容孩子的顽皮一样。唯有静到极致态才能容纳那个汹涌而来的动到极致，如果卵子也像精子一般冲动，动荡中会失去新生的机会，和生命的平衡。这就像禅者，发菩提心时势必具足最强烈、不退转的大信心，这就是动到极致了，而日常修行时，需要保持最平稳、不退转的如如心，这就是静到极致了。

动如果没有快到极致，就像几亿同伴中必须冲到第一名，才有希望活下来，否则没有成活的精子，寿命有多久呢？只要没有获得新生，没有质变，第二名和第一亿名是无别的。唯有质变后，获得新生的精子就转化成了另一种生命态，此时回望过去的“同伴”，那些跑得慢的，不肯吃苦的，那么满足现状的“同伴”时，它是何种心情呢？没有质变时，精子不知还有其他世界，转化为人后，方知原来还有这么多的“人”！同样，没有成佛的人在同伴中如果没有大信心，刻苦精进修行如何转身成佛呢？成佛后，忽然发现，原来宇宙中居然有这么多的“佛”……

相比动至极处的精子，卵子则需静至极致，静到一念不存，一物不留，一心不起，一法不执时，此时动静和合，即是新生，这个新生中乃即可“一月普现一切水”，又可“一切水月一月摄”。

不过动、静和合新生诞生后，生命又将再一次进入长时间的以静为主的生命态，这个过程从时间先后上看是：静——动——再静——再动的循环。从当下来看是：外静内动的过程；从时间先后和当下合一状态来看是：动中静不离静中动；这些种种角度的认识，都需符合阴阳的变化规律，外静时内需动，外动时内需静。

例如禅者坐禅能进入深层定境时，外表看平静如水，内心却灵光独耀，放大光明，越能静者，光明越大。为何能静呢？因为能观照五蕴皆空，内虚空则能静，能静则放大光明，此为外静内动之相。

再如禅者行禅时，虽外界环境、人事变化多端，但内心却不为相转，万境自如如，精神特别清晰稳定，此为外动内静之相。

所谓禅心，便是一颗如云似水、动静不二、无形无相、无来无去、红来现红、胡来胡现的大圆镜心。

禅修第一关:色身净化

有人将"五蕴"解释为身、心,"色"是身,"受想行识"是心,这么理解偏于西方的观点。

"中国禅"的"心"不是指"受想行识",此四蕴是大脑意识形态。大脑意识只是心相,心的作用,如同大海的波浪,如同投影机放映出来的电影。起伏动荡、喜怒哀乐皆是心的作用,"中国禅"认为心相亦隶属于身。

"中国禅"的"心"指的是"本心"、"自性"、"自心"、"佛性"、"真如"。故此,禅门将"五蕴"全部划归于"身"的范畴。

为什么大脑意识形态也归入"身"的范畴呢?因为禅者不全是具足了圣人智慧的人,一部分禅人还不明了身外的世界,也不具足超然的境界。这些人还是容易执著在大脑意识的固定观念上,唯有破除成见,才能散云见日。

"中国禅"的顿悟法门,是契合了大根器、最上根器的修法,和大家熟知的渐修法不一样,不是依靠一步步拾阶而上的修行法。拾阶而上看上去比较安全,而顿悟法听上去则比较深奥玄妙,现代人对此往往缺乏了自信心,总以为渐修比较安全,比较适合自己。有人误以为一步步拾阶而上,理论上讲总应该登到山顶,岂不知现在已非原始社会,登顶的路除了用脚走,还有飞机可以直飞。

渐修法门看上去安全就真的比顿悟法安全吗?一步步修行有什么问

题吗？渐修成佛要经历三大劫才能登顶，您有那么长时间吗？有人说，顿悟法不切实际，那么，我们看看佛经，佛陀本人就是顿悟法成就的，其在世时，多少弟子闻法而当即证果？这些尊者难道不是顿悟吗？再看《维摩诘经》，维摩大士讲法时，同样也是多人当场顿悟。各位中国禅的祖师，光灯录记载的就有成百上千人，皆能顿悟成佛，近代禅门大德虚云老和尚也是在高旻寺修禅时顿悟成就的，这些难道都是不切实际吗？

修法也行“渐”，悟则需靠“顿”！看上去大家都在每天修行，但顿悟法修法的特点是在修中并非必须一步一个台阶才能登顶，也并非有高低上下之别，顿悟法的“法”更多是平行修法。平行修法的好处是首先在于各种修法之间是平等的，法无高下，人无先后这些区别，入门时人的根器虽有利钝，但一念可至佛地，这就是人的觉性！禅者用平行思维对待修法、对待先圣、对待众生、对待万事、万物、万有……这是顿悟法的特点。

这种思维方式是令到每位禅者都是独立的，又是互相可为参照的，随时有自我觉悟的可能，而不会迷信和崇拜于修行的时间、空间、前辈、先哲等先入为主的观念，平行思维令到禅者永不倦怠，永远处于精进的路中。用平行思维看，就没有静止不变的状态，一切都是流动的、变化的，也就不会心安理得地等待一级级爬升，不会陷于宿命、因果、轮回、资历等固定成见中。不过读者不要误解平行思维是平行线，平行线在同一平面内、不相交的两条直线。平行线是被固定在同一平面上的，而禅法是超越时空的，在同一平面是平行，超越平面成立体，立体旋转化为圆，因为其活，故顺时因势而变化，应机而动成方便。

“莲花太极”修者，虽然也在日常的修行中逐渐积累，但这种积累不是有计划、有目标的提高，而是耐心等待，等内在的大风升起，风和火之力恰到好处时，那时“春”暖“花”开，顿契本性，明心见性，见性成佛。

故此，顿悟法门更多的是无为法修行，修者即使每天只有十分钟时间修行也没关系，但十分钟必须放下一切杂念，身心合一不二。此时，修者应想这就是契合本性状态了，是脱离时空状态了，修行不在于时间长短，而在于心力，心力强者能一念万年，万年一念，岂能被时间所局限？心能转境即如来。

不要想体会什么是“一念万年”、“万年一念”，就需要契合本性，绝不能边修行边聊天、边幻想，或者心系事业的发展、家庭的杂事，身在心不在的修行不叫修行，只是肌肉活动。您的心如果不在坐上，坐禅就叫炼腿，唯有身和性契合时，才叫“依性起修”，方能身心无拘无碍。

所以“莲花太极”修者首先要关心的不是动作对不对，道场空气好不好，修行的时辰合适不合适，环境干净不干净等事，而是要在修行时契合本性。

契合了本性的能量时，修者无论身在何处，身处何境，身限何时，都能体悟到何为心净则国土净。唯有这样的修炼，才能真正使人在平时生活也有一颗如如之心，反过来说，有了这种心，其实无论修炼什么功夫都可以最终成就。

如果修者在修炼时控制不住自己的杂念，身心不能入静时，则先修抄经、唱诵、朗读等修法，身心逐渐稳定后，再行坐禅、立禅、行禅、调息等修法。

“莲花太极”如何帮助色身转化

修习“莲花太极”时，有五个要点：

1、修炼前先观照身体状态，这里的“身”包含了一切生理、心理行为，即“先水后火”。如果躁动不安，不能入静时，可先用“先火后水”法修炼。

2、根据身心状态时刻调整修炼计划，例如今天本计划修“白莲”，但观照后发现虽然心静了，但膝盖受了寒，有些湿堵，那么今天的修炼中下势不要过低，给膝盖大的压力。再例如今天本计划修“雪莲”，但观照后发现杂念纷呈，那么今天的“雪莲”修炼，不要一味默言静坐，可配合大声诵读经典。

3、修炼时，要密切注意动静是否平衡。初修者因为身体局限原因，难以进入修炼的合一状态，常感觉腰酸背痛、手脚无力，此时需要修者用忍辱精进的精神坚持修炼，坚持一段时间后，会明显感觉到身心巨大的转化。此时修行很快会变得舒服了，有时则仿佛能和天地相应一样，感觉心里空荡荡的，也有人会出现各种修炼时独有的特异神通。我们要知道，神通和神经是双胞胎，当气脉没有通顺，心地尚未明时，修者出现的各种境界，几乎都是幻觉，许多人修炼时走火入魔是为什么？就是执著在各种“幻觉”里无法自拔。

如修净土者修时能“看”见佛、菩萨，仿佛阿弥陀佛就在眼前，内心当然特别欢喜；而修丹者感觉到下丹田有气流动，浑身元气充满，也会特别得意；那么修禅者呢？修行时突然感觉一切皆空，体会到了我就是宇宙、天地，内心会以为自己契合了空性，当然也会有无限喜悦。

笔者见过不少修者耽于各种境界舍不得离开，就好像爱财的见了钻石一样，最后往往是乐极生悲。为什么呢？因为有顺境就必有逆境，心情好时能见佛、菩萨的佛界，同样会因心情不畅而出现魔界，如修净土者突见鬼怪、修丹者顿觉气结、修禅者心魔乱舞时，这些修者原本的欢喜心会瞬间转化为更大的恐惧、害怕、慌张、紧张。

要清楚欢喜和恐惧都不是生命的原态，都是身心失去了平衡的状态。故此，"莲花太极"的修者是无喜无忧的，修行时身心处在一种无待状态，无为而无不为，如此，修者方能在各种境界下保持身心平衡。智慧是需要对境显现的，一旦对境生心，则为动心，无论顺境、逆境，心动则风动、幡动，瞬间失去平衡，功夫、智慧立时下降。

4、水火平衡

修者如能感觉到自己动静不平衡时，必是水、火也处于不平衡状态。

一般情况下，水重火弱者无力，昏沉，无气、冷淡、冷漠；反之，火重水弱者急躁、慌张、爱快速下结论，爱分别、判断、抱怨、吵闹。如水火平衡者，身心能保持真正的清净，无论在疾风骤雨还是月朗风清时，都能现照实相，清净是生命的源泉和动能。

如果修者发现自己身心长期处于不平衡状态，应及时和导师请教，修改日常生活方式。水火平衡的状态人人不同、时时不同，就像人得了同样的病，吃同样的药，为什么效果不同呢？修者最重要是保持和导师良好的沟通，由大善知识直示正路。但有的人只喜欢问，抓了方子不吃药，为什么呢？小聪明和喜欢讨价还价故。要知道修行不是靠要小聪明可以成就的，修者不能用自己肤浅的主观臆断来主导自己的修行，人正因为看不见自己的问题，才需要导师指引，千万不能出了点境界就骄傲，出了点麻烦就恐惧。

佛法修行有“八正道”，其中：正见、正思维是“慧”；正语、正业、正命是“戒”；正念、正定、正精进是“定”。修行以戒、定、慧，破贪、嗔、痴。“八正道”中“正见”最重要，正见现前，正思维、正语、正业、正命、正精进、正念和正定都会自动产生；正见稳固，八正道的其他要素也就可以顺利增长，故此，禅门修行时先说“正见具足”。

5、当下智慧。

如佛在《四十二章经》中言，生命只在一呼一吸之间。而禅门讲得更确切，《坛经》云：“前念不生即心，后念不灭即佛。”这是当下智慧的显现。

禅者不是不起心、不动念的人，不起心、不动念的是木石，如果不起心、不动念能成佛，那么木石本是佛了。修者通过修行提高禅定、智慧的能量，用此能量转化妄念。“前念不生即心”说的是当下一念契合本性，心不随念去，不随念走，这叫“无念”，“无念”就是本来面目了，此是正定。

“后念不灭即佛”是说不能用“杀贼”的方法去杀除杂念，杂念也是生命力，杀完了就没有活力了，如果杀杂念，灭烦恼，此种修法就和本性失之交臂了。怎么办呢？只要不住念即可，即“无住”，无住可生心，此是正慧。

定慧等持是禅门成佛的最快秘诀！是六祖的顿悟心法，佛法中虽有八万四千法门可以成就，但是唯有顿悟一门是最快成佛之路。

如沩山灵佑的法嗣香严智闲禅师，一日上堂说法时问弟子：有一个悟道的禅师，他口衔着树枝，脚无所踏，手无攀附，挂在千尺悬崖上，这时忽然有一位求道者来问佛法大意是什么。如果他此时开口回答，就要跌落深谷，如果不回答，禅师本以随时慈悲开示为本分，请问该怎么办？

一众弟子闻言，都面面相觑，不知如何回答。此时，上座欠身说：师父，先别问他咬在树上怎么办，我倒想先问他，好好滴为什么要上树去自寻烦恼？

是故，六祖云："成一切相即心，离一切相即佛。此之谓即心即佛。即心即佛皆由自性而发。"禅者的当下智慧，便是不无事生非、自寻烦恼，一切对内的起心动念皆是自性显现，一切对外的方便万行皆是自性起用，这便是甚深般若了。

第五品
莲花太极与生命健康

保持生命元能

人从出生到死亡，身心健康、和谐的关键在于元气是否充沛，中国传统认为“元气”乃构成宇宙、万物的最本质、最原始的要素，其源头是“道”。

依照“元气论”的观点，万物的产生、灭亡和发展变化都是元气之“道”变化的结果。气为万物之精微，宇宙里无处不在。北宋张载曾说：世界因气聚而成形，变为有形、色的实物，气散则复归于太虚，表现为实物的消亡，消亡是实物的另一种存在形式。

“元气”说兴自汉代，如《鹖冠子·泰录》云：“天地成于元气，万物成于天地”；《论衡》云：“元气未分，浑沌为一”，“万物之生，皆禀元气”；《白虎通义·天地》云：“天地者，元气之所生，万物之祖也”。

元气，道家名：“元炁”，“炁”这个字是指人体的先天能源，表面是无火之气，以区别于通过饮食五谷而产生的“氣”，和通过呼吸的空气之“气”。后两种是后天的能源。

现代科学家，根据“物质、能量、信息”学说，把“炁”称之为“能量”。老子《道德经》云：“万物负阴而抱阳，冲炁以为和”。可见，“炁”是介于阴阳之间的不以质态、固态显现的无形存在，无所谓阴、阳，是阴、阳未开的原始混沌状态，也即天地间最原始的能量。修行者修行主要是通过修炼的方法来接通先天的“炁”。

元气即“元炁”，其发源于肾，通过三焦而巡行全身，内至脏腑，外达肌肤腠理,推动和促进生命体的生长发育,温煦和激发着脏腑、经络等组织器官的生理活动。“元炁”是人体生命活动的原动力,是维持人体生命活动的最基本的要素。

如果“元炁”充沛,生命体各脏腑、经络等组织器官的活力就旺盛,身体素质就平衡健康;若因先天禀赋不足,或因后天水谷失养,或因久病损耗,以致伤了“元炁”,而导致体内“元炁”的更新不足,就会形成身体虚衰而产生种种病变。

“元炁”的充沛与否除了和父母遗传及肾中精气相关,尤为重要的是和精神能量密切相关。父母遗传叫血脉相传,从字面上看,这离不开和“血”相关的要素;肾中元气则是和“气”相关的要素;生命体的“元炁”是否充足有三要素:气、血、意识。此三要素清净与否,直接影响到生命的质量和精密度。

“元炁”不足时,生命体健康必然堪忧,或衰老或疾病,而“病”、“衰”皆属于早亡。

佛法中死分三种:

第一种是寿尽而死,这便叫“天寿”。也就是这一期的寿命尽了,天寿不是指高寿、长寿,也没有什么限制必须活多少岁,每人因缘、业力不同,其寿则随其业力,灯尽油干,命尽而死。

第二种是福尽而死,即人不懂惜福,耽于享乐,穷奢极欲,本来命不应该尽的,但是由于自己预支福报,所以是享福享死了。

第三种是横死,即人因其自身果报,会遇到各种内、外因素的意外情况，如外界的战争、天灾、火灾、车祸等，内在的突发疾病等各种意外伤害。现代精英们为了事业奔波劳碌而丧命也属于横死类。

此外，现在还存在着一种愈发普遍的社会横死现象，就是自杀。现代人由于对财色名利的追求大大超越古人，故此各方面压力必然大大增加，古人无法想象现代人拥有如此丰富的交际、金融、情感、事业等错综复杂的关系，也无法想象现代人高歌猛进地改变环境、生态、人性的各种行为，在这个前所未有的时代里，欲望膨胀精神脆弱变成了常态，承受不了打击而自杀的人也就越来越多了，这实在令人惋惜。生命诚可贵，为了物质、名利、评论、感情、得失、怨气而自我歼灭是多么愚不可及的行为？这么做是证明人的勇敢还是脆弱呢？

龙树菩萨《中观》云："有为苦所逼，现见求自死，时彼愚痴故，不能趣胜道。"

自杀是痛苦的人想以此摆脱苦，这是因为其愚痴所致的选择，当一个人感觉生存的苦大于死亡的苦，对生存的恐惧大于对死亡的恐惧时，就会选择自杀。

自杀不仅是个人行为，也包括了主动自杀和被动的集体自杀。无论是个人还是集体，自杀后痛苦会因此消失吗？就像药能真治病吗？酒能消真愁吗？

佛经里说，自杀的人会堕为饿鬼，在另一个黑暗的深渊里无数次地承受自杀之苦，不懂得珍惜生命的人，不明白生命的灿烂、可贵，因为他们的"生"其实并没有"活"。尤为可怜的是，这些人生前无论选择了什么方法自杀，利刃、跳楼、服毒、上吊……此人每七天会再经历一次同样方法死亡的痛苦，“死”后复生，生七天再“死”……如此循环，万劫不复。

从禅门的角度看，是否存在地狱不是禅师们关心的问题。禅门的地狱指的是“火大”，但凡五阴炽盛、欲望强烈不得清净之身，皆为身处“地狱”之人。那么是否存在另一个黑暗的深渊？此属于六合之外、存而不论的事情。禅门认为人死后的喜乐或痛苦都缘于人活时所造之业，果由因造，故此当下最重要，转机就在当下，如果虚度生命，那么入地狱必然如箭！

修行的转身处便在当下一念里，信、解、行、证是修行的四个过程，需要修正的是人的愚痴、贪顽、无知。

普通人的生死观是“形神俱灭说”，这是无神论的观点，是以现实主义为主的人生观；宗教人士的生死观是“灵魂不灭说”，这是有神论的观点，有灵魂的轮回，有前生后世，有天堂地狱，通常这种观点是以来生为主的人生观。

另外还有“魂飞魄散说”，这既可以说是无神论，也可以说是有神论，通常这种观点以血脉遗传为主的人生观，也是中国人最常见的生死观，自己的生命在子孙那里薪火相传。

此外还有“月印千江说”，这是天地万物一体为主的人生观。

禅者的生死观是独性观，即“灵光独耀说”，是以个体自性不生不灭为主的人生观，生命即当下灵光的显现。

禅者注重当下，不代表就不注意身体调养，或不会生病，我们前文已经说了当下其实是包罗万象的。只要有肉体，就一定会生病，病其实不是治好的，或者说“人”是治不好“人”的病的，“人”只能预防和缓解疾病，药物是预防和缓解疾病的辅助方式。

虽然也生病，但祖师和凡人的区别在于，有些祖师是示现病相度人，有些祖师知道自己生了什么病，该怎么解决，他们不仅知道自己的事情，对待他人的生死、疾病、心理变化也知道，虽然知道但不会明说，不会暗示。为什么呢？如老子说：“前识者，道之华而愚之始”，“前识”就是指预知能力，所谓的神通。

现代人喜欢预知，科学界称之为超感或超级预测。不仅科学界，现在金融、经济等等方面也是预测大师辈出，各个能掐会算一般，能预知明天发生什么。现代人的预测能力大部分是建立在数学量化模型基础上的，拥有超能力的人，西方称为“先知”，可以未卜先知、解读他心。

可是为什么老子说这些超能力、先知、预测是“愚之始”呢？禅门亦称之为“认贼作父”，因为智者认为，只有本末倒置的人才会迷恋神通、显露神通，最后不是成为偏执狂、宗教狂就是成了精神病。

禅门祖师强调心行大事，不行小道，绝不能靠显现神通弘法，否则智慧越大，神通越强，痛苦就越大，神通本无常，来去不可琢磨，这里的神通不是西方建立在数学模型中的预测，那种预测属于概率学，属于定论，不是东方的不可琢磨的神通化显。从外在角度讲，被神通吸引的信众也必然是迷信的，内外都不可取，故以神通化显何谈度众生脱离苦海？不过是拖众生从一个苦海跳入了另一个苦海。佛在《楞严经》中明确提到外道邪师，以神通惑人之罪：“佛言：‘云何贼人，假我衣服，裨贩如来，造种种业，皆言佛法？

却非出家，具戒比丘，为小乘道，由是疑误，无量众生，堕无间狱。'"

真正的禅门大丈夫，走的需是正路。什么是正路？这可不是和"邪"相对的"正"，而是坦坦荡荡，平等平实、真诚本分，脚踏实地的公"正"之路。

禅者，不能走玩弄超能力、看风水、算命、消灾驱魔、攀缘讨好的微末路子。那么，有没有风水呢？能否看到呢？当然有！当然可以，风是能量的变化，水是能量的流向，风水是随着天气、地气、风气、人气时刻转变的，自性起用时，禅者能见种种色，契种种法，但不可以迷种种色，执种种法。

修禅的禅者在没有见性前，也有生死往来，尽管概率减少了但也一样会生病，但禅者患病时能无惧病痛、无畏死亡，因时刻身处功德海，也不会被动堕入三恶道。至于见了性的禅者，可能会自愿去三恶道、畜生道弘法也是平常事。有人认为禅师肉身不腐、死后出舍利子这些了不起，这些现象和明心见性无关，这不是禅门的不共法，任何一个修行人，只要三年以上不漏丹，基本可以烧出遗骨，这些就是所谓的"舍利子"了。能烧出舍利子，和见地、心性无关，不能作为修为成就的检验标准。现代人几乎把舍利子当神器，变成造神了，这就忽略了佛法是忽略一切圣物崇拜、圣地崇拜的。

人为什么会生病？佛在《佛医经》中言道，人得病有十因缘。"一者久坐不饭，二者食无贷，三者忧愁，四者疲极，五者淫欲，六者嗔恚，七者忍大便，八者忍小便，九者制上风，十者制下风。"这十缘，关系着人复杂的身心系统中"入、住、出"三个层面。哪个层面出了问题，都会给身心系统带来一系列不良的连锁反应。

"十因缘"看似简单，但是从今天来看，两千年前的佛言条条切中现代人的要害。现代人久坐懒动，抱着手机、电脑不撒手，长期久坐不动的人，气血该动时不动，不病才怪。至于饮食无节制也是现代人的通病，自古盛世多乱食，物质丰富的背后其实是人心似惊弓，贪图口腹之欲，生态恶化，广种薄收。佛经中称大鱼大肉乃烂肠之食，只为一饱口福而贪之，全然无知而将健康置之度外，不悟而误，岂能不病？

至于过度疲劳则更是现代人通病，现代人信息爆炸、交际爆炸、业务爆炸、机会爆炸怎能不忙？

第五条的淫欲也是现代人的常见病，本来又累又忙，还加上饮食无度，应该在性方面退化，但现实却变成性质量退化，而性行为泛滥。这是由于现代人精神无以排遣，性行为带来的刺激，可以释放多巴胺让人感觉一时舒服，可以缓解压力，这种行为无疑"饮鸩止渴"。故此，虽然体力跟不上，现代人却比古人更爱淫欲，一夜情泛滥、网上色情泛滥、快餐式性行为泛滥……

《吕氏春秋》云："靡曼皓齿，郑卫之音，务以自乐，命之曰伐性之斧。"世界上的事物本应为生命而存在，生命不是为这些事物存在的。如果做事业让您忘了自我，听音乐忘了自我，吃美食吃得流连忘返，都是本末倒置。同样，正常的男女之情，不应是色情的、刺激的、令人沉迷的。我们在前文也提到过爱和感情的区别，感情又和色情不同，色情是非人性的，事、声、色、滋味，应为了生命服务，多了就该放下，这是真正的保有生命成长的智慧。

能"知止"的人，眼明、耳聪、口敏、心安，能不为外物、外境所动、所惑。愚人则因富贵、名利、欲望而日夜以求，感觉得到了追求的快乐，感觉有所谓的成就感而乐此不疲，唯独不明白这些都是以牺牲生命为代价的，这同样也是自杀。

一味追求舒适，以致四肢痹蹶；一味花天酒地，整日里轻歌曼舞，或者盲目发展事业，这些都叫做“伐性之斧”，这些是毁坏人性的斧头，是为害身心的病源。

至于第六、第七多忧愁和嗔恚，指的是人如果智慧不开，遇事能不忧愁，愤怒，怨恨吗？我们看这个“恚”字，心被两层厚土埋着，连喘息的空间都没有，可见怨气是比怒气更持久伤人！

最后四个病因忍大便、忍小便、制上风和制下风在说什么呢？忍大、小便这是现代人从小就训练出来的坏习惯，由于上课时不能随便走动，几乎从幼儿园开始，就习惯了忍大、小便，故此从小开始胃肠功能就在人为退化，便秘、肾虚日渐普及。

至于最后两个病因，尤其是什么叫制上风？就是忍呼吸。读者或许不理解，为什么要忍呼吸？其实现代人时时在忍呼吸，例如常常与人争执时面红耳赤，或面见领导时憋得连大气都不敢出，或睡觉时噩梦连连，或身处恶劣环境呼吸不畅，这些都属于忍呼吸。此外，凡没有经过专门修炼呼吸法的人，呼吸几乎都是不到位的，只能到达胸部，呼吸短促，每一口不到位的呼吸都叫“忍呼吸”。

禅门认为讲人的命不是宿命，也没有什么定数，虽“业因”感召而有因果，但禅者随着自身修行，能量在提高，宿世“业因”皆有可能于当下一念中转化。禅门从不否认因果，重要的是禅者不昧因果！您的人生如果被欲望带着漂流，烦躁焦虑，只知向外不停索取，对内自耗元气，积累财富而对外不知感恩社会、不知布施功德；对内不知修身养性，不知知止而定，则必然会遭遇横祸，或提前福尽而死。

是故，禅者要放下，放下不是不要，而是放下妄想、执著，懂得珍惜生命，珍惜缘分，珍惜当下。妄想和执著统统放下了，升起的便是一颗活泼泼的禅心。那么，放下从哪里做起呢？从生活中懂得点滴的珍惜做起，故此，放下的本意是"惜"，祖师们日常惜福的事迹有许多记载：

悟溪禅师年轻时与同修一起行脚，一个夏日的正午时分，他们走得筋疲力尽，口干舌燥，突然前面出现了一汪清澈无比的湖，众人都迫不及待地冲入湖中，嬉闹降温，大口饮水，真是无比痛快！当大家欢天喜地地戏水时，只有悟溪禅师一个人蹲在水边，只是用毛巾沾水擦汗。同修们很奇怪，便问他为何不下水。禅师淡淡地说："湖水虽多，我份有限，留予后人，永存润德。"此时阳光正映照在波光粼粼的湖面上，同修们看着禅师清瘦的身影倒影在湖中，不禁顿感无比惭愧。

另，一次雪峰、岩头和钦山三位禅师行脚来到吴山，一天奔波，雪峰和岩头两位禅师在树下稍事歇息，钦山一人去溪边饮水。突然，他看见溪上漂来一片菜叶，转身对两位师兄说：深山内有得道的隐士，我们可以沿溪去参访！岩头禅师顺着他手指的方向，看到溪水中漂浮着一片菜叶，只见叶子完好无损，没有虫吃鼠咬的痕迹，就笑笑没搭话。雪峰禅师则说：此非得道人，修道不惜福，住山有何用？

永嘉玄觉禅师有一封著名的《答朗禅师书》，其中言道："是以先须识道后乃居山。若未识道而先居山者，但见其山，必忘其道；若未居山而先识道者，但见其道，必忘其山。忘山则道性怡神；忘道则山形眩目：是以见道忘山者，人间亦寂也。见山忘道者，山中乃喧也。”

有多少修者误以为住山隐居便是修行？还有人认为常驻深山，空气好便能长寿。当然如果您的人生目标是只为了自己长寿，那么住在山里肯定比住在红尘中空气好，但未必能享受到“天寿”，什么是“天寿”？百岁老人未必是天寿，二十而亡未必不是天寿，天寿不在于时间长短，而在于生命质量。

常驻深山的人多会厌弃红尘，感觉下山后六根不静，心烦意乱，环境污染，到处脏乱差，如果执著在山里的“静”，心里有了垢净的分别，这就变成了“自了汉”，失去了和众生的联系。隐居修行可能成仙，但成不了佛、菩萨和禅师。菩萨因有情而成菩萨，菩萨不是只生欢喜不生愁的神仙，菩萨心系众生苦，因众生病而己病，菩萨不会只想着躲在深山里享受清静，然后像个神一般俯视众生，指手画脚，说几句不疼不痒的风凉话。当然，为了涨功而暂时居于深山闭关专修的修者除外，这是为了砍柴而磨刀，不是为了避世而逍遥。

天寿者几乎都能预知自己之寿，此因能和“自我”时刻沟通故。这不是什么稀奇的事，大部分动物都知道自己的死期，例如：大象临终能自己独自安详地回归自己族群独有的葬身之所。不过人的“天寿”和动物预知死期不同，除了肉体死时无痛苦，精神清晰外，更重要的是其人离世时是否功德圆满，人生并无遗憾？如果您活的时候对得起这个生命，生能益于时，死能闻于后，便能成为死而不亡者，此乃真“天寿”。

现代人为什么少见“天寿”人？首先因为现代人已全盘接受了西方科学、运动的思想方式，西方文明由还原论思想主导，故此是分裂的，独立的，而东方是整体的、统一的，故此能天地人合一，合一才能沟通。东方传统的养生本不以身体强壮为长寿的标准，强壮在古人认为未必是好事，老子就说：“强梁者不得其死”、“物壮则老”。什么意思呢？就是人、事、物都要避免过于强壮，如果过分强壮而缺乏智慧的话，往往不得好死。

植物不能拔苗助长，动物不能吃催肥饲料，人类情深则不寿，强烈的催化过程往往会使本体提前夭折。这一点同样适用于修行界，笔者见到不少人修行特别精进刻苦，也修出来了各种了不得的武功、神通、能量，可惜的是，这些人多数短命，为什么呢？因为贪功夫故，没有理解阴阳变化、动静平衡、此消彼长的道理，您点燃拙火了知不知道怎么熄火？否则就容易得心脑血管病。我们修炼“莲花太极”，可能很长一段时间就是天天修基本功，修契合太极之道的心法，有了这些基础，功夫是平衡进步的，也是突飞猛进的，这是顿法修行的特点，盘旋迂回就是在等“机”，灵“机”一到，便直至佛地。

故此，修者修炼不是求强壮、求无病，要知道一点毛病没有的人死得更快。因为没有毛病的人不会懂得珍惜身体，不懂疾病的可怕，平时也不会注意善护身心，所以一旦生病，往往是大病。《高僧传》里，许多高僧、禅门祖师是体弱、多病的，但为什么这些看上去虚弱的高僧可以带病延年？反而得“天寿”？因为懂了生命的规律，自古并无长生之药，但却有养生之道。

不懂得生命的人，会挥霍自己的强壮，一旦挥霍殆尽，余生只能依赖名医和医院。故老子说“损之而益，益之而损”，在生活中要想培养孩子，需要多时间“损”他，磨砺他，生命是越磨越光滑的。古人懂得这个道理，故皇帝自称“寡人”、“孤家”、“不谷”，孤家寡人指的是生存状态的孤独，什么是“不谷”呢？第一种是死人，死人不吃饭，第二种是得道的人，得道的人也可以不吃五谷。皇后自称“哀家”，其他的称呼“在下”、“鄙人”、“不才”、“贱妾”、“贱内”等都是自损，这就是生命的阴阳之道，您越保持谦逊，则越得到尊重，谦逊可自利之益之，这是“物或损之而益”，也是“反者道之动，弱者道之用”。我们再看看那些从小娇生惯养或少年得志的孩子，长大后都怎么样呢？有几人能始终如一地好运？父母、祖辈的庇佑能保持多久呢？

修者于此，当用心体会何为“明道若昧，进道若退”？真正的大道用眼睛是无法看见的，唯有心地法眼才能见道，故此，眼见的大光明其实是黑暗，而“昧”才是生起大光明的本源，“昧”不是指完全的黑暗，而是恍兮惚兮，好像天亮前的黎明，天要亮时反而更黑。“莲花太极”的修者，修炼到一定阶段，修为进步时，往往感觉自己好像在退步。

现代人自小图享受，我们来细心观察一下周围人，几乎个个都是元气不足，身体不自在、精神更不自在的。可是这些不自在的人并不相信人可以活到“天寿”，一边怕死，一边找死，您跟他讲修为，讲心法他觉得跟自己没什么关系。相反，昂贵的保健品广告，他会欣然乐闻，以为钱可以买到寿命和青春。却不知，这些到底和自己身体是否相应，有时候，我之蜜糖乃您之砒霜，花了那么多钱，不过是将自己快点送进医院。

在科学的带动下，人生活的各个层面，已经被越来越人为地破坏了生命的规律，离生命的本质越来越远。我们不可离的基本都是机器化、电子化、虚拟化、娱乐化、庸俗化的事、物，这种环境下，人越来越不是“人”了，什么也不敢信、不愿信、不想信，不仅离“人性”越来越远，就是离“动物性本能”也越来越远。

现代人不清楚什么是真正的“人”，也不清楚什么是真正的“动物性本能”，现代化让人过上了非人、非动物的“幸福”生活，机器越来越先进，灵性越来越退化，您能幻想听几次灵性讲座就恢复灵性？看几本心灵鸡汤就觉悟？当您每天被无用的信息淹没；无论在出租车、电梯、电视、手机里，一睁眼便见到各种广告；当生命已无处留白时，灵性以何为家呢？……可惜的是，现代商业的模式却和人性相悖，例如如果哪家公司发掘了一个新方法，可以填补人空余的留白，这家公司便能吸引资本投资，股票也能飙升，资本的狂欢哪里会考虑到其对人性的吞噬？有没有人曾经考虑过，难道被吞噬的仅仅是“别人”吗？我们已经身处层层递进的死结中，兔死狐且悲，为什么人能无视“别人”？天网恢恢，疏而不漏，没有人能侥幸避开人类的共业，不过是时间的游戏。

那么，是不是商业就是妨碍人类幸福的罪魁呢？当然不能这么说！商业促进了人类的发展和进步，打开了地域的局限，增加了人、事、物的流通，当然是好事，只是我们认为现代商业，更加急迫地需要智慧的商业领袖，这些人能敬畏天地、尊重生命，有他们大力带动和正确引导真正能利益人类身心健康的商品，减少和杜绝各种妨碍人类幸福的商品，这些人不会因一己之私而利用人之欲、情、痴、迷、怨、贪、疑、慢等恶性、惰性来发财，而是可以用商业正面引导人之善、良、正、真、诚、义、仁、智、信等人性来扩大。具有这种智慧的人，才是未来真正的商业巨人！具有这种智慧的人，才是值得人类铭记的商业领袖！

老子云："故失道而后德，失德而后仁，失仁而后义，失义而后礼。"这是人类文明退化的五个阶段。达尔文写的是人类进化史，老子却写出了人类退化史。

人类社会先讲道，当讲"道"无人懂、无人听时，没办法只好宣讲属于个人的德性，何为"德"？唐玄宗云：道之在我为"德"。"德"也丧失时，只好讲"仁"。何为"仁"?《易经》曰："天地之大德曰生，圣人之大宝曰位。何以守位曰仁。"孔子也从多个角度讲"仁"，"仁"首先是能守其位，安其心，行其道，互不妨扰，不因己私而妨碍别人，每个人都能心平气和地相处，这是最大的"仁"。六祖谓之曰"色类各有道，各不相妨恼。离道别觅道，终身不见道。波波度一生，到头还自懊。欲得见正道，行正即是道。"故此"知位"、"守位"，不妨碍便是"仁"。但如果"自若无道心，暗行不见道"，什么是"暗行"？就是前文说的各种密行，装神弄鬼的"暗行"里有什么大道？大道一定是公开的、光明的！就像太阳，需要密法帮助其升起吗？真正的大秘密全是公开、透明、无关键的，人因为私心障目，故不解其中真味。

"仁"之后是"义"，何为真"义"？是看不出"仁义"的平常心，那些看得出来的所谓"仁义"事，已经属于下品了。可是"义"的尺度很难把握，故此只能用"礼"来规范。

“礼”不是指礼貌，礼貌属于“礼”的一种，中华民族本是礼、义之邦，礼、义是文明和文化的综合表现，包括精神文明、物质文明、历史文化、民风民俗、政事法令、语言文字等，也就是国家、民间的政治、军事、教育、经济、规范等等一切。圣人们在人失去朴实、缺乏诚信时开始特别强调“礼”，即“夫礼者，忠信之薄而乱之首”。

“礼”属于教化方面，其中包含了需要普及性的“法”，由“法”而建“制”，由“制”而立“度”。为了彰显“法”的作用，必须用“刑”来保障，不守法的人，以“刑”罚之，如果最后连“刑”都不起作用时，圣人只有望而兴叹了。

站在东方文化的立场看，乃至以西方宗教文化的道德角度来看，人类几千年来的物质文明在进化，而精神文明却在加速退化。现代人和古人相比，太注重物质，而不注重“生”的意义，因为“生”无意义，故此特别怕死。尤其是看到别人死时的痛苦，就更怕了。因为怕死，所以不敢谈生死，过着得乐且乐、得过且过的逃避生活，以此逃避内心中对衰老、死亡的恐惧。

现代人大部分是身心分裂而不知，例如他可以对别人的隐私好奇，却不愿意面对自己生命的奥秘。在津津乐道那些事不关己的八卦新闻背后，是一颗空虚、无聊、无知、寂寞、愚痴的心。日复一日的麻木背后，深藏着人潜意识里越来越积累的恐惧、焦虑、犹豫和疑惑，最后人在各种不安中自寻烦恼、渐消立亡。死不可怕，因为没有真正“活”过，所以才会怕。

可是，说怕死吧，现代人又比古人胆子大得多，什么动物、什么食物都敢吃，岂不知吃下去容易，吐出来难？还有人一生病就吃抗生素，什么是“抗生素”？是抗“生”的药！能杀死细菌的难道就不能杀死健康细胞吗？

刀能自动分出来敌我吗?

现代人看医生又不信医生,因为有部分医生失去了职业道德,忘却了医乃人命关天的大事,医难道只是一份工作吗?可是当收入和责任不成正比时,有些医生会考虑到利益,被利益驱动的医生能值得病人信任吗?也有人生了病不愿找医生,选择自己去药店买药,压住病情,可是有几人能明白感冒也是分阴阳的?肚子疼的原因大多和肚子没关系?……您这么胡乱吃药,会不会吃出什么新病来?

现代医生其实多数自己也身体不好,为什么呢?因为分了专科故,医生可以有专业,而生命能分出专业吗?生命本是统一的、完整的,如何分出内科生命和外科生命的不同呢?如此复杂的、颠倒的、各为因果的现代关系,古人能理解吗?

长此以往,病不信医,医自己不全信医,未来谁还能信任谁?没有了信任的人还能有精神和灵性吗?失去了精神和灵性的身体只能通过疯狂吃喝、购物、性交、工作、旅游、聚会来感觉自己的存在,因为不信,只能更加迷信。

故此,“莲花太极”修炼不是运动,不是养生,关键在修出清净的一颗心,能带动清静的身体。心是身的国王,心不清净,身怎能静?净从静开始,古人的修养从静坐开始调身、修身、养身。静坐后气血流速变缓,肾气增强,精神清晰,这是保持生命元气充足的实际方法。

“莲花太极”修者如果感觉到元气能量不够时,可以通过修炼“莲花太极”第七法“雪莲幽冥”来帮助恢复元气。

摄取营养

佛在《入胎经》中提到了胎儿的成长过程，在精子和卵子形成“合子”后，第一个七天，胚胎在妈妈的子宫里，就好像躺在气味恶臭的血肉堆里，胚胎的整个身子，好像闷在一个不透气的热锅里非常痛苦地受着煎熬，这个阶段就叫“羯罗蓝”。

在质地方面，胚胎好像粥一样，黏黏糊糊的。不过这七天里，胚胎的生理方面，地、水、火、风这四大的“性”和“质”开始逐渐发育，佛用了“地界坚性，水界湿性，火界暖性，风界动性”来描述这个阶段。也就是说，胚胎已经蕴涵了日后生长出骨骼、毛发、肌肉、器官、血液、荷尔蒙等所有生命要素的根源。

在第二个七天中，“于母腹中，有风自起，名为遍触，从先业生。”什么意思呢？此时母体自起“业”风，这风微细，身体里能无所不在，故名“遍触”。不过注意，这股风不是从父母那里遗传来的，但为何可以“自起”呢？因为“从先业生”。这是胚胎自身阿赖耶识里带来的种子，混合了父精母卵这个单细胞“合子”中具备的风大，故此风起了。在这股自起的“业风”里，胚芽逐渐生长，这个“业风”是生命能的主要成分，也就是“元气”。

胚胎的营养是通过脐带连接母体而得到的，受精后，母体的卵巢会马上分泌孕酮(黄体酮)，这便是水大。水生木，肝属木，肝藏血，木能生火，火又属心，心主血脉，于是由风大开始，带动了水大、火大，启动了身体的血液系统。

用现代医学语言来说，就是胚胎通过脐带与母体建立了血液循环的脉道，母体的血液通过脐带开始输入氧气，以及其他的养分；同时把胚胎内新陈代谢后的废气及其他代谢物，经由血液流入母体再排出。可见，这短短的半个月，胚胎和母体的血循环建立了交流，也可以说是水大、火大、风大而致地大开始生长。这是一个综合性发展的过程，胚胎生长首先建立起来的是“脉”，由此我们知道，“脉”是跟气、血、水一起结合的。

每个生命体，体内的血管、毛细血管加在一起可以绕地球两周半，这些悠长的血液通道以及在其内流动的血液是维持生命的重要基础。血液承担着浇灌全身组织与器官的使命，它一刻不停地在血管中输送氧气和营养物质，同时也把身体产生的废物和垃圾排出体外，如此循环往复，贯穿生命的始终。

血液中含有各种营养成分，如无机盐、氧气、细胞代谢产物、激素、酶和抗体等，具有营养组织、调节器官活动和防御有害物质的作用。血管、血液与血液循环构成了身体健康的源头。

除了营养组织，调节器官活动外，血液中淡黄色的血浆，有维持机体内环境稳定的作用。生命体每天吃不同的食物，有不同的行为，产生不同的意识，都会引起身体内环境的变化，但这种变化始终在我们的身体可以承受的范围之内，保持一个“中庸”的状态，从身体上说，这是血浆维持血液胶体渗透压及酸碱平衡的结果。

此外，血浆还有运输营养和代谢物质、参与凝血和免疫等作用。由此可见,血液是生命摄取营养的基础!

现代医学中,血液检查变得越来越重要,医生经由血检来辨别身体的遗传基因、健康状态等。为什么呢?因为血液不仅有营养身体的作用,我们身体中绝大部分成分,如细胞、骨骼、脏腑、排泄等器官、组织都是在胚胎时期由血液转化而成的,除了没被吸收的食物形成了大便外,连我们的指甲,看上去极硬,但细分析,指甲也是由血液转化的,生命的成长过程是由液态转固体的过程。

《黄帝内经》曰:"血生气、气生精、精生元、元生髓……"所以,生物医学越发达,就越能够经由血液发现和医治各种疾病,包括癌症、传染病、糖尿病等各种西方医学定义的疾病。

我们既然了解了血液的重要性,反之,我们是否了解血液从哪来?供应血液的营养又从哪来?造血器官是怎么造血的呢?

神医扁鹊对蔡桓公说:"君疾今在骨髓,臣是以无请也。"中医把精髓当作生命的本源,能养的不是"血",是"髓"!治病、防病、养生、防衰的根源便在此。

西医中,髓与大脑、心脏和肺脏并列人体四大器官;现代医学证明,骨髓是免疫中枢、造血之源,是机体所有的免疫细胞和免疫因子孵化器。免疫是健康之本,髓是免疫之源。

血的生成基础是水谷精微,由营气与津液构成,并以精髓为化生根本,在脾、胃、肾等脏腑的综合功能下生成。也就是说,对于普通人来讲,饮食的数量和质量可以促进精髓化生而达到养血的目的,饮食是养髓的原料,肾藏精，精生髓，髓化血，血之源头在于肾气、精髓。

饮食不在于吃的多少，在于消化、吸收的功能是否健全。健康的身体内，造血的原料才能被充分利用，肾气、精髓才能充盈，造血的功能才旺盛，这就是“脾胃为后天之本”的重要性。

人体消化、吸收的场所在胃肠，胃肠对食物的消化有两种方式：一是通过消化道肌肉的收缩活动将食物磨碎，另一种是消化液中的各种酶对食物中的蛋白质、脂肪和糖类等成分进行化学分解。无论是机械性消化还是化学分解，目的都是将食物分解成小分子物质。小分子物质能通过消化道黏膜进入血液，而大分子物质是人体吸收不了的，一部分通过粪便排出，一部分转化为脂肪等垃圾在体内堆积。

现代人贪凉，无论是饮食还是衣着都不知不觉进了许多寒气，寒性体质会引起人胃肠的血管遇冷收缩，影响食物透过消化道黏膜进入血管。胃肠道血管收缩，又减少了胃肠的血液供应，减弱了胃肠的消化蠕动能力及消化液的分泌，从而降低了食物分解的能力。高温有利于分解食物，而低温则延长了处理食物的时间。

西方人爱吃冷餐、冷食，喝冷水，从东方的角度看，这些都是对养生不利的行为。寒凉的食物很难透过消化道黏膜进入血管。不仅如此，连像水分这样容易进入血液的物质也因为胃肠道血管的收缩而不能进入血管，不能被消化、吸收，只能排出体外，时间一长，就会造成造血原料的不足，结果自然使血液生成减少。

现代人普遍身体内寒湿重，气不足，血不足，由于社会上空气、水、食品的污染严重，并且长期食用各种垃圾食品、饮料和反季节瓜果、蔬菜，以及生病了动不动就输液、起居无常、饮食无节、乱吃抗生素、乱吃补药等不良习惯，使人的生存方式严重违背自然规律，这种环境下，哪有身心不病的人？哪有能治身心的药？

什么是“寒”，寒为冬季的主气，与“寒”相对是“热”。

人在外界自然环境寒冷、人为导致环境气温较低、气温骤降或内服了寒凉食物等因素下，都容易因寒邪淤积而致病。

寒，具有阴冷、凝结、阻滞的特性。寒为阴，热为阳。当寒侵入人体后，血液就失去了阳气的温煦，就会运行不畅、淤堵不通。寒还有收缩、闭塞的作用，遇寒后筋脉缩紧，整个身、心会自然往里紧缩，身、心皆屈伸不利。

毛孔遇寒也会关闭、堵塞，不易出汗，不通则痛，痛则不通，疼痛是寒病的重要特征。不论是四肢的关节疼痛还是心痛、胃痛、腹痛、头痛等，痛与寒有直接的关系。

那什么是湿？湿是身体里难以排出多余的水分的表现，与“湿”相对为“干”。

人体就如一件衣服，干爽就轻松、舒适，潮湿就沉重、黏滞。衣服上的水分多了，太阳出来能晒干，人体内的水分多了，需要身体内的元阳晒干。

元阳和肾气是否充足有关，阳气充沛的人，水分能上升、蒸发，溶入我们的血液。可当肾气不足时，人体内湿和寒结合，身体某些部分就会病，感觉沉重。如四肢酸重、胸闷、胃腹胀闷、大便不成形，以及遗精、水肿、湿疹、白带浑浊等都属于这种情况。故此，人身的阳气旺，肾气足是排湿的关键。不是什么吃点薏米、冬瓜就可以排湿的，湿寒之气在人体，如油入面，排出哪有那么简单？只有在各个方面、时时刻刻都注意避免寒凉，才能让我们的身体保持适宜的温度，为身体提供最适宜、舒服的生长环境。

有人说为什么西方人不怕寒湿？吃冷食、喝冰水，女人也不做月子，不避空调？我们先不要谈论西方文化和东方文化有什么不同，我们先看看西方女人三十岁以后衰老得多快？毛孔、皮肤有多粗糙？西方流行的早衰、风湿性关节炎、痛风等疾病都是寒湿引发的问题，只是西方人不明此理罢了。

东方人的体质本来就和西方不同，如果常喝冰水，吃冷餐，水性克火而抑阳，气血不行，哪能不虚？但是西方人为什么能这样饮食呢？因地域不同、种族不同、体质不同、习惯不同、传统不同、医学理解不同等等，就像他们是白皮肤、黑皮肤，而东方人是黄皮肤，个体有差异，不论谁高谁低，总之不能一味盲从。

谈到饮食，不可避免地要谈“食欲”。“食欲”究竟是什么？为何会产生食欲？又如何克服食欲的诱惑呢？

首先我们要清楚“欲”的根在意识上，“食欲”就是我们平常说的“饥饿感”。“饥”是一种生理反应，由于胃中食物摄入不足引起的感觉，而“饿”是一种主观意识。也就是说，“饥”是生理反应，“饿”是心理欲望。

“食欲”缘于“饿”的心理状态，长期食欲旺盛可能是心火过旺，长期食欲不振则可能缘于心气不足，而不饥不饿时却老想吃东西，肚子里实际上积食是缘于不安心。

现代人的身体多数处于腹中积食状态，肠胃相对满实。胖人比瘦人更容易“不饥而饿”，肚子里还有许多废气积食没消化，却不停想吃，这种情况就源于内心恐慌，有深刻的不满足感。

不少女人出现这种情况，源于家庭生活不和谐，情感无处发泄，性需求旺盛而无法满足，对付情绪失控最容易的方法就是不停地吃，吃胖了能很快帮助身心钝化，大多引起反应迟钝，情绪麻木。

“食欲”是心理欲望，和我们生理上需要进食相应的食物是不一致的。心理欲望和生理需求隶属于生命中不同的群体管理，人体是由各种细胞群体组成的，只有每个细胞健康年轻有活力，身心才能健康快乐。但是，事实上恰恰相反，我们为了满足六根、满足欲望，而忽略了不产生反应的内在细胞，只有人才会赋予吃喝、感官这么多本能以外的社交功能。

当身体被欲望带动下一再伤害内在细胞，它们必须奋力自救，自救用什么方法？就是先发警告，不理后持续钝化、弱化，再不理细胞就会冬眠或自杀……

这一切不是天方夜谭，有多少人能和自己的内在细胞沟通，了解它们的需要？拿饮食来说，当吃下去那么多代谢不了的垃圾时，垃圾除了堆积在血液、器官里还能去哪？其实许多的胖子，身体肥胖可是体内细胞却处于营养不良状态，当我们肆无忌惮地满足舌头的品味时，有多少人能体会内在细胞的痛苦？

有人说为什么好人没好报？其实许多人是违背了生命体自然之道在天天作恶，您如果一边在外行“善”，一边放纵感官、大吃大喝对内作恶；一边己所欲，施于人，对孩子作恶；一边情绪失控对亲人作恶等等，怎么能不遭受惩罚呢?

中国传统文化中，儒家思想对饮食的观点在《论语》《孟子》等经典里有论述，如“养心莫善于寡欲”、“君子食无求饱，居无求安”、“贤哉，回也！一箪食，一瓢饮，在陋巷，人不堪其忧，回也不改其乐”等论述，表明了儒家的饮食观。

道家讲求天人合一，即身成仙，故曰：“食肉者勇敢而悍，食谷者智慧而巧，食气者神明而寿，不食者不死而神”，仙人当然是不食五谷杂食的，故称为“不死而神”。

能食气、服气和不食都是修行人的修为，普通没有修行过的人在家千万不能乱来，您可以减少一些吃、食，但绝对不能边工作，边“辟谷”，边过着杂乱无章的生活，边断食，这样的行为是无知而无畏，不是益于生命健康的。

在饮食方面，道医孙思邈认为世人“不知食宜者，不足以生存”，什么是“知食宜”？就是能顺应适宜的气候、适宜的环境、适宜的体质、适宜的时间、适宜的配伍等等，也就是遵循自然规律。

老子、庄子皆主张无为清净，《道德经》云：“淡然无为，神气自满，以此为不死之药”、“五色令人目盲；五味令人口爽；驰骋畋猎令人心发狂；难得之货，令人行妨。是以圣人为腹不为目，故去彼取此。”这些都鲜明地表述了道家顺应自然的饮食观。

庄子除了这些，进一步强调去知、忘我，“吹响呼吸，吐故纳新，熊经鸟申，为寿而已”，这就是将饮食提高到了“食为行道，不为益身”的境界。

佛门的饮食观和儒、道有所不同，佛法中将一切有益于人、能令人生起执著、意乐的对象皆名为“食”，可分为四种：

1、段食：人体要摄取食物营养，及有色、香、味的生理需求，这些行为由于饮食有粗细不同，分段而言即为段食。

2、触食：以眼、耳、鼻、舌、身、意六根去接触色、声、香、味、触、法六尘，由于根、境、识结合而生起欲乐，即为触食。凡愚痴、嗔恚、贪多者皆喜“触”为食，佛言“触欲最深”即为此食最难转化。

3、思食：即各种思虑、思考、意欲，使意识活动得以进行，即为思食。禅门曰：思量即不中用，常以“思”为食供养身体者，多忧虑、担心、分别和计较。

4、识食：与爱欲相应，执著身心为我的潜意识活动，即为识食。以“识”为食者，多为世智辩聪者，心有成见，偏执傲慢。

后三种食属于精神范畴，一个比一个复杂精细，佛法开创性地将“食”的概念扩展到精神领域，各种“食”直接影响到有情众生的生命质量，关系着生命的各个层面。

对于能吃进身体的饮食，佛门强调“过午不食”，因为吃得多一定昏沉，欲多。佛言：“食多有五罪，一者多睡眠，二者多病，三者多淫，四者不能讽诵经，五者多着世间。何以故，人贪淫人知色味，嗔恚知横至味，痴人知饭食味。”

世人不理解“食”多之危害，总是误以为多吃些“好”的营养可以补身，还有人以“吃”为人生价值，自诩“吃货”，一听修禅了进食那么简单，就想：都不能吃了，人生还有什么意思呢？这些人嘴上多吃，身体胡“吃”，思想瞎“吃”，意识乱“吃”……吃进去大量各种混乱不堪的“营养”，破坏身心和谐的“食”物，因为吃得多，生理和心理的负担也倍增，这些垃圾淤积在身心内，蒙蔽了灵性，引发各种莫名的精神和身体疾病。

禅修时，禅者首先要调整“食”的习惯，初修阶段“食”是不可少的，佛陀为沙弥说十数法时，第一句便是“一切众生皆依食住”。虽不可缺“食”，但要减少，腹中食少时才能神清气爽。对于饮食、健康，禅者自己须是个拥有辩证哲学能力的良医，要有“医方明”的功夫。

禅者需清楚身体的器官不仅是生理上的作用，例如：了解心主神志与脑为元神之府之间究竟什么关系？中医将脑的生理和病理归于心，而分属于五脏，认为心是“君主之官，神明出焉”，那么这个“心”是指什么呢？再例如：脑为髓海，髓由精生，精源于五脏六腑之气血，那么脑与五脏究竟什么关系？究竟大脑是由五脏六腑控制的？还是五脏六腑由大脑控制？还是他们相辅相成，相互依赖？人的神经系统、灵机记忆、思维语言、视听、觉嗅等功能是否是脑所主？如果不是脑所主，那究竟是什么在做主？人体的五脏，即：心、肺、脾、肝、肾究竟有什么生理以外的功能？如何能贮藏精气？如何能藏而不泄呢？ 人体生命活动所必须的各种精微物质，如精、气、血、津液等是如何蕴藏的呢？《黄帝内经》素问篇曰：“心藏神，肺藏魄，肝藏魂，脾藏意，肾藏志。”这些神明究竟如何藏于五脏呢？五脏如何藏神呢？如果明白了藏就明白了泄，修炼时方能不泄元神、元气、元阳。

如果不把时时所涉及的阴阳、五行、精气神、神明、经络、气脉、太极等搞清楚，不能以辩证、应时、变化的思维来看待生命，如何能完整无偏见地理解“道”呢?

《碧岩录》云“禅河深处需穷底”，说的便是此理，禅河不穷底，终是停留在河面上，什么都属于一知半解的范围，必然成个知解宗徒。

当年小神会也被六祖骂做“知解宗徒”，但他小小年纪能于言下一拨即转，转身后才有于滑台开无遮大会、力挽狂澜、雄立曹溪禅风、大弘南顿之法的一天。

现代的知解宗徒与前人相比，实有天壤之别。现代的禅客不修禅定，狂妄倨傲；口口说“空”，行行在“有”；世智辩聪，喜与人诤；不知深浅、不明究竟。

禅者想要证得“医方明”，需对生命奥妙有融会贯通的领悟力，不是靠死记硬背医书、偏方可以明白的。在这个领悟的过程中，禅者需通过日常的饮食调节来养髓、养血、补气，提高身体能量印证这种领悟。

此时需要注意以下几方面:

1、注意清洁饮食；

2、发现和自己体质相应的饮食；

3、体会如何更好地吸收；

4、了解饮食对身体的传达功能。

清洁饮食包含了首先食物本身是无毒的，无农药、化肥、激素等化学污染，应季的、天然的、没有经过转基因改良的食物；其次在烹饪、调制、食用过程中是清洁的，没有附加各种繁杂的调料、复杂的工序等等，食物制作和烹饪应尽量简单。

那么，如何寻找和自己相应的饮食呢？修者通过禅修逐渐开始色身转化，一段时间后，很快能感觉到身体气场也在转化，这时候，如果吃了一点不合适的东西，会比钝化的世人更容易消化不良，吃了不干净的东西更容易腹泻。如果饮食不清洁，常腹泻，会将修行辛苦聚集的能量泻出，故此越进入深层禅修的修者，越需要注意饮食的数量和质量，绝对不敢乱吃。

如何寻找和自己相应的食物呢？修者要先了解自己的性格，再了解自己的口味，最后明白自己每餐进食的份量。例如性格急躁的修者需要避免刺激性食物，如辣椒，酸性食品等。但大部分人平时的饮食和性格有许多矛盾关系，急性人反而更爱吃辣椒、吃重口味的食物，这些内在的饮食矛盾关系需要尽快改善。

人的习惯和习气受社会，家庭，教育，社交圈的影响，是潜移默化形成的，相对难以转化的习性来说，习惯是容易改善的。饮食是后天形成的习惯，故此，一定可以通过修行调整和改善。针对难以改善的习气，修者需要发大信心，可以在明师指引下进入一段时间的精进忍辱的闭关专修来转化。

禅者也可以通过修炼“莲花太极”第八法“宝莲茶丸”来帮助进一步理解禅“食”，了解如何选择、吸收、传达和相应“食”性。

呼吸与环境

佛法本是中道之法，修行就像琴弦，过紧了会断，过松了弹不出声音，身、心的关系也是如此，身心之间能和谐相处的桥梁在“呼吸”。

胎儿出生后用一声大哭宣告着一个新生命的诞生，可见“呼吸”是生命的第一要事。

普通人呼吸时吸入的氧气通过气管到达肺，气只能吸到横膈膜以上部位，这就是我们前文说的“制上风”之病。所以普通人即使在环境气场好的地方生活，也无法充分吸收清净的气息。

婴儿呼吸时，腹部一起一伏，这叫丹田呼吸，又叫腹式呼吸。佛、道两家宣讲的呼吸法，腹式呼吸是基础。用腹部起伏呼吸，通常人会感到不习惯，可是庄子却说：“真人之息以踵，众人之息以喉。”踵在哪？脚后跟！也就是说大修行者呼吸不仅在丹田，更要到脚后跟！如果您连腹部起伏呼吸都不习惯，那么呼吸到脚后跟只能是神话。可是呼吸怎么能到脚后跟？气难道能吸进腿部血管经络或细胞组织吗？

如修炼“莲花太极”的第七法“雪莲幽冥”，修炼稳定后就会运用“踵息法”呼吸，长时间修炼“雪莲幽冥”的修者，冬天不怕冷，夏天不怕热。这是点起了身体里的火炉。奇经八脉里有一个阴跷脉，是身体里的烧阳火的火炉，修炼自古有“阴跷一脉秘而不宣”的说法。

道家说“当呼吸之机，从阴跷迎归炉”，阴跷脉的核心在阴跷穴，这里是人体热能供应的源泉，与性腺和肾气有密切的关系，好像一条蛰伏着的灵蛇，成三蜷半之形，其头向下垂落，一旦被唤醒，生命体会有过人的精力，不眠不休也不累。

阴蹺穴在哪里呢？就在人体的前阴与后阴之间的凹陷处，这里与头顶的百会穴在一条直线上。故此，修“雪莲幽冥”时，身体坐姿应是在阴蹺穴和百会穴保持一条直线，这条线统摄着真气运行，当修者修行一段时间后呼吸可以降至阴蹺穴时，脚跟会立即跟着产生感应，其实何止脚跟，全身都有感应，这种呼吸法就是禅意调息里的“踵息法”。

“雪莲幽冥”是动中静不离静中动的修法，修炼时环境越冷，气场越净，越利于打开身体的灵热，发动阴蹺穴的能量。上座后，身体百会、阴蹺成一条直线，全身放松；就好比皮筋，不能拉得太紧，也不能太松，要刚刚好。摄心一处，不过注意，摄心一处是针对初修者说的，这属于有为法，修炼稳定后，修者如果还是人为摄心一处反而无益于提高禅定能量。

修行一段时间后，修者会感觉尾部升起一股热气，禅坐时将这似有还无的感觉自然输送入阴蹺穴，不过此时不要纠缠什么行气路线或送的位置是否正确。修者一念正心，热力便可到位，一念狐疑，热力便不知所踪。此如同在山中一吼，四处回声一样，气的输送便如回声，是自然而然的巡行。当气某一天突然归位时，修者全身像小草发芽般有微微的触电和酥麻感，此种非动非静的微妙变化，全身犹如泡在温泉里一样舒泰。

能将呼吸修到阴蹺是需要定力的，如果方法正确，很快会发现下丹田如温泉一般，时刻温热舒泰。修炼时，上座后很快两腿之间发麻发胀，这是海底轮六十四根气脉发动的征兆。可是世人由于名利心重,知识过多,海底区域大多数处于闭塞状态,故此激活海底区域时间较慢。也就是说,知识越重、名利心越重、有求心越重的人,身体越闭塞,这是过分消耗了生命的元气所致,和年龄关系不大,并非年轻人就一定比中年人容易,气的能量只和心能相关。

发动海底气机是初修者比较难过的一关,要知道修行中海底气机被激活发动,必须是没有欲念的,好像男孩的晨勃一样,和性冲动没有关系。这种发动先向两腿钻,由于成年后人身体堵塞,气钻不通时,无处可去,才引发性冲动。

普通人由于身体僵硬,故此在发动时要和荷尔蒙战斗一番,关键是有些修者不懂此理,修行时气机发动,产生性感反而高兴,以为恢复了年轻时的性能力,也不想想您修了这么久,好不容易养的那点气,结果全都供养给了片刻的快感,有什么值得高兴的?

如果这样修,大多会生病,为什么呢?因为有些人斗不过荷尔蒙,会比年轻时更执著性行为,在修行的帮助下,突然有虎狼之威,身体耐力提高,敏感度提高,性快感提高,这样一来,一定是进的不如出的多,岂能不生病?故此,修者需要清楚,想要进入定境,获得禅定能量者,第一关要打败荷尔蒙,第二关是打败阴魔,此时方可说入了定门。故此,初修者很快就需要和气斗争一番,当打赢时,便是钻通阴跷脉了,能调柔此段气脉的修者,则已能感觉到何为禅悦之无与伦比的舒泰安然,也可以说,能通过此段气脉者,早已超越世间的男女之小欲,会发现世间饮食男女执著的那些事,实在不足挂齿。

身心和谐有气、血、意念三个要素，此三者互相影响，例如血供不畅，血压过高或过低，会直接影响呼吸，此时，无论您身处什么名山大川，蓬莱仙境，也很难提高呼吸能量。同样，如果呼吸不畅，提不上气，您如何能静心思考？参究？只有在血脉稳定、呼吸顺畅时，头脑才能清明。

所以，我们禅修入手会从控制体重、调整饮食、导引呼吸、净化六根开始，调身的目的是为了减轻血液中的毒素，提高心肺功能，肠毒、肺毒、肝毒、胃毒、肾毒等等净化了，杂念逐渐转化后，心才能慢慢静下来。

生活在城市里的人，空气污染相对严重，如果呼吸不清净，想让念头单独清净是非常困难的。同时，呼吸不净也反过来影响到血液净化，所以，禅者如果想身心和谐，禅意调息是不可或缺的功夫。禅意调息功夫提高后，即使生活环境中空气污染，禅者也能每日及时自我净化。

禅意调息法，大致可分为：

一、重呼气。其特点是从呼气时入手，呼气时间长于吸气，起排浊祛邪的作用，此法适合在城市修炼。如《云笈七签》中昙鸾法师的调息法是“徐徐长吐气，一息二息，傍人闻气出入声”，便是此法。

二、重吸气。修炼时吸气时间长于呼气，深吸气是为了尽可能多吸清气，故，此法适合在山中修习。如《千金要方》所述“引气从鼻入腹，足则停止，有力更取(吸)，久住气闷从口中细细吐出尽”，便是此法。

三、重闭气。即重“息”，乃指吸—呼气间的停气闭息时间。其主要是为了迫使内气充盈通畅。用闭气法修炼，可以使修者耳目聪明，精神完固，体轻身健，但修炼闭气法是有危险的，应在明师指导下能安和自然、循序渐进地修，不可强自为之，否则反而会折损元气。

四、重咽气。所谓咽气，就是象吞咽食物一样将清气和津液一起吞入胸腹中，这叫"咽津纳气"，主要是为了进一步强化吸气的作用。如《上清握中诀》所录"服日气法"，即："令光霞中有紫气……入口吞之，四十五咽气。"《云笈七签》也录有"日精功"：将五色霞光"入口吞之，四十五咽气"，便是此法。

"服气法"必须在导师带领下修炼，其见效快，主要以吸气、闭气、咽气的修法为主。有些修法由于需要闭气时间越长越好，而闭气又较难掌握，修者在家难以领会要点，故而产生憋气、闷气，所以后来侧重吸气、闭气和咽气的"服气法"便渐渐失传。

五、柔长呼吸法。此法主要强调吸气和呼气柔缓细长，"长"除时限要求之外，还要求气息的线路能到达腹脐乃至脚后跟，形成神息相依、神气相抱的势态，如鸡抱蛋，专心一念，似鱼在水，自然而然。呼至于根，吸至于蒂，绵绵若存。

我们前文提及的"踵息法"便是其中之一，"踵者，真息深深之意"。古人云："圣息以踵，由脚踵而头顶一气呵成。"修炼时，吸气督脉升，呼气任脉降，用此法调息养气功效不言而喻。

此外，笔者在《本能》一书中提到的"胎息法"，也属于此法，这比"踵息法"更微细、微细到全身都处于若有若无的呼吸态，吐唯细细，纳唯绵绵，神闭气静，妙生胎息。

六、观想冥想法。“踵息法”和“观想冥想法”都是“雪莲幽冥”的呼吸法，修观想冥想法时，修者的意念所产生的动觉、力度以及心波能统一起来，对机体的气脉进行激惹和揉荡，进而引发内气促使气脉运行。观想和冥想是一加一减的修法，修时交替进行，如观想时配合吸气，感受气入五脏又循经而行，再从手足心及项三关九窍肢节而出。

我们前文讲过，人之养生其实重在养气，气怎么养？需养神，神能补元气，元气生精，精化髓，髓能养血，血足亦能补气……此间有无穷奥妙。

《楞严经》云：“不知色身，外洎山河虚空大地，咸是妙明真心中物。”有一定修养境界的人都清楚，运转生命的核心在神，所以平常生活中，精神可以通过气的调节作用，而作用于生命。反之，无这种境界体会的人，生活的重点放在血脉上、饮食上，好像一切营养是吃出来的。这种局限在无常物质的生活，是不可能保持一颗清净“常”心，清净“常”身的。同样，禅者如果追求断除杂念，时时拂拭，只顾念而忽略了气脉、气血的和谐，也是一种妄想。

当然，修炼禅意调息和外界环境气场有紧密关系，如果没有清净的气场，光靠吃喝的营养作用，能量微乎其微。什么是清净的气场？好山好水算不算清净气场呢？未必！

山、水的灵气要和自身相应才是好山好水，此外，有修行人长期真正修炼的道场，哪怕是居于人际喧嚣的城市，也属于清净气场。禅者如想要和清净气场能量相应，可以通过修炼“莲花太极”中第二法“风摆花莲”、第三法“如莲静立”、第四法“白莲初生”、第五法“红莲盛放”、第六法“回望青莲”、第七法“雪莲幽冥”提高禅意调息的能量。

有人奇怪，为什么“莲花太极”一共八法，就有六法和禅意调息相关？所谓的“调”有调和、调整、调治、调理之意，“莲花太极”本就可以调和身心，调整习气，调理杂念，故此调息，是修炼的重点。

“息”本有三义：

一、指精神的安宁：“息”字从字面上看，可分解为上自下心，即安宁来自于自心。

二、指呼吸：一呼一吸谓之一息，一呼一吸谓之一生。一吸脉行三寸，一呼脉行三寸，呼吸定息脉行六寸。

三、指呼吸之间的停顿：如果我们能把精神集中在呼吸停歇之际，延长停歇时间，即在调理净化身体。

东方修养法不管是儒、释、道哪一家修养，都从“调息”入手，从“调息”进入修行之门。

回顾我们前文说的生命三要素，即：和气血相关的属于“新陈代谢”；和呼吸、气场相关的调息属于“吐故纳新”；和念头净化相关的意识清净属于“明心见性”。这三要素是修炼生命太极的核心所在。

大同法界

何为“大同法界”?

第一层含义是人能实现身心和谐、知行合一的内世界。

世人为何大多身心不和谐?“知”和“行”难以合一？皆因欲多碍故、愚痴碍故、无知碍故、不识五蕴空故……

能内外和谐的人,是不被大脑意识左右的,身心通路打开的,身心和谐时,大脑和细胞实现统一,内外大同,生命能和谐后的一切言行,皆是法界的自然化显,此即内法界之“大同”。

第二层含义是社会环境的理想和公平,孔子首提“大同”的理想,他说:“大道之行也,天下为公,选贤与能,讲信修睦。故人不独亲其亲,不独子其子,使老有所终,壮有所用,幼有所长,矜、寡、孤、独、废疾者皆有所养,男有分,女有归。货恶其弃于地也,不必藏于己;力恶其不出于身也,不必为己。是故谋闭而不兴,盗窃乱贼而不作,故外户而不闭,是谓大同。”

“天下为公”是先圣们对政治、社会的理想之一。孔子表述为大家一起选择贤明的人治理天下,人人讲信用,社会和谐;每个人不仅尊重和照顾自己亲人,还能在整个社会实现尊老爱幼的风尚,使得老人能安享晚年;青年能公正发挥;孩子能受到公平教育;鳏、寡、残、疾等弱势群体能得到及时的救济;社会资源不会被浪费,权力不为当权者己有;社会上可以夜不闭户,路不拾遗;国家有任人唯贤的政治体制,社会有讲信修睦的人际关系和老有所养的社会制度，这就是理想的“大同”世界，可以说这是孔子理想中自觉美好的国家和社会。

在春秋“礼崩乐坏”的时代，诸侯各自为政，互相攻伐，民不聊生，国君或荒淫无道，或滥行不义，或穷兵黩武、同室操戈的年代，先圣们都提出了自己的理想社会，不仅孔子，老子也在《道德经》中云：“邻国相望，鸡犬之声相闻，民至老死不相往来。”也就是说紧邻的两国，虽交往密切到连鸡狗的叫声都混在一起，却从来不发生战争，这个“往来”有人误读为不交往，实际上是不发生战争，友好和谐，彼此尊重之意。现代社会随着生产力的高度发达、科学技术的日新月异，人类最终的社会模式也会是类似小国寡民的共生社会,随着交通工具的发展，彼此之间在不断缩小时空距离，交往日益频繁便利，地球就像一个村，最后整个宇宙就如同一个宇宙村。老子和孔子两位先圣都表达了他们对社会大同的理想。

孔子讲得更加详细，他想建立一个“仁、义”、尊崇礼制的社会。尽管一生颠沛流离，他乃抱着“知其不可为而为”的无畏精神周游各国，推行仁政。那么相对于君子的无畏精神，何为小人之所为？乃“知其可为而不为”，何为愚人之所为？乃“不知为而为”或“不知其不可为而为”。

近代，康有为先生也曾著《大同书》，把孔子的“大同”思想和维新变法、社会“进化”相结合，构思了一个理想国家。在这个国家里，人人从一出生就能接受完善的教育，在成长中通过各个梯次的教育，成为对社会有用的人才，都有一项专长，社会也因此而完美和谐。他希望通过君主立宪，渐而共和，再渐而实现“大同”之理想。

无独有偶，在孔子的同时期，公元前399年，古希腊哲学家柏拉图进入了人生的低谷。此时恰逢他的恩师苏格拉底被雅典人公判了死刑。在愚痴的雅典人看来，雅典的衰落是因为触怒了神灵，而苏格拉底作为智者，因其不敬神灵、不信有神灵存在故而致使雅典受到神灵的惩罚而衰落，所以苏格拉底必须被处死！

苏格拉底本有逃亡的机会，但他拒绝作为一个逃亡者流浪而自愿坦然赴死。恩师的惨死，对柏拉图来说，使他一方面对当时的政治体制、社会人文充满了悲观和失望，另一方面也为恩师的无畏精神而深深震撼。也就在此时，他写出了影响西方文明的巨著:《理想国》，他借恩师之口，勾勒出了一个“大同世界”。

这是一个公平的社会，劳动者各司其职，为国家创造物质和精神财富。国中，男女平等，女性也可以充当统治者。柏拉图和孔子相同的愿望就是所有的人必须从出生开始接受教育，他们都认为人生必须有智慧的引导。在柏拉图看来，只有让哲学家来充当统治者，或者让统治者成为哲学家，这样才能智慧引导国家走向“正义”。

因此，东、西方的二位先圣都身体力行，通过传道、授业、解惑，用生命之光点燃他人心头的智慧之火，柏拉图认为这就是“正义”。

在《理想国》第七卷中有一个“洞穴的比喻”，柏拉图构想了一个黑暗的洞穴，一些囚犯被捆绑在里面，无法看见出口，他们只能看见自己面前洞壁上因火光投射而映照出的影子，于是他们坚信这些阴影就是事物本身。他们把身后的人或物发出的声音当做是阴影所发出的。可是，某一天其中一人被释放,先是看到了洞穴中的真相,接着他又被带出洞穴,看到更广阔的世界,他才明白自己过去的局限。在这个比喻里,走出洞穴的人被看成从一个肤浅的凡人完成心灵的升华而蜕变成为智者。

那么问题是,当智者认识到真理后,他会因慈悲被假象蒙蔽的同伴,而自觉回到洞穴中说明真相,但是其他人不但不接受真相,反而会嘲笑他、排斥他,柏拉图把恩师比喻为被释放后升华了的智者,他想回来拯救其他的囚徒时,却被愚痴的囚徒们判决处死。

孔子和柏拉图,一个在东方,一个在西方,都是震古烁今的圣人。理想国虽终究是理想,但人因为有理想才有活着的希望,第二层意义的"大同法界"便是先哲们共同理想的"天下为公"。

第三层含义的"大同法界",不仅仅包括了我们身处的这个社会环境,也包括人类已认知的世界,它还包括了现代人类尚未认知的宇宙万象。

对于人类尚未认知的宇宙万象,佛、菩萨、祖师们认为只能用"不可思议"来表达。何为"不可思议"? 如《维摩诘经》中文殊菩萨问维摩大士何为"不二法门"? 大士"一默如雷",此为终极答案,即"不可思议"。

更准确地说,"一默如雷"便是"三无法门",无问者,无答者,无往来者;也可以说是无听者、无说者、无可说的法;还可以说是无天、无地、无始终;无念、无相、无住;无慈、无悲、无愿……为什么呢? 我们能感触的世界只是真实法界的化影,而无量、无寿、无际的真实法界是"不可说、不可说"的清净法身,但有言说,均无实义。祖师们心中了然,在法界的一切现象变化中,目前人类可认知和感知的不到亿万分之一,在这么大的认识局限中,人的身体感觉、大脑意识、语言文字如何能表达清楚？如果表达不清楚而妄语，便是偏见。

与祖师们的般若智慧相比，目前科学家们的认知能量也可以说仅仅是滔滔法海中的一朵小浪花。科学家们想以物质为基础的科学来彻底明了宇宙法界的真相，也就是以有形的物质来解读无形的能量，以法界展现的现象来解读无穷尽的宇宙法界本质，这个想法符合科学的逻辑性吗？

有人认为不可能，通过影子推证本质是水中捞月，可是笔者认为不能这么绝对否定。八万四千法门，门门可以入道，科学也是一门，法无高下，为什么通过科学不能解读宇宙法界的本质呢？

科学是一种求真的法，可惜的是，以现代科学家们越来越专业分工明确，越来越只看局部不看整体的发展势态，并且，现代科学的发明创造多偏向商业导向，偏向创造利润，科学家缺乏了地球生物的整体使命感，缺乏了人类整体和谐的全局观，这样下去，恐怕是没等到科学认识到宇宙法界本质的那一天，人类已非今天的人类了，而地球也已非适宜人类居住的地球了。

各种数据显示，目前地球经受着前所未有的严峻变化，从气候环境、生物灭绝、资源枯竭、疾病变异等等天灾人祸的越来越频繁发生来看，地球究竟还能承受多久？人类是否已经岌岌可危？这种人类欲望导致的生态恶性循环还有机会逆转吗？用什么形式、方法转？有些科学家想着若干年后人类转移到其他星球生存，那么，有多少人能够搭上这条诺亚方舟？剩下来的人怎么办？地球怎么办？这可是生养我们的母亲啊！我们能在吸吮了足够的乳汁后，弃之如敝履吗？

对于我们尚未认知的世界，科学家们认为是能量和物质在不同速度条件下的转化，故此，科学也意识到宇宙中没有他物，只有能量。何为能量，我们前文讲了，便是一种“气”，便是一股“风”，这就是宇宙能。而宗教界则认为尚未认知的世界是由神主宰的，神的意志便是世界的源头；至于哲学家对未知世界的认识则介于此二者之间。

一切众生生活存在的世界，我们称为“宇宙法界”，注意一切众生非特指人类，非特指地球生物，非特指有形、有相、有局限的生命体。从目前人的认知能力上讲，因为有时空的局限，这个局限的时空叫“宇宙”，从法的无量、无边的展现上讲，因为无时空的局限，所以叫“法界”。

法界是“空”，宇宙是“色”，注意此“色”不是“三界”的“色”，而是色、空相对的“色”。

宇宙不异法界，宇宙即是法界，人能够认知和未能认知的“宇宙”和未能认知的“法界”，从不二的角度讲，很难说谁大谁小，谁更有能量和价值。只能说对于每个生命个体作用来说，“宇宙”代表的物质世界，是有局限的，其影响力极微，而“法界”是代表精神世界，是无限的，所以对生命体能产生决定性的影响。

人的本性是和宇宙法界平等的，它是宇宙法界的缩影，故一切唯心造，心生则法生，我与天地并生。第三层含义即，“中国禅”修者心契合宇宙法界时，自心、自性便和“大同法界”一体同频，即“行深般若波罗蜜多时”，“宇宙”此时就是“法界”。

“大同法界”能因为人和宇宙法界相应故而无所碍；现象与本质可以圆融不二；法因无自性故随缘生、随缘灭而无在不在，这便是“莲花太极”修者的莲花净土。

所谓净土是无论什么时期、无论什么国土都是理想国，随其心生则种种法生，现象即本体投影，本体是现象的本源，所以，一切都是一体不二的圆融关系。

万相（包括生命差别相）是宇宙法界真如本性的随缘变现，不仅万相和本体一体不二，就是一切现象之间，本质也是“大同”的。看上去千差万别的现象，如海水与波浪，彼此融摄、因因相承、环环相扣、缘缘不断、重重无尽，事事皆大同。

“大同”便是无相碍，心、性、事、物、理、象之间无碍，万事、万物、万有、万象不因时间、空间或物体的隔障而丧失“大同”的一体性联系。如爱因斯坦的“宇宙统一场”就是现象界的“大同”，从星系到尘埃，从宇宙的初始到终结，这个“统一场”总是无碍地作用于整个宇宙的任何角落。

“大同法界”因“无自性”而能缘起。“缘起”是因，“性起”是果，故“大同法界”也叫：真如空性、圆融佛性、自性清净。能“上从诸佛，下至傍生（畜生），平等平等，无所分别”，这是一种最彻底的、终极意义上的平等不二。

各类生命都有其固有的内在价值，都有其存在的意义，没有谁有资格剥夺他种生物的生存权。众生在六道中轮回，从现象上表现出类差和个差，但这并非本质区别，不影响其终极平等，也不影响其固有的本性权利。

能契合宇宙法界的人，明心之“大同”，见“法界”之性空，众生在此生命网中相互关联、相待而成，尽管生命态有万千差别，但都是生命网中的独立一环，都能依自我心识的功能独立造业，或善或恶，以此影响整体生命之网，共创生命所依托的生态环境，这才是我们前文提及的，有真正意义的“互联网”。

不要误以为“大同”是“一”，“大同”便指的是一样的。“大同”不是“同”，而是万物、万有、万事、万象的关系为“一而非一，二而非二”。

“一”是一切万物、万有、万事、万象本质“大同”，但在现象中各事物又保持独立性，故“非一”；各事物因有差异，此为“二”，但又可统一为整体，故又是“非二”。

本体虽难捉摸，但它是确确实实的存在，超乎时空而遍在于时空，所谓“竖穷三际”（过去、现在、未来），“横遍十方”，此为无有变异的“一”，即“常”。

而“常”实为一切无常变异之源头，故“非一”，好比水与波，本体如水，现象如波；波有起伏变幻，而水还是水，永不变易；离波无水，离水无波，此为“一”与“非一”的关系。

然水除了“液态”之外，还有“冰态”、“气态”，故有“二”和“非二”的关系。现象森罗万变，本体湛然不动，离现象则本体不可得，离本体则现象无所依，这就是“不二大同”的宇宙法界。

“大同”的圆融不二性是不抹杀事物间的差异与个性，生命虽森然万象，却又一体相连；一体相连的生命虽彼此相缘，却又各居自位。任何生命在“互联网”中都是不可替代、不可或缺的，所以平等一昧。众生因平等性才能和谐共处。

既然万物、万事、万有、万象的本体和人类“大同”,因此要了解宇宙法界的本体,则从自身下手是为最快捷、最安全的途径。

禅门参究“我是谁?”、“本来面目”等等便是此意,大疑大悟,最根本的疑点搞清楚了,宇宙法界的本质便能明白。

但是许多人却误把性格中的“个性”、地位身份之“假我”当成“我”,当成“本来面目”,如此便无法和真正的自我契合,也就无法契合“大同”。

《圆觉经》与《楞严经》皆言道:身体内的各种物质成分皆从外来,非我本有,皆当还诸大自然;心理上的各种记忆、经验、意识、情绪、意念、习惯亦由外界引发,故亦应还归于外界的人、事、物;最后剩下来的便是自我。自我者何? 即“虚灵不昧”之自心、自性、佛性、真如、本性、本体,它万古常存,不增不减,清净光明,此即“大同法界”。

佛言:“我心遍故,佛心亦遍,一切众生心性亦遍。”宇宙法界中本来无障,那么一切障碍从什么地方生的? 即从人的妄想、执著里生出了无量无边的障。了悟宇宙法界本质后,哪里还有什么障? 譬如一室千灯,可以“光光互遍,重重交摄,不相妨碍”。

《中庸》中有三个重点也是在论述如何契合“大同法界”的,即“合内外之道”、“至诚”和“极高明而道中庸”。

修者“合内外之道”即没有内外之分、人我之见,便可实现万物一体的人生境界。但“合内外之道”离不开“至诚”之心,“诚”是“天”的特性:不欺人、不自欺、不被欺、不分善恶、公平公正。故“天”是“合内外之道”的绝对体现，什么是绝对？就是没有与之相对者，“天”当然是同“天”，所以“诚”即是“大同”，即天之道。

在修行中，“诚”最关键，也是修行的基础，儒、释、道三家，无论说修养、修炼、修行，关键都在于修者是否具足诚心、诚意、诚信。《中庸》曰：“君子之所以不及者，其惟人之所不见乎。”这就是克己自律的君子之风，是能“慎独”的“至诚”。打蛇打七寸，擒贼先擒王，修学之道需从心髓入微处用力，君子唯至“诚”，方立天下之大本！

道家的“真人”，也即是具足真知、真行、真诚、真心之得道人。禅门曰“直心道场”，何为直心？心平、行直是直心人，直心人也是诚心人，其所在之处即“直心道场”。

“诚”是灵觉之昭明，是禅心的根本！何为利益众生？如果人心真诚地求生，那么一切利生的、助生的行为便是“善”，一切妨碍他人“生”的行为便是“恶”。什么是“生”？即生命不断的成长性，也就是说，凡有利于生命成长的皆为“善”，耽误生命成长、杀生、妨生、抗生的便是“恶”，同样，拔苗助长的催生行为也是“恶”。故此不要以为杀人放火、奸淫偷盗就是恶，生活中骄纵孩子、颠倒黑白、破坏生态、嗔怨报复、巧取豪夺、强迫他人、搬弄是非、妄语两舌、无知谤法、误导他人等行为，是否是更常见的恶行呢？

当下社会，由于物质泛滥、信仰缺失，传统的价值体系被颠覆，许多人为了所谓的“成功”，为了名利，漠视其他生命的意义与尊严，唯利是图，不惜把自己的成功建立在毁灭其他生命系统的基础上。有些人听任骨子里的贪婪肆意生长，“诚”和“信”被远远地抛在了利益的背后。

缺乏了“诚”和“信”的人类，从物质和精神两个层面在毒害和摧毁我们的生存环境。这个时代病了，但是否病得比春秋战国时期还严重呢？为什么在礼崩乐坏的春秋战国时期能百花齐放、百家争鸣，而现代人则僵化麻木呢？现代人究竟生的是什么病？这种现代病该怎么治疗？传统的文化的现代意义何在？现代文明价值何在？

其实一切的“病”都是从诚信缺失开始的，就像一切的转化也是从建立“诚信”开始的一样。治病的原则就是哪里来的就从哪里回去，缺失“诚信”是集体得了传染病，它不单会使自己不健全，也会对别人造成伤害，最终影响到全世界的健康。

佛陀在世时，他的儿子罗睺罗常在僧团里说谎，他看到别人被自己骗了，就很欢喜，谁也拿他没办法。佛陀知道后，就想找机会来教育他。一次，佛陀从外面回来，上座前要先洗脚，他叫罗睺罗端来一盆水给自己洗脚。洗完脚以后，佛陀跟他讲：“你用这个盆去盛一盆饭来给我吃。”罗睺罗一听，说：“世尊，这个盆是洗脚的，脏，不能盛饭吃。”佛陀说：“罗睺罗，你就和这个盆一样，因为说谎，没有信用，好的东西放进去都变脏了。”说完，佛陀用脚用力将盆踢翻，罗睺罗吓了一跳。佛陀说：“你害怕我把盆踢坏吗？”罗睺罗答：“世尊，这个盆不值钱，踢坏了不要紧。”佛陀说：“罗睺罗，因为你不诚实、不守信，所以跟这个盆一样不值钱、没价值，所以坏了也不要紧。”

佛法中，缺乏诚心说出来的话都叫“妄语”、意识念头叫“妄念”、想法叫“妄想”，被“妄”带动的人一定是执著的，也没有品格。故“莲花太极”修者入道时，以诚为修炼之本，诚心悔过、诚心求法、诚心谦虚、诚心修道、诚心助人……之后再配合精进修炼。可以提高契合大同法界的能量和能力，如果欠缺诚心时，再精进修炼也是无根之木、无源之水、无本之末，功夫的长进和愚痴的长进会成正比。

修炼“莲花太极”时，修者要“不勉而中，不思而得，从容中道”，不要以为禅者功夫、智慧提高后就是什么高高在上的圣人，明心见性的禅者是先通过出离从凡入圣，再通过回归从圣入凡，最后成为非圣非凡的不二自在人。

禅者每天的生活、所做的事和普通人差不多，“饥来吃饭困来眠”，但其所行之事已具有完全不同的境界和意义，这便是统一了“极高明”的人生境界和“道中庸”的生活行为，我们称之为：生活禅。生活之地，便是禅修道场，便是无处不在、无时不在的“大同法界”。

莲花太极与太极拳之相生相克

曾有位练过几年太极拳的人询问笔者,“莲花太极”和太极拳能否并修？也有人听说因为修“莲花太极”最好要把过去学的太极拳基础先放下,所以心中产生疑惑。我们在这里集中讨论一下这个问题。

前文谈到,修炼“莲花太极”的目的是令到修者在修时能契合“太极法界”,能以平常心对待环境和事物的无常变化,实现“不二皆同,无不包容”的“大同法界”。万法平等是禅门永恒的宗旨,因此宗旨,禅才可以不离、不弃、不执、不住一法而含摄一切法、圆融一切法,所以,深受大众喜爱的太极拳为什么要例外呢?

“莲花太极”是帮助“中国禅”修者提高禅定功夫,增长智慧的修养法之一,不是纯粹的太极拳术,如果有修者想修炼“莲花太极”时和太极拳一起并修,需要先清楚一些道理,先了解自己现在正在修炼的状态和太极拳并修是相生还是相克,然后自己才能决定修炼方式。

如果自认为是相生的,当然可以并修;如果认为并修是相克,那么不如先暂时放下一种;如果自己感觉拿不定主意,请和导师请教后再定。

“莲花太极”和“太极拳”有什么异同呢？我们在前文已经反复提到,“太极功”包罗万象,修炼“莲花太极”的目的在于契合生命的根源——“太极法界”,“太极拳”的原旨也是相同的,可以说“莲花太极”和“太极拳”在源头上是一脉相通的。

从广义上来讲，出世间一切修炼、修行、修养、修法的源头都一样，殊途同归，万法一如。

出世间的修法，入手点每一门均有不同，有些法叫“永生”；有些法叫“轮回”；有些法叫“中阴超度”；有些法叫“唯识”；有些叫“止观禅法”；有些叫“大圆满”；有些叫“金丹大道”等等，不一而足。“中国禅”的修法叫“顿悟成佛”，修法有八万四千种，关键在于修者的境界，境界决定了自己能和什么法相应。

从宇宙法界的规律上来看，能超越时空是出世间修行的核心，不在于是否有剃头出家等形式，也不在于修法的内容，如果忽略了出世间修法的旨要，而修炼只关心身体气血、肌肉力量、养身治病、拉筋开胯或者打坐时间、神通异能、技巧技术、击打搏斗、名气名望等的，这些无论起了什么殊胜的修法名称，也属于出世间修行法，得不到出世间修法的能量。

为什么出世间的修行法中，核心是超越时空呢？因为生命体是在时空的框架内产生的，所以生命体是生灭的、有形的、无常的、轮回来往的。执著在物质身体的人是谈不上进入不生不灭的出世间境界的，要想追求出世间不可思议的能量、定力，身心与法界大同，就必须能超越时空的局限，从时空的框架里出离。

要想超越时空，必须先搞清楚什么是时、空？时、空是不可分离的，“时”必须落入“空”内才能称其为特定的“时”，而在不同“空”中“时”也是不同的。就像同在地球上不同“空间”上存在时差，这种时差和空差是显而易见的，更重要的是，在同一片土地、同一个时区，即使是同一间房间内，众生时、空也完全不同。

狭义上理解同处一室的人类和蚂蚁、虫子、金鱼、小狗的时、空能一致吗？广义上说，同样的人因其境界不同、能量不同、慧命不同、见地不同、意识不同、心能不同、心念不同、心愿不同、心法不同而生活在不同的世界上，虽然身处一地彼此间却存在着完全不同的时差和空间距离。

例如修者在修坐禅时，能量强的一闭眼就是一两个小时，这时间仿佛只有一分钟那么短，而初修者杂念纷呈，静坐一分钟有一个小时那么长；再有心量广大者，心中没有围墙，故此身在“墙”内，却无墙可围。众生因心不同，而自成一个心世界。所以不要误解另一个世界、极乐净土、彼岸在天上、在遥远的其他星球、在远方。其实它就在当下。这个当下，同一地的亿万众生有亿万个不同的心，心和心之间不能相应，便是“外星人”，心和心能够相应，便是“互联网’。

谁能找到相应之网络源代码，谁便能超越时空迷局。就好比要从某个房间出去，必须要找到门，而打开时空门的源代码不是电脑的“二进制”，而是无形、无色、无相的，故此通往心门这个无形的源代码，无法分析，只能证得。

我们常被电影和自己的成见局限，以为“外星人”的长相和我们不同，语言也和我们不同，生存方式还是和我们不同……您这种想法想的只是怪物。心和心不能沟通的人，近在咫尺，远在天边，互相无法理解，您说的话她不懂，难道不就是“外星语”吗？而出世间的修者，明心见性，心和法界大同无碍时，便人与人、人与事、人与天地、人与法皆可心心相印，这便是互联。

时、空是怎么产生的？相信有一定物理常识的人肯定有一定理论理解。从中国传统哲理来看，万物、生命都是从太极中孕生，时空也不例外，也是由太极孕生。

太极一动则先生阴、阳二气，故此，阴、阳二气是时、空的源头，也就是说，要想超越时空，需能转阴阳二气，转气时能进入产生时空之前的世界，这就是“太极法界”。

这种太极哲理，从实修的现象、境界上看，有智慧的修者可以通过修行自己体悟出来。

“中国禅”的修者，在修行“莲花太极”时，会在修行的过程中，随着自己禅定功夫的提高，突然有一天心契此理。

那么，在实际修行“莲花太极”时，我们先来了解一些身心的明显变化：

一、睡眠变化

现代人能像古人一样放下万缘，专心修炼的人已经微乎其微了，故此，“中国禅”并不鼓励修者要像古人一样脱离生活专修。可是，在生活中修行是比专修更难的，修者一方面要应付诸多杂事，一方面又要时刻不离静心，此二者之间如何平衡呢？一不小心，就落入二见范围，执著一边。

通常情况，修者在经历了一段时间的磨合后，大根器者会坚持下来，并且身心感觉越来越平衡、稳定，在这个过程中，修者会发现首先是睡眠质量发生了变化。入睡变得快、睡眠质量提高，这是初修的成果。

我们生存的世间是充满了动性、变化无常、苦多乐少的，《易经》上对社会只用了四个现象概括：吉、凶、悔、吝。天下间的事不是吉，便是凶；吉中含凶，凶中含吉，吉凶是哪里来的？拿物理现象来讲是："刚柔相推而生变化。"

刚柔相推就是太极阴、阳的变化，就像太极推手一样，你推过来，我推过去，两种力量在互相推荡中高低起伏，变化转化。故此《易经》曰："是故吉凶者，失得之象也；悔吝者，忧虞之象也；变化者，进退之象也。"

吉凶是相对的现象，世界上没有绝对的吉凶，也没有绝对的是非，更没有绝对的好坏。不过形而上者的"没有"，不等于形而下也"没有"。"有"是哪里来的？是从人的心理里来的。吉凶是怎么产生的？也是从人类心理的判别而产生的。

因为人的见地浅薄，所以自以为是地辨别吉、凶，有人赚钱了，以为是吉，感觉很得意，可是因为有钱了，就忙了，太太、孩子顾不上了，自己身体顾不上了，这就是凶早已潜伏。一旦"凶"事发生，这些人以为运气不好，其实，此"凶"为果，因"吉"而生，如果这时候人能因"凶"而悟，明白生命的道理，这才叫逢凶化吉，并不是看上去的"凶"被暂时压制了叫"吉"。

中国传统智慧，分了经、史、子、集四部分，当然"经"是最重要的，"经"包括了《尚书》《易经》《礼》《诗经》《乐经》《春秋》等，这里面《尚书》是核心，其他经典都为了彰显《尚书》而著。《尚书》里，核心便是"善"，能为他人谋福利，使得他人幸福者，就是"善人"。"善人"所处之地，就是"善地"、"吉地"，所行之事，必是“善事”、“吉事”，禅门称为“善知识”、“善缘”。

行“善”，即禅门说的布施和功德，行善之人，天、地都会一起来帮您，故此，绝对不是平时因为得了点利益叫“吉”。

“善”是中国传统智慧的指南针，有了这个指南针，才能去理解《易》《诗》《礼》《乐》，才能明白仁、义、礼、智、信这些中国传统普世价值观。

“悔”是什么呢？就是烦恼就是懊悔，这个“悔”和六祖说的自性忏悔不同，烦恼是焦躁的，自性忏悔是清凉的。烦恼不是痛苦，而是心里烦闷；也不是有哪里痛，而是不知道哪里痛，或者哪里都不舒服，这是“悔”。

什么是“吝”？就是困难、悭吝，“悔吝者，忧虞之象也”。我们要知道世界上没有真正大吉大利的事情，也没有真正大凶大险的事情，一切事情源自一切人的心理，这些现象都离不开“吉、凶、悔、吝”四个字。

人生只要有求就会缘起，缘起后，万事、万物、万象、万有不动则已，一动只有四分之一的概率向“吉”的方向发展，其他四分之三都属“凶”的。

因此，人想要“吉”，只打自己的小算盘是不可能的，唯有心胸宽大，常行“善”，多行功德，这才有“变化者，进退之象也”，把“凶”转化为“吉”，这就是由心带动的转化一切的契机。

故此，修行要想有能量转化，需要先让心先平静下来，生命体回到宁静的状态，才有可能把四分之三的“凶”转化，如果时刻处在动中，即便是睡觉也在梦境中游戏，片刻不得安心的话，事物只有发生大概率的凶险，何以转化？

生命的能量补充都是在静态中完成的，就像小孩子长身体是在睡觉时，修者真正提高能量，必是在定中。那么对于没有禅定功夫的初修者，补充什么能量是最快捷的方法呢？就是舒畅的睡眠。能让脑细胞、身体细胞及时修复、代谢，快速转化成身心的活力，这是修炼“莲花太极”的第一阶段明显的变化。

如果初修者，修行“莲花太极”一个月后，还是睡眠不佳，这肯定是修炼时杂念丛生、满腹疑惑、身心紧张、不放松所致。

此时修者修行万不可跟着不良习惯修，要先搞清楚什么事情令到自己紧张，大多数情况下，修者找不到紧张的源头，因为修炼时身在心不在，看上去身体在修，实际上心不知云游何方，这是长期养成的习气。如果自己能纠正最好，如果自己纠正不了，需要向导师请教，共同寻找解决方法。

如果自己发现不了自己问题，又不肯听从导师指导，那么您无论在什么仙境里，有什么好的修法，遇到怎样的明师，都是在浪费时间。

修炼的第一关，便是如何能使身心放松下来。从基础的生理上来看，能入睡酣畅了，是身体气血通畅的表现，也是精神放松的表现，反过来说，失眠、噩梦是由于气血不通、压力过大、精神紧张、杂念过多、疑惑不信所致。

二、下丹田。

初修者气血通畅了，睡眠质量提高后，身体细胞更替代谢恢复年轻态，醒来后有活力，记忆力增强，时常有灵感迸发，此时我们需要将修炼的侧重点转移至上、中、下三个丹田区域。

上丹田是从两眉间到后脑一条线的区域，于此线平行，是脑左边的太阳，右边的太阴，前后左右十字线覆盖的区域叫上丹田。这是人体精神能量的储存点，和人体的思维、思想、判断和分别相关。

中丹田是两乳之间横通肺与心脏的部位，这里是情感能量的区域，我们情绪起伏、心胸是否宽广、包容性是否具足都和它有关。

下丹田是生命动能的中心，在脐下横通两侧肾脏及大小肠的部位。不过我们要知道及至修行能量深厚时，穴位、气脉、丹田都没有固定的位置，无处不丹田。

例如有些禅定功夫深厚修者，能入定数日或数年，或被埋在地里，生命体征全无，但却能在数日、数年、数百年后醒觉。其实道家有种叫“蛰藏功”和禅定功夫一样，也能口鼻呼吸全无，六脉皆停。不仅道家，大瑜伽士中也有这些能“息停脉住”的修者。

一切穴位、气脉的现象和作用，都是人体生命活着的时候，与呼吸系统发生连带的关系。

所谓“丹田”，不过是借用了道家修炼法中的代名词，并非这些区域真有什么丹药，或者这个“丹药”必须驻扎此地。如果真的这么认为，会修炼出个“丹”气结，如果真形成气结，绝大部分不是好事。

故此修者不要被“假名”误导，假使真有什么“丹药”，多数是肠癌、脑癌、肺癌等，修者切勿以为内丹真会成粒状，或者丹田就是养丹、结丹的地方。

古印度不说奇经八脉，不说丹田，他们讲“脉轮”。现代医学界说脉轮是人体的神经丛，由间脑一直到会阴，我们在前文已经讨论过，脉轮不能算是神经丛，不过脉轮与神经丛有密切的关系而已。

因为脉轮和神经丛有密切关系，所以气脉发动时修者就有明显知觉，这些知觉包括身体气机觉受等等作用。然而，往往是这些知觉在误导修者，人在修炼中，常会感觉体内各种气机发起，因为气脉和神经丛有关，神经反应是最敏感的，但如果被神经反应引导炼气脉功夫，那炼出的多是神经病。

为什么呢？修行是失之毫厘差以千里的事情，修者如果误将注意力集中在神经感觉上，神经反应本是虚妄的，随着妄心的强烈，神经反应也会愈来愈强烈，于是，全部心力被觉受带着乱跑，构成各种幻想。

有些人误认为自己气脉已通，沾沾自喜地认为进入另一层境界了，其实，真的打通气脉根本不是这样的神经反应，也不会冲动紧张，更不会眼见佛光……气脉一定是在放松、身心和谐共融的情况下通顺的，这种体悟可谓如人饮水冷暖自知。所以凡是自我感觉气脉打通的，基本上都属于幻想。

还有一些初修者，由于注意力过分地集中在神经反应上，身体无形中配合了意识的幻想等心理作用，导致神经过于兴奋而岔气，这便是通常说的“走火入魔”。“走火入魔”不仅是气病，也是严重的精神病，不是修炼使人着魔，而是修者不明修炼的究竟道理，带着世俗贪求之心，名利之心，好胜之心，这些俗心使本来清净的修炼变味，凡有得之心皆变态之魔，心魔才是祸害修炼的根本!

不过,凡事没有绝对,我们说眼见之境多数为魔镜是针对初修者讲的,如禅门灵云禅师是见桃花而悟道的,他的悟道偈云:“三十年来寻剑客,几回落叶又抽技,自从一见桃花后,直到如今更不疑。”灵云禅师能睹物悟道,是他在悟道前,已是长庆大安禅师的法嗣,修禅已历三十年之久。

故此,绝大多数初修者在修定过程中,眼见的种种不同的境象,或发生“眼神通”、透视眼等视觉假象时,如果没有明师指导,是非常危险的。不过,我们并没有否认睹物开悟的境界,佛陀便是睹启明星而悟道的。区别在于,大根器者,是在身心已空,身处若有若无、不即不离地在色尘境中、豁然开悟的,这一点和初修者执著某种境界不同,也不是常情所能推测的。

我们修炼的初心不是为了发神通,不是为了玩感觉。现在有些禅修培训很危险,老师带着学人不停地找各种感觉,玩弄神经反应。这种引导方法往往会触动心魔,心魔发动不会受到人为的控制,这类老师自己又分别不出来学人是真的提高还是入了魔境,心魔被触发后它出来和回去不会受谁的摆布,不明法之人如乱以佛、禅为名故弄玄虚者乃为谤法。

生命体要清净,首先要令到下丹田能量充足,下丹田区域是“元气”的发源地,如果下丹田能量不充足,那么上、中二个丹田的能量也很难圆满。

下丹田的能量是否充沛和气血是否通畅、身心是否和谐有关,而这些先需要五脏六腑和谐。虽然每个人因遗传基因、饮食作息等因素,脏腑的和谐程度因人而异,但是普通没有修行的人,几乎很难有脏腑和谐的。

我们前文提到,脏腑不仅仅是生理器官,内含了生命体的神明,如果彼此不和谐，气血不通畅，基础没有打好就盲目修炼下丹田能量，反而有负作用。

有些修炼的门派，老师自己并不明白生命的规律，带着学生急于求成，上来就盲目辟谷、排毒、运用泻法等等，拆东墙补西墙，看上去好像“效果”不错，其实是弱化了其他功能，结果是大伤元气。

这是不懂生命的平衡性，由于商业性带动过分追求能见之效所致，老师本身也是似懂非懂，却带着学人盲目修身、修行。

“中国禅”修者修炼“莲花太极”后，能逐渐清楚自己下丹田的状态。例如第二法“风摆花莲”是初步提高下丹田能量的修法，行禅时每一念都能保持清净时，姿势才能优美、平稳、放松、流畅。行时配合提臀收肛，舌抵上腭则更加利于气血通畅。

舌抵上腭是舌头像卷纸一样卷起来顶在口腔内壁最高处，此时多数人能感觉到两齿根唾腺间，产生许多津液，我们称之为：甘露水。所以要用舌去接唾腺，以顺其自然，但吞咽唾液时一定要在呼气时吞，否则容易风邪入体。

修炼时，我们把吸进来的气深吸入小腹后，下腹的元气才容易被唤醒。同时，吸进来的气沉入小腹后，要停留3—5秒钟。为什么呢？因为如果把气马上呼出去，没有激活元气的效果；如果把气在小腹停留3—5秒，这个气就会扩散，输送到全身每一个细胞，到达每一个神经末梢。

气是活的，不会因为您吸入小腹，就在小腹停留，它肯定是四处游走的，所以它往下走，就走到腿上，功夫强的修者能走到脚后跟。通过行禅，我们能进一步帮助气向脚后跟行走。

另一部分气会往上走，走到头顶。也有走向四肢、脏腑、血液的，气一通，血就通。

气血畅通的身体自然滋润，配合禅意调息法行禅，可以使得身心能量激活，促使生理细胞活跃，让生命体处在一种精力充沛的状态中。

再如，修第三法"如莲静立"时，如果可以保持一分钟以上的立禅，而且不感觉太费力，那是下丹田能量在稳步增长的表现。佛法中的"戒"、"定"、"慧"是三无漏学，而其中"定"是"戒"与"慧"的中心，也是佛法修证的基础。换句话说，凡是要实证佛法的人，都要先从"定"开始。

有了"定"，才能够真正达到庄严的"戒"体，然后才能启发"慧"明的境界。八万四千法门都是依"定"力为基础，才能够达到菩提果海。任何宗派的修法，都离不开定，故此，我们用"如莲静立"法提高修者的定力。

下丹田能量初步提高后，我们可以进入第四法"白莲初生"的修炼，当修者可以行云流水般将"白莲"连续打三遍，不喘不急，那么此时下丹田的能量已经接近进入修门了。

修行中藏密和道家，都主张修三脉。道家以修任督二脉为基础，藏密则是以左右二脉为基础，修法虽然不同，但中脉都是关键。

禅门虽没有明说注重气脉，可是，禅修的功效，无处不包含了气脉的修行。修"白莲初生"能使气不浮，气息安宁，这样心才能静下来，渐渐循着气脉流动，反归中脉。等到气脉回归流于中脉时，脉解心开，才可以身心俱忘，契合身心大定的境界。

“白莲初生”稳定后，修者可进入第五法“红莲盛放”的修炼，“红莲”帮助进一步提高下丹田能量。如果此时修者能连续修炼三遍“红莲”，姿势准确、完整，呼吸均匀，那么下丹田能量可以算进入修门了。

刚开始修炼“红莲”时，修者气机发动时要自主和周围气场相应，此时，环境对修者有一定的影响。注意“红莲”的狮子吼修炼，不是要声音大，而是要由丹音的振动引发全身细胞的振动。

至“红莲”修炼稳定后，修者的气场可以越来越反过来影响周围气场，此时，环境对修者的作用就变得微弱，而是由修者反过来带动环境能量转化。

人体中的神经脉络，是由中枢神经向左右两方发展分布，而且是相反交叉的。所以，修者修炼“莲花太极”，时时不忘身心成一圆相，身体内左右两边气血，就有交流的作用了。

人体内的腑脏器官，都是挂附于脊椎的，如果修炼时，背脊弯曲不正，五脏不能保持自然舒畅，就自然不会和谐，所以一定要竖直脊梁，夹臂收腹，含胸提肛，舌抵上腭，使周身气脉舒泰。

如果驼背，则肋骨压垂，影响肺部收缩；如果挺胸，则背部紧张，不得舒展，故此，“莲花太极”的修炼状态是含胸拔背，不是挺胸叠肚，胸背成以半圆，手、腿成开弓状，如此方能自在舒展。

我们的后脑是思虑记忆的机枢，颈部两边是动脉的路线，由于动脉的活动，能运输血液到脑部，增加脑神经活动。心和眼是起心动念的关键，人听到声音会心思散乱，如果心乱，眼睛就会转动。故此，修炼时，两眼是敛视凝视的状态，收摄散乱的心念。

“红莲”是和“白莲”互补作用是调和气脉，“莲花太极”没有独立修气脉的修法，因为有些修门有独立修气，很容易使修者犯“身见”，增强“我执”。“我执”和“身见”，是障道因缘。

修者常修习“红莲”，身体的气机会被激发，此时身体机能自然活泼起来，有些人修炼时会有大乐的感受，这是心身动静交互磨擦激荡而产生的现象。

不过修者不可以认真或执著此现象，因为现象终会消失，如果对现象执著的话，就又进入了魔境，心向外驰求的不是禅修。

下丹田能量巩固后，修者的身心必会首先得到利益，表现出呼吸深沉、四肢柔畅、精力充沛、心情舒畅等等，原来的亚健康或身体疾病，多数也会不药而愈。

三、中丹田

下丹田能量稳定后，修者要开始专修中丹田。

上、下丹田好比身体的停车场，是不同能量的储蓄池，而中丹田则是个通路。生命体和宇宙万物一切气场相应的中心在下丹田，和宇宙法界一切精神能量相应的中心在上丹田，而使得上、下丹田能沟通的通路就在中丹田。

生命体的精神在上丹田集中，生命体的精气在下丹田聚集，但如果上、下的通路不通畅，则生命体无法发挥本具的能量和能力，也谈不上增长智慧和功夫。

从出世间的角度看，一切生命物体无论有情、无情、有形、无形都在气的范围，可以说人的生命体，能和宇宙法界一切无形的精神、和古今圣人、包括神鬼灵性物质的精神相应，也可以与一切有形的气场相应，宇宙万物的一切生灭变化都是无形的意识、精神在作用，而作用的显现是通过气。

熟悉《维摩诘经》的读者都知道，维摩大士曾展示过神通力，其意义何在呢？大士显现了一个人神而通之的能量和能力，我们每个人的身体虽然微不足道，但内在具备和天地宇宙一样的气的能量，故而能与天地大同，能感而遂通天地者，便有神通。

精神方面也是一样，每个人内在都具足了和佛、菩萨、祖师同样的佛性，即祖师们的精神能量每个人内在都是具足的，我们本质上和神仙、佛、圣人、祖师并无差别。佛性包含了精神和气，因此人的生命体是小宇宙，从形象上看虽然比宇宙小，但具备了宇宙的一切功能，心、佛、众生三无差别。

中丹田越通顺，上、下丹田的水火相济，身体就能和谐，身体内部和谐了，才能身心和法界大同。也就是说，中丹田如果不通，身心是无法获得清净的，故此有些修者盲目追求修炼效果，就像造一个城市需先修路一样，路不通，后勤供给跟不上，怎么造城？

中丹田怎么通顺呢？就是打开心量，如果时常情绪波动、斤斤计较的小心之人，中丹田是不可能通顺的。中丹田是中脉的核心点，是负责修缮、打扫中脉卫生的地方，清净和通畅本是与生俱来的，不清净、不通畅都是生命体后天造作造成的，因此，恢复中丹田能量是人在维修、保养道路，而非开路。

这道理如同马祖禅师说的道不属修，有僧问禅师曰："如何修道?"师曰："道不属修，若言修得，修成还坏，即同声闻。若言不修，即同凡夫。"僧又问："何即得达道?"师曰："自性本来具足，但于善恶事上不滞，唤作修道人。取善舍恶观空入定，即属造作。更向外驰求，转疏转远。但尽三界心量，一念妄想，即是三界生死根本。但无一念，即除生死根本，即得法王无上珍宝。"马祖禅师的法语是从生命的角度来说的，道不是人为可以修出来的，故此，我们说要修炼中丹田是从应用的角度讲的，这点读者不要误解。

修炼中丹田时需要先观察自己的状态，路既然本是通的，为什么会堵？是出了交通事故？还是路基坍塌？还是车出了问题？修者需要先善于发现堵路的障碍物是什么，发现后才能打扫和修缮。

从本质来看，能堵住中丹田的是什么？就是欲望和情绪，无论下丹田有多少功夫，上丹田积累了多少智慧，中丹田不通，功夫、智慧都会片刻被情绪之火烧得片甲不留。

"莲花太极"修者可以通过第一法"至宝莲心"帮助情绪的净化，清理堵塞中丹田的垃圾。

太极先师吕纯阳诗曰："一日清畛自在仙，六神和合报平安，丹田有宝休寻道，对境无心莫问禅。"修者时刻通过经典的参究和古圣、祖师的智慧相应，时刻用智慧来带动身心一切意识和行为时，中丹田的垃圾便能自觉净化。

四、上丹田

最后我们要集中进入上丹田能量提高的修炼。

《坛经》中，六祖说太阳本来就在，不会因为黑夜、乌云而消失，但是愚人常因为眼不见就忘了真有太阳这个事实。上丹田是生命中的太阳，能量被压抑是因为人的妄想和执著。

生命和天地宇宙的通路在中脉上，中脉是生命体的大道，中丹田是中脉的核心位置，好比关卡要塞。有人以为中丹田仅仅是黄庭穴那一点，也有人以为胸区是中丹田，那么，上面的咽喉、下面的横膈膜是否算中丹田呢？从狭义来说，丹田都有其位置，从广义上来说，人生无处不丹田，修者到一定阶段时，丹田是跟着气脉一起流动的，不是像土地一样，固定在一处。所以，咽喉、横膈膜也属于中丹田范畴。

人因为情绪而产生喜怒哀乐，通常怒气爆发时，人会感觉胸闷、呼吸困难。如果持续暴怒，能进一步感觉到心区痛，此时仔细体会能明显感觉到腹部有股气直冲横膈膜、胸腔、咽喉，而至头顶。高血压患者如果大怒时，这种感觉会更加明显。

有些高血压的患者发怒时后脖子风池、风府二穴附近会有红色，此时，身体内怒气翻滚有多压抑和难受？有多伤身和堵气？更有人因一怒而心悸、心绞痛。常人如此，要知道进入气脉修行的禅者，身心敏感程度超出常人数倍，修者动怒更是要命的！不仅容易得气病，而且容易引起不可收拾的后果。故此，修者中丹田通畅，不能滞气、保持心平气和是修炼上丹田能量提高的重点。

打开上丹田能量之门依靠的是禅定功夫。“中国禅”说的定力，是观心的能量，这种能量就是禅定。

定力加强时，生命体元气充足，正气充沛时灵光一现，遮目的乌云就会被灵光冲散。所以，打开上丹田的智慧门和清理中丹田的通路方法不同，中丹田是净化、清理、打扫、修缮，而上丹田则需要深层定力，唯有深层定力下发出的灵光是打开上丹田智慧门的钥匙。

上丹田又名“祖窍”，打开上丹田智慧门本是经书不载、祖师不传的秘密，道家称此地是玄关出入，禅门称此地是明心见性的门户，是锁心猿拴意马的桩柱，也是延年益寿的阶梯。

只有上丹田能量提高了，才能使瞬息万变的大脑意识平静下来。修炼上丹田能量包括了修眼光，眼观法；修耳根圆通法，凝耳韵，心静念止本是先天，意动神驰乃是后天。

上丹田能量提高后，意似寒灰，杂念不起，一意归中，万籁俱寂，身心两忘，恍恍惚惚，杳杳冥冥，此时全身的气流在身上奔腾，犹如触电，全身酥麻，其感受不可言，正所谓形神俱妙，了在其中。

上丹田通的修者，可见其眼睛如月亮般清亮，如太阳般光芒，日、月同聚谓之“明”。眼光即能如月光般清凉的同时要有太阳夺目的光芒，这在世间法看似矛盾，其中奥妙唯有出世间的实修者方能体会。

不过修上丹田能量时，初修者多有各种反应，有人脸似蚁爬，有人感觉头顶气旋，有人感觉内外麻木等等，这些现象，都是气机发动的现象，日积月累，神气自足，道家称三花聚顶，佛门称法相庄严，随着上丹田能量变化，修者的脸面容颜也会发生变化，多数面部能呈现慈悲的“一圆相”。

道家称上丹田为玄关的出入口，何为玄关？既不在身内，也不在身外，禅法中云，在深层禅定时，那灵光一现，灵光即是玄关，又叫慧光、神光、常寂光。

按照修法的角度看，下、中丹田的修法属于有为法，而上丹田修炼属于无为法。

有为法能教，无为法不能教，教也教不会。故此修炼上丹田时，修者首要能和师父心心相印，能心契本师，心印本法才能入门专修。因每位修者的发心、愿力、信心、诚心、悟性、根器不一样，师父起用的修法也会因人而异。

“中国禅”的核心在定慧等持，许多人误以为修“定”就是打坐，能坐个三小时以上就叫有定力了，这么理解是把修定从无为变成了有为。

“定”哪有人为确定时间的？一念万年时一念需多久？如一念能契入太极法界，便是大定。

故此，我们一定不要把修定搞出什么规定，谁说修禅定必须打坐？行、住、坐、卧无时都应契合大定，才是生活禅。故此，“定”是无为的，修“定”和智慧同样，是定慧平等的殊胜妙法，不是可以后天人为培养和教育出来的，而是师父引入门，修行靠个人。

“莲花太极”中，第七法“雪莲幽冥”是帮助修定的法宝，如果在修“雪莲幽冥”修者感觉气血不畅、腰酸背痛时，可以参考拙作《莲花导引》，先炼几遍“莲花导引”帮助气血畅通后再修。

如果在修“雪莲幽冥”时修者出现头晕、昏沉、掉举，也可通过第六法“回望青莲”调整。

有人认为“回望青莲”不就是瑜伽中的头倒立双盘吗？这和禅定什么关系？首先，“回望青莲”不仅是瑜伽体式，我们身体内中脉的出口在头顶百会穴区域，古印度瑜伽称之为梵穴轮。这个出口开得越大，修者和天地、环境气场的沟通就越敏感，智慧就越容易打开，参究经典时更容易心契妙法，如果蔽塞或开得小，人就容易愚痴、顽固。六道众生中，傍生（畜生）、妖怪、恶鬼这个口都是关闭的，所以难以悟道。修“回望青莲”是帮助逆转气脉，逼迫气血下行，滋养顶轮，有开脉的作用。

所谓修气，修的是气脉之气，不是气血之气，引气进入中脉是修气的关键，因此修炼必须接入中脉的入口，找到入口才有办法入门。中脉在人体有一些出入口，如两眉之间是中脉上端出入口，再如生殖器尖端是中脉下端出入口，头盖骨顶尖的顶轮中央，即发际八横指处也是出入口之一，还有喉轮中央也是；两乳之间也是；脐轮中央也是等等。

气可由这些出入口之一进入中脉，这就像一个走廊上有多个门一样，由各门都可以进入。引气进入中脉之所以成为可能，是因为意到气到，心和气是不可分的，这叫做“心气无二”。能于中脉的出入口修炼，可使心所御乘的气，最快捷沟通身心内外。

“莲花太极”共有108式，其中各种各样的姿势配合不同的调息法，帮助打开气脉各种出入口的链接，打开身体的气结，使得身心通顺。

出入口通了，智慧才能发出来。故此修炼“回望青莲”时，修者以倒立逆气的姿势入定，从五分钟到十五分钟、半小时、再到一个小时以上。收摄六根，如如不动，此时，神气凝集，气血回供，加之双腿倒起伏的助气运动，可以有效提高禅定功夫。

五、并修要点

如果过去没有接触过太极拳的修者，开始修炼“莲花太极”只需要勇猛精进修炼便可。

而如果过去接触并学习过太极拳，并有一定基础的学人，决心修炼“莲花太极”时，最好先将过去学习太极拳时的观念、知识、身法、习惯放下，然后再进入修炼。否则，在修“莲花太极”第三法、第四法、第五法时，不觉会带着过去的方法修，此时，容易产生矛盾。

出世间的修炼和学习世间的功夫、拳法不同，出世间修炼的根本在于精神，不在姿势、步伐、动作的准确性上。例如有人静坐，您从外表上如何判别这是在练习瑜伽？还是气功？还是修道？还是参禅？更进一步，您能否分别出修者在修的是南传佛教的内观禅、天台止观禅、念佛禅还是默照禅？同样我们的“回望青莲”，和瑜伽头倒立看上去姿势差不多，但内在心法、调息法都不同，各种修门的修法，区别主要在内不在外，故此，用“莲花太极”去和太极拳姿势做比较，是不可取的。

过去学习过一段时间太极拳，并达到一定程度的学人，如果想修“莲花太极”可以有两种方法：一种是先暂时放下正在修的太极拳，等“莲花太极”稳定后，再并修。当然已经将太极拳学习到一定程度肯定是下了苦功的，能放下的学人不多，故此，实在想并修的，必须在智慧上领悟到“莲花太极”和“太极拳”都是“太极功”的变化，都是一脉相承的，各种功夫的变化都是为了和“太极法界”能量相应。具备了这样的智慧修者可以并修。如果还有人感觉自己无法辨别时，可以向导师请教。

通常情况下，禅门导师不会建议修炼出世间功夫的修者将几种法并修，为什么呢？主要不是担心动作、姿势冲突，而是在心法上，自古以来，修门之间的争论，都是集中在心法上，而对于彼此之间的动作、服装、饮食、体式的争论几乎微乎其微。

现代人动性强，稳定性差，由于缺乏自信，故此总喜欢比较、分别、尝试等等，在这个信息爆炸的时代，能坚守一心太难了，越不信越想比较，越比较越多顾虑，如果心不能稳定，盲目修禅，只能表浅地得到一些身体的益处，而这种益处也是不断生灭的，信心会因此来回退转。所以许多人口头上喊要“修心”、“养心”，也有人知道心法的重要性，可怎么也入不了门。

“中国禅”的心法，必须从一心不乱开始，所谓“至道无难、唯嫌拣择”，一门深熏，而至明心见性，见性成佛，最后还是用此一心来回向。

考虑到现代人的实际需求，“中国禅”精选了帮助现代人身心和谐的“莲花太极”八法108式，以及辅助“莲花太极”修炼的“莲花导引”、“莲花行脚”等修法。其中有难有易，有长有短，不仅禅者可以以此提高禅定功夫，普通人也可以通过其中的一种或一法、一式进入禅修。

禅者心契法海时，一心不生，万法无咎，明心见性的禅者不会觉得自己和别人不同，也不会执著、停驻于自己是什么法成就的。就像入海的河流不会记得来时的路，一切不留，无可记忆，法尔如是，自然而然。如果禅者认为自己有个什么境界在，就是离“禅”还远得很。《金刚经》云：莫作是念，我不作是念我得阿罗汉道。禅门谓之曰：莫道无心便是道，无心犹隔一重关。

希望各位能在“莲花太极”的修行中修身养性，颐养身心，乃至定、慧、等三昧具足，得境界而又能忘境界，最终人生大自在。

悟义 著

（下）

文匯出版社

图书在版编目(CIP)数据

莲花太极:全2册/悟义著.—上海:文汇出版社,2016.10

ISBN 978-7-5496-1887-3

Ⅰ. ①莲… Ⅱ. ①悟… Ⅲ. ①禅宗-中国-通俗读物

Ⅳ. ①B946.5-49

中国版本图书馆CIP数据核字(2017)第055804号

莲花太极 下册

著　　者 / 悟义
插　　画 / 雪山静岩
责任编辑 / 戴铮
特约编辑 / 灵和　灵禧
策　　划 / 茶密学堂
装帧设计 / 天月

出 版 人 / 桂国强

出版发行 / 文汇出版社
上海市威海路755号
(邮政编码200041)
经　　销 / 全国新华书店
印刷装订 / 上海丽佳制版印刷有限公司
版　　次 / 2017年5月第1版
印　　次 / 2017年5月第1次印刷
开　　本 / 787×1092 1/16
字　　数 / 230千字
印　　张 / 25.75
印　　数 / 1-5000
书　　号 / ISBN 978-7-5496-1887-3
定　　价 / 120.00元(上、下册)

本书经上海民族和宗教事务委员会审定

蓮花太極八法

一、至寶蓮心　二、風擺花蓮

三、如蓮靜立　四、白蓮初生

五、紅蓮盛放　六、回望青蓮

七、雪蓮幽冥　八、寶蓮茶丸

雪山彬岩

禅者悟义

主要著作

禅养生系列:《茶密人生》《茶密功夫》

禅文化系列:《茶密禅心》《禅者的秘密·饮食》《禅者的秘密·禅茶》

禅与生命系列:《本能》《生存》《禅》

禅修系列:《莲花导引》《莲花太极》上、下册《禅舍》《五心修养》

禅艺系列:《雪山静岩不二禅画释义》《不二禅颂》

禅法系列:《中国禅》《至宝坛经》上、下册

禅画美学系列:《高明中庸 修身为本》

"中国禅"讲座系列:《禅问》

"北大、复旦生活禅智慧"讲座光盘

目 录

至寶蓮心

第一法

至宝莲心

心至寶蓮心 六法

一. 相應擇經

二. 相應布境

三. 朗朗讀經

四. 默言寫經

五. 如是解經

六. 明心契經

（1–1）

（1–2）

（1-3）

（1-4）

（1–5）

（1–6）

（1-7）

（1–8）

第一法　至宝莲心

现在,我们终于开始进入“莲花太极”修炼篇。

为了便于读者和修者直观地理解“莲花太极”修法,笔者丰富了2015年在茶密学堂为学生们讲述“莲花太极修养”的课堂内容,将与学生们之间,关于“莲花太极”修炼要点方面的讨论进一步完善。同时,笔者在字里行间加配了插图,方便读者更加直观地感受。

1、问:“至宝莲心”为什么是“莲花太极”修养的第一法?

答:一切初进修门的修者,首先要检视自心的见地,如见地不明,则修炼初心会出现偏差,那么修炼的结果会失之毫厘,谬以千里。这一点,我们在上册智慧篇“不忘初心”中已经深入探讨了。故此,“莲花太极”第一法应是培养修者“正见”之法,通过参究经典,首先引发正见,正见具足时,正念、正行、正知、正解、正愿、正信等随之而来,我们的参究实际上包含了读、写、解、契四法。

2、问:什么是“正见”?

答:和开车驾驶员一样,如果在路上开车找不到方向,则开得再快,车再好也没用。修行的“八正道”中,“正见”最重要,它决定了您修行的方向。如读书的“正见”就是要通晓人道,明白道理。淮南子说:“遍知万物,不知人道，不可谓智；遍爱群生，而不爱人类，不可谓仁。”理解中国传统，就是要理解中国传统中“以人为本”的精神，“以人为本”不是自私，而是天地人共生，人要学习天无私覆、地无私载的无量宽广，如果您的修行，忽略了这些精神，是想通过修行能使得“自己”长生不老、祛病延年，那么就是缺乏了修行之“正见”。“中国禅”修养体系里，有正见、修持、行愿三个基本要素，此三要素并非独立存在，而是在修行中彼此互补。当然我们说的“正”，不是和邪相对的“正”，而是平等义，“见”不是眼见的“见”，而是“明心见性”的“心见”。太多东西只用眼睛是看不见的，不仅是虚空中无处不在的能量，眼不能见，就是身边出现的有形之物，通常人也不能见。世人是愿意相信眼见为实，却忘了提取意义时存在的各种视觉盲区，心理学中有种叫“无意视盲”的，也就是当人把自己全部的注意力集中到某一处时，他们会忽略那些他们不需要、不想要看的东西，这就是偏见。“正见”是什么？就是明心见性，用心能见虚空万象，从源头上讲，想要具足“正见”的修者，不能处于自私自利心而修行。《楞严经》云：“因地不真，果遭迂曲。”为什么有人修禅便能立地成佛？有人却修了几十年也没有相应禅之境？还有人修禅修成了口头禅、拜佛禅、枯木禅、文字禅、八股禅……人总是看不到自己问题，所以有人总以为自己修行多时，应该是明白了。可惜顺、逆境一来，心中五欲便也随之而起，于是免不了还是心潮起伏，杂念纷呈。其原因就在于“因地不真，果遭迂曲”。修行不得力的原因，皆源自于内心正见不足，如想通过修行求福慧，求财富、求智慧、求健康、求名利、求神通……带着这些有求之心来修禅，做所谓“善”事，如达摩祖师谓梁王：“造寺设斋，实无功德”，要知道带着有求心修行和真正的解脱之道相去甚远。凡有求，皆有畏，故此特别容易被一些神秘、庄严的仪式、“神迹”所迷惑。如果做善事、法事、放生就是修行了，那么您的运气没有变化，还要不要继续修呢？人究竟应该是行所当行，还是有所求而行？有所求而行的心是真心还是妄心？这些都属于“正见”范围的问题！见地不具的修者，修行和生活处在两个频道，生活中的各种不断的烦恼、矛盾随时会影响到修行，如果试图用一些道理、说法来安慰自己，其实是在自欺欺人，起不到根本作用。如果这样修行，通常也坚持不了多久，更不可能通过修行真正开启不二智慧之门。

3、问：不二智慧之门如何开启？

答：靠发菩提心！须知我们自寻烦恼、作茧自缚用的是这颗心，通过修行能变化为不二圆融、破茧成蝶的也是这颗心。发心就是在此心中生发出大愿心，发心成佛，决定远离愚痴苦海。

4、问：“发心”和“许愿”是一回事吗？

答：“许愿”行为一直都属于民间习俗，从来都与佛法和禅法无关。佛、禅之道重视的是发愿和发心。二者之间的根本区别在于：许愿是把愿望寄托在虚无飘渺的神、佛等外力之上，而发心、发愿是修者依靠自力、自觉、自度的力量，也就是不靠外力。“愿”本和自己相关，不能成为和外力的交易，愿力和愿心的增加是修者修行的综合结果。在师父开示、同修策励、修行正法、精进忍辱、契合经典、长久熏习等等过程中，能日日善护清净念，逐渐契合禅法，在不知不觉中形成内心里真实的、不退转的愿力。

5、问：发愿和行愿什么关系？

答：发愿是因，行愿是果。也就是说发心、发愿是积累参禅悟道的资粮，而行愿是修者回向众生、利益众生的行为，此种行为是修禅悟道的证果。

6、问：初学者修禅没有老师，自己看书能成就吗？

答：初学者最重要的不是先读什么书，笔者见到不少学佛者都读经多年，熟读《金刚经》《心经》《坛经》《法华经》等经典，但一开口、一行动，便可见其见地尚不明，这样学佛枉费工夫者居多。古往今来，祖师们基本都是遇到了和自己相应的明师，经由大善知识直指正路后，在因缘和合某一时机下见性成佛。如果没有找到师、法团队，几乎很少有自己看书契入正法的。这就像小学生准备上学，需要先找学校，再需要遇到用心教授的老师，以及志趣相投的同学一样。您自己在家先找教科书有什么用？世间的知识、技能尚需老师指导才能掌握诀窍，更何况非关文字的“禅”？灯录上虽记录有些祖师是自己参究经典悟道的，但他们一来修行的基础非比寻常，二来具足正见，三来通常是跟随明师修行日久，这种情况下，在机缘到时，无论看书、看花皆有可能悟道。六祖虽没有提前修行的经历，但其闻《金刚经》悟道后也需千里奔赴黄梅，求见五祖，六祖面师时曾言：不求余物，惟求作佛，此种精神实非常人可比。

7、问:“明师”和“名师”有什么区别?

答:“明师”是指明白了究竟法义,能不为方便所转、不为名利所惑、不住法、不离法、不执法、不留法的师父。“名师”是指世间出名、有地位的老师。

8、问:“明”和“名”能共存吗?

答:不能绝对地说不能共存,只是在通常情况下,“名”是碍“明”的因缘,想要“明”,需放下“名”。虚堂智愚禅师云:“佛法在正不在盛,在正则鬼神莫测其由,在盛则鬼神能妒其福。”“正”即大“明”于心,“盛”即“名”盛一时。但是为什么不能绝对说不能共存?因为历史上也曾因众缘际会,出现过既“明”且“名”的大善知识,只不过实为罕见。

9、问:学人如何相应明师?

答:具足“正见”便能相应,“八正道”是禅者的基本心态。

10、问:“师父”说法叫“开示”,这和“老师”的“讲课”有什么差异?

答:从师者的角度讲,禅门的师父“开示”是用生命在说法,师者说法时,需能用“观”法照见当下十方之众生变化,好像一架透视的X光机一样,这种状态下,师者必须打开周身气脉,生“气”而发乎全身,与天地交感,故感而遂通,这种状态是特别耗费心气的,需要能量高度集中,才能一击而中,杀却学人心贼。听过禅门师者说法的学人都能感觉到,所谓说法,无一定之轨，无一定内容，正如行云流水一般，并无定法，更无定论，师者随缘而化，因时而变，因人而异，这就叫应机说法，也叫“开示”。“开”是师者和学人彼此的身心沟通点要打开，方才能心心相印；“示”是以身示现，得意忘言，言谈举止不限言，不拘言，故名“示”。而世间老师“讲课”则是传授预先设定的固定知识，所以要备课，有课目、课题、课本，一切按照事先准备好的内容讲，虽然不少老师口才好，能即兴发挥，但基本不会偏离主题，故此这和完全没有主题的“开示”是全然不同的。“开示”的目的在于启发学人明心，师者时刻需能抓住学人“开”窍的时机，如果预先准备了，何谈“机”？另一方面，从学人的角度讲，具足“八正道”精神，具足求法之心的学生能听到“师父开示”；无“八正道”精神，内心并无求法心的学生，则无论遇到什么明师，听也只是知识。

11、问:“开示”是超越性的语言吗?

答:是也不是，言而无言。雍正皇帝是大禅师，他曾诗曰:“性静涵真曲，澄观宇宙中。未离人境外，顿觉俗情空。有色穿帘月，无心过竹风。一声长啸罢，俯仰浩靡穷。”

12、什么是心心相印？和我们常说的“默契“是一回事吗?

答:通常熟人、亲人、情人之间由于彼此熟悉，在某些事物上能产生部分的默契，这种默契能超越语言，此为世间的相应，也是人际关系中的高级领域。不过，禅门的心心相印不仅仅指默契，因为默契还有范围、有局限、有针对性。而心心相印是全方位的,不仅仅局限在彼此熟悉的熟人范围,可以说所有契法的人都可以相印,并且心心相印也不局限于人数,凡是修行至甚深法界的修者,无论多少人,见没见过面,都一样可以相印;除此之外,心心相印还不局限在时间,今人和祖师之间,相隔千年亦可相印。既然不局限于时间,便也不受空间限制,无论身处何地,远在天边,近在眼前,都可以心心相印。心心相印不是我能猜到您接下来想讲什么,要做什么,此种境界需亲证才能明白。对于大根器者,"不说"更容易心心相印,至于师父开示是"说"了,还是"没说"?靠的是学人的智慧,看的是传递时的契机。

13、问:我也常看书,这和参究经典有什么区别?

答:契合经典有读、写、解、契四法,缺一不可。

14、问:为什么唯独没有"看"?

答:现代人看书大多是匆匆看个意思就混过去了,一本书看下来,能记得多少?这样学习,读者仅仅停留在大脑意识层面,靠自以为是的分析、挑选,真正领会的内涵较少。为什么会这样?主要是现代人的学习方法和学习心态变化了,似乎感觉自己特别聪明,有的人甚至感觉自己比先圣还高明,看书时会根据自己的选择来挑选自己想要的,挑三拣四时哪里还有对经典的恭敬心?带着分别心学习,学什么都是一知半解。

15、问:为什么必须是配合读、写、解、契四法参究经典?

答：读、写、解的目的都是为了“契”！大家看看下面的这幅插图，“契”的位置是画在心口的，这是告诉大家，“契”必须用心。就像大声朗读可以通过声波振动引起全身反应一样，配合了心契，则朗读不仅仅是声音，而是可以直接作用于心。写和解也一样，通过手书、用心体会的方式，结合心法，则修中能和内在全身细胞默默相应，最终体悟到经典之密义，心门豁然开朗。

16、问：为什么现代人只爱看不爱读？

答：因为现代人学习以功利性和实用性为主导，追求实用，追求效率，追求效果。当以技术性、功利性为学习主导思想时，读书本具的求善、求知的人生意义，修行求法、求真的生命意义便被忽略。

17、问：现代人少智而无知，自以为是，这主要是因为生命已经停止成长了吧？

答：是的，没有了学力的人，满足于现状，坐井观天。尽管似乎在上各种学习班，也看了不少书，但百无一用，仍然处在知其然不知其所以然的状态，遇到事情无法用智慧来起用。自古圣贤皆劝人修学，如荀子作《劝学》，通篇重复着“君子学不可以已”的思想，也就是人生不可以停止成长，否则就是早衰、早亡。故，学不是浅义的口耳之学，而是真正能颐养生命之浩然正气，激发活力和灵感，增强智慧和信心的“为己”之学，这些仅仅靠一带而过的看书是难以做到的。

解
契
讀
寫

18、问:小时候我背过荀子的:"青,取之于蓝,而青于蓝;冰,水为之,而寒于水"、"故不登高山,不知天之高也;不临深溪,不知地之厚也"……不过,现在记忆力下降,什么也记不住,怎么办?

答:汉语的传统学习方法本来以诵读为主,汉语本就有的抑扬顿挫,也只有通过诵读的方式,才能深刻体会其精神内涵和韵味。诵读是汉语的原生态,也是汉语独特的、活泼泼的魅力之所在。唐宋之际,日本、韩国的大量遣唐使、遣宋使把汉语的诵读、书写方法带回本国,至今日本的吟诗社还有百万人以上。"莲花太极"修者先通过朗读、抄写、解经等方式和经典契合,记忆力逐渐会有大幅好转。

19、问:现代人都忙,没有时间读书,有时候就连不少学生也不愿意读书,是不是因为过分重视考试的缘故?

答:是的。实用主义为主的教育会忽略学习的美感、韵味这些属于内心的感受,所以"莲花太极"修者在修炼中要纠偏,我们参究经典不是靠分析文章。初修者需要先大声投入地、忘情地朗读,先端正学习的精神状态。参究不是随便翻翻书,或者有口无心地读,参究时配合的诵读过程,诵者随着能量变化,发声的部位逐渐从喉咙下降至胸,再降至下丹田,最后能用丹音诵读,引发全身震动,使得身内中气发动。朗朗的书声是治疗修者身体昏沉和疲倦的良药,诵读也可以帮助精神集中。诵读时,学人的心投入到经典内,投入到品味、理解和契合经典中去。通过大声诵读,心中会对书中的内容产生亲切感,逐渐契合深奥古文的语境,这些难懂的古文就变得不再陌生，最后能深解意趣，运用自如。在诵读中，全身所有器官、六根被逐渐唤醒，运气诵读时，眼看、耳听、气转、心悟，有人甚至会读到忘乎所以，得意忘言，这就是每个细胞都开始契合经典了，久而久之，您和经典就能融为一体了。此时，生活中的时时刻刻，即使睡梦中，经典也会不时出现在脑海，指引您的一言一行。

20、问：写、解也是一样道理吗？

答：是的，哲理通常都较为深刻，文字表述方式无论是古文还是白话，通常都不属于通俗易懂类，故此在参究时，学人因为进入不了这样的语境，难免会产生疲劳感，或产生情绪。所以要“书读百遍，其义自现”，初修者在一遍遍读、写、解交替的参究中，会不知不觉地越来越贴近经典深义，会越读越有感觉，而这感觉，正是我们打开智慧之门宝贵的入口。

21、问：读书还有什么注意点吗？

答：初修者读时要有情趣，声情并茂地读，祖师语录都是千古佳句，有的平实，有的豪放，有的生动，有的深奥，有的优美，修者读诵时可以在不同语调和语气中切换，不断品味祖师们对奇妙生命的感叹，和时不我待的老婆心，读懂那豪情万丈、侠骨柔肠、嬉笑怒骂背后的大智慧。故此，初修者先通过情趣来熟悉语境，经过不断记忆和自己的体会，有一天会突然心契经典。注意诵读一定是朗诵，“朗”是声音明亮清越的意思；“诵”是流畅的意思。修炼的声音明亮清越不仅仅是大，而是配合了丹音发声，用高、低频震动法促使全身细胞复活，给全身持续刺激，如果此时能配合六根统摄，高度专一，就可以在心中留下深刻的体会。所以专心特别重要，万不要心猿意马，读、写、解都是收摄六根的修法，制心一处，心静则安。

22、问：上面这幅画中，为什么修者端坐在莲花台？不是只有佛、菩萨这些大成就者才能端坐莲花台吗？

答：修者在参究经典时，要感觉自己就是佛、菩萨、祖师，自己就是大成就者，自己和他们是不二的，这时候才更能契合圣者之心，和人人皆有的佛性相应。

23、问：这样算不算不谦虚？不恭敬佛、菩萨？

答：修者在社会上为人处世，需要常怀谦下之心，恭敬天地万物，平等对待众生百态。参究经典则不然，需生出齐物天地的心，这不是为人处世，是对内自修的过程。体悟心、佛、众生三无差别，想着佛是过来人，我是未来佛，这才能更好地心契佛语。而我们常见的问题，是反过来的，对外常感觉自己了不起，似乎别人不如自己聪明；可是轮到对内自修时，却感觉自己一无是处，修行时自卑自弃。所以，修行时，修者要升起自己和佛、菩萨、祖师并无二致的心，这并非不谦虚、不恭敬。

24、问：我们常说恭敬心生一切法，什么是恭敬？

答：是修者内心真正对师、对法的庄重认同，带着诚心恳切的心求法。

这样的诚心就是恭敬心，恭敬不仅仅是说话礼貌，见人行礼，这是恭敬的表面形式，许多学人表面上很“恭敬”，但实际上内心倨傲得很。“恭”只属于内心和精神状态，见人礼貌只是恭敬的一种表现方式，表面上客客气气，内在口是心非的人，最后往往是伤害您的人，要知道一切伤害都来自于熟人，对手是没有机会伤害和背叛您的，生活中能识别人的假面，分别出假“恭敬”人身心分离的言行，这就需要智慧了。真正具足恭敬心的修者内心时刻不离正见，对同修的困难真诚关心，自修时勇猛精进，行愿时能知难而上，生活、工作中对天地万物保持平等、敬畏，这些都是恭敬心。

25、问：我见过不少人读书，读着读着就执著在书里了，这怎么办？

答：增长参究时的“三无”智慧。执著的要素有三：即存在“说者、听者、来往的法”这三个要素，在有为法中，此三者互相连贯，彼此依存，但在无为法中，超越此三者的连贯性，这就是不二相应。我们参究时，需先放下“说者”，同时感觉自己也不是“听者”，最后放下“来往的法”。“三者”都放下时，无为而无不为。否则就把形而上的智慧变成了形而下的语言文字了。

26、问：为什么我们即使修读、写、解也会执著？执著的是什么？

答：灰没有落下来时，叫“灰”，如果在某个空间着地了，便叫“尘”。人的身体有眼、耳、鼻、舌、身、意，称“六根”；依六根所产生的认识作用，称“六识”，这是主观的世界；六识所缘的色、声、香、味、触、法，称“六尘”，这是让我们执著的“尘”，这是客观的世界，也是最无常的世界。例如，我们读书，耳朵能听到朗朗的书声，这只是读者的声带震动和空气中声波传导的一种现象，朗朗的书声是随生随灭的，并无些许实在。您即便用录音机录下来的，也是经过机器加工后的另一种现象，只不过好的机器失真率比较低而已，但是再低，也非真。声音一旦落入心田，便成了"声尘"，"尘"埃落定时，我们的心意识便会主动去分别、执著于此，而产生贪、嗔、痴，所以一切的执著皆来自于修者内心的计较和分别。"声"如是，"色、香、味、触、法"五"尘"亦复如是。明白了本来无一物，还有什么可以执著的？

27、问：也有些人执著法，这和执著经典是一样的吗？

答：执著经典只是执著在法的语言文字相上，而执著法，指的是执著在了法的庄严相、神秘相、起用相、显现相、所有相等，包含了语言文字相的一切法相，这是被"法尘"所困扰。无论是执著法还是执著经典，一旦执著，无论顺、逆都是挂碍。初修者执著时，是无法心生般若的，般若花开在空境里的。有些人说祖师们参话头是不是执著在语言里？执著是有挂碍的，有挂碍就难以保持清明，祖师们参话头是心无挂碍的，故此，不是执著。形而上的智慧因为没有形象，修者只能契合，不能执著，能执著的只是其形而下的表现形式。

28、问：什么是形而上学的智慧和形而下学的表现形式？

答：形而上学的智慧会借用语言、文字、文化等形而下的表现形式为其显现的工具，而智慧除了人类认知以外的形式外，还具备了不可知的宇宙

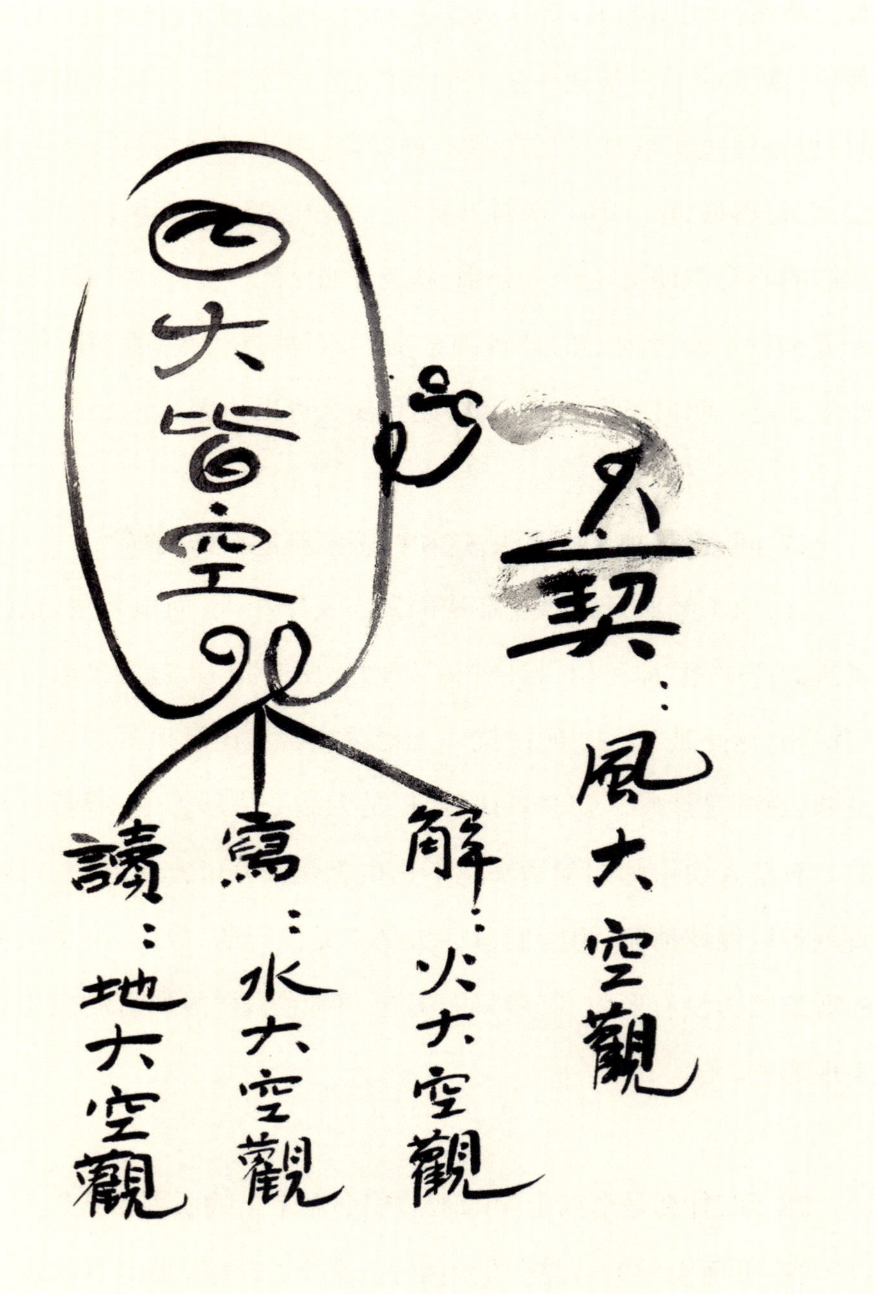
大皆空
契：風大空觀
解：火大空觀
寫：水大空觀
讀：地大空觀

法界能量。但如果思想偏激、精神不清晰的人，会误将形而上的智慧偏执地固化为局限人类自由精神的形式。而形而下学的表现形式，本是人类展现大脑认知范围以内的能力。例如，语言，本是为人服务的工具，可是现代社会不断涌现各种时髦的网络语言，这些语言生灭速度越快，流行的语言概念越发达，人类越无法获得安心！身、心、灵关系就越分裂！故此，修炼是为了契合圣人们形而上的智慧，学人具足正见时，体不离本，形式不离大道，此时才能明白如何能无碍地起用和带动各种表现形式。

29、问：第二幅禅画有什么含义？

答：如《心经》云，观自在菩萨修行至甚深法界时，观五蕴皆空，度一切苦厄，我们在《莲花太极》上册智慧篇中反复提到，观五蕴空最易的入手处在于先破“色空”。而“色”中蕴含了“地、水、火、风”四大，是生命的生理、心理、物理组成要素，是故，“至宝莲心”是帮助修者从“四大”入手观空的修法。

30：问：如何观“四大”空呢？

答：“读、写、解、契”四法，分别对应了“地、水、火、风”四大。禅门的诵读和普通学校里的大声朗读不同，不仅仅为了读书，为了提高记忆而读书。修者初诵读时，以大声为主，至一定阶段后，要配合呼吸法提升下丹田能量，诱导中脉气机发动，震动身体内的每个细胞，这是“地大”发动。此时修者诵读未必是大声，而是能配合“观法”，逐渐会感觉身体空空如也，透明一般，似乎风可以穿透身体，可能有些修者在这个阶段连自己在读什么也听不到，不清楚自己发出了什么声音，诵读时眼睛看到、耳朵听到的也不局限于书里的文字，这种无以言表的体悟就是通过诵读，达到了“地空”境界。写经也一样，初修时经由专心书写，心中逐渐契合法义，再后修者写着写着，感觉身体似乎躺在平静的法海里，如同胎儿躺在妈妈子宫里一样，人在其中感到无比放松和安全，此时抄写的笔似乎没有了，被抄的内容也不见了，心入大宁静，这便是达到了“水空”境界。解经亦然，开始时用大脑意识解读，再以后忘乎所以，得意忘相，得义忘言，此时修者心内坦荡荡，浩然之气遍身，身如浸温泉，感觉经典里的密义如同飘在天空的云一样，既有亦无，无相万相，这便是“火空”的境界了。

31、问:“风空”是什么境界?

答:契经便是需要修至“风空”之境，修者能观照到法性无所从来，亦无所去，像风一样，不知源头在何处，也不知去处在哪里。“长空不碍白云飞”，哪有什么物体能真正密闭挡住“风”?“风”或大或小，或强或柔，无始终，无所住，天地万物无不相应的便是“风空”境界。

32、问:我初入门修的就是诵读法，请再讲述一下禅门诵读的要点。

答:禅者诵读时，关键是内心一定要保持“空观”，配合诵读的“空观”是“地大空观”。物质在宇宙中呈现丰富多彩的多样性显现，这是由于万物之间能量波动频率的差异，故而显现出多样性的外在形象。如果物质内部能量停止波动，此时，就从人类眼里消失了，人类称其为“不见”，但人类的“不见”不等于不存在，而是物质的显性能量消失，也就是说组成物质的可测显性量子、电子、原子、分子不聚在一起了，此时物质就会转成无形态。《华严经》里佛为菩萨讲宇宙起源时说：“一念无明生三细，境界为缘变六粗。”心念以境界为缘，在境界中分辨你我，由此，人执著在这些“假我”的心意识中，变得越加自私自利，可是人越自私，生命体就自动越往更低层次的能量时空中转化，这在佛法中叫“坚固妄想”。禅门常说“向上一路”，即是通过禅修脱离世俗、欲望的漩涡，世俗和欲望如同永嘉禅师《证道歌》中讲的“梦里明明有六趣，醒来空空无大千”。悟道的人会感觉到原来过去的一切都是执念在展现。故此修者诵读经典时，配合“空观”诵读，心和声便能完全契合，人能逐渐发出高能量的震动频率，此时生命好像梦醒了一般，从低层次能量时空中“向上一路”升华。

33、问：为什么高能量震动能唤醒细胞？

答：现代科学家已经证明，世界上所有的物质都是由微观旋转的粒子组成的，越微小的粒子旋转速度越快。例如原子核比原子的旋转速度快得多，不同状态的粒子有着不同的震动频率，是粒子的震动使世界表现成目前丰富多彩的样子。人类各种不同的意识层次都有其相对应的能量震动频率指数，生命体会随着人的精神状况（意识阶段、层次、状态）不同，而有震动能量强弱的起伏。故此，科学家将人的意识状态划分为多个能量级别，其中，东西方公认“开悟”为意识的最高能量级别。当某人的意识能级由于内在情绪或外在欲望、贪心、愚痴而下降时，人就开始丧失生命能量，变得脆弱、不健康、顽固、缺乏学力、活力和动力，容易为环境左右、被情绪影响、被他人控制。修行“至宝莲心”，有助于提高生命内在的震动能级，恢复生命活力。

34、问：我修学也算认真，但一直不能很好地理解经典内容，怎么办？

答：小孩子不是吃一顿饭就能长大的，修炼看上去是每天在简单重复，似乎像做无用功，其实这和吃饭一个道理，吃了饭会变成大便，但每天还得吃啊！修者重复参究的过程是调伏身心、修正习惯、转化习气的过程，这是生命的成长过程。您不理解内容是暂时的，随您心量的变化，所见、所感、所思、所悟就会不同。因此不要急，我们只要保持每天精进参究，内心恭敬师、法，总会有拨云见日之时的。

35、问：我记忆不好，前面看后面忘，怎么办？

答：能记忆的是知识，智慧不靠记忆。

36、问：修“至宝莲心”时，写经和习练书法有什么区别？

答：写经和普通书法练习的不同在于，书法书写时注意力集中在如何将字写得好，其中一笔一划，起落有致，落笔先后，字体规范是重心所在，而修者写经，重点在心不在字，字不入心，皆是凡品。初修写经是抄写，稳定者写经是默写，修时身心高度统一，一旦心生杂念，就容易默错，成就者写经可配合“水大空观”，笔随心动，无写而写。

37、问:写经和诵读的专一各有什么不同?

答:诵读的专一是动中静,写经的专一是静中动。我们通过诵读刺激身体气机苏醒,发动身心共鸣,这好比在平静的海面刮起台风,让海水翻天覆地翻滚一下,体内的身心环境也仿佛海水般,上下翻腾了一遍,起到身心清洁、清洗作用。而写经的专一则相反,是大风大雨后,平静清澈的心湖,没有一丝涟漪,身心入大宁静,这是清净的作用,此时心明鉴万法,身能气脉运通。

38、问:不应该是诵读更加能帮助气脉运通吗?

答:您看足球比赛后,当比赛结束后几万观众蜂拥退场,无论球场有多少出入口,是不是都会拥堵?我们再看许多城市的下水道,由于排水管不通畅,一场暴雨马路上就会积水。体内的血液也一样,要通过体内一个个关隘,靠大力、靠冲只会更加淤堵,冲是冲不过去的,而且往往会冲出毛病来,许多人以为西方的刺激运动法等帮助气脉运通,皆因不明此理。缓流其实未必慢,急流也未必急,修者想气血通畅、气脉运通,先决条件是气、血必须处于稳定、平静的状态,只有涓涓细流才能顺利通过体内各个节点和关隘,否则洪水决堤冲破是难非福。

39、问:我还一直误解剧烈运动能帮助身体通畅呢!

答:这观念主要受西方运动科学的影响,现代人的生活普遍以动性为主,这就像身体天天在发洪水,体内的洪水是血液,血液如果成天处在不平静状态下，一会儿受到情绪台风的吹动，一会儿受到欲望海啸的冲击，一会儿又受到吃喝暴雨的蹂躏……成天处在暴风骤雨下动荡不安的身体，哪有不病的道理？我们要身心净化，例如净化血液，不是要洗血，而是从洗心入手。心怎么洗？是转化心中的情绪、欲望、贪念，从而平复血压、血脂、血糖这些洪水；就像禅门的“出家”不是指剃头当和尚、尼姑，而是从“妄想执著”这个幻想的“家”中出离。所以，我们通过写经净心、洗心，帮助狂躁不安的身心在默写中净化、转化。我们要理解，一切和心无关的修炼都属于健身、运动范围，运动员的体育成绩再好，不代表其一定能身心和谐，情绪稳定，更和智慧没有多大关系。能测出的是体能、情商、智商，不是能量、情感、智慧。人体内绝大部分成分是水，水是平衡身火的源泉，写经和体内“水大”相关，是平衡水火的修炼法。长期坚持修炼，修者心湖之水逐渐清澈，越宁静则身心越和谐，气血越通畅，心湖宁静时，智慧之月才能普现，这是“水大”空观。

40、问：既然身体中大部分是水，那是不是写经比诵读更重要？

答：身体内虽然主要成分是水，但我们能否说水比地、火更重要呢？读、写、解三法是交替进行，平等不二的，为的都是最终能心契经典。

41、问：解经的作用主要在于哪些方面？

答：就像一只优秀的足球队，关键不在于有多少明星，而在队员们之间的互相配合，否则全明星就一定踢得好吗？比赛时队员间的默契，才是决胜的关键。故此，解经的作用就是身心的默契，修者需要理解各个之间的关系，深解意趣，理解不同经文、师父开示时的角度差异，“解”是圆融之意，理解越深入就越圆融。

42、问：解经为什么是“火大”？

答：读经能引发体内“地”震，最后达到“地空”；写经是引导身心入大宁静，可得“水空”；而解经是圆融，是体内各个组织、细胞、器官、气血、气脉之间的默契配合，也是修者和万事、万物、万有、万象之间的不二圆融。圆融后身心才能真正合内外之道，此所谓：无心者通，有心者得。得什么？得的是妙法莲花，此时，便能自性起用，生命整体气场能发挥出作用来。可以说生命体圆融得越好，气场就越强，这就好像球队内部彼此越默契，比赛就越有可能赢。这种气场的显现是生命的活力，也就是“火”力。生命之所以不能圆融就是有“碍”，有碍就像有异物压住了火力一样，生命中气场的“火”性无法发挥。无碍时，心空了，身心和天地能交感互通了，此时内外光明便显。也可以说“水”是生命向下的谦虚、宁静，“火”是生命向上的追求和动力，风箱里越空，火力越猛，修者心中配合“火大空观”，便能升起“三昧真火”，这是“火空”之境。

43、问：我们常说某某人很有气场，就是指“火”力吗？

答：对，越圆满的生命体，气场越强，光明越亮，内心越空，生命的“气场”便显现了。如果“场”里堆满杂物，气便不能顺畅流通，也就发挥不出来了。

44、问："四大"里地、水、火、风是平等的，为什么这幅画把"契"突出地放在中间位置？

答：地、水、火三大代表生命体内的生理状态，例如，地和体内的骨骼、关节、毛发、脏腑相关；水和火与生命体内气血平衡、流动顺畅、温度、气场的发挥相关，这些属于物质成分，是组成身体的基本生理结构。生命体因地、水、火的各种平衡关系，水、火互相的变化力，形成不同的生命态。那么，水、火因何而能够产生变化力呢？因为"风"！也就是说，"四大"中，"风"是宇宙、身体中看不到、摸不着、触不及的精细成分。在外界，我们只能通过风吹动的物体变化来感觉风，例如通过树叶的摇摆幅度、风沙走石"看到"风。但风也属于物质成分，通常情况下，能眼见和感触的物质成分似乎更能让人感觉有安全感，因为似乎可以抓住，而看不到、感触不到的物质，人就感觉飘渺。但是，修者无论是为了健康养生或功夫成就，最后能否如愿以偿，关键都在于"风"的如心运用。从禅法的角度讲，"风"就是"契"。"契"的作用，便是修者心的作用力、转化力。心"空"时，风能助火，火起气变。故此，"至宝莲心"中的"契"是"风空"，是如何善用"风大"能量的修法。

45、问：观"四大"空，是不是最核心便是"风"空？

答：我们从第三幅图上可以清楚地看到"四大"之间的关系，其中水、火是像太极一样互相转化的，而转化力在"风"，也可以说，"五蕴"中"色大"由可见和不可见两部分组成，其中对后"四蕴"精神范畴起到直接影响的是

風
動力：變化：無常
火：陽
陰：水
地：振動

“风大”，我们忽然产生的意识是正念或邪念，突然产生的欲望和贪心，慈悲和关爱，这些都和“风”大相关。能善用“风”是修禅的窍门。

46、问：观“风”空就是如何善用“风”吗？

答：要想善用“风”，需要理解“风”性。

47、问：什么是“风”性？

答：“性”是意识、物质之前，“性”能应物谓之“意识”，应物无累谓之“理”，应物有累谓之“情”。想要善用“风”，须知“风”之“性”乃无常。

48、问：善用“风”，是指提高生命内外沟通的能量吗？

答：善用“风”者能和宇宙法界沟通，随时得到宇宙法界的各种能量，进而“大同”。不善用者是自闭的，体内“风”不起，气血滞，心门闭，宇宙法界中的一切能量和其根本无关。

49、问：善用“风”，会不会也会接受到宇宙法界中的邪气？

答：当然，沟通之门打开后，宇宙法界的一切正、邪能量都可以自由进出。不过，修者能善用，便有智慧自分别，能自分别的，谓之“慧”；于分别处不起爱憎，不为声色所转，不为寒暑所迁，于一切处不留、一切处成就的，谓之“定”；定慧等持谓之“三昧”。而“心无所住”是定、慧、等的关键，唯有无住，方可善用，随缘应机，任运不拒，此种状态下诵读，方能契合“地空”，写、

自
性

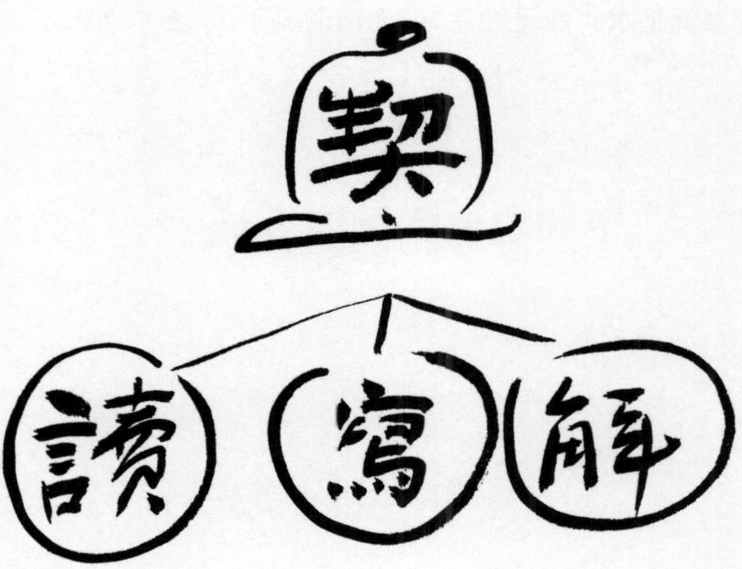
契
讀
寫
解

解方能契合“水、火”皆空，所以禅修最核心是契合一颗虚空一样变化多端的禅心，此心不住法、不离法、不执法、不自生、不他生、不共生、无主宰、非自然……故云：因无所住，而生其心。

50、问：最后这幅画是什么含义？

答：通过“不二禅观”的修炼，修者观“四大空”。契空者自性便显现，自性显现就是生活中的不二智慧。即在语、默、动、静中，在师徒相应中，在境根变化中，在与人沟通中，在文字语言中等各种情境下，处处能不离当下的不二智慧。所谓不二智慧便是见性，修炼“至宝莲心”的修者，修前是看山是山，看水是水；入门后看山不是山，看水不是水；再熏修一段时间后，看山就是山，看水就是水。而见性后，便无山而无不山，无水而无不水了。

先师云：

一、三丰真人“儒书篇”

六经而外，立言可法，也必推孔门，不误出世，不误玄经。盖恐人落身崖壑无实行也。孔颜存心，只望人隐居求志，行义达道。道在济人，山林无非朝市；道在修己，朝市不染山林。故出言实多玄义，而解人之索甚难。《大学》第二节，孔子之修身也。为仁用四勿，颜子之炼己也。功夫未纯，不离陋巷；功夫已熟，不忘国家。故能隐中求行，行中达隐。隐处有孔颜，行处亦有孔颜。乃至无行无隐，而非有孔颜。神明在我，变化从心，真大道也。孔子传曾子，曾子传子思，《中庸》一部，道妙深明。悟玄之家窃取成真者，恒河沙数。子思而后，厥推孟子，持心养气，勿忘勿助，充天塞地，至大至刚。人人得度，默然取将，浩然之妙，口诀难言。辟邪辅正，杨墨掀翻。吾愿尔士庶，不须三岛求真，只向四书领取。以颜曾思孟为明师，以子臣弟友为功行，以身心性命为铅汞，以义精仁熟为升举。修道时，莫贪用道；养道时，莫贪行道；得道时，便可显道。道不可显，飘然而返，传之名山，源流自远。

二、三丰真人“正教篇”

古今有二教，无三教。奚有二教？曰正曰邪。奚无三教？惟一惟道。分何以三？盖自有孔老牟尼，乃至有孔老牟尼。虽至有孔老牟尼，仍非有孔老牟尼。孔固儒也，老固道也，牟固释也。然有所分故，究无所分。故以无所分，故必有所合。故不孔亦不老，不老亦不牟尼。牟尼孔老，皆名曰“道”。孔子绝四，老子抱一，牟尼之空五，皆修己也。孔之仁民，老之济世，牟尼之救苦，皆利人也。修己利人，其趋一也。彼世人之别为孔老牟尼者，盖以名分，不以实察，抑以形分，不按理也。见为孔老牟尼，即非孔老牟尼；虽非孔老牟尼，还是孔老牟尼。孔老牟尼皆古圣人，圣人之教，以正为教。若非正教，是名邪教。儒家杨墨，道家方士，释家妖僧，亦三教也。虽分三教，仍一邪也。是故分三教者愚，分邪正者智。

三、三丰真人“禅旨篇”

于意云何而名为“释”？牟尼云：“吾好释，故以释开教。取‘释去万缘’之意。”于意云何而又为“佛”？大士云：“吾好佛，故以佛设教，取‘觉悟众生’之意。”如是我闻，释主离世；如是我闻，佛主醒世。金经数百藏，无非超脱尘垢，警悟沉迷。是故牟尼清净，复得大士清净，牟尼总其清净，大士普其清净。非有所执其清净，非有所坏其清净，非有所吝其清净。乃至无清净非清净，非清静亦清净，是大清静，是满清净。人能呗诵潮音，必得清净心，必得般若心。但得般若，便忘般若。不忘般若，即非般若。即非般若，不名般若。非非般若，乃是般若。得般若者，是谓之释。是可成释，是有释释。是释非有释释，是释自有释释，是谓之佛。是可成佛，是有佛佛。是佛非有佛佛，是佛自有佛佛。牟尼如是也，大士如是也，即沙门比丘也如是也。不如是，能成释不？不也。不如是，能成佛不？不也。何以故？即释是释，非释即非释；即佛是佛，非佛即非佛。何以故？释外无释，取释为释；佛外无佛，取佛为佛。何以故？释释释意，并无释意，乃已释意；佛佛佛念，并无佛念，乃实佛念。不释而释者上乘，不佛而佛者大乘。释佛之经藏，即释佛而成藏，是谓正法眼藏。

风摆花莲

第二法

風擺花蓮

雪山靜岩

雪山靜巖

風擺花蓮

七. 相應擇境

八. 相應擇裝

九. 蓮花竹禪

三法

（2–1）

（2–2）

（2–3）

（2–4）

（2-5）

（2-6）

（2–7）

（2–8）

（2–9）

第二法 风摆花莲

1、问:“风摆花莲”修法是“行禅”吗?

答:“风摆花莲”是“中国禅”行禅修法之一,其呼吸、心法、步伐都比较适合初修者,是一套安全、有效、简易、方便的修禅法。修者在行走之际能逐渐契入禅定状态。行时,修者身心较易放松,逐渐能至身心平和、从容泰然的状态。“行”是生命体日常生活中最常见、最健康的动态方式。

2、问:行禅和爬山、徒步、散步、竞走、跑步等户外运动有什么异同?

答:区别在心不在身。行禅时修者制心一处,心无旁骛,它不像爬山、徒步等运动一方面关注风景,一方面关注安全;不像散步一样比较散漫;不像竞走、跑步一样肌肉紧张,行禅是修者返归天、地、人合一的过程。

3、问:为什么说是返归天、地、人合一?

答:人与万物之间最原始的生命态,不是生命体表现出来的各种、类的差异属性。从科学的角度讲,近代科学家认为宇宙中的一切有机体有着和无机物同样的基本构成元素。从化学元素角度讲,组成人体的主要元素有:氢、氧、氮、磷、钾、钠、钙、镁,这些也可以在自然界的非有机体中找到,如水、空气中的氮气、硫化氢、磷酸钙、氯化钠等,如果这些元素的原子用更复杂的方式彼此连接,就可以形成有机生物体所需要的复杂分子。也就是说在适当的条件下，原始非有机生物体的分子可以转化成有机生物体。我们再从有机生物体本身角度讲，无论是低等生物还是高等生物，其蛋白质和为这些蛋白质编码的基因都是一脉相承的，可以说地球上所有生物的物质属性相同，即都是用磷脂组成细胞膜；用脱氧核酸来遗传；DNA都由四种核苷酸组成；蛋白质由同样二十种氨基酸组成；都用三磷酸腺苷作为“能量通货”；都用葡萄糖作为主要物质燃料分子……也就是说，一切生物，都是一家人！万物一体！也就是说“人”不仅和其他生物、微生物同源，和矿物、星球也是同本，宇宙中形式各异的生命态不过是各种现象的体现。生命态不过是不同能源集合体、不同能量组合包的表现形式。我们再从佛法的角度讲，生命的最原始态是空，空是万事、万物、万有、万象的根本起源，真空生妙有，缘起性空，佛法的宇宙观是缘起法则，“缘起”因有“业因”、“相依”、“相对”、“相碍”四种不同“起”由，故而具足了无常性、多变性、不可捉摸性、无主宰、非自然等特性，万事、万物、万有一旦“起”后，便存在“动”的方向，凡有方向即有偏差，也就是凡事都存在角度，无法“正”。“合一”是纠偏，是返归，即回到生命的初起态。在这一点上，西方科学认为原子是宇宙万物的“一”，是有机、无机生物的始态，这一点和东方“天地人合一”的概念是不同的。“合一”在古印度瑜伽、婆罗门等学派称为生命的最高级状态，即“梵我合一”，而在中国自古有儒、道两家的“天人合一”说，而佛法中，宇宙万物的最原始态是“空”，“空”不是没有，也不是“合一”，非一非二，非有非无，故此，这种种观点是有差别的。

4、问：如果返归到了"天地人合一"态，是否就能和天地齐物呢？

答：即使没有返归到"天地人合一"态，一切生命体本质上都是齐物的。例如，从佛性角度讲，人人皆有佛性，区别在于您有没有契合内在的佛性，契合了就是悟道了，没有契合便是尚需努力。从生命细胞，也就是极微体的角度讲，一滴血、一根头发都可以克隆和复制出生命，那就说明，芥子可以纳须弥，细胞的密码能和宇宙相通，那么如何解开这个密码呢？当然是从人自身入手。

5、问：克隆技术最终能使人类实现长生不老或不死之身吗？

答：首先我们先要搞清楚什么是"长生"和"不死"。克隆技术的原理何在呢？即科学家可以从原体生物身上取下一个细胞，把它的细胞核植入去掉细胞核的卵细胞中，这样就可以形成"受精卵"一样的细胞，并且培育成另一个新活体生物。从技术上讲，被克隆的生物和原体有着完全相同的遗传属性，外形也毫无二致。但高仿的"复制品"是不是就是原体本身呢？例如，您家里宠爱的小狗被克隆了，新的小狗还认识您吗？它的喜好、习惯、性情、聪明程度和原体一样吗？如果什么都不一样，仅仅是外形一样，能称为原体"长生"和"不死"吗？人和人之间，未来的区别不在种族、国家、语言、地域，最大的区别在于思想，双胞胎外形相似，受的家庭、社会、学校教育也相似，为什么思想却不同呢？更何况是克隆的复制品。

6、问：如果我不克隆整个人，仅仅克隆人衰老的器官，未来科技发展

了，凡是老了、坏了、不好用的器官是不是都可以克隆替换原来老旧的组织、器官，这样不就是本人长生了吗?

答:您看有些人吃苹果，如果发现苹果坏了，还是舍不得丢掉，以为把坏的地方挖掉，就可以吃了，没问题了。这种观念基于苹果不是一个完整的苹果，而是分开独立的单位。岂止是苹果?这种观念用于人也一样，如果一个器官得了肿瘤，是不是切除了肿瘤，人的健康就没问题了呢?干细胞中有一种类型叫肿瘤干细胞，它们能在肿瘤扩散中起决定性作用，能够极其聪明地在身体和其他"健康"地方潜伏、生根、发芽，然后在适宜的时候再次生出新的肿瘤来。并且它们不怕化疗，这是化疗虽能杀死大部分肿瘤细胞，以及误杀了许多健康细胞，却还是无法根治肿瘤的原因。那么同样道理，苹果已经开始溃烂了，切了溃烂处，其余的就可以吃吗?土豆发芽了，把发出来的芽切了就可以吃吗?等等，日常生活中的观念决定了您的人生导向。同理，如果克隆技术发达，肝脏坏了换肝脏，肾脏有病换肾脏，这种思维是以"还原论"主导的思维模式，人不是一个整体，而是可以切割成一个个细胞、组织的机器零件，这还是人吗?人都不是了，何谈长生和不死?人类四处外求长寿、养生之道，却不知道，最好的养生方式就是慈悲，儒家曰:仁者寿。

7、问:禅门强调"无我"，既然"无我"了谁能长寿呢?又是谁需要实证呢?

答:"无我"是佛、菩萨、祖师们的证果、证境，因为您还有"我"，所以才需要修行去实证，故此，“无我”不是行事的前提，而应作为禅修的果地和目标。禅者不会追求长生不死，“无我”不是长生不死，而是人能时刻和不生不灭的本性相应。

8、问：通过行禅是返归到“天、地、人合一”是不是就是“无我”？该怎样修至“合一”呢？

答：“天、地、人合一”还有个“一”在，不是禅门的“无我”。有人认为“合一”时，感觉天地与我等齐时，“自我”消失了，这就是“无我”了，这也是误解。禅门的“无我”是连“自我”消失的感觉也没有，和天地等齐的感觉也没有，凡有境界在、有感觉在、有现象在都还在“一”之境。故此，初修者禅修需专心，然后至“合一”，但需了解，“合一”还是不究竟，最终是无我、无人、无众生、无寿者。如何修至“合一”呢？修炼行禅时，修者很快会感觉发热，此时全身毛孔打开。行的过程中，修者的注意力集中在腰部，也就是下丹田区域，这里是天、地、人合一的交融点。天之气通过修者头顶，也就是顶窍进入身体，再循督脉而下，过颈、胸，到达腰；地之气则通过涌泉进入身体，在脚掌形成螺旋形气团，随着修者行走，循上穿膝，经盆腔过滤后，于腰部和天之气汇合。

9、问：是不是在腰部汇合就是合一了？

答：在腰部汇合不代表合一，就像坐在一个房间里的人，彼此未必有链接，故此修者唯有通过呼吸法才可以合一。初修者可以通过腹式呼吸尽量融合三股不同的气流，有一定基础的修者则可以通过踵息法贯通。而西方的运动方式，如走路、爬山、跑步、竞走、散步、徒步等运动，其作用在身体，虽然运动的地方往往是风景优美、空气清新的，但这和修炼是两回事。西方运动强调剧烈运动，通过心跳、呼吸加快以增强心肺功能和肌体耐受能力，而行禅等东方传统修炼时，修者虽然修行强度很大，但越稳定的修者，随着修炼强度的增加，心跳、呼吸应愈发缓慢才对。这是什么道理呢？心、肺就好像血、气的压力泵，西方运动是通过提高压力泵的频率，来适应剧烈运动下的身体供血、供氧的需要，而禅门修炼则是通过改变压力泵的能量级别，以供应身体气血平衡。

10、问：如何才是天、地、人交融的状态？

答：行禅之际，身心能和周围一切环境圆融不二，忘乎所以，没有了时、空上特定的目的和方向，没什么目的，也没什么目的地。每一步都是平和喜乐，都是清净无念。这种修法可以帮助现代人在急促繁忙的生活、工作中得以身心放松，现代人的生活步伐荷担了太多的焦虑与紧张。被压力的锁链紧锁的生命，是一串连续不断的不安感受，不仅烦恼时不安，其实高兴也是不安，因为高兴的同时，人会担心这种高兴的持续性，并因此失掉生命原本的泰然。生命本应是无所从来、亦无所去的，故此，修者行禅时每一步必须是无忧无虑的，每一步是起点，每一步是净土，行时观想自己在步步生莲，轻盈起落间生命之莲在悄然盛开。修者于行走中回归生命的本来面目，这种安然、专心的走路好像婴儿时的蹒跚学步，故此，修者正是要再次回到婴儿一般的专心行路中。我们可以注意一下,婴儿很少动手,最爱动腿,动腿本是生命活力旺盛的最初表现。我们再看老年人呢?人老先老腿,不爱动腿,只能动嘴,人的衰老是从两腿麻木、膝盖酸软开始的。故此,禅门日日需行禅,经过一段时间修行后,禅者行时步伐轻盈,行路悄无声息,提气行走会感觉越来越自然,这每一步里便含摄着华妙庄严,含摄着"天地人合一"的不二圆融。

11、问:这就是生活禅境界吗?

答:行禅是最方便的生活禅修法,除了病人,哪有人在生活中能不走路呢?但禅者行路和世人行路不同,是时刻不离本性的行,如黄檗希运禅师说:"终日吃饭,未曾咬著一粒米;终日行路,未曾踏著一片地。"云门文偃禅师也曾说过:"终日说事,未曾挂著唇齿,未曾道著一字;终日著衣吃饭,未曾触著一粒米,挂著一缕丝。"这些话好像都是悖论,我们必须实证实修,才能深刻体悟祖师们语录的内涵,体会何为"终日行路,未曾踏著一片地"行事而不著"相"的境界。这种境界是《坛经》中所言悟达自性"无住"从而"不立"一切相,又"不离"一切相之境界。六祖言:"若悟自性,亦不立菩提涅槃,亦不立解脱知见。"连"菩提涅槃"和"解脱知见"都"不立"了,还有何"相"可立?现实世界中的一切无非都是"相",我们就生活在一个"相"世界里。衣、食、住、行在"相"里,行、住、坐、卧还是在"相"里,离开了"相",谁也无法生存。然而,与世人不同的是,禅者尽管生活在"相"中,却不著任何"相"或不立任何"相",生活禅便如僧肇法师所言"终日凡夫,终日道场"。缘来则应曰"亲",缘去

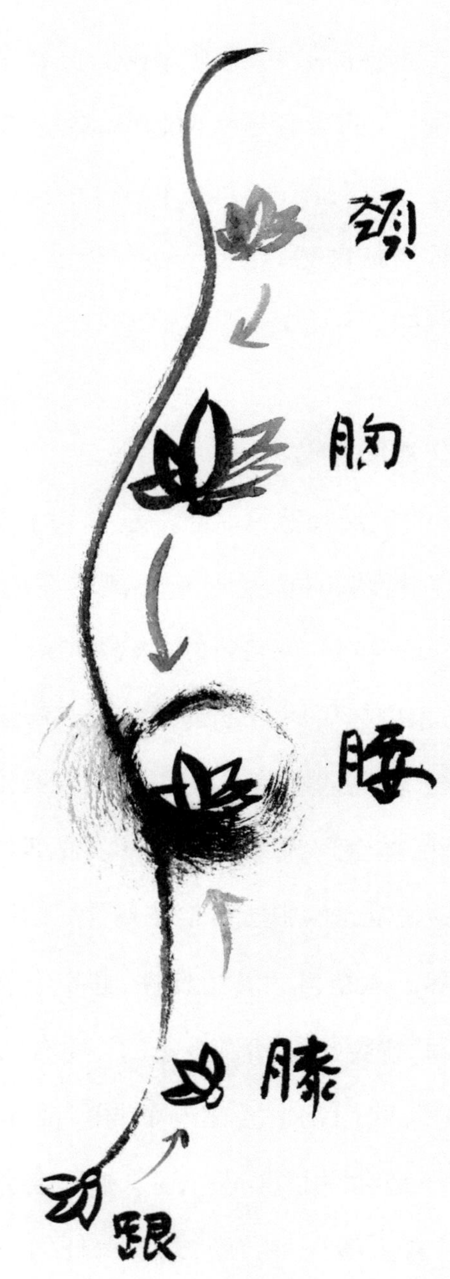
頸
胸
腰
膝
跟

不留曰“疏”，亲疏不二、随缘自在曰“禅”。禅者不会终日困于“相”中为“疏”而伤感、烦恼、哀怨、无法自拔，为“亲”而喜悦、雀跃、高兴、激动，禅的修行是破除一切“相”，此为“不立”，又不离一切“相”，此为“无住”。

12、问：行禅怎么用功呢？

答：行时坦坦然然地走便可，头略低，微低眼，眼视前方一步外，不要向两旁看。慢行时双手叠放下丹田处，提脚、落脚均匀如钟摆，而快行时则需大步流星，双手挥打双腿外侧，尽量地将双手大幅摆动起来。无论慢行、快行，行禅都要头正眼正，不要放逸，莫存妄想，行禅是动功，是活泼泼的，身在动而念需静，于这一动一静之间，祖师们说的“这个”就逐渐观照清楚了。所谓“一念不生全体现，六根才动被云遮”，行禅的动功不是运动的“动”，而是动也无碍的“动”，因为“这个”从来都没有动过呀！

13、问：行禅有什么注意点？

答：禅者行禅时如能有效地觉知地呼吸时，有觉知的呼吸不同于无觉知的呼吸，修者能清晰地观察到自己的呼吸，观察呼吸的长短、深浅、缓急等。生命体身心交融的通道是呼吸，如果无法觉知呼吸时，是谈不上身心交融的。有些修者行禅时会数呼吸，数息是初修者的方法，坐禅时也可以数息，这是转化杂念的一种方便法。禅门初修者行禅的数息法，不是数呼吸，而是通过数步伐来转化杂念，也就是说，在一次呼吸之间计算共走几步来估算自己呼吸的长度，看每一次出息，自己走了几步，每一次入息，又走了几步。修者此时千万不要想要掌握自己的呼吸，而是顺其自然，呼吸与步伐，其间连结的是“数”。经过一段时间修炼后，修者将发现呼吸、数、步伐及行禅时自然的心态都能融合在均衡的行中，这正是行禅的初步定境。行禅本是特别优美的行修方法，步步微风起，念念莲花生。行时脚下的微风能吹去生死轮回中的烦扰恼热，心中升起的净念为生命带来喜悦与宁静。“行”是生命的常态，动物世界中，大到鲸、象，小如草履虫、变形虫等单细胞动物，再到我们自己体内的细胞，皆处于不断的运动中，通过运动主动地、有目的地迅速改变生存的空间位置，提高适应各种环境变化的能力，保持生命的活力，“行”和“动”是最常见的生命态。现代人因为久坐懒动，违背了生命的自然规律，以至于身心分裂，细胞老化，思维固化。“风摆花莲”是以安全有效的修法来辅助现代人重获专心一念的能力。

14、问：“行禅”是禅门独有的修法吗？

答：“行禅”法在佛法修行中古来有之。当年世尊为化解弟子们因长时间坐禅所引起的疲乏、瞌睡、散乱等问题，而教习“行禅”法。据《十诵律》记载：“比丘应直径行，不迟不疾，若不能直，可画地作相，随相直行。”也就是在地上画一条线，随着线行禅。故，“行禅”又称“径行”。通常，禅者行禅时应目光清净，行时身体不可摇晃，制心一处，沿着线行走，现在有些禅堂内修者坐禅后，在禅堂内作旋绕式绕行，便是此意。

15、问：佛门之外的其他修门有行禅法吗？

答:如道教全真派的修法就汲取了禅门修炼的各种方法,其重要著作《性命圭旨·亨集》中有关于立禅、坐禅、卧禅和行禅等修行法的描述。其中"行禅"记载如下:"行亦能禅坐亦禅,圣可如斯凡不然。论人步履之间,不可趋奔太急,急则动息伤胎。必须安详缓慢而行,乃得气和心定,或往或来,时行时止,眼视于下,心藏于渊。即王重阳所谓:'两脚任从行处去,一灵常与气相随。有时四大醺醺醉,借问青天我是谁?'白乐天云:'心不择时适,足不择地安,穷通与远近,一贯无两端。'宝志公云:'若能放下空无物,便是如来藏里行。'《维摩经》云:'举足下足,皆从道场来。'《法藏集》云:'昼心夜心,常游法苑去。'"由此可见,全真一脉的修法和禅的密切关系。

16、问:为什么行禅能提高身体活力,而散步仅仅是健身作用?

答:活力包括了身、心两部分。"活"是心活,"力"是气力,普通的健身运动,作用仅限于身体范畴,并非身心合一的修行法。其中运动中要求运动者专注,这和身心合一也不同。禅门修法重在"心性"的转化,心性的转化是通过修气下手的,故此,行禅时,每一步都须是心无旁骛的。念越静,则属于身部分的活力越苏醒,活力是健康身体的基础,暮气沉沉者岂能言健康?属于心的活力部分则是心灵敏感,心灵敏感的人在生活中思如泉涌,下笔如神,这就是心的活力,能逐渐和天地、自然感而遂通,方才有取之不尽用之不竭的灵感。"行禅"法便是帮助启动沉睡大脑,令人灵感迸发、转化暮气的修法了。如果修者心情郁闷时,可以修习"行禅"化导气结,心情会在不知不觉中舒展,问题也会自然找到答案。其实,一切答案都在自心中,

天
身
行禪
心
地

只是，身心迷路，才会失去明觉。禅门的各种修法，无论立禅、行禅、坐禅、卧禅等等，从姿势上看似乎并无玄妙，所以有些初修者，易自以为是地以为自己会了，禅就是“这个”了，禅修就是“这个”了……这种想法最易产生慢心。永嘉禅师云：“觉即了，不施功，一切有为法不同。”禅修中行、住、坐、卧皆是有为法，有为法如梦如幻如泡影，是不可执著的，修禅为的是觉悟，不是会了一些难、易的姿势就是“这个”，“这个”和姿势有什么关系呢？

17、问：上面这幅画有什么含义？

答：“行禅”不是普通走路，就像“坐禅”不是随便坐着一样。初修者修炼“行禅”时，好比婴儿刚开始学习走路一样，平衡、专注、柔软、放松等等都要学。“行”时，从太极法界的角度讲修者需要“物我不二”，从生命本身的角度讲修者需要“身心不二”。

18、问：这两个不二和“合一”有什么关系？

答：“天地人合一”是指修者与环境、气场之间的关系，是自心净土，如果修时能体悟和契合了“天地人合一”，则修者和太极法界的能量场便能呼应。物、我合一指的是修者自身细胞、器官、心态、气血、气脉和环境之间的内、外交融，是合内外之道，如果物我无法合一，则谈不上身心合一的静心、放松、修炼、转化。

19、问：“行禅”的形式是固定的吗？

答:修法本就有各种形式,例如,坐禅有双盘、单盘、散盘、武功坐、骑鹤坐等等坐禅法,“行禅”从速度上讲有快行、慢行、不快不慢行、忽快忽慢行;从方向上讲有正行、逆行;从方法上讲有默行、颂行。其实无论用什么方式“行”,都可以守一不移和宇宙能量场呼应。

20、问:“风摆花莲”一定是绕圈走吗?

答:法无定法,随缘而立。如在山里行经,就没有什么固定的圈,此时修者宜目不斜视,甩开膀子大步行走,肩膀甩开了,气脉就活动开了,故此山中行禅是大步、端容、整肃、专心,稳定者有时会配合长啸、低鸣等声法修炼,故此和爬山、徒步等户外运动完全不同。

21、问:为什么您“行禅”前先念一声“起”,而我修时什么也不念?

答:“起”是梵文,不读“qi”,而读“qian”,发的是“欠”音。这是声明法修炼,初修者不需要这样修。毗卢遮那佛声明颂法基本五音发音分别为:嗡、尾、啰、吽、欠。“起”是“空”义,表万法皆空,唯有心、念空时方能生万法。

22、问:能通过“行禅”悟道吗?

答:有何不可?

23、问:“行禅”是否也称为“般舟三昧”?

答:“般舟三昧”是梵语,也叫“佛立三昧”或“常行三昧”,是“行禅”修成的境界。“行禅”法修成时，和其他修法成就者一样，能“见”佛身高广、立于虚空，能“闻”天籁之音、遍及十方。如天台智者大师即是修“行禅”而至“般舟三昧”境界的，不过此法属于特别猛烈的修法，常人是承受不起的。“般舟三昧”法，修者通常先要定下克期取证的专修日期，有二十一日、四十九日、九十日、百日等不同时间，专修期间乃不间断行，几乎一日感觉死几回，修者累了也不能睡，必须常行，所以又叫“常行三昧”。故此修“般舟三昧”法，是发了大愿心、大愤心、大无畏心、大勇猛心的修者。现代修者如果没有发大心，就不要轻易尝试祖师们的修法，因为用分析法、思考法，祖师们的修法都是不科学的，不“人性”的，不“可取”的。“般舟三昧”如何修呢？修者通常会从先经行一日，或者坐禅一日开始，如杲感觉不具备忍辱精神，没恒心、没大愿，大行便起不来。故此修者不要好高骛远。祖师们修行“般舟三昧”法是先在闭关的禅堂内吊好多条绳子，堂内没有凳子、没有椅子，没有床铺，什么都没有，修时也几乎不吃东西，一天到晚地走，有时慢，有时快，走到忍无可忍时，拉着绳子边爬边走，即使半个身子挂在绳子上，也不躺下。所以有的祖师就把自己绑在绳子上，以免控制不住躺在地上，可想而知修这个法有多难？不是扒层皮的问题，而是把筋骨重塑几遍。一般一天下来，修者的腿就肿胀得根本提不起来，拖也拖不动了，能坚持下去完全是依靠信仰和意念的力量，最后行至万缘俱灭，身心俱泯时，腿又缩小几乎恢复原样，其实，这时候走路轻松得像飞一样，真正可以对抗地心引力，感觉身轻如燕，人好像可以飞翔一般，此时已感觉不到肉身的沉重。古往今来，有不少修行人可以在空中飞行，或者在空中打坐，这些是“身无碍”的功夫。

24、问:这修法太惊心动魄了! 现代人能行吗?

答:“般舟三昧”不是初修者可以随意体验的,这是禅者将生死置于度外。从医道来说,猛药方才治沉疴,从禅门来说,祖师们向来都不走寻常路,多以向死求生的逆法修行成就,必然是具足了无畏精神的大丈夫。如玄奘法师只身西行时,如果抱着试试看的心,恐怕走不了几步就会回头。修行本不是轻松和享受的事情,现代人胆子小,见了真相会害怕,听闻深法也害怕,皮肉受苦更害怕,无论是感情、事业、家庭、健康几乎没什么不怕的。怕什么? 因为执假为真怕失去。修禅乃大丈夫事,如二祖断臂,四祖、五祖几十年不倒单,各位祖师求法、修法之艰难,哪一位不是“制心一处,无事不办”? 就像战士出征时,不怕血染沙场、马革裹尸,没有置生死于度外的勇气,还有什么胜仗可以打? 禅者是敢于和自己内心的妄想、执著打仗的人,当可以置生死于度外时,还有什么法不能行? 禅堂便是和“自我”决斗的战场! 其实哪有什么法不能行? 若不能行,佛陀、祖师们还说这些法做什么?

25、问:“风摆花莲”也要这么惨烈地修吗?

答:“风摆花莲”是安全的,主要是针对初修者精神不集中,身心不和谐而建立的,因此,没有危险性,人皆可随时随地修。

26、问:修炼“风摆花莲”时,心态应是怎样?

答:修者初期要转换散漫的心念,当杂念纷呈时,“行禅”会表现出摇摆不定,所以需要使得心、念“专一”起来的方法,但这种“专一”的方法是属于

勇
心

人为的、强制性的，但凡真正有效的，持续不断能作用的力一定不是人为力、强制力，必是发自修者内心的无为自制，因为人在紧张的时候很容易气脉堵塞，滞气胀气，无论是紧张还是散漫，都是不利于修行的。故此，修者“行禅”稳定时，是身心在专一状态里放松。

27、问：身心怎样才能在专一的状态下放松？

答：能一心三用。

28、问：一心如何三用？不是要一心一意才好吗？

答：一心一意也就是“专一”是初修者的说法。通常情况下初修者在学会了“行禅”的基本姿势、方法、呼吸等修法后，自己经过长时间修炼，已经能够体会到什么是不自觉地身心交融，此时气血、气脉都非人为地在腰部交融，水火相济，动静相成。当无论用什么方法“行”，心都能“守一不移”。再以后，需要您无论是“行禅”，还是平常走路，甚至跑步、爬山、做饭、喝茶都能“守一不移”，也就是说，这时候“行”、“坐”、“立”、“卧”都一样，无论是一动还是一静，都是为了生命体本身的“一心”通过各种运气法往下和地气相应，地气不是地表的气，而是地球内核的深层气场，这是“一心”，往上则是和天气相应，天气不是指大气层、云层的气，而是心和太极法界，无量宇宙的中心相应，这是“一心”。此便是“一心三用”法。

29、问：一心怎能三用呢？

答:有位张拙秀才是石霜楚圆禅师法嗣。这位石霜楚圆禅师悟道的经历本来就离奇,他是汾阳善昭禅师之法嗣,少时学儒,二十二岁出家,其母贤惠,劝他游方参学,他听说汾阳善昭禅师是大善知识,于是不远千里,前往求法。汾阳禅师一见他,知是法器,当时没有说什么,却不许他入室参学。不仅如此,每次见了他还会指着他的鼻子辱骂一番,甚至找一些流俗鄙事羞辱他。楚圆不能上堂听法,还天天挨骂,心里当然极度难受。一日,他向禅师哭道:“自至法席已经两年了,不蒙师父指示,但增世俗尘劳,念岁月飘忽,已事不明,失却求法之利。”没想到他话还未说完,禅师突然厉声骂道:“你是恶知识!敢裨贩我?”什么是“裨贩”?也就是贱买贵卖地做生意,即说他胆敢和师父讨价还价?说完便恶狠狠地举起柱杖追打楚圆,楚圆正想开口求饶时,突然禅师一把掩住他的嘴,不让他说话,至此楚圆突然大悟,不自觉地说:“是知临济道出常情!”楚圆悟道后,继续留在汾阳禅师座下,时刻不离服勤七年,以报师恩。后来楚圆禅师有一次行脚去参礼师叔神鼎禅师,神鼎禅师也是当世名师,住山三十年,望尊一时,门下弟子个个器宇轩昂,扬名一方。这天,楚圆禅师蓄着长发,穿着破衣,声称法侄求见,神鼎座下弟子见这副模样,都大笑不已。神鼎禅师因闻是汾阳法嗣,便策杖而出,一见楚圆,便问:“汾州有西河狮子,是否?”楚圆没有接话,却指着他身后,扯开大嗓门叫道:“屋倒矣!”神鼎侍者一听便惊慌失措回头看,神鼎禅师亦连忙回头,楚圆禅师见此,什么话也不说,哈哈大笑而去。楚圆禅师后来名重丛林,学者争相归附,他住法石霜,大振临济宗风。我们现在讲讲张拙秀才初面石霜楚圆禅师的经历,一见面,禅师问秀才:“公何姓?”答:

"姓张。"再问:"何名?"曰:"拙。"禅师笑道:"觅巧了不可得,拙自何来?"张拙秀才立即于言下悟道,乃颂曰:"光明寂照遍河沙,凡圣含灵共我家。一念不生全体现,六根才动被云遮。断除烦恼重增病,趣向菩提亦是邪。随顺众缘无挂碍,涅槃生死是空花。"觅巧了不可得,拙自何来?同样,觅心不可得,不安从何来?禅者因无心,方可三用、百用、八万四千用。

30、问:哈哈,名师未必"明",不过我明白了所谓一心三用其实就是无念而无不念,无心而无不心,对吗?

答:"中国禅"把无念作为传承立宗之本。六祖《坛经》中云:"何名无念?无念法者,见一切法,不着一切法,遍一切处,不着一切处。常净自性,使六识从六门走出,于六尘中不离不染,来去自由,即是般若三昧、自在解脱,名无念行。"所谓无念为宗的"宗",是上接十方诸佛法流,下摄一切众生心念,能转运十方诸佛法流,通过己心而加持来机之意,唯有无心才能心出百万用。

31、儒家的游学、禅门的行脚和行禅有什么异同?

答:行脚是从"法"的角度讲的,又叫游方、游行、云水,其主要目的在求法、弘法。故此,行脚并不一定必须走路,也不一定是独自一个人,行脚的目的或为寻访明师,或为寻找修行相应的道场,或为教化众生而广游四方,或为寻"作家"(禅门中特指大机大用者),机锋对决等等,这些都是"行脚"。而"行禅"则是从"修"的角度讲的,是个人的修行方法。

32、问:“作家”对决?怎么听起来和江湖上武林高手华山论剑一样?

答:唐宋之际,禅门中的禅师每位都是功夫、智慧最顶级的人才。禅师水平的高低和武林高手不同,不是比功夫,而是论见地。故此,“作家”相见,机锋对决往往是一语中的,武林中是行家一伸手,便知有没有,禅门是师者一相见,便知悟没悟。所以,对决的机锋未必在讲话,见了性的禅师言谈举止皆由自性出。

33、问:这和印度人爱辩经有什么不同?

答:禅门“作家”相见,几无人会去讲道理,辩解经文,禅本“非关文字”,又无所依经典,谈那些不是禅师所为。

34、问:这就是禅门重视“行脚”的原因吗?

答:“作家”相见,机锋对决之风至元、明已衰,皆因有禅无师,缺乏了有见地的禅师,还谈什么机锋呢?机锋一固化,便成了死语。“中国禅”重视“行脚”有多种原因,达摩祖师“如来禅”的修行本来重“头陀行”,“头陀行”者往往是苦修的,物质生活被降低到最低极限。古印度的“头陀行”共有十二种戒,其中有一种规定,是不许在一地逗留超过两晚,以免产生留恋。用这种居无定所的修行生活培养心灵的力量,乃至道业成就。故此达摩祖师是“随其所止,游化为务”,禅门在四祖道信以前的历代禅师大都是居无定所,行踪不定的,过去的禅师随缘而住,行无辙迹,动无彰记,这就是“行脚”。但这种生活方式很难规模化发展,从初祖达摩到二祖慧可再到三祖僧璨，弟子都是寥寥无几，不能形成团体。故此四祖道信改变了行脚修行为主的传统，他先在庐山大林寺居住十年，后又在黄梅双林寺定居三十年，因为他开始驻场弘法，才有“诸州学道，无远不至”，以致有黄梅山五百弟子齐聚的盛况，至五祖弘忍时，形成“东山法门”，为六祖创立“中国禅”打下了稳定的基础。

35、问:“行脚”这种禅修方式在六祖之后还盛行吗?

答:禅门始终重视“行脚”。这一做法与道信、弘忍所倡导的定居传法看似有违，实则不然。道信之前，行脚是禅修的主要形式，而之后，行脚不过是禅者定居弘法的补充形式，行的最终目的仍在于聚，通过行，广度有情。

36、问:“走江湖”是不是指禅门行脚?

答:是的，我在《中国禅》一书里提及过“走江湖”的意义，当时因马大师在江西，石头禅师在湖南，《宋高僧传》称:“于时天下佛法，极盛无过洪府(马大师)，座下贤圣比肩，得道者其数颇众。”于是，天下学人为了求见两位大师，在江西湖南之间穿梭游学蔚然成风，时称“走江湖”或“跑江湖”。其时，两位大师禅风迥异，针对不同根器学人，分别应机接引。如马大师曾推荐丹霞天然禅师到石头处求法，后丹霞随侍石头三年，披剃受戒，入道后又归马大师处。再如在马大师法嗣百丈怀海禅师门下，做了二十余年侍者的云岩禅师，最终是在药山惟俨禅师处悟道的，成为石头系中曹洞宗的先驱。还有慧朗禅师，至江西参谒马大师时，师问："来何求？"答："求佛知见。"曰："无佛知见，知见乃魔界耳。你从南岳来，未见石头曹溪心要耳。汝应却归石头。"慧朗于是遵从马大师之旨，重返石头禅师处，最后因参石头"汝无佛性"而悟道等等，这些往来于两位大师之间参学、悟道的例证，数不胜数。

37、问：除了禅门，其他门派也重视"行脚"吗？

答：佛法中无论显、密都会重视行脚，如《华严经》里，善财童子五十三参就是行脚。佛法本是重实修实证的法门，不是坐而论道就可以理解佛法为何意的，行脚是磨砺道心人间弘法的修行方式，凡是重视知行合一的修门，都会重视"行脚"。

38、问："行脚"必须是四处行走，请教大师吗？

答：唐宋之际，祖师林立，向各位祖师请益对于禅者来说好比是如虎添翼。但如果身处明师匮乏的年代，四处乱听、乱请教只能被法海转得晕头转向。我们要清楚，师未必是特定的"人"，一草一木、一言一行、社会万象、人情冷暖处处皆可为师，故此，现在的"行脚"更多地指的是禅者不要局限在特定的道场里，需常常走进红尘中，于纷呈的乱象中能否做到不乱于心。

39、问："行脚"和"行禅"此二者还有什么联系？

答：从法的角度叫"行脚"，从修的角度叫"行禅"。 可以说"行禅"是"行脚”的基础，只有在“行禅”中契合了一心不乱的禅定功夫，“行脚”才能不为境转，才不会变成游山玩水。

40、问：修“行禅”有特定时间和地点吗？

答：可以说，禅者一切动态的行为皆可视为“行禅”。因此，随时随地，都可以通过修炼“风摆花莲”而提高禅定修为。

先师云：

三丰真人《道言浅近说》节选

一、夫道者，其层次须知三候三关。大抵不外四言，“无为之后，继以有为；有为之后，复返无为”而已。

二、“凝神调息，调息凝神”八个字，就是下手工夫。须一片做去，分层次而不断乃可。凝神者，收已清之心而入其内也。心未清时，眼勿乱闭，先要自勤自勉，劝得回来，清凉恬淡，始行收入炁穴，乃曰凝神。凝起神了，然后如坐高山而视众山众水，如燃天灯而照九幽九昧，所谓凝神于虚者，此也。调息不难，心神一静，随息自然，我只守其自然，加以神光下照，即调息也。调息者，调度阴跷之息，与吾心中之炁，相会于炁穴中也。

三、心止于脐下曰凝神，炁归于脐下曰调息。神息相依，守其清净自然曰勿忘，顺其清净自然曰勿助。勿忘勿助，以默以柔，息活泼而心自在，即用“钻字诀”，以虚空为藏神之所，以昏默为息神之乡，三番两次，澄之又澄，忽然心息两忘，神炁融合，不觉恍然阳生，而人如醉矣。

四、学道甚难，传道亦不易。传道者甚勤，学道者可懒乎？传道者耐烦，学道者可不耐烦乎？学不精，功不勤，心不清，神不真，以此入道，万无一成。孔子曰：“知几其神乎。”不曰其念其意,而曰其神,可见微动之息,非神不知也。今为分之曰:微动者几,大动者直。欲知其几,使心使意使念终不得见也。神乎!神乎!

五、大道以修心炼性为首,性在心内,心包性外,是性为定理之主人,心为栖性之庐舍。修心者,存心也;炼性者,养性也。存心者,坚固城郭,不使房屋倒坍,即筑基也;养性者,浇培鄞鄂,务使内药成全,即炼己也。心朗朗,性安安,情欲不干,无思无虑,心与性内外坦然,不烦不恼,此修心炼性之效,即内丹也。

六、潜心于渊,神不外游;心牵于事,火动于中。火动于中,必摇其精。心静则息自调,静久则心自定。死心以养炁,息机以纯心。精炁神为内三宝,耳目口为外三宝,常使内三宝不逐物而游,外三宝不透中而扰,呼吸绵绵,深入丹田。使呼吸为夫妇,神炁为子母,子母夫妇,聚而不离,故心不外驰,意不外想,神不外游,精不妄动,常熏蒸于四肢,此金丹大道之正宗也。

七、古仙云:"调息要调真息息,炼神须炼不神神。"真息之息,息乎其息者也;不神之神,神乎其神者也。总要无人心,有道心,将此道心返入虚无,昏昏默默,存于规中,乃能养真息之息,得不神之神。初学必从内呼吸下手,此个呼吸,乃是离父母重立胞胎之地。人能从此处立功,便如母呼亦呼、母吸亦吸之时,好像重生之身一般。

八、大凡打坐，须将神抱住炁，意系住息，在丹田中宛转悠扬，聚而不散，则内藏之炁与外来之炁交结于丹田，日充月盛，达乎四肢，流乎百脉，撞开夹脊双关，而上游于泥丸，旋复降下绛宫，而下入于丹田，神炁相守，息息相依，河车之路通矣。功夫到此，筑基之效已得一半了，总是要勤虚炼耳。

九、人心者二，一真一妄。故觅真心者，不生妄念，即是真心。真心之性格最宽大、最光明，真心之所居最安然、最自在。以真心理事，千条一贯；以真心寻道，万殊一本。然人要用他应事，就要养得他壮大，就要守得他安闲，然后劳而不劳，静而能应。丹诀云："心走即收回，收回又放下，用后复求安，求安即生悟也。"谁云闹中不可取静耶？

十、凡人养神养炁之际，神即为收炁主宰。收得一分炁，便得一分宝，收得十分炁，便得十分宝。炁之贵重，世上凡金凡玉，虽百两不换一分，道人何必与世上争利息乎？利多生忿恚，忿恚属火，炁亦火种，忿恚一生，炁随之走，欲留而不能留。又其甚者，连母带子一齐飞散。故养炁以戒忿恚为切，欲戒忿恚，仍以养心养神为切。

第三法 如蓮靜立

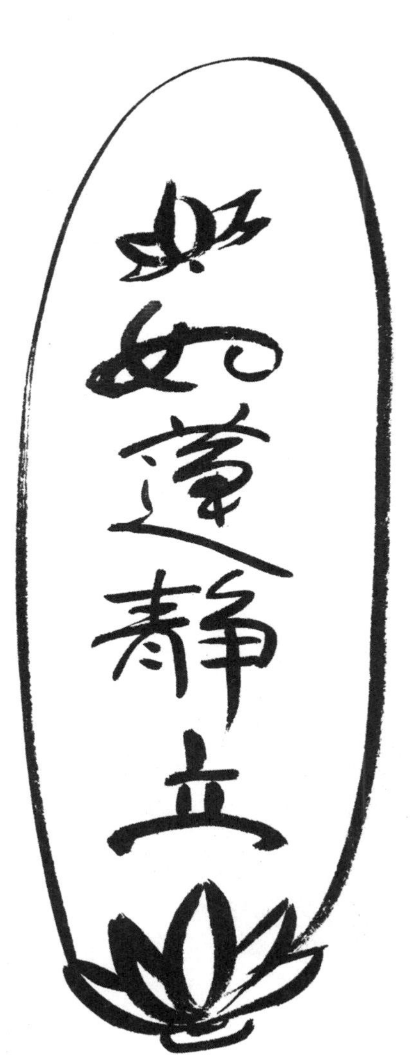

如蓮靜立

十. 無極樁
十一. 金雞獨立樁
十二. 蹬腳樁
十三. 金剛坐樁
十四. 蓮花手樁
十五. 十字手樁
十六. 雙風貫耳樁
十七. 太極樁

如蓮靜立八法

己巳日 七

（3-1）

（3-2）

（3–3）

（3–4）

（3–5）

（3–6–1）

（3–6–2）

（3–6–3）

（3–7）

(3-8-2)

(3-8-1)

（3–9–1）

（3–9–2）

第三法　如莲静立

1、问："如莲静立"是立禅吗?

答:是"立禅"的一种。

2、问:道家的典籍中多有"立"功,立禅是源于道家还是佛门?

答:和坐禅一样,无论叫"立禅"还是"站桩",这些修法都是修行的共法。如印度瑜伽、中国武术中也多有"立"法修炼。

3、问:互相之间有什么不同呢?

答:下手处不同、心法不同。

4、问:禅门的立禅修法是哪位祖师创立的?

答:达摩祖师留有《洗髓》《易筋》二法,如"达摩易筋经总论"云:"谓登正果者,其初基有二:一曰清虚,一曰脱换。能清虚则无障,能脱换则无碍。无碍无障,始可入定出定矣。知乎此,则进道有其基矣。所云清虚者,洗髓是也;脱换者,易筋是也。"可见,清虚净化和脱胎换骨是禅修的初基,但这些非关理论,乃需通过实修而证。从养生角度讲,人体的能量供养途径有经脉中的真气供养,血脉中的氧气供养,筋脉中的能量供养三种。故此,所谓"易筋"的脱胎换骨,主要是指激活筋脉和气脉中的气机,以此发挥生命的新气象。《庄子》云:“大道,在太极之上而不为高;在六极之下而不为深;先天地而不为久;长于上古而不为老。”物极则变,变则化,化而万物生。

5、问:立禅和坐禅功效有何不同?

答:一切修法皆因人而设,人有千万种,故佛法有八万四千门。例如,有些修者生性躁动,此适合从坐禅起修,而有些修者,天生有惰性不爱动,这就适合从立禅起修。从身体基础上讲,立禅修法比坐禅修法要求更高,需要腿脚强劲才能站得稳定。从身体变化上讲,修立禅的效果更加显著,修者可迅速固本培元,增加肾能,肾能是身体的“元气”供应站,这就是增强了将血液送回心脏的气力,心脏有充分的血液回流才能有充分的血液送出,供养全身细胞。全身细胞滋养了,也同时减轻了心脏的负荷,故肾能在血液循环中扮演非常重要的角色,心肾相交,才能水火相济。古德云:“一法之中,有先动阳而后动阴者,即抽坎中之真阳,添离中之真阴。如太极桩,先升肾中之纯阳,添心中之真阴者便是。”修者真阳上升、真阴下降,阴阳交替、周而复始渐入定境。

6、问:既然立禅效果那么好,能否替代坐禅呢?

答:禅修的行、立、坐、卧皆是入道法门,虽各有侧重点,但均无可替代。禅门师者往往会从学人的个人情况出发,选择和本人相应的禅修方法。法是因人而生的,如法修行便不会“未蒙其利先受其害”。“立禅”虽效果好，但相对来说，姿势简单，要求却高，如果站立姿势不正，反而有负作用。例如，有些本身脊椎变形的修者，站立时尤要关注立的姿势，以及配合的呼吸，否则对身体有害无利。通常初修者过了腿关后，坐禅修法是较为舒服的，所有修者内心里愿意坐禅，执著坐禅的也同样是病，容易产生幻觉和幻想，故此，需要立禅，更好地帮助净化身心。

7、问：修行也会修出病来？是不是修行本身也很危险？

答：黑暗的存在是因为太阳的过错吗？修者如果没有遇到明师指点，能如法稳定修行，凭着自己看书瞎琢磨，或为了某种目的而瞎练，再或被各种“大师”乱指点，这才是真正危险的事情。

8、问：修“如莲静立”时有什么注意点？

答：最关键是“松”。“如莲静立”八种立法姿势虽不同，但其理同，其根同。身之根在脚，发于腿，宰于腰，形于手。有些修者立禅是修反了，上身如铁板，腰上腰下分两家，搭手脚下无根颤。立禅之气是由脚而腿而腰，最后完整一气，气机发动乃能得机得势，不得机得势，身必散乱。松乃松其意，非是松其身。此“意”不在内、外，全在一心，如刻意欲向上者，即反之寓下意，此为修炼功夫时的矛盾律。立禅时的“松”，是松而不弛，犹如大树，根深则蒂固，木固则枝荣。唯“松”时方能“沉”，修立禅功夫的禅者，松、沉是核心心法。有人以为“松”就是“软”，这就无法“立”了，“立”在那里浑身软塌塌的，像滩烂泥，禅者的“松”是宽而不紧、轻松自然、不凝不滞的，以微以容大之特性叫"松"。"沉"不是"蹲",而是钻入地底,如如不动意。可惜有人只执著"沉",而不舍得"松",有人只会"松"而不懂"沉",这都是"二"了,"沉"和"松"是不二的,不可分离的。

9、问:我一"立"就紧张,"松"不下来怎么办?

答:功夫的精进是盘旋而上的,"松"是一种自然合一的境界,并非可以一蹴而就的,禅者修炼日久,慈悲心日盛,随其心慈而身柔气顺量广,此时,自然就"松"了。有些人的紧张是因为身体跟不上,这个还好办,还有些人的紧张是因为老想赢,心里总是抱着征服、占领、打赢、成功之类的想法,这是很可笑的。例如,有人登了山,就宣布其征服了某某雪山,您不过是上去待了会,拍了张照,这能叫征服吗?同样,如果认为修炼是在征服身体,这想法也是基于对抗的原则来思考的。我们纵观历史,自古"征服者"总是会接受"被征服者"的文明,"统治者"终会接受"被统治者"的习俗和宗教,最后被"被统治者"同化。究竟谁能"征服"谁呢?谁又能被"征服"呢?禅修修的是共存之道,唯其共存才能彼此从容不迫,各循其道而生。

10、问:"松"后,身体的反应是怎样的?

答:真正的"松",是身体从内部改造,是重新调整身心的过程。可以说每一次的"松"都是一次重生。什么重生了呢?各个关节、肌肉、骨骼、气血都更新了,逐渐能为我所用,这才能随意舒心。普通人周身细胞、关节肌肉并不听话,不仅身体,情绪、心念也不能听话的,您说还是您带动的身心吗？什么都带不动的还是活人吗？达摩祖师所谓易筋，便是改造重生意。从生命的规律上来看，一切生长都是在“松”的情况下，例如只有熟睡时大脑才能分泌生长激素，帮助身体的肌肉和细胞修复再生，同时也会降低身体内的皮质醇的含量，减少蛋白质的破坏。从修炼的角度讲，“松”能产生和熟睡同样的效果，使得大脑分泌生长激素，也就是说，如果身体松不下来，老是处于紧张状态，那么身体上细胞修复和蛋白质生成就无法进行，肌肉松弛、脏腑老化、眼神散乱、细胞激素分泌失衡、气血不畅……这些物质成分出现问题时，何谈精神清晰稳定？

11、问：修“松”之要领在何处？

答：首先，放松不是专注，身心保持着任性合道的觉知，身心属于自然流动，没有任何刻意的心念，更不会告诉自己“我要放松”，所以不必去集中关注某一点，就这么由自然流动的觉知带动着便可。

12、问：人在做梦时身体是放松的吗？

答：不是。做梦显现的是过去的记忆，这些潜意识里储存的所谓“记忆”，实际上是被根据自主意识虚构的一个个幻想，在梦中，看似被“无意识”构成了一个个人为的场景，实际上，这种“无意识”是潜意识在工作。此外，梦中“虚构”的“我”和现实“真实存在”的“我”，从本质上说，是不存在于同一段时间的“影子”。再进一步说，现实生活中的“我”和“你”，也可能是不存在于同一段时间的“我”。梦中的“我”和现实的“我”，现实生活中的

"我"和"你"之间的真实关系，在没有修行至一定境界时，是看不出皮影戏的影子后面的本质的。影子和影子之间本身没有连接，之所以能连接上，是通过"梦"、"生活"、"社会"、"时间"、"地点"等各种真假场景，又加上人为假设了各种虚妄、复杂的关系、身份等等，从而缘起万物、万事、万有之间有了千变万化的"联系"。"我"似乎和梦中的"我"和"你"和"他"变得不同。修行到能入"大定"的禅者，是超越了时间、空间和客体的觉知的，这是我们前面说的"无我"。庄子说"吾丧我"都是同理。在梦中，人还是有"小我"、"自我"、"假我"在，有这些在，就必然无法放松。真正的放松，修者是完全清醒，即使睡觉闭上眼睛，也能清晰"看"见蚂蚁从身边走过，"看"见周围，此时是和平时完全不同的自然觉知力。

13、问：如果被催眠了能放松吗？

答：不能，催眠只是浅层身体的放松，被催眠时大脑是关闭的，被人为隔离的，受者被施者强迫带进某种状态，意识被局限在很小的范围内，由于是被动的，受者内心当然是不会放松的。其实就算是自己睡着，"小我"也是被暂时收摄，好像动物冬眠一样，一觉醒来，"小我"苏醒，还是处在紧张中。并且被催眠的人，身体气脉是堵塞的，身体各个核点需要隔离才行，必须是互相之间没有联系才能用得上心理的技巧，使得受者在幻觉中感觉安全，就像海市蜃楼一样，这和放松入定的修者完全不是一回事，修者入定境是能自由地引导自己的身心的，拥有独立思想和清晰意识。人处在浅层意识阶段时，生命的能量只在底层流动，此时人的身心常处黑暗地，即使梦

“见”也是灰暗的、无彩的、消极的，而对于真正放松在“定”中的生命来说，激活的能量区域在顶轮周围，此区域通顺能“见”大光明。

14、问：现代人很多人睡眠不好，我看不少人都是长期依赖安眠药，也有人找心理医生催眠，这有什么害处？

答：首先长期习惯借助外力，会使得受者的心智和意志产生强烈的依赖性，会沉迷于这些“舒服”的感觉，使用药物和借助外力催眠，都容易使灵感流失，自信减少，对事物的反应逐渐钝化，这是因为主观能动性被人为压抑，钝刀子割肉其实更疼。

15、问：催眠术是不是只有心理医生治疗时或者心理学课程中会用？

答：催眠除了医用，其实更多的是商用，这就是公众催眠。例如无处不在的广告宣传、色彩暗示等等，哪里少得了公众催眠？催眠之意不是催您睡着，而是催得您越来越懒得思考，越来越稀里糊涂，越来越被动并乐意接受别人想要您接收的，这就是公众催眠法。常被公众催眠围绕的人，已经越来越难看到事情后面的本质，越来越容易被糊弄，越来越迷信。这和意识层面有关，和社会地位、身份财富等无关。

16、问：实际修炼中，如何能尽快令到身心放松呢？

答：从生命科学的势能、动能上来说，“松”的入门处在多炼提举，提举愈高，下落愈速，放松越快。

17、问:什么是提举?

答:向上提举有如扛鼎,修者如不能上,怎能顺势而下?向上不松,下如何能松?初修者要深切体会,松功如高举珠,倏然而段;如断线珍珠,粒粒下落;如灵珠走盘,圆活异常,能节节贯串,鱼贯而下,方显活泼而不迟滞。松功炼成,行动犹如风摆杨柳,枝条随风摆动,而根能如如不动,以其柔韧而应物自然。所谓“行如风,站如松,坐如钟,卧如弓”便是此境。周身无一处不是关节,无一处不轻灵,无一处不坚韧,无一处不沉固,无一处不顺遂,通体无碍,丝毫无间。一处受警,该处立即应之,其他各处不受牵连,周身是圆,周身是心,均能应机反射,处处是手,通身是眼,这方显禅者生活中无处不圆活之趣,丝毫无迟重之虞,松下来,方能大自在。

18、问:为什么提举可以帮助放松?

答:提举是一种直接的大脑刺激,通过提升身体的觉知力而刺激大脑。每一次提举,觉知会逐渐在身体游移,这可以清理大脑调节生理的神经通路,对输入信息的神经通路也是一种刺激,能量流因此而更加通畅。

19、问:提举时是不是要舌抵上腭?

答:应该说修炼时除了颂唱之外,大部分时间都是舌抵上腭的,行禅、坐禅、立禅、卧禅都一样。为什么呢?这是禅修的补漏法。从生理上说,舌根后有两穴,左为金津穴,右为玉液穴。舌抵上腭时津液会迅速生长,修者要时刻吞津以滋养全身,修时产生的津液叫“甘露水”,叫“琼浆玉液”,是身体最好的补药。不过吞津时注意，在吞咽时舌尖要抵在上腭上，颈部的韧带、肌肉不能松弛，用时，胸、腰也不能松懈，吞咽时收缩关元穴、会阴穴等肌肉。这种甘露水最养阳精，精足则气足，气足神必旺，如果修炼时忽略吞津，就失去了养气的一大原料。吞咽的过程，是气与意识在润泽各内分泌腺体，这些腺体受到滋养后，会分泌激素，促进阳精生发。其实修行人和世人不同，是不愿意多睁眼，也不愿意开口的，时刻养津，为什么呢？开口神气散，舌张是非生。平日里，修者时刻保持舌抵上腭状态，修行一段时间后，连晚上睡觉都是舌抵上腭的，用道家的话说，叫时刻等“消息”，等什么消息？即给身体输送阳精的消息。世人只有耗，没有养，只出不进，如何保证思维灵敏？身体健康？精气神足？

20、问：大脑反应灵敏和大脑的面积、体积有无关系？是不是脑袋大的人就有智慧？

答：牛的大脑体积是老鼠大脑体积的两百倍，牛比老鼠聪明吗？人要想灵感丰富，慧光不灭，关键不在于大脑的面积和体积，而是脑中神经回路的通顺度，信息流的传送速度。无滞、无碍、无别、无执时，殊胜的智慧自然涌现。如果心是紧的，就是有滞、有碍、有别、有执。

21、问：该如何达到“松”境？

答：修“立”时意念如秋阳照身，全身酥暖。如炼第一式“太极桩”时，双脚张开与肩同宽，双脚掌平行，双腿略下，身体重心在腰。双手置两腿旁，虎口对大腿中线，前四指微向上翘，使头顶百会，下身会阴及双脚底涌泉之联机中点，三点连成一直线。通过调息先松百会，再松会阴。初修时的重心在涌泉，脚跟是微虚的，上身挺直，收腹夹臀，如贴墙站立一般，浑身暖而不热，呼吸缓而不急。有些人因为不懂气的变化，喜欢带学人去风景宜人的户外山川修行，其实这不太适合初修者。初修者修习"立"特别要注意不要在风口立、不要在瀑布下立、不要在寒冷处立、不要在水里立、不要在高处立等等。

22、问："立"时可以配合导引吗？

答：瑜伽功夫会有"立"时配合一些动作，而禅门"立"功仅仅是"立"。身心放松，也不能闭眼，要保持头脑清明，不昏沉，"立"身不紧张，符合自然规律，这时才能无中生有，生出生生不息。

23、问：修炼"莲花太极"时，立禅和套路修炼有次第关系吗？

答：禅修是没有次第的。"立"是静功，套路是动功，动、静本来不二，可以并修，共同提高。静功可中和阴阳，疏通经络，发掘人体潜能，是蓄力的过程，通过"立"，修者可达到内、外交合，即内合神与意、意与气、气与力，外合肩与胯、肘与膝、手与足。而动功是积蓄之能量的使用和发挥，使之内气、内劲由丹田发向四梢，节节贯通，平衡六面之力，使内气运化通达，从而周身畅通无阻，进而能于静态的内、外交合汇入一体，动静在动态中保持平衡，如走平衡木之时，运动员周身皆能和意念一体，这在修中叫"法密如笼”,是立禅的上乘之境。

24、问:“立”时,如果身体感觉越来越饱满,这是不是就是“法密如笼”了?

答:“立”的静中动能使得身体的皮膜、骨膜得到充分激活,逐步产生形如空鼓的气囊能将身体逐渐包围,这是由于易筋、腾骨产生的气囊充分地发展到包裹全身,此时修者体外好像有个大气球,体内则有无数小气球,人居于各种气球中,此气,即是通过“立”法修行所得之真气,修者每日修行通过调息运气,越来越清晰地能将真气布于全身的筋骨、皮肉之间的气囊中,使之产生巨大的保护身体的能力,这种使全身被气球包裹的修法叫“布气”。“立”的过程中,修者通过不同的运气、调气、炼气、养气等法,最后将易筋、腾骨、布气三种不同的功夫融为一体。

25、问:太极拳是谁创始的?

答:我们在上册智慧篇已经讨论过这个问题了,太极拳究竟何人所创?是何时所创?至今没有定论,但可以肯定的是,非是某人于某时一下子发明创造的,这是中华传统智慧的结晶。历史上有记载的,南朝梁武帝的大将程灵洗便是精通太极拳的高手,只不过那时候还不叫“太极拳”,其太极功名“小九天法”。他的师父是韩拱月,韩夫子的师承不清,程灵洗从师学习太极功,苦练多年有成,后经数代传至程珌。程珌对《易经》研究很下功夫,著有《洛水集》一书。还有唐代的许宣平也是太极功的先师,他拜师于欢子，所练功夫与程灵洗相似。许宣平常与诗人李白来往，据宋远桥在《宋氏家传太极功源流支派论》中记载："每负薪卖於市中，独吟曰'负薪朝出卖，沽酒日夕归，借问家何处，穿云人翠微'，李白访之不遇，题诗望仙桥而回，所传太极之功，拳名三十七，因三十七式而名之，又名长拳者，所云滔滔无问也，总名太极拳。"宋远桥与俞莲舟、俞岱岩、张松溪、张翠山、殷利亨、莫谷生等七人是武当张三丰真人的入室弟子。张松溪、张翠山所炼之拳，名"十三势"，此亦"太极功"之别名。除此之外，宋远桥还记载了由唐朝胡镜子，传宋仲殊，再传殷利亨的传法途径，此"太极功"又名"后天法"，修炼功夫以棚、捋、挤、按、采、挒、肘、靠为主，与"十三势"亦同。

26、问：太极功和太极图有什么关系？太极图是谁传出来的？

答：太极功和太极图原先并无直接关系，非是先有图后有功，或者先有功后有图，此二者之间无必然联系。那么太极图是怎么回事呢？这个问题在学术界有较多种说法，目前普遍说法认为《太极图》乃从《无极图》所出。据《宋史·朱震传》记载："有《汉上易解》云：陈抟以《先天图》传种放，放传穆修，穆修传李之才，之才传邵雍。放以《河图》《洛书》传李溉，溉传许坚，许坚传范谔昌，谔昌传刘牧。穆修以《太极图》传周敦颐，敦颐传程颢、程颐。"另据黄宗炎《易学辨惑·太极图说辨》所录《无极图》来历，原文云："此图本名《无极图》，陈图南（抟）刻于华山石壁，列此名位。（并刃）自河上公，魏伯阳得之著《参同契》。钟离权得之以授吕洞宾；洞宾后与图南同隐华山，因以授陈。陈又受《先天图》于麻衣道者，皆以授种放。放以授穆修与僧寿涯。修以《先天图》授李挺之。挺之以授邵天叟。天叟以授子尧夫。修以《无极图》授周茂叔;茂叔又得先天地之偈于寿涯。"由此脉络可见,对内丹术和易学都有极深造诣的陈抟真人,得吕洞宾之传,融汇贯通了《无极图》,之后周敦颐(公元1017年—1073年)得法。周敦颐是修习禅法的大儒,是宋理先师,我在《中国禅》一书中介绍过他,他融合了儒、禅、道三家之法,我们现在见到的太极图是周敦颐先生所传。

27、问:无极图和太极图为什么不同?是揭示了什么关于修炼的奥妙吗?

答:是的,无极图涵括了修炼之奥妙,它自下而上,内含逆法修道之理。黄宗炎在《易学辨惑·太极图说辨》云:"就其图而述之,其最下一O名为元牝之门。元牝即谷神也,牝者窍也,谷者虚也。……在修炼之家,以元牝谷神为人身命门两肾空隙之处,气所由生,是为祖气,凡人五官百骸之运用知觉,皆根于此。于是提其祖气,上升为稍上一O,名为炼精化气,炼气化神。炼有形之精,化为微芒之气,炼依希呼吸之气,化为出有入无之神,便贯彻于五藏六腑而为中,名为五气朝元。行之而得也,则水火交媾,而为又其上之 ,名为取坎填离,乃成圣胎。又使复还于元始,而为最上之一O,名为炼神还虚,复归无极,而功用至矣……"也就是说,第一圈最下方的"玄牝之门",就是我们修禅时需要发动灵热的起点,也是道士修内丹,百日筑基的始处。第二圈是将后天之精化为先天之气,再将先天之气化为先天之神之处,这一层功夫叫"炼己";第三层,是五行之气混合之象,指肝(木)、心

（火）、脾（土）、肺（金）、肾（水）五藏之气攒簇为一，称“五气朝元”，又称为“和合”；更上一层，系由坎离二卦变形而成，叫做“取坎填离”。到此，修者身内已经周流遍布真气，水火相交，修者成纯阳之体。要成纯阳之体，何时是生阳时？便是最静时。从时辰上说，子时为佳；从季节上说，冬季为上；从身心上说，清净心为本。最上面一层的圆圈，称“炼神还虚”，也就是修者复归于无极，合于虚空，契于大道之时。此时，才算真正结成圣胎，从凡入圣，再从圣返凡。这才是先师们的“太极功”，如吕纯阳、张三丰等真人，便是集此大成者。

28、问：历史上是不是有几位张三丰真人？

答：主要的有两位，即宋朝（公元960年—1278年）张三丰、明朝（公元1368年—1644年）张三丰。我们提及的太极先师是指明朝的张三丰真人。

29、问：为什么道家叫三丰的真人较多？

答：“三丰”之名源自《易经》。“三”表阳，《易经》六十四卦中只有一个纯阳卦，便是乾卦；“丰”表阴，坤卦是纯阴卦；乾卦代表天，坤卦代表地；“三”代表生，“丰”代表获……道家号“三丰”者多也不应该奇怪。

30、问：杨氏太极称太极拳乃明代张三丰所创，陈氏太极称是其祖陈王廷所创，为什么有不同说法呢？

答：没有充分史料可以证明“太极拳”是张三丰真人或陈王廷先生个人

所创。三丰真人的师父是华山火龙真人，火龙真人的师父是陈希夷，三丰真人得法后入蜀不知所终，他应是集太极之大成的先师。至于陈氏太极拳，其中也有明末戚继光三十二路戚家拳的影子。陈老先生亦是集太极之大成者。其实现代“太极拳”，是清末民国时期方才正式命名并流行的，现代“太极拳”结合了道家导引、吐纳之术，融通了传统的阴阳学说和中医经络学说。如陈式行拳按经络通路，螺旋缠绕，名“缠丝劲”，其他各家太极行拳也皆以阴阳五行学说来概括和解释拳法中各种矛盾变化。再如杨氏太极传自嘉庆时期太极大师杨露蝉，被其子孙弟子如杨班侯、杨健侯、杨少侯、杨澄甫等发扬后，形成一派拳法功夫。我们应该理解太极拳是经历朝历代各位先师不断开发、总结、整理、创新、发展而来的，这本是在动态发展中的功夫，不是能被固定不变的某种物质。

31、问：古人修“太极拳”是为了养生和技击吗？

答：“太极功”本是在阴阳二气平衡、互根、消长、转化运动中的修炼，是无休止的动静平衡之功。古人修习“太极功”是为了以功契合太极大道，并非仅为养生强身，搏斗技击。道书云：“欲大成者则化功也，欲小成者则武事也。”故此，太极先师们谈“太极功”大多以道契入，对于养生长寿之奥妙、拳脚威猛等技术，几乎均舍之不谈。

32、问：“如莲静立”的修炼只和“立”功相关吗？

答：一切能立着入定的功夫都叫“立禅”，不仅是武术、功夫的修者，古代智者不修武术、功夫之人也常常“立禅”，只不过，名称不一样。例如，古人夜晚长时间站立，观察天象就是一种“立禅”，像诸葛亮之类的智者，他们也许并没有专门修炼功夫，但长时间站立观察天象则时常为之，这类“静立”功夫，我们叫“天立”。

33、问：这和“立禅”功夫有什么区别？

答：修者修炼“立禅”时，初修时行气重点在下丹田处，修至稳定时行气无重点，可以说遍及全身，无处不丹田。而智者观天象、观自然时，虽也是一动不动，甚至有时立一整夜，但他们行气的重点集中在上丹田部位，主要是依靠上丹田能量。

34、问：用科学的角度讲，星光到达地球经历了千万光年的旅程，观察这些天象的变化真的有用吗？能通过夜观天象预测未来吗？

答：是的，我们眼见的星光可以说是经历了千万光年而到达地球的影子，我们观察的天象，其实不过是各个阶段不同的“过去”。星光虽是过去的影子，但古人通过长期观察发现，星光移动的方向是有规律可循的，是可以和地球上万物、万有、万事变化相吻合的。这也就预示着过去和现在、未来之间有某种神秘的连续，不是能够独立视之的。中国四千年前的古书《鹖冠子》中曾记载：“斗柄东指，天下皆春，斗柄南指，天下皆夏，斗柄西指，天下皆秋，斗柄北指，天下皆冬。”这仅仅是以黄昏时观察北斗七星的位置，来判断当令的季节，这种观察天象规律变化可以定四季，叫做“观象授时”。在没有历法的时代，古人就是通过天象变化了解时令季节的。人类数千年来，有感而遂通天地者能明晓各种天机，佛法中也有五明六通的功夫，这些俗称开“天眼”之人，和以诸葛亮为代表的智者，他们会通晓天地变化之规律，或以《易》为道，提前通过天体知自然变化规律，以顺应天时、地利、人和之交融，他们可预知事物的变化规律，而凡人由于不明“时——空”的真相故此浑然不觉道的无在不在。然而，如不能超越时间聪明范围，即使能观天象、知变化的智者又能如何？智慧如诸葛亮，穷其一生精力维护的蜀国却是最先灭亡的。因为世间的智者仅能通过夜观自然现象来预测未来，而不知自然之本，终非究竟法。

35、问：我感觉很神奇，不同星光代表着不同的过去时间段，但是却投射在同一个天幕上，这意味着什么呢？

答：意味着天、地、人；过去、现在、未来；无极、太极、法界等等都是无别的，是同时存在的，也是彼此相关的。从地的角度看，天在高处；从天的角度看，地在高处；从您的角度看，星光是过去，从另一个角度看，您即是未来……习惯了线性思维的人，无法跳出思维的监狱，见性后的禅者能“见”，原来过去、现在、未来是个圆相，无前无后、无生无死、无来无往、无一无异、无高无低、无内无外、无我无他……

36、问：修“立”功也能入定吗？

答：禅定本不拘行、立、坐、卧，但就入定而言，许多人一直以为坐禅是

天
立

最易入定的方法。我们来参究一下《憨山大师年谱》，其中有一段记录："一日粥罢经行，忽立定，不见身心，唯一大光明藏，圆满湛寂，如大圆镜，山河大地，影现其中。及觉则朗然，自觅身心，了不可得。即说偈曰：'瞥然一念狂心歇，内外根尘俱洞彻。翻身触破太虚空，万象森罗从起灭。'自此内外湛然，无复音声色相为障碍，从前疑会，当下顿消。及视釜，已生尘矣。以独一无侣，故不知久近耳。"文中所说的"行"，指行禅，"立定"便是大师于五台山龙门以"立禅"法入定，具体入定了多久没有记载，我们无法猜测，但从锅中积尘来看，应是立了数天之久。

37、问：立禅入定时必须是在修行状态中才能入吗？

答：入定的关键条件是全身放松，大修行人行、住、坐、卧皆可在定中，哪有什么专门的修行状态可言？优波离尊者第一次入定也是"立"态，当时他正在为佛陀剃头发呢！

38、问："立"有什么特别的体势要求吗？

答："立"是"形、意、气、力"的有机结合。"如莲静立"中有八势，各势有其不同的要求和作用。"太极桩"修炼时"立"的体势随修者能量变化可高可低，体势越低，修炼强度就越大。初修者可以采用高位式，随着气力的增强而逐步降低位式。再如"莲花手"修炼时，两臂姿势可开可合，可高可低，可抱可撑，可按可捧。姿势不同时，相应的意念也随之变化。花开时即两手如花开状，修者心生欢喜，花闭时修者心生希望，双手高低起伏，一为花根一为花叶，根叶起落中如一年四季交替，四时凋零，修者修时进一步体会无常。“如莲静立”的体势可以是非对称性的，如一手托脚，一手平举；也可是对称性的，如两手同时朝上或朝下。总之，势虽有八种，修者可根据自己的具体情况，选用相应之势入手。只不过修时要保持身体均衡，挺拔舒适，松而不懈，紧而不僵，上虚下实，如树生根。

39、问：行、住、坐、卧，“住”指的是“立禅”吗？

答：对。达摩祖师曾教弟子们以站立参禅的修炼法，住禅即指站立参禅。“太极功”内的站桩功夫和住禅修炼同理。入定之法，本乃多途，如牛头懒融禅师的卧禅功夫等，都属于入定法。六祖曰：“外不著相为禅，内心不乱即定。”

40、问：除了双脚立禅入定，“如莲静立”还有单腿蹬腿，是不是单腿也能入定？

答：明朝时期广东新兴的普行禅师，在鸡足山迦叶殿挂单。大家看他瘦小，戏说他是南蛮子，腿软不堪久立。禅师即时翘起一足，金鸡独立三天，众惊为天人，赞为“铁腿罗汉”。当地信众闻说后争相供养，禅师却不为所动，自行隐居于山洞溪涧，与草木鸟兽为伍，“烟见不起，箪瓢不置”，平时以山药、黄精、各种浆果为食，随遇忘机，栖心禅寂，苦心孤诣，长坐不卧。每日外出行禅，常有小鸟群集在他头顶上鸣叫跳跃，故又被称为“鸟巢禅师”。

41、问:普行禅师修的这属于“头陀行”吗?

答:是的,故其功夫虽然出神入化,但鸡足山禅门大德彻庸禅师听闻他的修行方法后,言他:“正智不得,并是邪妄!”普行禅师听此言后顿起疑情,亲往彻庸禅师处请益。禅师一见他来,便问:“赵州狗子有佛性也无?”答:“有。”禅师当即痛斥:“狗子尚有,汝却定于迷蒙!”普行禅师闻言一愣,禅师紧接着又开示:“不吃不喝是外道,汝纵然炼就金刚不坏之身,依旧是轮回中人,道从悟得,默照非禅。”普行禅师经此当头棒喝,如醍醐灌顶!当即悟道,欢喜顶礼献偈曰:“枝繁道非见,月隐幻苍岚;风过林素净,凝然观远山。”偈毕,他尽弃隐者所执,从此饮食起居一如常人,赢得彻庸禅师赞许。

42、问:不苦不乐方是中道吗?

答:禅法无多子,平常心是道。不刻意、不造作、不攀缘、不恐惧、不装神弄鬼、不偏不倚是中道。

43、问:我看您在《中国禅》一书中写道,马大师法嗣隐峰禅师倒立圆寂,这是不是属于造作呢?

答:这是祖师们在表法,非是造作。如三祖僧璨在说法时寂然合掌,站立圆寂;四祖圆寂后用自性三昧真火自燃一样,隐峰禅师用倒立的方式示现禅者不生不死之法相。

44、问:有其他祖师和隐峰禅师一样方式圆寂吗?

答:永嘉玄觉禅师的妹妹,玄机禅师也是倒立圆寂的,她曾著《圆明歌》与其兄《证道歌》相表里,倒立圆寂的禅师们,是用颠倒法做世人的“镜鉴”。

45、问:“莲花太极”也有神奇的倒立功夫吗?

答:第六法“回望青莲”是修炼倒立的功夫,但不是什么神奇的倒立功夫。祖师们的功夫不是神奇,而是不可思议。其实除了倒立圆寂,灌溪志闲禅师,便是在动中圆寂的,禅师曾问侍者:坐死者谁?曰:僧伽。再问:立死者谁?曰:僧会。于是禅师乃行七步,垂手而寂。这种于行禅中圆寂的功夫属于动中寂,唯有已超越生死,才能把圆寂变成如此轻松潇洒,又幽默自由,还能快活自在的事情。对于祖师们来讲,圆寂就好像人上床睡觉一样,有什么紧张和难受的?他们用各式各样不可思议的行为,证实“死亡”就是个相,其实就和睡觉一样,证得无生法的禅者圆寂便如睡一觉后可以自然醒来,根本无需恐惧、害怕、焦虑、担心。不过能如此潇洒,皆由于祖师们证得了勘破生死殊胜的功夫、智慧,平日里勤于修行,圆寂时才能这样了无挂碍、来去自如。

46、问:只有禅门才有这样不可思议的圆寂法吗?

答:一切实修实证的修门内皆应有大成就者,法无高下,修者不应生出分别心。

47、问:能肉身不腐,生死自如的祖师都已经成佛了吗?

立
地

答:肉身不腐、生死自如是禅定功夫,而成佛需定慧等持。不能说留下肉身不腐的祖师就已成佛,禅门祖师是一阐提,自愿停驻世间济度众生,他们是不成佛的菩萨。

48、问:为什么这幅画叫"地立"?

答:刚才我们谈到了智者观天象、观自然可以长时间站立。那么也有许多人,例如站岗的战士、下地干活的农民等,也是长时间站立,不过,他们和智者不同在于,他们的站立叫"地立"。

49、问:"地立"也是"立",和"立禅"之间的区别在哪里?

答:从外相上看,站岗的战士和站桩、立禅的修者相似,都是一动不动。从力的角度看,无论是农民还是战士,凡是使用下肢能量的,都是在发动以下丹田区域为主的下肢力量,故此,似乎和"立禅"接近。"天立"、"地立"和"立禅"的区别根本在于心法不同,"天立"者用智,"地立"者用力,而"立禅"修者是不用智,也不用力的,全身松、沉、稳、整时不能紧张用力,凡用力者皆紧张,凡紧张者皆无法心空,"立禅"是以"无念为宗"的,凡不能转杂念的修者,不能放松身心的修者,修的是身非心。

50、问:何为"无念为宗"?

答:此是曹溪顿悟禅的宗旨,亦是修禅心法。达摩祖师曾以"无念"禅法教人"凝住壁观"、"无自无他"、"寂然无为"。自六祖始,明确地把"无念"

入
空

做为禅者心法,《坛经》云:“我此法门,从上以来,先立无念为宗,无相为体,无住为本。……云何立无念为宗?只缘口说见性,迷人于境上有念,念上便起邪见,一切尘劳妄想从此而生。自性本无一法可得,若有所得,妄说祸福,即是尘劳邪见,故此法门立无念为宗。”无念是无一法可得、无一法可修、无一法可立、无一法可住的,这才能与本来清净的自性相应。说起来容易,世间的“舍得”,出世间的“无所得”,是多少修行人的大碍?但是不“无所得”能万法尽通吗?六祖于《坛经》云:“悟无念法者,万法尽通;悟无念法者,见诸佛境界;悟无念法者,至佛地位。”可见,禅门强调的“无念”并非“百物不思”的无记心,而是从真如体性上透出的般若灵觉。祖云:“若百物不思,当令念绝,即是法缚,即名边见。”又说:“若见一切法,心不染著,是为无念。……即是般若三昧,自在解脱,名无念行。”般若才是无念的本质,经由“无念”便可证入一行三昧。黄檗希运禅师说:“学道人只怕一念有,即与道隔矣。念念无相,念念无为,即是佛。学道人若欲得成佛,一切佛法总不用学,唯学无求、无著。无求即心不生,无著即心不灭,不生不灭即是佛。”这是修禅的基本要点。能禅定者,可对境无心,八风吹不动,这是“立禅”修行和“天立”用智、“地立”使力的关键之别。

51、问:“立禅”时能运用“无念法”,是否就是相应第三幅画的“空立”境界?

答:正是!所谓“立禅”的修法和世间的智力、体力不同,并且和武功的站桩也不同,世间的分别是按照外在形象来区分的,例如您是白人或黑人,南方人或北方人，男人或女人等等，而出世间的修法重点只在心法上，应当净化男女、南北、黑白等分别心。能保持“无念而无不念”，“对境无心”时就是禅法的“立禅”，这便是“空立”。

52、问：“空立”和“如莲静立”八式的体势是什么关系？

答：因人而异，“莲花太极”中其实每一式都暗藏了契“空”之密机，每一式皆合性命之源。凡人皆有根，方能生发，人若无根，心必不安。而人生在世，生老病死，忽在忽亡，百年岁月，石火电光，世事无常，根在何方？乃在“空”处，此“空”是生万物的根本。能契合“空立”者，以“立”看破浮生梦幻而成就。人身之根，无有恒常，全凭一点灵气运动，灵气旺则身存而生，衰则身亡而老、病、死。人之存亡生死，全在灵气的盛衰。所谓灵气，乃灵性之表现，其生于先天，藏于后天，位天地，统阴阳，运五行，育万物，其大无外，其小无内，放之则弥六合，卷之则退藏于密。什么是“灵性”？以“体”的角度看，在儒谓“太极”，在道称“金丹”，在佛言“真如”；以“用”的角度讲，在儒谓“明德”、“天地”，在道称“灵宝”、“黍米玄珠”，在禅则谓之“正法眼藏”、“涅槃妙心”。

53、问：修“空立”的“立禅”法，与普通站桩有区别吗？

答：禅者“立禅”，于修时需顿契自性、本性、灵性，这和普通站桩主要提高下丹田能量有区别。“立禅”的心法是“空”，这种修炼不仅有站桩的效能，帮助身体气血、气脉的通畅，下丹田能量的增加，更重要的是能颐养生命体的精神能量，激荡出生命本自具足的浩然正气，心中生起一颗平等心，一颗无畏心。儒家说精神乃“庶民去之，君子存之”，庶民去之者，是去精神而逐于物质；君子存之者，乃存精神而不屑于为物所转。人因逐于物质，于是灵性幽暗不明，因其灵性幽暗不明，故颠倒梦想、本末倒置、贪恋荣华、争名夺利、认贼作父、百忧惑心、万事劳形。

先师云：

三丰真人《无根树》二十四首

一、叹世

无根树，花正幽，贪恋荣华谁肯休？浮生事，苦海舟，荡去飘来不自由。无边无岸难泊系，常在鱼龙险处游。肯回首，是岸头，莫待风波坏了舟。

二、勉力学人

无根树，花正危，树老将新接嫩枝。梅寄柳，桑接梨，传与修真作样儿。自古神仙栽接法，人老原来有药医。访明师，问方儿，下手速修犹太迟。

三、劈旁门

无根树，花正孤，借问阴阳得类无？雌鸡卵，怎抱雏，背了阴阳造化炉。女子无夫为怨女，男儿无妻是旷夫。叹迷途，太糊涂，静坐孤修气转枯。

四、言匹配阴阳

无根树，花正偏，离了阴阳道不全。金隔木，汞隔铅，孤阴寡阳各一边。世上阴阳男配女，生子生孙代代传。顺为凡，逆为仙，只在中间颠倒颠。

五、言调和阴阳

无根树，花正黄，产在中央戊己乡。东家女，西舍郎，配作夫妻入洞房。黄婆劝饮醍醐酒，每日醺蒸醉一场。这仙方，返魂浆，起死回生是药王。

六、言炼己之功

无根树，花正清，花酒神仙古到今。烟花寨，酒肉林，不断腥荤不犯淫。犯淫丧失长生宝，酒肉穿肠道在心。打开门，说与君，无花无酒道不成。

七、言药生之时

无根树，花正新，产在坤方坤是人。摘花戴，采花心，花蕊层层艳丽春。时人不达花中理，一诀天机值万金。借花名，作花神，句句《敲爻》说得真。

八、言认取真铅

无根树，花正秾，认取真铅正祖宗。精气神，一鼎烹，女转成男老变童。欲向西园牵白虎，先从东家伏青龙。类相同，好用功，内药通时外药通。

九、言采取药物

无根树，花正多，遍地开时隔碍河。难扳折，怎奈何，步步行行龙虎窝。采得黄花归洞去，紫府题名永不磨。白云窝，笑呵呵，准备天梯上大罗。

十、言进阳退阴

无根树，花正飞，卸了重开有定期。铅花现，癸尽时，依旧西园花满枝。对月残经收拾了，旋逐朝阳补衲衣。这玄机，世罕知，须共神仙仔细推。

十一、言真一之气

无根树，花正亨，说起无根却有根。三才窍，二五精，天地交时万物生，日月交时寒暑顺，男女交时孕自成。甚分明，说与君，只恐相逢认不真。

十二、言金精开旺

无根树，花正佳，月月开时玩月华。金精旺，耀眼花，莫在园中错拣瓜。五金八石皆是假，万草千方总是差。金虾蟆，玉老鸦，认得真的是作家。

十三、言采取火候

无根树，花正娇，天应星兮地应潮。屠龙剑，缚虎绦，运转天罡斡斗杓。煅炼一炉真日月，扫尽三千六百条。步云霄，任逍遥，罪垢凡尘一笔消。

十四、言阴阳抟结

无根树，花正双，龙虎登坛战一场。铅投汞，阴配阳，法象玄珠无价偿。此是家园真种子，返老还童寿命长。上天堂，极乐方，免得轮回见阎王。

十五、言偃月炉

无根树，花正开，偃月炉中摘下来。添年寿，减病灾，好结良缘备法财。从此可得天上宝，一任群迷笑我呆。劝贤才，休卖乖，不遇明师莫强猜。

十六、言逆用气机

无根树，花正高，海浪滔天月弄潮。银河路，透九霄，槎影横空斡斗梢。摸着织女支机石，踏遍牛郎驾鹊桥。入仙曹，胆气豪，窃得瑶池王母桃。

十七、言乘时采药

无根树，花正繁，美貌娇容赛粉团。防意马，劣更顽，挂起娘生铁面颜。提着青龙真宝剑，摘尽墙头朵朵鲜。乘风帆，满载还，怎肯空行过宝山。

十八、言阴中生阳

无根树，花正香，铅鼎温温宝现光。金桥上，望曲江，月里分明见太阳。吞服乌肝并兔髓，换尽尘埃旧肚肠。名利场，恩爱乡，再不回头为尔忙。

十九、言一时还丹

无根树，花正奇，月里栽培片晌时。拿云手，步云梯，采取先天第一枝。戴花饮酒神气爽，笑杀仙翁醉似泥。托心知，谨护持，只恐炉中火候飞。

二十、言还丹成熟

无根树，花正圆，结果收园滋味全。如朱橘，如弹丸，护守提防莫放闲。学些草木收头法，复命归根返本原。选灵地，结道庵，会合先天了大还。

二十一、言凝结圣胎

无根树，花正明，月魄天心逼日魂。金乌髓，玉兔精，二物抟来一处烹。阳火阴符分子午，沐浴加临卯酉门。守黄庭，养谷神，男子怀胎笑杀人！

二十二、言真空法相

无根树，花正红，摘尽红花一树空。空即色，色即空，识破真空在色中。了了真空无色相，法相长存不落空。号圆通，称大雄，九祖超升上天宫。

二十三、言临炉下功

无根树，花正鲜，符火相煎汞与铅。临炉际，景现前，采取须凭渡法船，匠手高强牢把舵，一任洪波海底翻。过三关，透泥丸，才把周身九窍穿。

二十四、言返归虚无

无根树，花正无，无形无象难画图。无名姓，却听呼，擒入三田造化炉。运起周天三昧火，煅炼真空返太无。谒仙都，受天符，才是男儿大丈夫。

第四法
白莲初生

白蓮初生

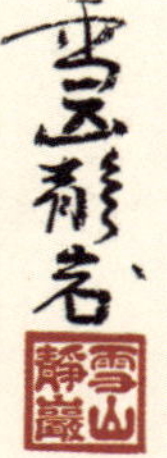

白蓮初生

二十六法

十八、預备式
十九、太極式
二十、蛟龍出洞
二一、西南玉女穿梭
二二、東南玉女穿梭
二三、東北玉女穿梭
二四、西北玉女穿梭
二五、左攬扎衣
二六、右攬扎衣
二七、右單鞭
二八、第一蓮花手
二九、第二蓮花手
三十、第三蓮花手

三一、左單鞭
三二、蓮花交匯
三三、白鶴亮翅
三四、右拗步
三五、手揮琵琶
三六、右拗步
三七、左抱球
三八、一指禪
三九、右拗步
四十、抱虎歸山
四一、指檔錘
四二、十字手
四三、收式

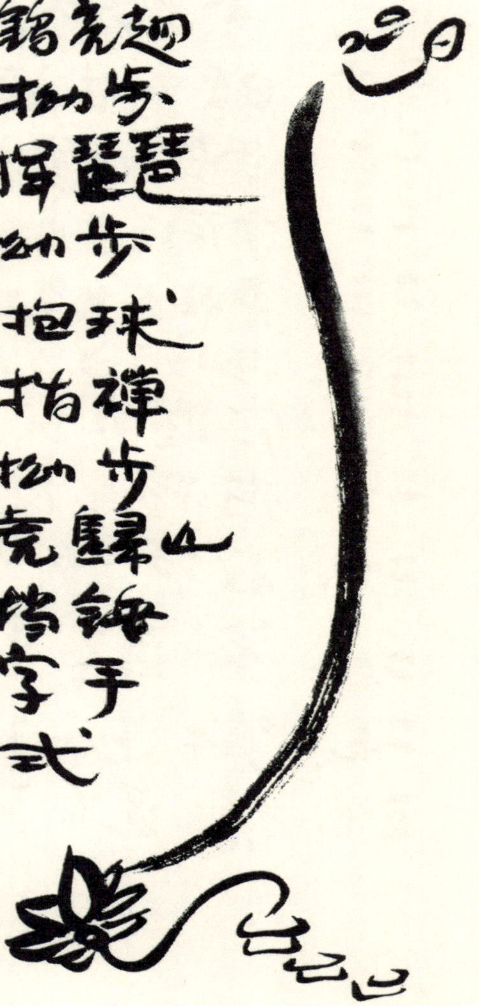

（4–1）

（4–2）

（4-3）

（4-4）

（4-5）

（4-6）

（4–7）

（4–8）

（4–9）

（4–10）

（4-11）

（4–12）

（4–13）

（4–14）

（4–15）

（4–16）

（4-17）

（4–18）

（4–19）

（4–20）

（4–21）

(4-22)

（4–23）

（4–24）

（4–25）

（4–26）

（4–27）

第四法　白莲初生

1、问:“白莲初生”是太极拳的套路修炼吗?

答:拳法的外在姿势有类似之处,内在心法却不同。

2、问:古时禅门禅修也有包含太极修炼的内容吗?

答:自唐宋之际“中国禅”在中原大地普及,随着禅法的深入人心,大量的儒、道名士亲近禅门。我们前文已经讨论了宋儒在“禅”的基础上为儒家完善了“心性”论,建立了新儒家理论体系。在道教方面,尤以元初盛行的全真教为代表。全真教兴起很大程度上也是受到“禅”心性思想的启发,从而在全真教思想的构建上大量借鉴和吸收了“禅”法。明时,禅道双修形成了稳定的社会基础,双修者比比皆是,可以说,你中有我,我中有你。故此,禅修中辅助吸收了道家吐纳、导引、太极功夫,而道家本以即身成仙的身体修炼为主,故此则更多地吸收了禅的心性思想帮助成就金丹大道,当然双盘、观想等禅定功夫也更加融入到了道士的日常修炼中。不过,虽然全真教吸收了禅门的心性学说,但他们吸收的仅是神秀北禅系渐悟法系思想,北禅思想和经由圭峰宗密禅师变化了的荷泽宗思想也较为接近,而圭峰宗密禅师亦是神会禅师荷泽一系的转折点,由于他的缘故,神会系南禅一脉归于华严。故此,无论北禅或圭峰宗密禅师的这些思想和当时以马祖、石头为主的,已成为社会主流思想的曹溪顿悟禅,在修法和思想上均相去甚远。

3、问：全真教和禅门有这些渊源？我还是看金庸先生小说才知道全真七子的呢！

答：王重阳真人在道教的地位，好似禅门六祖惠能一样，是个承上启下、开天辟地的人物。王重阳本着“儒门释户道相通，三教从来一祖风”的思想创建全真教，三教中关联尤其紧密的，应属禅、道。全真以“真”立教本，何为“真”？直心道场、平常心、本分事等等皆为真。我们要理解，全真教在创教伊始能名动天下绝非浪得虚名。全真七子无论功夫、智慧，皆属上乘，如大定十五年（公元1175年），七子之一谭处瑞祖师行脚至磁州二祖镇，不幸遇一狂徒，见面即莫名其妙一拳打过来，祖师当即被打落两颗门牙。旁人非常生气，要纠狂徒见官，祖师却毫不动气，依他的功夫这样的狂徒一百个加一起也不是对手，但他却把血咽下，欠身谢狂徒“慈悲教诲”。对此，马丹阳祖师赞曰：“一拳消尽平生业。”在这里我们可以看到禅、道的各位祖师身怀绝技，却能常行谦下，绝不欺负弱小，这就是遇强则强、遇弱显弱的道理。狂徒不是强，就像泼妇之泼源于内心无助，没有安全感的人才会狂躁和泼辣，全真诸子在师父教诲下，其丹道修炼皆以性命双修为旨归，尤其是对于修性之侧重，后世道家再无出其右。丘处机祖师曾示众曰：“吾宗前三节，皆是有为功夫，命功也。后六节，乃无为妙道，性学也。三分命功，七分性学。以后只称性学，不得称命功，方称功，有为之事也。功者，工也，有阶有级，性何功哉？佛祖也只是完得性学而已。”可见，他不仅认为本门修证心性最重要，而且还通过佛陀的事例暗示，心性通了便能得道。不过丘处机祖师所言性功不落阶级，则完全是曹溪顿悟禅的说法，这一点思想变化是不能忽视的。

4、问：既然有这种变化，为什么不能认为全真的心性思想不是源自曹溪顿悟法？

答：我们仅凭丘处机祖师的一句话，不能一概而论全真见地，全真的见地是"悟后起修"。禅门就如何"起修"的问题，本就存在两种观点：一种认为见性之后依然要修持功夫，另一种则认为见性之后无须再修功夫。全真诸子的观点和第一种观点类似，这便是和圭峰宗密禅师的思想接近。宗密禅师认为见性为先，修证随后，而成就为最终，他说："若得善友开示，顿悟空寂之知，知且无念无形，谁为我相人相。觉诸相空，心自无念，念起即觉，觉之即无，修性妙门，唯在此也。故虽备修万行，唯以无念为宗。但得无念知见，则爱恶自然淡泊，悲智自然增明，罪业自然断除，功行自然增进。既了诸相非相，自然无修之修，烦恼尽时，生死即绝。生灭灭已，寂照现前，应用无穷，名之为佛。"还讲："知之一字，众妙之门。"即见空寂之知后，自然功行增进而罪业断除，全真诸子中马钰祖师言"澄湛一性，照破万缘一切虚假"，或丘处机祖师的"忘识化障"，和此观点相似。不过对于宗密禅师的说法，曹溪禅门的主流观点是不认同的。宗密禅师在世时和马祖门下诸位大德颇有争议，再如大慧宗杲禅师说："圭峰谓之灵知，荷泽谓之知之一字众妙之门。"黄龙死心禅师云："知之一字，众祸之门。要见圭峰、荷泽则易，要见死心则难。"顿悟禅法的关键便在于能顿至佛地，顿得无生法忍："摩诃衍宗，恒沙业障，一念消除，体性无生。"六祖在《坛经》里明言，禅者"一悟即至佛地”。他本人的悟道经历便是一悟即至佛地的最好例证。顿悟法必须建立在无有阶渐等级的基础上，如果有阶级、有前后就是渐悟法门。所谓顿悟，便是要么不悟，悟后则是转业识成真智，识自心本净，业障本空，无明本妄，因此才会有“了即业障本来空”的说法。这种顿悟法，是对次第生成论思想的蜕变。故此，禅门祖师观点绝不会忽左忽右，黄檗希运禅师在《传心法要》中云：“即心是佛，上至诸佛，下至蠢动含灵，皆有佛性，同一心体。所以达摩从西天来，唯传一法。直指一切众生本来是佛，不假修行。但如今识取自心，见自本性，更莫别求。”故此，从见性起修的立场看，全真教与北禅以及宗密禅师观点接近。

5、问：为什么全真教不采取当时禅门的主流思想呢？

答：一切法都是因人而异、因地而异、因时而异的。不同根器的修人，在不同的社会背景下，不同的条件下采取推行不同的法。我们反复强调，凡是见了性的祖师，选择推广什么法，是有其原因的，这一点和本身处在一知半解状态的人有根本不同，我在《至宝坛经》中和大家讨论过，神秀禅师的见地真的比六祖低吗？北禅虽早衰，但今天大多数人修的还是北禅法。黄梅五祖传下的是对法，神秀禅师很大可能是领师命传承原东山法门的禅法，而六祖则领受了五祖衣钵，承担着改革禅门的慧命，南北禅风互为补充，才有十方智者皆入此宗的极盛。无论南、北，本是一家，五祖慈悲，为了不同根器修人而设顿、渐二门，法本无高下，全为方便生。

6、问：禅门典籍几乎都没有提到具体修证方法，是不是因为几乎都是南禅强调顿悟顿修的原因？

答：顿悟禅法以见性为根本，禅门心性法的修行如果注重身体功夫、肌肉、筋骨、气脉等有为法，就落在下乘了。不提是因为不能本末倒置，故此，禅门入道者从修心始，至见性终，这个修行过程中自然有各种身体功夫出现，禅定、气脉等法皆是祖师们辅助明心见性的自然能量，不是刻意、专门修的什么武术和功夫。故此，虽然没有哪本禅门典籍讲述如何入手修身体功夫。但是，《坛经》中强调禅者修行是“定慧等持”，故此每位禅师日常的禅修功课里，没有离开禅定功夫，行住坐卧，言谈举止，能念念不离自性，是少不了深层定力的。

7、问：是不是禅师的功夫，属于禅定功夫，不是现代人理解的太极拳、少林拳这些？

答：禅门一切拳法是为了辅助定力修行的，定是禅门功夫之本。修习拳法，一方面因禅者日常坐禅时久，气血不畅，故需活动拳脚，帮助气血运行，这些是辅助定力的功夫。另一方面也有人能于动态修炼中契法、契道。

8、问：我们一直以为禅门功夫是以少林功夫为代表的，为什么会这样认为呢？

答：禅门初祖达摩大师东来中国，在少林寺面壁九年等候传人，除了以《楞伽经》和《二人四行法》传世印心之外，少林寺根据他留下的《易筋》和《洗髓》二经，发扬了少林武功。有人认为《易筋》《洗髓》二经是明朝人造的伪经，其实这种说法，早在唐代就出现了，李靖《易筋经序》就是例证。不过，我们看看《易筋经》中的内容，哪里是拳法？更准确地说是天竺的瑜伽功夫。故此，原始少林功夫本身就不是现在这样以外在硬功为主的，而是内外兼具的辅助禅定功夫。

9、问：达摩祖师的瑜伽功夫和现代瑜伽有什么不同？

答：可以说在修法、关注点、入手点均有大区别！达摩祖师和禅门前几代祖师都是大瑜伽士。古印度瑜伽起源于5000年前，本是修心法门的一种。根据印度教《湿婆本集》解释：瑜伽称“禅那”，起到帮助精神集中的作用，这种作用由人的脑髓所管理，根据三脉七轮的分布，每重脉轮都有若干脉蔓，联贯周身大小诸脉，这种观点和道教的任、督两脉在躯体中所起的功能类似。因此，在瑜伽看来，修习禅定，也就是要通过活动，使脑髓或灵体通过一定的路径打开脉结，获得智慧。因此，“瑜伽”是联结统一的意思，即沟通身体、呼吸与心灵相连动的方法。而“瑜伽士”即身、口、意相应的修者，能“天人合一”的人。每一个生命体都与浩渺无边、深不可测的宇宙息息相关的，我们置身于宇宙中，宇宙信息就会围绕在我们周围，“瑜伽”是修者与自然连接、与宇宙连接的修行方法。而现代瑜伽却成为全世界热衷的健身运动，和健身房的普拉提、舞蹈操一样，重视体位、关节、肌肉、筋骨，忽略了修行中诸多修气脉、伏心、和天地沟通的修法。现代瑜伽中虽也有一些呼吸法、冥想法等，但这些表浅的现代方式和修行是截然不同的，故此，现代流行的瑜伽更准确地应该称为“瑜伽运动”。

10、问:禅门功夫是古瑜伽修行功夫的衍变吗?

答:可以说禅门功夫本不是以外家功夫为主,禅者修身的功夫里有古瑜伽修行功夫的影子,当然也不离和中国传统功夫的结合。没有哪一门功夫是独立的,从瑜伽修行功夫上来说,达摩祖师《易筋经》的内容,包含了外壮、内壮、动功、静功、炼形、炼气、炼意等等。印度古瑜伽修行有“八支行法”,前五支被称为外修,着重对道德、精神和身体的修炼,后三支被称为内修,它包括专注一处 、禅定三昧。《易筋经》中的十二势与十八罗汉手中都有古瑜伽修行的影子。禅门祖师的功夫本就和古印度修行息息相关,例如唐时盛行的天竺按摩法、宋时盛行的婆罗门导引法等功夫都是源自于印度。道医孙思邈的《备急千金要方》是最早记录天竺按摩法的经典,只不过记载得很简略,其中一些姿势与印度诃陀瑜伽相类似。婆罗门导引十二法最早见于宋时张君房所著《云笈七签》。瑜伽功夫有五千年历史,释迦牟尼佛当年也曾专修过瑜伽功夫,并达到了瑜伽修行的最高境界。只不过,佛陀觉知此非究竟法,于是“知非即舍”,最终能在菩提树下彻悟大道。在修行功夫层面,我们现在很难分辨,佛门功夫里哪些属于瑜伽功夫,不过禅门功夫虽吸收了瑜伽功夫,但其在内、外功或动、静的入手点方面和瑜伽有不同之处。例如禅门调息、运气 、坐禅、立禅等都列入内功。而古瑜伽修行中则主张调息是外功训练的基本手段之一。不过八万四千法门的归处是“一”,只不过入手处、修证处、转身处有八万四千而已,这才是“是法平等,无有高下”之意。据《大品般若经》卷五“广乘品”云,佛法中有“十八不共法”,即十八种既不共通于声闻、缘觉,也不共通于其他修门,唯佛与菩萨特有之功德法，包括了十力、四无所畏、三念住、大悲等。此乃诸佛初成道时修得之法，为余圣者无。即唯佛独得十力，除诸惑习气；得四无所畏，说法无畏；得三念住，不生欢戚心；得大悲，度一切有情，得明三苦之行相。关于不共法，龙树菩萨在《大智度论》中提到有二十六法，《十住毗婆沙论》中说有四十不共法，《瑜伽师地论》则说佛有一百四十不共法等其他说法。不过无论怎么说，佛法中的一切不共法都属于心法、功德力范围，非是在身体功夫的范畴。

11、问：早期东渡来华传习佛法的印度、西域高僧都是瑜伽士吗？

答：可以说绝大部分是，我们从早期翻译的佛经中就能看出来。如东汉时期，安息太子(叙利亚)安世高曾两度到广州，传授小乘禅观和禅定法要，他翻译的《大安般守意经》讲述了小乘“四静虑”和“数息观”等禅法，其中就包含了瑜伽修行功夫。除此之外《中阿含念处经》《达摩禅经》等经典也有和瑜伽修行接近的禅定功夫。北魏太和十九年（公元495年）孝文帝敕建少林寺，请天竺僧跋陀任住持。跋陀与勒那摩提共同译出过《十地经论》，其中也包含了古瑜伽修行的内容。其后，禅门初祖达摩在中国传禅，宣传“理入”和“行入”的思想和实践，达摩祖师本是大瑜伽士，故此，他的修行功夫和神通力是和古瑜伽修行密不可分的。我们不能说几百年后的禅门修行功夫是瑜伽功夫的衍变，但是禅门功夫确实和古瑜伽的修行功夫在修法上有紧密联系。不过现代少林寺的功夫，不能代表原来的禅门功夫，禅门功夫非以外家功夫为主，拳脚修炼也非走刚猛一途，可以说，禅者修炼的是“金刚身”。

12、问:“金刚身”不就是刚猛无比的吗?

答:“金刚”是内、外两意,是结合了动、静的不二境界,佛法中金刚不坏之身即佛身。“金刚”是金中之精也,坚不可破,为宝中之宝。禅者修时能运化五方之气、五方之光,净除全身浊气,成就金刚不坏之身。如《涅槃经》曰:“如来身者,是常住身,不可坏身,金刚之身。”又曰:“诸佛世尊,精勤修习,获金刚身。”金刚身指的是不生不灭的法身,绝对不是刚强威猛、刀枪不入的肉身。达摩祖师在论及“行入”时,一再强调动静无分的原理,强调在修炼中由于长期坐禅,经常出现昏沉和烦恼的现象,因此,需要有辅助的筋骨活动,后来禅门有午夜“行禅”、晨起“立禅”、午时“行拳”等修炼传统,这是禅门的日常功课。

13、问:少林也有南北之分,他们的拳法有什么异同?

答:少林寺效法唐禅,也分南、北两门。其中南派少林功夫以达摩为祖,以达摩所传的《洗髓经》和《易筋经》等作为基本功,所传的拳法以龙、虎、蛇、豺、鹤五形拳为主,称为少林内家拳。如其中的“龙引”与瑜伽修行的“蛇功”就极为相似,古代常把蛇译为龙,五形拳与诃陀瑜伽有很多契合的地方。北派嵩山少林功夫则以求那跋陀罗为宗,所传的拳法以“十八罗汉手”、“十二势图”等为基础,后来逐渐演变为现在这样,此又称为少林外家拳。

14、问:禅者如何成就“金刚身”?

答:通过不二禅观。

15、问:如何观?

答:观想"金刚身"时,不能认为生命是由血、骨、肉、筋、气、意识、念头等"五蕴"构成,而是生命本就和太阳光、彩虹一样灿烂、光彩、明晰,却毫无实质,这即是观自在菩萨的甚深般若波罗蜜多。和太阳光一样的生命是没有净和不净的区别的,也没有实质成分。观照"五蕴皆空",其中"色"是客体对心初次显现的方式;"受"是对客体性质的认知;"想"是对此认知的量估;"行"是起心动念,由此累积业力;"识"是妄想妄觉。"五蕴"的汇集是生命形成"自我"概念的源起。当不二禅观时,俗念止息,禅者的心会安住在无上正等正觉的平等性上,由此明白身和太阳同源,心光和太阳光同体,自性和太极法界之空性无别。万事、万物、万有的一切现象本性皆空,这是全视角的体悟。即是本来清净的菩提自性,内心中生起清净的莲花,莲花上现一"满月"光,这就是"月印千江"。月是妙体,印是妙用。而此体用之相则是于极细微处所澈照的大光明境界,以此会通法界之流。

16、问:也就是说,"白莲初生"看上去体势和太极拳的套路相似,但是其本质却包括了太极功、瑜伽功、不二禅观?

答:可以这么说。

17、问:不二禅观是心观,非眼观,对吗?

答:眼是心神出处,心不宁,眼无神,心清净,眼自明,所以不要刻意分什么心观、眼观,心并无具体位置,非在内、在外、在中间、在某个器官,眼是心之显现，故此，眼和心是不二的。通常大修行者会通过对方的眼中能看透其心是否清净，功力是否深厚，定力是否具足，智慧是否殊胜。

18、问：修炼“白莲初生”时，应该怎样修眼神？

答：首先要自然，不要紧张，不要盯紧一处，从始至终都要配合动作。该看前方时要看前方，该看前手时要看前手。如修至“白鹤亮翅”时，定式后应坦然正视前方；又如抱球时，右手在上左手在下，眼应看上面右手食指，当左脚迈出去，慢慢落实成左弓步时，左手也同时到左胸前，右手停于右胯旁，这时眼就得看左手虎口或食指。眼看手时，既不是瞪眼也不能闪烁，而是要炯炯有神，自然注视。正常情况下，“白莲初生”修炼至一定境界时，无论炼多久，要求修者能尽量不眨眼。我初时随恩师在山中修炼，见他一百零八式打下来，高低起伏如行云流水般顺畅，而且笑眯眯地不动真气，不汗不喘，神奇的是眼睛居然也不眨一下，当时心中就无比惊讶。

19、问：怎么能做到这么长时间不眨眼？

答：平时要时时炼眼，眼力是修者特别重要的功夫，初修者可先借用蜡烛光初步修炼眼光，稳定后，修者要体会性与光不二相应，即灵性与灵光不二的修法。此时修者在日常生活中，看到的一切植物、蓝天、雨水、风景等等都可以感觉到其内涵的各种不同光芒，用以修炼自己的眼光和眼神。我在《生存》一书中也曾介绍过观日、月炼眼法。修者通过长期修炼，最后可以把眼炼至盛夏中午，目视太阳达数分钟乃至更长。不过这是特别危险的，没有一定时间的修炼，平常人万勿尝试。眼在修炼中特别重要，佛眼被称为“青莲”，佛的三十二相中，有一相叫“象王视”，就是“青莲”眼，眼神宁静，两目平视，“看”得到前后左右上下十方法界。一般人眼睛的视野只能看见正前方，要看左右一定得转过头去，而佛眼则十方法界都能清楚“现”前。修者修行至一定境界引发神通时，很自然地就能融入这种眼神，开眼、闭眼皆在空灵中、宁静中，这是无观之观的不二禅观，是定慧等持的境界。不过，修者眼通修成后，绝不能乱用，日常需常闭目养神，时时收摄眼光，眼神发散是最耗神气的，收摄眼神是日常的返照功夫。

20、问：除了修炼时，日常生活中如何炼眼？

答：每天睡醒后不要马上开目，用两掌掌心擦热后，用劳宫穴贴在眼珠上补气三、五分钟。补气时，内转眼球左右各七次，补气完忽大睁眼，用两手大指背曲骨重按两眉旁拈竹穴三、五分钟，再以双手摩两目颧上及旋转耳根穴，再以手从两眉中间眉心穴始，用指尖力狠狠插入脑后发际数遍，最后起身跪坐，配合咽津，以两手按地，回头瞪眼向背，左右各五次，此谓之虎视。修炼结束后，起身用隔夜凉茶洗眼。这一系列明目法修炼大约每天十几分钟，长此以往，可见明眸动人。

21、问：我平时可以对着日、月炼眼吗？

答：初修者应从对着蜡烛光炼眼开始，这样是安全的，等对着蜡烛可以保持两分钟以上不眨眼，这时候逐渐开始对着月光修炼，因为阳光是强烈

淨
心
則
國
土
淨

炙热的，月光是温润清凉的，故此，对月观想能帮助心清净，所谓：菩萨清凉月，常游毕竟空，众生心垢净，菩提影现中。不过这些修炼必须跟着师父修，自己修眼是特别危险的，常有人修眼过度而失明，这是因为尺度修者自己很难把握，不知道什么时候该忍耐，什么时候该停止。另外还要清楚，禅者观日、月炼眼的目的不是为了开眼通，得千里眼，而是要超日、月光！因日光、月光都有局限性，都被时、空限制了，日光晚上没有，月光白天没有，都不周遍，而禅者的自性光明是可以顿超日、月的。阿弥陀佛的另一名号是“超日月光”，禅者“身如琉璃，内外明彻”时，便能在五浊恶世来去自如，此时，就是禅者平常生活中心眼能量。

22、问：我为什么修炼“白莲初生”时总是面部表情狰狞，无法放松优美地行拳？

答：因为腿脚无力，没有在立禅时打好基础。

23、问：是不是应该先修立禅而不急于修习“白莲”？

答：对，腿脚无力而冒进，学的是姿势，故此修“莲花太极”不要急于修套路。立是楼房的地基，地基不稳，学姿势何用？我们“立”虽只有八势，但变化无穷，可以单立和双立，还可以多人共立。实际上，除了立禅八势，“白莲”每个动作就是一势。修者要立得如树生根，几人推之不倒，修炼套路时便能做到“上动下自随，下动上自领，上下动中间攻，中间攻上下合”。不管前进后退，跳跃转身均能保持平衡均整。

24、问：立禅时我总是头部紧张，这怎么办？

答：无论是坐禅还是立禅、行禅，头部都要保持正直，下颏微里收。这在太极功名"虚领顶劲"，下颏微一收，气贯于顶，如果头顶无劲，气发不动。

25、问：道家说"精、气、神"，是不是修炼的次第是先精再气最后神？

答：学习太极拳时，一般师父会教弟子先修身，再修心，最后精神净化，即炼精化气、炼气化神，炼神还虚，炼虚合道的次第成就，而顿悟禅门修炼并无阶级和次第。"白莲初生"从外表上看似乎和太极拳套路相似，但是修时入手不同，修炼"白莲"套路的关键点不是修身、养身、调身。修者在炼的过程中，通过修炼净化杂念，颐养心性。故此，修习"白莲"时，"莲花太极"老师不是先纠正学人的姿势、动作、规范和帮助学人肌肉能量提高，心肺功能改善等等。而是以心为本，关键是平时心清净了，身体的精、气、神都会随之而清净，生命也整体清净。在心清净的状态下，修者的面部表情自然会放松，动作自然会协调，手脚自然会圆融，步伐自然会顺畅，头部自然能感受来自虚空之劲力。

26、问：也就是说我不要急于关心体式的正确，而是先体会心的变化，对吗？

答：是的，禅门一切功夫、智慧、方便皆从自性起用，契合自性时，动作一看就会，一出手便是套路，这就是顿悟顿修的不可思议，也是和传统武术不同的地方，一切以明心见性为根本。《血脉论》曰："若欲见佛，须是见性，性即是佛。若不见性,念佛诵经,持斋持戒,亦无益处。”

27、问:修炼“莲花太极”需要学习太极拳基础吗?

答:有些基础需要了解,例如什么是“太极十三势”,王宗岳在《太极拳论》中所说,所谓“十三势”者,乃掤、挤、按、采、裂、搂、肘、靠,此八势是手法;进步、退步此二势是步法;左顾右盼为眼法;中定一势为身法。此外,太极功夫中沾、粘、连、随四大要点是内有柔化之力,外示缓慢之形,但修炼时如何做到用意不用力,劲断意不断,意断神犹连,其动作如长江大河,滔滔不绝,修者修炼“白莲”时自然就会领会。可谓:拳无拳,意无意,无意之中是真意。

28、问:修者在修炼时需要如何配合调息?

答:初修者的呼吸一定要自然,切勿人为地刻意调息,可以自始至终都要保持自然呼吸。习惯后,修炼时可以逐渐配合动作使呼吸慢慢拉长,修至一定境界时,以呼和吸都耳听不见为上乘。另外要注意的是,修炼时修者的呼吸随着功力的提高而不能间断,从起式到收式,都应是起吸落呼、收吸放呼,好像河水一般绵绵不绝,久而久之,动作和呼吸越来越圆融,达到气与劲合的境地。

29、问:什么是修炼中高深的呼吸功夫?

答:有些修者,炼着炼着突然感觉耳旁如打了一声惊雷,身心俱忘,不觉自己的存在，也不觉呼吸的存在，也不觉自己在修炼了，这叫能所双泯。

30、问：为什么我修炼时常常会打嗝放屁？

答：气血是身体的能量。气是身之能，血是身之量。修炼时运气调气，气运行能力提高，推着血在身体流动。气停则血停，气滞则血淤。气缓则成浊气，血缓则成淤血。浊气和淤血是身体的毒，占据了身体的空间，使得能量不能流通，再配合寒湿暑热，形成各种疾病。经络是气的通道，修炼时，修者经络被自然激开，经络越通畅，则浊气、淤血现象就会改善。故此，初修者修炼时打嗝放屁是在“通气”。

31、问：我自己修炼呼吸又不是和人比武，为什么也要眼观六路、耳听八方？修炼时呼吸的境界与耳朵有什么关系？

答：我们要理解，禅门的修炼时耳朵听什么呢？不是和练武一样，听风声、呼吸声，而是要听心音。何为心音？如《法华经》言：“妙音观世音，梵音海潮音。”心音是修者与一切众生的自性妙音，即如天籁清越的梵音，与海潮等相似的大声音。但凡能入禅境的修者，心无杂念，神不外散，专注地契合心音，此时，有人会感觉刹那间耳边轰雷一般，之后就万籁俱寂了。此时修炼，方才真是拳无拳，意无意，无意之中是真意。如果修者只知练武，关注体势的正确，或力气的大小，步伐、腰转、手势等等这些外在功夫，而不知修心，观心，是难以成就此境的。能听心音之修者，充耳不闻，视而不见，无我、无心、无意、无相、无念、无时空局限、无天地万物，越虚无时气越足、心

心淨
身淨
命淨

越明、眼越亮、耳越灵，耳为声之探，耳根归于心，心净则六根自清。《法华经》云："我今启如来，如观音所说，譬如人静居，十方俱击鼓，十处一时闻，此则圆真实。"这是文殊菩萨对如来说的证语，他证明观世音菩萨所说真实无虚，修者心地光明，耳根圆通时，十方同时打鼓是"圆"，十处的声音能同时听到是"通"，此耳根圆通是真实圆满的。六根之中，眼睛虽然有能看的作用，但一叶障目便不见泰山，口与鼻也同眼睛一样，都有局限性。身体则是依赖接触才发生觉受作用，离了接触，很难产生感触。心思念虑，则憧憧往来，纷繁复杂，极不容易整理出它的头绪。但即使人在梦中，耳还是有能闻的作用，并不因为做梦而不存在。所以能闻的自性，是超越于身心以外，不是人为所能及的。六根圆通法中，耳根的能闻功能是强过其他五根的。一切众生，因为迷了本来能闻的自性，只追逐声音的外在现象作用，被声音所颠倒，发动情绪，便是被声音所沦溺。修者如能通过修炼归返本来的自性，就可以照见心音了。

32、问：如果修炼时能闻心音，是不是就可以得到佛、菩萨的加持？

答：我们常言得到佛、菩萨、祖师加持，何为"加持"呢？太阳每天都在，有没有偷懒不加持我们的时候？只有我们偷懒不去晒太阳的时候，不向太阳敞开的时候，这时候内心里就有阴暗，就会发毛发霉。同理，佛、菩萨、祖师如来如去，有没有舍弃众生的时候？故此，宇宙法界的一切能量都在，这是无在不在的"加"，而能否和这些能量相应，关键在"持"，能持者必是用心的人，但用此心，直了成佛。

33、问：现代人与人之间距离越来越大，自信不够，所以才希望外力加持吧？

答：人与人之间的距离不是地域的距离，而是思想和境界的距离。佛、菩萨本用爱缩短距离，人与人之间本来是平等的，然而世人却用各种比较、分别拉开距离，人为划分出各种圈子、阶级、等级、差别来，形成了各种偏见。禅修处处在强调无高低、无分别、无是非、无差距、无阶级，这就是纠偏。

34、问：人的偏见极其可怕，我该怎样不让自己陷入偏见堡垒呢？

答：常亲近善知识，常闻正法，精进修行，心怀慈悲，时刻不忘功德布施，这样的生活方式会令到人逐渐清明。智慧的人，遇到蠢事，知道如何化解。而愚笨的人，因为傲慢和自我放逐，从来看不到自己的愚笨，故而遇到事情，分不清机会或陷阱，也把握不好度，往往会在自认为合理的情况下，以“为你好”的善良之名，做出“正义”之举，这是极其可怕的。每一位禅者都需要通过精进修行改变自己的心性，增加智慧，起码能在日常生活中发现到自己的问题，能不再草率下结论，有条件的修者如自己还是缺乏自分别能量，可以及时向身边的善知识请教。修者精进修炼后内观的精微能力会很快加强，也就是粗身、粗心能逐渐转为细身、细心。这时候，回望过去的言行以及执著的人事，多数人会感觉可笑。

35、问：没想到修炼“白莲初生”还有这么多好处，修练太极拳套路是不是也一样有这些好处？

答:凡心念修炼有什么好处者,皆是功利主义。妈妈生您时想到有什么好处才生吗?阳光普照大地时想着对自己有什么好处才光芒四射吗?如果一个人做善事考虑的是对自己有什么好处,则为小善。我们的生命体和太极法界、宇宙万物是相通的,能归于本原,和太极法界相应,能不断成长,便是对生命最大的好处。至于如想拿“白莲”和太极拳比较,等于想比较一下鲨鱼和老虎谁更厉害,比较这些有什么意义呢?不过我知道您很想了解修炼的生活意义,我们以初修者的实际生活为例,修炼“白莲”后首先心净了,眼、耳、鼻、舌更敏锐了,气血循环通顺了,失眠焦虑等症状改善了,除此之外,“白莲”可转化修者体内的秽恶,使得身心越来越清明,不受任何迷、幻境、物之干扰。

初
應

先师云：

达摩祖师《洗髓经》

总义

如是我闻时，佛告须菩提。易筋功已竟，方可事于此。

此名静夜钟，不碍人间事。白日任匆匆，务忙衣与食。

三餐食既竟，放风水火讫。抵暮见明星，燃灯照暗室。

晚夕功课毕，将息临卧具。大众咸鼾睡，忘却生与死。

明者独惊醒，黑夜暗修为。抚体叹今夕，过去少一日。

无常来迅速，身同少水鱼。显然如何救，福慧何日足?

四恩未能报，四缘未能离。四智未现前，三生未皈一。

默视法界中，四生三有备。六根六尘连，五蕴并三途，

天人阿修罗，六道各异趋。二谛未能融，六度未能具。

见见非是见，无明未能息。道眼未精明，眉毛未落地。

如何知见离，得了涅槃意。若能见非见，见所不能及。

蜗角大千界，焦眼纳须弥。昏昏醉梦间，光阴两俱失。

流浪于生死，苦海无边际。如来大慈悲，演此为洗髓。

须候易筋后，每于夜静时。两目内含光，鼻中运息微，

腹中宽空虚，正宜纳清熙。朔望及两弦，二分并二至，

子午守静功，卯酉干沐浴。一切惟心造，炼神竟虚静。
常惺惺不昧，莫被睡魔拘。夜夜常如此，日日须行持。
惟虚能容纳，饱食非所宜。谦和保护身，恶疠宜紧避。
假惜可修真，四大须保固。柔弱可持身，暴戾灾害逼。
渡河须用筏，到岸方弃诸。造化生成理，从微而至著。
一言透天机，渐进细寻思。久久自圆满，未可一蹴企。
成功有定限，三年九载余。从容在一纪，决不逾此期。
心空身自化，随意任所之。一切无挂碍，圆通观自在。
隐显度众生，弹指超无始。待报四重恩，永减三途苦。
后人得此经，奉持为宗旨。择人相授受，叮咛莫轻视。

无始钟气篇第一

宇宙有至理，难以耳目契。凡可参悟者，即属于元气。
气无理不运，理无气莫著。交并为一致，分之莫可离。
流行无间滞，万物依为命。穿金与透石，水火可与并。
并行不相害，理与气即是。生处伏杀机，杀中有生意。
理以气为用，气以理为体。即体以显用，就用以求体。
非体亦非用，体用两不立。非理亦非气，一言透天机。
百尺竿头步，原始更无始。悟得其中意，方可言洗髓。

四大假合篇第二

元气久氤氲，化作水火土。水发昆仑巅，四达坑阱注。
静坐生暖气，水中有火具。湿热乃蒸腾，为雨又为露。
生人又生物，利益满人世。水久澄为土，火乃气之熯。
人身小天地，万物莫能比。具此幻化质，总是气之余。
本来非我有，解散还太虚。生亦未曾生，死亦未曾死。
形骸何时留，垂老后天地。假借以合真，超脱离凡类。
参透洗髓经，长生无尽期。无假不显真，真假浑无际。
应作如是观，真与假不二。四大假合形，谁能分别此。

凡圣同归篇第三

凡夫假作真，美衣为体饰。徒务他人观，美食日复日。
人人皆如此，碌碌一身事。不暇计生死，总被名利牵。
一朝神气散，油尽而灯灭。身尸埋圹野，惊魂一梦摄。
万苦与千辛，幻境无休歇。圣人独认真，布衣而蔬食。
不贪以持己，岂为身口累。参透天与地，与我本一体。
体虽有巨细;，灵活原无异。天地有日月，人身两目具。
日月有晦明，星与灯相继。纵或星灯灭，见性终不没。
纵成瞽目人，伸手摸着鼻。通身俱是眼，触着知物倚。
此是心之灵，包罗天与地。能见不以目，能听不以耳。

心若能清净，不为嗜欲逼。自知原来处，归向原来去。凡夫与圣人，眼横鼻长直。同来不同归，因彼多外驰。若能收放心，提念生与死。趁此健身躯，精进用心力。洗髓还本原，凡圣同归一。

物我一致篇第四

万物非万物，与我同一体。幻出诸形相，辅助成生意。有人须有物，用作衣与食。药饵及器皿，缺一即不备。飞潜与动植，万类为人使。造化思何鸿，妄杀即暴戾。蜉蝣与蚊蝇，朝生暮死类。龟鹤麋与鹿，食少而服气。竟得多历年，人何不如物。只贪衣与食，忘却生与死。苟能绝嗜欲，物我皆一致。

行住坐卧篇第五

行如盲无杖，内观照性分。举足低且慢，踏实方更进。步步皆如此，时时戒急行。世路忙中错，缓步保平安。住如临崖马，亦如到岸舟。回光急返照，认取顿足处。不离于当念，存心勿外务。得止宜知止，留神守空谷。立定勿倾斜，形端身自固。耳目随心静，止水与明镜。事物任纷纷，现在皆究竟。坐如丘山重，端直肃容仪。

闭口深藏舌，出入息与鼻。息息归元海，气足神自裕。

浃骨并洽髓，出神先入定。卧如箕形曲，左右随其宜。

两膝常参差，两足如钩钜。两手常在腹，扪脐摸下体。

睾丸时挣搓，如龙戏珠势。倦则侧身睡，睡中自不迷。

醒来方伸脚，仰面亦不拘。梦觉浑不异，九载征实际。

超出生死关，究竟如来意。行住坐卧篇，只此是真谛。

洗髓还原篇第六

易筋功已毕，便成金刚体。外感不能侵，饮食不为积。

犹恐七情伤，元神不自持。虽具金刚相，犹是血肉躯。

须照洗髓经，食少多进气。搓摩干沐浴，按眼复按鼻。

摸面又旋耳，不必以数拘。闭眼常观鼻，合口任鼻息。

度数暗调和，身定神即定。每日五更起，吐浊纳清熙。

开眼即抽解，切勿贪酣睡。厚褥趺跏坐，宽解腰中系。

右膝包左膝，调息舌抵腭。胁腹运尾闾，摇肩手推肚。

分合按且举，握固按双膝。鼻中出入绵，绵绵入海底。

有津续咽之，以意送入腹。叩牙鸣天鼓，两手俱掩脐。

伸足扳其趾，出入六六息。两手按摩竟，良久方盘膝。

直身顿两足，洗髓功已毕，徐徐方站起，行稳步方移。

忙中恐有错，缓步为定例。三年并九载，息心并涤虑。

浃骨更洽髓，脱壳飞身去。渐几浑化天，末后究竟地。

即说偈曰：口中言少，心头事少，腹里食少，自然睡少，有此四少，长生可了。

第五法

红莲盛放

紅蓮盛放

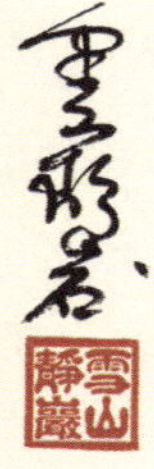

紅蓮盛放 二六法

四四、開肘式
四五、伏氣式
四六、双推式
四七、左開合
四八、右開合
四九、右伏虎
五十、左伏虎
五一、右通背
五二、左通背
五三、右托天
五四、左托天
五五、獅子吼
五六、一腳踢
五七、右長天

五八. 二脚踢
五九. 前脚踢
六十. 側脚踢
六一. 右蹬脚
六二. 一脚踢
六三. 左長天
六四. 二脚踢
六五. 前脚踢
六六. 側脚踢
六七. 左蹬脚
六八. 龍門踢
六九. 双擺蓮
七十. 左推雲
七一. 右推雲

（5-1-1）

（5–1–2）

（5-1-3）

（5-1-4）

（5-1-5）

（5–1–6）

（5-2-1）

（5-2-2）

（5-2-3） （5-2-4）

（5-2-5） （5-2-6）

（5-3-1）

（5-3-2）

（5-3-3）

（5-3-4）

（5-3-5）

（5-3-6）

（5-3-7）

（5-3-8）

（5-3-9）

（5-3-10）

（5-3-11）

（5-3-12）

（5-3-13）

（5-3-14）

（5-3-15）

（5-3-16）

（5-3-17）

（5-4-1）

（5–4–2）（5–4–3）

（5–4–4）（5–4–5）

（5–4–6）

（5-4-7）

（5-4-8）

（5–4–9）

（5–4–10）

（5–4–11）

（5–4–12）

（5–4–13）

（5–4–15）

（5–4–14）

（5-4-16）

（5-4-17）

（5-4-18）

（5-4-19）

（5-4-20）

（5-4-21）

（5–5–1）

（5-5-2）

（5-5-3）

（5-5-4）

（5-5-5）

（5-5-6）

（5-6-1）

（5-6-2）

（5-6-3）

（5-6-4）

（5-6-5）　（5-6-6）

（5-6-7）　（5-6-8）

（5-6-9）

（5–7–1）

（5–7–2）

（5–7–3）

（5–7–4）

（5–7–5）

第五法　红莲盛放

1、问:"白莲初生"体式和"太极拳"套路有颇多相似处,为什么"红莲盛放"却似像非像?

答:您为什么总是不自觉地习惯想比较呢?这种习惯是需要通过修行转化的。"白莲初生"虽然在体式上和"太极拳"套路有接近处,但也只是形似而已,我们反复说,修法的核心在心法。好比静坐,大家表面上的姿势都一样,但各个修门内在心法千差万别。同理,"如莲静立"看上去和太极站桩姿势接近,修者如果总是习惯用比较心理来学习,就容易越炼越糊涂。您如果专心修禅就需要一门深熏好好修,契合禅法,而不是去当个评论员,反复比较各个修门的异同、高低、效果。一旦产生了这种心理,就是难以入门的,因为所谓效果、高低等都是暂时的,修者智慧功夫不够时,自己很难明白效果究竟是什么。暂时的好、坏都不能代表什么,故此,修者如果和"太极拳"相应就应该认真通过太极拳契合太极法界,如果感觉和瑜伽相应就不要过分注重体位而忽略瑜伽的根本精神。佛说一切法皆是佛法,然而一切圣贤皆以无为法而有差别。什么是无为法?即心法,是不可取,不可说,非法,非非法的。只要法可取、可说、有法相,就不是无为法,而是有为法。我们修禅,应该知道一切修门、一切修法都是解放人心的,而不是给人另套枷锁的。如果非要比较修法的高低,那么就看您修的此法为您的心灵铲除了多少藩篱?解除了多少桎梏?如果通过修炼,您的心灵越来越具足平等心，能见万事、万物、万有的平等性，那么此种修法便是正法。相反，如果因为某种修炼后，您感觉自己异于常人，越来越看谁都不顺眼，感觉自己修的法最殊胜，或者四处炫耀自己的修行"境界"，那么这种修行就是偏离了正道。一滴水能离开大海吗？择细流者无以入江海，辞土壤者无以成高山，自为是者无以致通达，文饰非者无以明真道。同样，禅法本是为了开启修者灵觉的方便，如果灵觉已醒，修者生命中何处不是禅机？又何须什么固定不变的"禅法"呢？祖师言：一切万法，不离自性；自性本自清净，本自具足，本无生灭，本无动摇，本生万法；不识本心，学法无益；若识自本心，见自本性，即名丈夫、天人师、佛。所以修炼"红莲"时我们既不要去和"太极拳"或其他拳法比较，但也不是完全抛开太极拳或其他拳法，修炼功夫中本有互通的，对不执著的执著本就是另一种执著，但有"执"在便难入境。

2、问：为什么"红莲盛放"有那么多发力动作？

答："莲花太极"里，"白莲"、"红莲"、"青莲"是一组。好像水有三态，以此三态可化万形。如果水不能随境而形，那就不是"水"了，而是特定的"湖水"、"小溪"、"冰雹"、"水汽"等。一条河流，从源头的雪山流下来时是冰水，之后遇热变成水，为了奔向大海，水根据河床的不同的地形，有时是温和的缓流，有时是奔腾的激流，有时是转速不同的漩涡，无路可走就成瀑布，遇到石头就曲折包绕……因水的这些特性，可以说能变化万形而奔流入海，滋养万物而几近于道。"莲花太极"的"白莲"、"红莲"、"青莲"三种修法，从性质上说，"白莲"如滔滔不绝的河水，"红莲"如坚硬寒冷的冰块，"青莲”则如若有若无的雾气；从状态上说，“白莲”如温婉宁静的湖水，“红莲”如飞流直下的瀑布，“青莲”如暗流汹涌的漩涡；从起用上说，“白莲”如清澈透明的水面，“红莲”如波涛翻滚的巨浪，“青莲”如时聚时散的彩云……生命便犹如水一般，如果常停留在一种状态里是死水一潭，水在上下、缓急、冷热、高低等的变化中最终生养万物，千里奔流入海，再通过日照腾腾上升为云，这就是生生不息的生命力。生命一旦被固定在某一态，就会变得僵硬和狭隘。水停三日则生蛆，生命又何尝不是呢？一旦停止了成长和变化，就容易沉沦在黑暗的沟壑里无法自拔。许多人误以为修者修至深层禅定的境界，就可以心如止水，对境不起心了，六祖在《坛经》中多次提及这种心态是二见，修禅不是坐在那里不动，或者堕入无记，如果禅师都需要坐着不动才有所谓的定力，需要时时勤拂拭，才能莫使惹尘埃，这早就和顿悟禅相去甚远了。“心无所住”不是心如止水，“而生其心”更是活泼泼的“自性起用”。故此，修至禅门的甚深般若波罗蜜之境时绝对不是在那里一坐不动的。般若是师，生活是资；智慧是师，功夫是资；或者功夫是师，智慧是资，师资不二。“白莲”、“红莲”、“青莲”修法是互补的，生活中既需要如“白莲”一样慈眉的菩萨，也离不开“红莲”一样怒目的金刚，在慈眉和怒目之间，需要“青莲”的回旋力。回旋之力乃动力，此谓：“反者道之动”。刚柔是二，二因回旋力而能转为“易”，即成“刚柔相济”，“水火相融”，生命因“易”而“能动”，“能动”则为应机而发的三，三则万物生长，此即“金刚不坏”之意。

3、问：为什么修“红莲”时需要修吼叫？

答:“狮吼”本为禅门功夫之一,不仅修炼时,任何时候禅者能以无畏音说法的,其声便如狮之咆吼。狮乃百兽之王,佛为天上、天下至尊,在人间称为“人中狮子”。“狮吼”是响彻四方,收摄、降伏一切的法音。观音菩萨便有一相为狮吼观音,以狮吼为名,示遣除恶鬼邪魔、破除众生愚痴无明之大神力,其威神显赫,不可思议。禅门各位祖师“狮吼”、“长啸”等音波功夫表现方式各有不同。如唐代大儒李翱一日晚间进山,正遇药山禅师山顶行禅,忽云开见月,禅师一声长啸,声传数十里,李翱惊讶后不觉赞叹,乃作诗曰:“选得幽居惬野情,终年无送亦无迎。有时直上孤峰顶,月下披云啸一声。”记录的便是药山禅师的音波功夫。

4、问:“至宝莲心”中的也有朗声读书法,这和狮吼功有什么不同?

答:狮吼可以更迅速地帮助修者提升无畏心、无量心和打开内在气脉通道。相对来说,诵读法是温和的,狮吼功是激烈的,需要内气充盈,周流无碍时才能发出令神魔共惧、天地同震的法音。

5、问:为什么法音具有摄心能量?

答:生命体发出的每一种音,都配合了自身的气场。可以说您的内在能量多大,才能发出多大的音。动物界,老虎、狮子的音声能震慑百兽,便是老虎、狮子的能量非其他动物所能及。禅者修行功夫成就后,其气通过声音的旋转发出,由于音从心出,故能摄众生心。我们不要误解狮子吼就必须是高音,能振聋发聩的不仅是高音,许多时候也是低频,或者是一默如雷的无声。有声、无声，高声、低声凡能摄心皆为狮吼法音。这些法音有时是高亢的吼声，有时是婉转的长啸，有时是沉重的低鸣，有时是悠长的翻转，有时是大音希声，其共同特点便是能引发其他生命体内心的共鸣，“佛以一音演说法”即是此理，众生因闻法音而悟道得度的不胜枚举。

6、问：人能改变因果律吗？

答：谁能把握过去，就能把握未来；谁能把握当下，就能把握过去。因果是自造非他造，自己造的，为什么自己不能改？自己不能改，又有谁能帮您改？

7、问：是不是宇宙中没有什么是不可逆的？

答：要说不可逆，人类第一反应不是因果不可逆，而应该是时间不可逆。可是我们看看这些著名的物理学家们，无论是牛顿力学、相对论、量子力学的薛定谔方程中，都没有时间的方向。难道他们集体遗忘了吗？现代物理学通过实践证明，基本粒子碰撞的过程如果拍成电影，正放和反放根本没区别。这和我们的生命进化、经济发展、因果轮回的明显方向性直觉是相反的。万法本是自心的幻化，因果、恶鬼也不例外，真正能伤害自己的，并非来自于外在，而是内在根深蒂固的“我执”。“我执”转化了，什么都可转。

8、问：为什么现代人相比古人“我执”更强？

答：因为被欲望蒙住了眼，过分的物质生活使得人类一方面“享受”着物质极大化的“便捷”，一方面落入了前所未有的空虚和恐慌中。越来越缺乏思考能力，于是世人不愿意动脑筋，跟着潮流走，上缴了是非判断权、审美权等，心灵之危就像落水的人，抓到稻草是不肯放的。古人自小注重个人修养，熟读圣贤书，相对现代人，心灵是充实的，也就是说，心灵越空虚，越追求物质生活的人，“我执”最强。

9、问：我们修的“中国禅”可以说完全没有宗教性，这是唐宋之际，禅门之能普兴于天下的原因吗？

答：现代人理解的“宗教性”主要是源自西方传入的宗教概念，和祖师们所说的“宗教”区别甚大。“中国禅”之所以能于中华文明的顶峰时期普兴于天下，是因为祖师们本从众生中来，又回到了众生中去，如果禅不能回到众生中去，则必然流于形式和庄严，即会被名利绑架，被固定化。如果涉及了过多的利益，禅法被标价能买卖，那么和普通商业不同的是，卖方会对买方充满了占据制高点的优越感，这种优越感使得卖者难以清净修行，难以再清净体悟佛、禅本质精神。丰厚的收入使得“宗教”深陷世俗泥潭，这是真正的高僧们需要挣脱的。如果教徒因为越有信仰而越有信仰的傲慢，越讲慈悲就越产生绑架道德标准的“慈悲”暴力，这就偏离了祖师们的回到生活中去的精神，流于各种形式了。故此，我们现代修者需要恢复的是朴实、自然、真诚的禅风，修炼的是自信、自觉、自力、自悟能力，这些与宗教性关系不大。“禅宗”是以宗教性方式弘扬禅法的途径，但这种途径非唯一途径，但凡能契合禅心之法，导学人见性之法，皆是禅法，见性之心，皆是禅心。

10、问：修者升起自信后遇魔还会怕魔吗？

答：我们刚才说了，外魔不可怕，可怕的是心魔，您修行的功夫越深，潜在的更高级别的心魔就会出来，我们从修者的成就上说，“白莲”是和谐共存之道，“红莲”是伏魔降鬼之力，“青莲”则是倒转乾坤之机。

11、问：有什么方法可以战胜心魔呢？

答：您不是喜欢下围棋吗？围棋的高手对弈，输赢的关键在于谁更懂得弃子。弃子弃得越高明，则胜的机会越大。什么是高明？即懂得弃子之机，懂得何时放弃，懂得如何放弃才能体现弃子的最大价值，故此围棋便是弃之道。放弃不是不要，而是把握了舍、得之间的平衡。围棋的高手之别，就是谁能放弃到平衡的极致。围棋新手都舍不得弃子，下棋总是情不自禁地护子，这是因为怕输，新手不明白看得越紧越会输，绝对占有本是绝对危险的，不放弃，岂能空？人生把任何一种放弃都看成是损失，最终只是越来越恐惧不安。因此，一遇到困难，就只有到处想去抓救命稻草。不懂得释放压力，压力、紧张、焦虑、猜疑、嫉妒都是“我执”，“我执”是滋养心魔的土壤，想要战胜心魔，就必须先转化“我执”。

12、问：《中国禅》里有魔王波旬游戏持世菩萨的事情，我们日常如何能辨别外魔、心魔呢？

答:有畏惧、有欲望、有自我、有得失、有迷信故而脱不开魔掌,畏惧、迷信、得失、自我等等是心魔,我们常说的妖魔鬼怪是外魔;外魔易退,内魔难降。如不能降心魔,必被魔所困;不但修行功夫走失,且危险甚大。人不能识魔之变化相,因为本末倒置、颠倒梦想故,魔来通常会以为喜,为之庆幸欢呼。须知魔之变化多端能力非凡,您执什么,什么便是您的心魔,以您最喜爱的模样出现时,您脱得开吗? 故,因六根而起之欲望是魔;因无明而起之贪、嗔、痴是魔;因迷信而起之惊恐是魔……大修行者能识得魔相,心不着魔而魔自退。那么魔相如何识别? 大凡可爱、可贪、可畏、可憎、可怕、可忆、可感的人或境现前,能扰乱本心者,即魔。《楞严经》里,佛详细说了五十种阴魔,您可仔细参究。

13、问:识了魔相便能离魔吗?

答:识了魔相不过是清楚了此为魔非佛,此为魔事非佛事,此为烦恼非喜乐,有了此种自分别的智慧便能初步不为魔所惑,但不为所惑还不够,尚需如维摩大士一般有降魔之力,才能最终脱得魔掌。

14、问:修炼"红莲"便是增强此种力吗?

答:修炼"红莲"能不断增强修者的浩然正气,百炼钢化为绕指柔,最终雷霆起于侧而不惊,泰山崩于前而不动,具足超脱生死之力,此时魔力虽强岂奈我何? 如果无这种力,难免遇魔时自发生起贪生怕死之心,此心一旦发生,便会恐怖仓皇,方寸大乱,这时根本用不着魔扰,世上本无事,庸人自扰之。

15、问:如何超脱生死?

答:生死是暂时的、无常的、时刻在发生的,之所以不能超脱,是因为制造“生死”的“东西”是最后“生死”的。由于它的存在,您就无法超脱,把它观照出来,就见性了。

16、问:这“东西”就是“自我”吗?

答:“自我”仅仅是这个的一种表现,因为“我”在所以才会畏惧,怕苦、怕累、怕失去、怕衰老、怕早死、怕被人瞧不起……脱开了“我”,还有离我之“法”在,还有“空”在……禅法不仅是明白“诸法无我”、“诸行无常”、“寂静涅槃”,而是连所谓涅槃也空,空也空的,本性本是不生不死的,是“常”的;而为了证得这个“常”固有非常非无常的“法”,常、无常是不二圆融的。明心至此,方能不再“认贼作父”。其实,菩萨道的一切修行都以摧毁“自我”这个堡垒为先决条件的,照见五蕴皆空是为了摧毁“自我”堡垒,“自我”空了,方能度一切苦厄。但并非以空“自我”为最终目的,也有人误以为淡化了“自我”,在社会上积极做善事,多为社会服务这就是修禅了,这同样是误解。因为如果您是带着“自我”去服务社会,无论做了多少“善”事,都是以服务“自我”为前提的,做善事因为“自我”有“幸福感”、“满足感”、“成就感”、“认同感”……如果人的自分别力不够,首先无法明白自己做的是否为真“善”? 是否真的在利益他人? 好心办坏事者往往是这类缺乏智慧的

"善"人;其次,有人顶着"善人"的名号行走世间,享受着名誉和被人需要的快感,其内在的自私自利心没有什么变化。所以,修禅没有提倡先去社会上行"善",真正的菩萨行是从转变自己的心开始的,从伏"心魔"开始的。当您具足平等心、平等性的菩提正智,能以正见带动言行时,就能正确理解所谓的"正能量"、"道德"、"善事"、"好人"的真正含义。此时,一言一行皆是行善,又何必专门去做什么善事?何为真善?能不受时、空局限,助人脱离"假我"找回真我,这才是救人之"命",才是最大的功德。这个世界上,万事万物皆无常,想要改变世界,先从改变自己开始,而改变自己又从改变自己、能控制自己的心开始,自心足够强大时才不受社会、舆论、偏见的影响和控制,此时,人方能于各种顺、逆境中岿然不动。所以,要具足伏魔之力,多亲近善法,亲近大善知识,亲近具足正见的同修,常行法布施,布施平等,布施无畏,长养众生内心之力方为正道。

17、问:能伏魔时便能舍魔吗?

答:魔不是物,何谈取舍?禅者能明心时,识魔与魔生,遇魔与魔戏,既不贪恋,也不厌弃。您越有爱憎心、分别心、善恶心、执取心、远离心,魔就不即不离常伴左右。生活中处处有魔,人生伴侣、子女、感情、事业本皆是魔,魔是人的眷属、是道友,您时刻与魔在同居,故此和谐共存乃常情,为何要远离?魔在我旁,于我何害?害人的不是魔,而是您的心入了魔境。魔本是六道众生,既是众生,便能转成法侣。不仅这些,我们的身体也是一样,为什么免疫细胞不杀癌细胞呢?癌细胞不是病魔吗?带着这种观念,只能被癌吞噬。癌细胞不是病魔，本是从人体细胞变异而成的病态，它不是外来异物，故此免疫细胞不会视其为敌人而进行攻击。现代医学采取了化疗、手术等方法切除和消灭癌细胞，但是这样真能消灭癌细胞吗？癌细胞究竟是怎样在身体变异的？这一点，现代医学没有清晰的解答。不知怎么来的，又如何能知道怎么去呢？所谓通过手术、化疗能治好的只是假性癌，真性癌现代医学依然束手无策。其实假性癌和面上的湿疹一样，身体强健了自然会好转，如果依赖手术对抗，许多时候，因手术而破坏正常细胞的壁垒，血液中的肿瘤干细胞反而会乘虚而入，生长繁殖，最终加速生命的衰亡。要想治疗癌症，我们必须要找到癌细胞从自体细胞变异的原因，把促进变异的“因”搞清楚，变异的途径搞清楚，就有机会改得癌之“果”，甚至令到已经变异的癌细胞转化、代谢成正常细胞。哪里来的本应回到哪里去，而不是如临大敌，灭绝屠杀。每个正常人体内都有不止一种癌细胞存在，和谐共存应是未来之道。如维摩大士转魔女为法侣，魔女闻法后不愿再回魔界，但维摩大士却要她们回去魔界点亮魔众心灯，此即“无尽灯法门”。《西游记》中观音菩萨伏魔，哪一个魔被菩萨打死了？皆用方便导其入正道，或为侍者常伴左右，或为弟子受命利众，这正是此理。

18、问：既然要与魔共存，为什么还要伏魔？

答：人如不具无畏心，不具功德威猛力，没有功夫智慧挣脱生死之困，轮回之苦，难免入魔境而被魔扰，唯有具足了伏魔能力，方能转魔为法侣，内外皆可和谐共处。

19、问:我时常控制不住情绪发动,一旦情绪发动心里感觉很苦闷,该怎么办?

答:因为有“我”在啊!本没有一种痛苦是可以久住的,老子说:“飘风不终朝,骤雨不终日。孰为此者?天地。天地尚不能久,而况于人乎?”人的心顺应外界变化,因顺利而快乐,因不顺己意而痛苦,这是“常”态。但当我们深刻理解了外在环境的顺逆不以个人意志为转移,不随人愿才应是“常”时,就进一步理解原来的“常”即是“无常”,而执“无常”为“常”即是痛苦。但凡感受皆是真正的“无常”,世人所谓的“痛苦”非真苦,“快乐”也非真乐,这些都需要通过调伏烦恼来得到,故此都是暂时性的。例如,什么是痛苦?肉体的疼痛叫“痛”,内心的恐惧、担心、排斥、焦虑、忧思等是“苦”;例如,凡人病时,“痛”和“苦”交织,但是修者病时,心情平静,只有“痛”而无“苦”,能有定力不以“苦”助“痛”之威,则“痛”自轻,或者“痛”全无。您说您在情绪发动时感觉痛苦,情绪本应无肉体之“痛”,全是由于内心之“苦”在推波助澜,引发身体器官跟着“痛”,故此,这些属于心魔。“无畏心”起时,能转化这种精神上带来的“痛苦”。要想真明白,切不可平时听懂了一个道理,就认为自己“大彻大悟”了,这就是徒增“所知障”。修行“莲花太极”时,也不要以个人判断自己喜欢什么修法,就多修,不喜欢就不修。各种修法都有其存在的道理,修炼需在“因上努力,果上随缘”。

20、问:为什么有些道理我也明白,但遇到问题时就无法理智地面对?

答:因为这明白是假明白,明白的结论,不是自己悟出来的都不属于真明白。修禅不是令到修者变得更加理智，心中存在了更多结论，智力是大脑意识的功能，禅则是心的体现，禅修入深处皆是自发表现，此时，修者无需和初修者一样，和自己的习惯、习气、特性斗争，因为有斗争就有内在的对抗。大脑的理智就是一种对抗的表现，凡理智者心中都有个“自我”存在，故此会封闭心的通道，缺乏心的创造力。因此，您说您懂道理，明白了，这仅仅是大脑理智上懂，所以是假明白。例如，吸毒者能不懂吸毒的危害吗？吸烟者不知道有害健康吗？偷窃者不懂偷窃的后果吗？许多人即使关进监狱，出来后还会重操旧业，为什么呢？因为改变的是理智，明白的是大道理而非内心真正改变，大脑意识不会成为生命自发的准绳和使命。如何真正解决？修禅必须不依靠理智，修者不是听课讲道理，或者分析理论，脱开大脑意识用心体悟，唯有真正和内心沟通，才能因“无我”而“无畏”，通达“无我”法者是真菩萨。

21、问：动物有无畏心吗？

答：荀子曰：“水火有气而无生，草木有生而无知，禽兽有知而无义，人有气有生有义，故最为天下贵也。”其实动物也有义气、有担当的，只不过和动物相比，人的灵性更高，故称为万物之灵。灵性有无为而自分别的能力，人可以通过勤修功德、精进修炼而和自己的灵性契合，越契合内心时灵性的显现程度越高，其表现为对外“无私”，内在“无畏”，这是动物不具备的。人如果缺乏和灵性契合的能力，便会流于世俗的物质、名利、情色等等欲望的追求上，普通人没钱、没名、没事业但可以好色、好吃，贪图享乐，这些是因缺乏灵性。

22、问:修炼“红莲”入门的要点在何处?

答:入门时需制心一处,入门后需处处生心。修炼时需全神贯注,万念俱泯,仿佛时间也停止了,空间也不存在了,修炼狮子吼时,对吼声也能充耳不闻,感觉周围万籁寂静,心与天地同齐,此时便算制心一处,也就是入门了。入门后修“红莲”,处处生心,举手投足间隐隐匿匿随处暗藏生机,故知云水禅心,实乃当下一念可证。

23、问:当下一念为何?

答:修行的“行”不是“行为”,“行”是“起心动念”,“修行”之意不是修正行为,行为已是结果了,修行的入手处在当下的起心动念上。人的每一念,天地皆会有感应,每一念为一个单独的缘起,都有其自身的因果在,只不过粗重的人因心的通道闭塞而麻木无知。越修行越能至入微处,如普贤菩萨能入人毛孔,和人内在的无量众生沟通。禅者修至甚深法界时,能观照到极微处,便能从源头转化因果的发生。每一念的存心皆有天知。据灯录记载,曾有一年秋天,南泉普愿禅师欲亲自下山收租。唐朝时寺庙都有自己的寺产,这是因为寺院在禅僧忙不过来的情况下,会请农民代为耕种土地。这一天,南泉禅师突然有时间想亲自下山去收租,顺便看看佃户们过得如何。可是当他到了地里,发现佃户早就为他准备好了斋饭,禅师很奇怪,问:我难得下山一次,你们怎么知道我要来?佃户们说,昨夜大家都梦到山神托梦，说大和尚要下山来收租，所以我们一早就备好斋饭等着您呢！禅师闻言脸色大变，说，我修行居然如此不得力？起心动念能被山神看得如此一清二楚，真是惭愧啊！这就是存心有天知。头顶三尺有神灵，千万不要以为什么自己起心动念无人知，想法不告诉别人就没人知道了。每一念都是一缘起、一生死、一因果，此即修行的转身处啊！菩萨、祖师们因为修为深厚，他们的起心动念能修到无痕迹，连鬼、神也无法感应到。为什么呢？因为他们三轮体空，具足了般若空性，他们利益众生时，心中无施者，无受者，无所施之事，故无实相、无实体、无实事。如佛在《金刚经》中云："菩萨于法，应无所住行于布施。所谓不住色布施，不住声香味触法布施。须菩提！菩萨应如是布施，不住于相。何以故？若菩萨不住相布施，其福德不可思量。须菩提，于意云何，东方虚空可思量不。不也，世尊。须菩提，南西北方，四维上下，虚空可思量不。不也，世尊。须菩提，菩萨无住相布施，福德亦复如是，不可思量。"老子说"善行无辙迹"，此皆异名而同出。

24、问：您在《中国禅》书中说到，心不在生命的内、外、中间，也无法缘起，那么禅心如何证？

答：更准确地说，禅心不在生命内、不在生命外、不在生命内外中间、无法缘起、无法生灭，但是生命却在禅心中！禅心不是生命的某种实有、功能、器官、存在方式，生命才是禅心的一种显现。故此，禅心是生命的创造者，不是生命的被创造者。禅心不是因生命而生成的，故此，生命只可通过修行契合禅心，能契合时，我们称为“证”，也叫“明心”。“明心”时生命已经周遍、无碍了，此时方能“见性”，此“见”即心地法眼能见道之意。故此，禅修是以“无门为法门”，禅心超越使用者，远离愚痴者。凡以持戒、修定而最后得慧的，是“渐修”法，而能以当下证悟心地法门，得究竟者，便是“顿悟”一法。“顿悟”后，禅心一片空寂，虽行善而不执于善，虽行修而不住于修，此即为什么修禅可以不拘于任何形式和修法。

25、问：第二幅画是什么含义？修“红莲”和阴阳、五行也有关系吗？

答：“红莲”修法不是一味刚猛的，而是刚柔相济的金刚修法。刚柔相济可以用“一呼一吸，相生相克”这八个字来表达。一呼一吸是生命体阴阳循环、吐故纳新、新陈代谢的自我净化。生命的净化是一个不断生灭、刚柔、进出的循环过程，一呼一吸是现象，内在的关系则可借用“五行”的“相生相克”来表达。先哲们将抽象的阴阳、五行（气）具化为木、火、土、金、水五种相类似的事物现象，并根据长、消运动的变化规律而立说。五行之间的关系最基本的两种情况即：比相生、间相胜。什么是五行？即一气发展变化的五个阶段为 木、火、土、金、水五种形态，这叫“天次之序”。汉代大儒如董仲舒，将“阴阳、五行”学说发挥得极为充分，如他在《春秋繁露·五行相生》中言，五行者“比相生而间相胜也”。“比相生”是指毗邻的两行之间有相生的关系，如木与火邻，故木、火相生，木生火，其余照此类推。“间相胜”是指中间间隔了一行的两行之间有相胜（克）的关系，如木与土之间隔了火，故木土相克，其余依此类推。五行相生相克的关系如下：木生火，火生土，

剛
柔
金
剛

土生金，金生水，水生木。木克土，土克水，水克火，火克金，金克木。“相克”一词现代人理解为矛盾、对立，故误解为贬义，但我们想想没有相克哪有相生？生和克是彼此依存的。生克关系是阳阴五行的基本关系，假如以五行（气）中的一行（气）为主，假名为“我”，则与其他四行构成四种关系：“克我”、“生我”、“我生”、“我克”。如以土为例，克我者为木，生我者为火，我生者为金，我克者为水。再以古时君臣关系为例，相克为君臣，克我者为我之君，我所克者为我之臣，同类之气如同兄弟手足，称为“比和”。禅门中和易理、阴阳、五行关系最密切的当属曹洞宗，当年洞山祖师曾以君臣的五行关系，确立了“五位君臣”。“五位”分别以“偏”和“正”来表示，“偏”代表现象世界，“正”代表真如本体，“正位”即属空界，本来无物；“偏位”即属色界，有万物万象。而就在这偏与正的相互配合，互相回复中，形成了曹洞独特的禅风。

26、问：何为相生相克？

答：天地万物之五行（气）依其一定的次序此消彼长，发展转化，一气始于木，木生火，火后化土，土后转金，金后成水。五行中一行（气）与另一行（气）相依转化即为“相”生，也可以说万事、万物、万有的自然界，每一种状态皆有为下一态生化、扶助之义。如果这一态的生物、植物、环境停止了辅助下一态之义，则生物链会发生断裂，种类会灭绝，反过来，最终影响到这一类的发展，也就是自私者终是自损。五行的关系即宇宙万物的关系，没有先后、高下、主次之分，在先者能转化为在后者，即在先者生在后者，在先之气为在后之气的源泉或原动力，在后之气得在先之气相助则更为壮大有力，在先之气因助在后之气而蜕化变弱。如气由木转化为火，即木能生火，火遇木因得木之助而更旺，木见火则因助火而脱气变衰，其余同理。但我们不要忽略，所谓有相成则必有相反，相成则为相生，相反则为相克，相克有节制、约束、侵夺的意义，反是生的动力。

27、问：相克了就是被制约了，这样不是不自由了吗？修行不是最终得大自在吗？为什么还要被制约？

答：如果没有制约，一切自然界的生命体可能早就不存在了。社会是以社会公约为基础的，没有社会公约，人如果为所欲为，则天下大乱。修行时我们把布施、持戒放在第一，持戒是修者的内布施，布施即是修者的外制约。无论是大、小乘修者，都有自己的戒律，菩萨有菩萨戒，菩萨戒虽无相，但更难，所戒的不仅在于行为，更将戒内延至了起心动念，可以说受的制约更大。故此，菩萨一切言谈举止可能和普通人、大小乘修者有所区别，未必就是规规矩矩的，有时显魔相，有时显威相，但这些皆从根本愿起，也就是从众生不度誓不成佛中发生的。菩萨以顺法、逆法利益众生，发愿不成佛、发愿利益众生即是对自己的制约，从自我成就、成佛的角度说就是相克。因有此相克，菩萨自在往来三界，游戏神通，无畏、无我、无住、无相、无过去、未来、现在三时……所以千万不要误解佛、菩萨、祖师那么潇洒自在就可以没有制约，能肆无忌惮的是“小人”，凡得道者的觉是自觉，戒是自戒，相克也是能动的自相克。

28、问：可是大家都喜欢相生，相生是代表和谐共存，相克的目的不也是为了相生吗？

答：这是因为我们不了解生命的真相，所以才有这种误解。不仅相生离不开相克，相克也离不开相生，生、克是相依而存的。就像我们生命体内部，时刻都处在相生相克的状态。例如，没有外来细菌、病毒相克，体内的免疫系统活力就无法激活，免疫系统是无法自己进化的，进化便是相生，需要有相克的动力。我们常说“道高一尺，魔高一丈”也一样，魔是道之资，道是魔之师，“克”是“生”的基础，“生”是“克”的升华，在一次次的循环往复中，生命不断成长。如果没有了“克”，生命就处在渐死、停滞状态下，如果没有了“生”，生命也不复存在。社会环境也是同理，一年须有寒暑交替才能使得万物保持生命力。您说相生是和谐，那么什么是“相生”，什么是“和谐”呢？首先相生未必都是舒服的状态，妈妈生孩子时是相生，但十月怀胎有多苦？生产时有多痛？我们再看看何为“和”？ 老子曾一气连续说了六个“和”：“有无相生，难易相成，长短相形，高下相倾，音声相和，前后相随”，这都是辩证地理解“和”，如果没有多元，那么就只有“同”而没有“和”。《中庸》说：“喜怒哀乐之未发，谓之中；发而皆中节，谓之和。”“和”是“过犹不及”，是“自然而然”。除此之外，我们还要理解什么是“谐”？能自由生活，有口皆言谓“谐”，说白了是“和”的表现形式。故此，“和”不是一味的“好”、“善”、“生”，而是不二圆融。人的包容心、平等心，便是“和”，禅门谓之曰：没有一番寒彻骨，哪有梅花扑鼻香？这就是相生相克之理。

29、问：是不是我们时常苦修就可以用相克来相生了？

答：佛陀证悟前曾在雪山苦修六年，之后“知非即舍”，相生相克是需要智慧带动的，苦修未必相生，也未必能悟道。苦修不是修禅的目的，适当的苦修是净化色身、培养忍辱精神的过程。有些人，长期习惯了惰性生活，注意，那些一味地勤恳专注于事业把自己身体糟蹋几十年而不管不顾的人，也属于惰性生活，这些人需要适当苦修而转化精神状态。不少人误解是不是几天专修吃了苦，身体就可以彻底好转了，希望通过几天吃苦就可以一辈子不吃苦，身体不病，或者有人回家后每天认真修炼了一小时，借以对抗每日剩余二十三小时的妄想、消耗、毒气、毒食、混乱、昏沉、急躁……当然还有过去几十年积累的种种身心问题，这些人或许认为能这样已经是很大进步了，为什么还会身体不舒服？还会生病？这么想就是偏执于修行效果故。您积累了几十年的问题如何能通过几天专修便一劳永逸地解决？修禅既不是一味追求吃苦，更不是一味耽于享乐，修炼本是生活的一部分，不要想着有什么一劳永逸的方法，您每天要吃饭、睡觉，为什么修行不是每天修？修行的人对周围毒气、妄念会更加敏感，由于和身体细胞沟通顺畅，自然比被欲望带动的凡人更容易感觉疲劳，当然也更容易恢复。容易感觉疲劳是相克，是身体为了令到您了解自己该休息的一种信号，而知道疲劳后通过调整恢复活力是相生。普通人由于本能退化，身体不敏感，所以不容易和身体内在脏腑、细胞沟通，再加上兴奋点特别多，凡是赚钱、攀缘、得名之事都能引起兴致来，这就人为过滤了生命中本应具备的相克之机了，因缺乏“相克”而“相生”不生。

30、问:我们应该如何如法修行呢?

答:修炼应该跟从导师指引,禅法本是因人而异的,功夫智慧具足的导师会看学人的契机而起用不同的相生相克法。禅是活生生的应机法,没有什么固定流程,不同学人修炼时会有不同生理、心理状态。例如,冬天修“红莲”时,如果室外零下二十度,几乎没有人会在室外修炼,因为修时会出汗,出汗加上冷风就容易受寒和感冒。但这样想,是只考虑了相生法,没考虑到相克的重要性。如果修者一味只用安全法修,就像温室里的花朵一样,不仅进步缓慢,也容易变得越来越胆小,无法进入出世间境界。顿悟一法的辛辣禅风向来是不走寻常路的,所谓“要想人不死,除非死个人”,禅者向死求生便是用相克的逆法修行。祖师们在雪地里坐禅,冷水里入定,这些火中取栗的修法皆是逆法。逆法是违背生命、自然规律的修法,修时需倒转乾坤,而不是顺应自然,因其用法为逆转,才叫逆法。就像修“红莲”,平时正常修炼用的是顺法,如果导师带着弟子在极冷、极热、缺氧、悬崖等环境下修,这就改为逆法修炼了。顺法修行时修者的心是顺应心,与天地自然合一,而如果改逆法修行时,心法就和顺法不同了,修者要生起大愤心、大信心,只有具足忍辱精进的精神能量时才能在逆法中勇猛无畏。通常经历过逆法修行的修者,能体悟到一念成佛、一念成魔的真实含义!此时能不能过关全看当下一念,这一念和平时的信心有关、智慧有关、修法有关……故此,当下一念是相生成佛的关键,是相克的逆法能否成就的关键。但是当下一念如何清净,则和平时的修养密切相关了。但究竟逆法对什么人什么时间可用?什么人什么时间不能用?什么情况下是恰到好处？用完之后怎么补气相生？什么情况下虽然看上去险象环生其实还可以继续忍耐？什么情况下看似平和却险象环生需立即停止？这都必须靠导师的修为和智慧以及修者本身的精神能量了。导师需要什么样的修为和智慧呢？就是“禅观”的能量，导师能观得越细微，便能观到各种能变之因。这种观未必是现场观，而是心观。学人生机发作时就是我们常说的“禅机”来了，抓住此灵光一现的“禅机”之因，自然就能转其能化之果。再例如，打通生命体的气血循环，如果用常法，不知何年何月才能帮助学人打通，故此，本门有几种通气法。原理是热气熏蒸，但因人、因地、因时、因材用法不同。行功时，有人会闷热到出现抽筋、晕厥、心悸等各种反应，一出房间，却往往有绝处逢生之感，这同样是相克的逆法修行。虽然用逆法修行是最快的，但无限风光在险峰，修者有没有运气遇到明师，就是本人的福报了。不过如果平时常行功德，常做法布施，自然功德不可思议。逆法修行效果虽好，但最忌讳世人由于大多缺乏对师、法的恭敬心，故此由于许多修法看上去不难学，便自以为是，以为自己也能用，如再侥幸成功几次，便以为自己懂了诀窍。如果这样想，最终只能害人害己。

31、问：禅门的逆法修行和苦修的修者以及运动员苦练有什么区别？

答：区别在心。苦修者如果执著在“苦”中，就是二见，而运动员苦练和苦修又不同，运动员苦练是有计划、有目标、可检测的一套方法，禅门修行却是没计划和目标的，您经络是否通畅，气脉是否打开，智慧增加得快慢怎么计划和检测？功夫和定力同样也是不可检测的。修行逆行法不能乱用，而修行境界是“如人饮水，冷暖自知”，也无法比较。

32、问：是不是必须靠逆法才能成就禅修？

答：我们在社会上生活了几十年，养成了各种习惯、习气，又因为对知识的片面理解而形成了各种成见和偏见，故此，成就一颗禅心，修正我们的习气是不容易的。孔子说：朝闻道，夕死可矣，代表了古人对真理的追求精神。修禅的成就对外是一切行相平等，对内为一切能量平衡。如图中所示，体内阴阳、动静、出入、开合的平衡与否是修行的下手处。故此，绝对没有禅修必须用逆法才能成就一说。我们顺法修行时，动静需平衡，改用逆法时，是打破固有的平衡，使修者在各种不平衡中本能寻找到新的平衡。修者如果只有一种平衡，是不圆满的。如果唯有修时心才能宁静，这种宁静也是假的。

33、问：阳不就是动、出、开吗？

答：画中描述的八种状态，可分两对。阴阳和静动一对，出入和开合为另一对。比如说：阳和动似乎含义接近，其实属于事物的两面。在表现方式、方法、方面上，阳在内，动在外；阳是内动，为眼不能见；动为外阳，是眼所能见。例如，我们常说骨骼、关节运动，身体运动，这些是外在能见的阳动；而内脏、气血阳气充足时，也在动，如女子排卵便是典型的眼不能见之内动，这些是阴足而转的“阳气”内动。再如太极功夫，实为阴阳、开合之道，所谓开，是指伸展；所谓合，是指收敛。所以修炼时，从体式上说不仅整

一呼一吸相生相克
陽
動
靜
陰
合
入
出
開

体要有开合，一招一式，举手投足也各有开合；从内气上说，每一式皆有收放。由丹田外发运向手足四梢者为开，由手足四梢内收蓄归丹田者为合；从发劲上说，每一劲同时有顺逆，如由大拇指（趾）过手（足）背，向小指（趾）翻转的顺劲为开；内劲由大拇指（趾）过手（足）掌，向小指（趾）一侧翻转的逆劲为合；从肢体上说，身躯四肢伸展向外为开，向内为合；从阴阳动静上说，动而生阳则为开，静而生阴则为合，也就是说，由静到动为开，由动到静为合；从修炼上说，起势为开，成势为合；从呼吸上说，吸为合为蓄、呼为开为发，通常我们说“合吸开呼”。不过，所谓“合吸开呼”，是说吸气时肢体屈缩，内劲蓄收；呼气时肢体伸展，内劲发放，但这不是固定的呼吸法，有些修炼则是“开吸合呼”，这是根据胸廓的扩张与收缩来区分开合……由于着眼的角度不同，开合皆有不同。所以我们要理解，阴阳、动静、出入、开合皆是对立的统一，是相互依存、相互转化的。

34、问：这些道理我听不懂怎么办？

答：佛法、禅法、修法不是为了思辨用的，理论永远应在体悟之后，有感而发才有大用，否则是片面的知识。我没有深入展开讲，一方面是篇幅有限，另一方面更是不愿您背离实修而走进思辨的法海。

35、问：东方的传统修炼法为什么和现代科学有这么大的差异？

答：这个问题我们已多次讨论了，这里存在着一些根本认识的差异。科学是在不断进化的，既然需要不断进化，就是不究竟的，科学常常为了解决一个问题而制造出新的问题。故此科学虽然能赋予一些强大的力量，却不能告诉大家该如何驾驭这种力量，这才是危险之处。科学还不能终极回答关于生命、价值、存在的问题。例如，生命从哪里来？往哪里去？什么是真正的有用？对人类来说什么是真正重要的等等，这些问题是以理智为主的科学难以解答的。故此，我们如果全部依靠科学是很危险的。由于缺乏了动态的、变化的思想，生物学正逐渐变成了“死”物学，相反，物理学却越来越走向了“空”理学。科学如果没有全局观，究竟新技术是服务于人类还是给人类造成危害呢？例如，基因技术可以用来治疗癌症，也可以用来设计超级婴儿，或者创造难以想象的高级生化武器……因为科学的快速发展，或许不久人类就越来越依赖人工智能机器人，当多数人越来越冷漠、不信任、懒惰、缺乏创造力的时候，人工智能机器人却会越设计越人性化、有机化、情感化……人以为自己如“造物主”一般可以创造生命，可以掠夺生命，可以复制生命，可以改变自然规律时，却不知道或许这一天，即人类自以为神之时，便可能是这一期人类终结之日了。我们通过修炼，需要进一步理解宇宙、世界的真相，明白人类未必就是进化的顶端，对天地、万物要有足够的敬畏心，明白科学是以阳性为主的能量之一。独阳不生，独阴不长，如果狂妄自大，藐视其他巨大的阴性能量，这样的充满了傲慢与偏见的人类，必然会终结。我们应当深刻认识到众生终究是平等的，阴阳是动态平衡的，人和众生、宇宙法界因为互相尊重才能和谐，人因有其独立的、自由的精神才能成为万物之灵，具足了共存之道的人类，才能真正立身。

喝
棒

36、问:第三幅画很生动,但我不明白为什么人会在太极上跳舞?

答:是在太极上能如如运行太极之意。修者如果精进修炼“红莲”一段时间,会明显发现自己对法的领悟力增强,反应快了。这种反应快不是表现出来外在语速快、腿脚快,相反,修者越感觉自己内在反应快时,外在的语速、腿脚、行动往往越迟缓。所谓水深则流缓,或大智若愚。何为大智?即是和“机”相应的机会提高了,这个“机”是“灵机”,灵机动时,凡俗的意识流便被截断。禅门祖师为了截断学人的凡俗意识流,开天辟地创造出了德山棒、临济喝等等独特的教育法,世称:“棒喝”。“红莲”修者随着功夫提高,能自行契合“灵机”,师父棒喝是外在觉醒,而上根器之修者,能自觉、自悟,属于“自我棒喝”。

37、问:于太极上打太极是不是能驾驭太极的上乘修法呢?

答:修“莲花太极”有三种状态,画上显示的是最上乘功夫,即第一种太极修者,其能自如驾驭太极,于太极法界无所出入,如来如去,游戏三界。修太极而变动不拘于太极一法,自廓其胸襟,穷尽于诸法,诸法皆可被其演化和显现为太极,自成其助修法器。一草一木皆能做济世之棍棒,一呼一吸间妄念灰飞烟灭,修炼时清气周流而无碍,此种清净无为的修者具足了“自棒喝”和“应机棒喝”他人的能量;第二种修者能和太极合一,制心一处入到太极之中和太极交融为一体,此种修者可谓“入门”或“入流”;第三种修者修炼,则身居伟大而深邃的太极光环下,感觉太极和太极先师们好似太阳一样高不可攀,对先师们论述太极的法语似是而非,似懂非懂,修炼起来身心分离，心猿意马，这种修者其实只是被动地跟随老师学习拳脚功夫，锻炼了一下肌肉，调整一下气血而已，即使被普及了一些太极知识、传统文化，其生命有何真正改变?

38、问：什么是德山棒、临济喝?

答：佛法无多子，德山禅师曾对弟子雪峰禅师说："吾宗无语言，实无一法与人。"若有法与人，就不是禅了。所以，不论机锋、棒喝，还是旁敲侧击、泰山压顶，都是直指人心之法，不外为了让学人自明心地。我们先看"德山棒"，德山禅师一次上堂示众说："今夜不答话，问话者三十棒。"这时有个和尚出来礼拜禅师，禅师拿起棒子便打。那个和尚奇怪地叫苦："我又没有问话为什么要打我?"禅师问："哪里人?"答："新罗人。"禅师说："你还没有上船，差得远，挨三十棒一点也不冤。"一众弟子于德山禅师处求法的，在没有悟道前，可谓道得也三十棒，道不得也三十棒！有人不理解为什么道得的也打三十棒？因为知见在啊！那为什么道不得还是三十棒呢？因为没有见地啊！德山禅师这大棒下，不知炼出了多少铜头铁额的禅门金刚。什么是"临济喝"？据《五灯会元》记载："师(临济)谓僧曰：'有时一喝如金刚王宝剑，有时一喝如踞地狮子，有时一喝如探竿影草，有时一喝不作一喝用。汝作么生会?'僧拟议，师便喝。"什么是"有时一喝如金刚王宝剑"？金刚王是佛，宝剑是智慧，禅师一声断喝能使学人魂飞魄散，上根器者便能逆流而上。我们看鱼儿，唯有活鱼才有本事逆流而上，死鱼只能顺水而下 。"有时一喝如踞地狮子"，"红莲"中有狮吼功夫，通常之人表面上大胆，实际上一遇到事情几乎都胆怯懦弱，这种人修炼也难免小见狐疑，疑虑重重。上根器者如经威猛一吼，疑心邪念荡然无存，可谓无畏心顿起。“有时一喝如探竿影草”，探竿可测水之深浅，又能打草惊蛇，何为蛇性？下根器首鼠两端者是，这是禅师设置的疑阵，用以试探学人之心。“有时一喝又不作一喝用”，“喝”的本身是法力，能干扰他人的意识流和思维模式，助其脱去知解，契合自性。此时的“喝”，可谓无踪无迹，是纯刚至烈的，又是刚中有柔、变化无穷的。

39、问：我们如果吼功修成，也可以用“棒喝”法接引学生吗？

答：据《临济录》载，临济禅师圆寂前，上堂云：“吾灭后，不得灭却吾正法眼藏！”弟子三圣出云：“争敢灭却和尚正法眼藏！”临济云：“以后有人问你，问他道什么？”三圣便喝，临济云：“谁知吾正法眼藏，向这瞎驴边灭却！”可见临济禅师圆寂前是对这些不知变法、固守城池的弟子是多么失望！三圣禅师的喝是不知自性起用的死喝，而临济喝本是活泼泼的，若人如三圣禅师一般守着师父的喝法，只学会了末端皮相，便拿着鸡毛当令箭，虚张声势，最终只会灭却师法，败坏禅风，与临济禅师活泼泼的应机之“喝”，打开学人灵机的原旨全不相干。禅法如拘泥于相，不知机变，则必衰亡。故此，修“红莲”时修者虽修吼功，但如何临机大用靠的是自性起用。能遇境不拘小节，荡除一切凡圣见解，只依自己本分当下一吼，此吼方才是壁立千仞，邪魔谁敢正眼觑见？如无此境地，则修者修炼吼功成就，四处招摇，如见人在自己吼声下颤抖，心中必然徒起慢心，故此禅门虽有粗暴的教学方式，能起用者必具足大慈大悲心，甚深般若智，并和众生犹如一体，在自、他同时进入“言语道断”之境，契合机缘当下便用，用了便舍，这方是祖师们的老婆心啊！

先师云:

一、《涅槃经》节选

“迦叶白佛言,世尊,我今不依是四种人。何以故?如《瞿师罗经》中佛为瞿师罗说。若天魔梵。为欲破坏。变为佛像。具足庄严三十二相八十种好。圆光一寻。面部圆满犹月盛明。眉间毫相白逾珂雪。如是庄严来向汝者。汝当检校,定其虚实。既觉知已,应当降伏。世尊。魔等尚能变作佛身 。况当不能作罗汉等四种之身?坐卧空中,左胁出水右胁出火,身出烟炎犹如火聚。以是因缘,我于是中,心不生信,或有所说不能禀受,亦无敬念而作依止。佛言:善男子,于我所说,若生疑者尚不应受,况如是等。是故应当善分别,知是善、不善,可作、不可作。如是作已,长夜受乐。善男子,譬如偷狗夜入人舍。其家婢使若觉知者,即应驱骂:汝疾出去,若不出者当夺汝命。偷狗闻之,即去不还。汝等从今亦应如是降伏波旬。应作是言:波旬汝今不应作如是像。若故作者,当以五系,系缚于汝。魔闻是已,便当还去。如彼偷狗,更不复还。”

“迦叶白佛言:世尊。如佛为瞿师罗长者说。若能如是降伏魔者,亦可得近大般涅槃。如来何必说是四人为依止处?如是四人所可言说,未必可信。佛告迦叶:善男子,如我所说亦复如是，非为不尔。善男子。我为声闻有肉眼者说言降魔，不为修学大乘人说。声闻之人虽有天眼，故名肉眼。学大乘者虽有肉眼，乃名佛眼。何以故？是大乘经名为佛乘。而此佛乘最上最胜。善男子，譬如有人勇健威猛，有怯弱者常来依附。其勇健人常教怯者。汝当如是持弓执箭，修学矟道、长钩、罥索。又复告言：夫斗战者，虽如履刃，不应生于怖畏之想。当视人天，生轻弱想。应自生心作勇健想。或时有人素无胆勇，诈作健相。执持弓刀种种器杖，以自庄严。来至阵中，唱呼大唤。汝于是人亦复不应生于忧怖。如是辈人若见汝时，不怖畏者。当知是人不久散坏，如彼偷狗。善男子，如来亦尔，告诸声闻。汝等不应畏魔波旬。若魔波旬化作佛身至汝所者，汝当精勤坚固其心降伏于魔，时魔即当愁忧不乐复道而去。善男子，如彼健人不从他习。学大乘者亦复如是。得闻种种深密经典，其心欣乐，不生惊怖。何以故？如是修学大乘之人。已曾供养、恭敬、礼拜过去无量万亿佛故。虽有无量亿千魔众欲来侵扰。于是事中终不惊畏。善男子。譬如有人得阿竭陀药，不畏一切毒蛇等。畏是药力故，亦能消除一切毒等。是大乘经亦复如是。如彼药力，不畏一切诸魔毒等。亦能降伏令更不起。”

“复次善男子，譬如有龙性甚妒憋。欲害人时，或以眼视、或以气嘘。是故一切狮子、虎豹、豺狼、狗犬皆生怖畏。是等恶兽或闻声见形，或触其身，无不丧命。有善咒者，以咒力故。能令如是诸恶毒龙、金翅鸟等，恶象、狮子、虎豹、豺狼，皆悉调善，任为御乘。如是等兽，见彼善咒即便调伏。声闻缘觉亦复如是。见魔波旬皆生恐怖。而魔波旬亦复不生畏惧之心，犹行魔业。学大乘者亦复如是。见诸声闻怖畏魔事，于此大乘不生信乐。先以方便降伏诸魔，悉令调善，堪任为乘。因为广说种种妙法。声闻缘觉见调魔已，不生怖畏。于此大乘无上正法方生信乐。作如是言：我等从今不应于此正法之中而作障碍。”

二、《华严经》节选

“一切诸佛，身不可坏，命不可断，世间毒药所不能中，一切世界水、火、风灾皆于佛身不能为害。一切诸魔、天、龙、夜叉、乾闼婆、阿修罗、迦楼罗、紧那罗、摩睺罗伽、人、非人、毗舍阇、罗刹等，尽其势力，雨大金刚如须弥山及铁围山，遍于三千大千世界，一时俱下，不能令佛心有惊怖，乃至一毛亦不摇动，行、住、坐、卧初无变易。佛所住处四方远近，不令其下则不能雨；假使不制而从雨之，终不为损。若有众生为佛所持及佛所使，尚不可害，况如来身！是为诸佛第一大那罗延幢勇健法。佛子！一切诸佛以一切法界诸世界中须弥山王，及铁围山、大铁围山、大海、山林、宫殿、屋宅，置一毛孔，尽未来劫，而诸众生不觉不知，唯除如来神力所被。佛子！尔时，诸佛于一毛孔持于尔所一切世界，尽未来劫，或行、或住、或坐、或卧，不生一念劳倦之心。佛子！譬如虚空普持一切遍法界中所有世界而无劳倦，一切诸佛于一毛孔持诸世界亦复如是。是为诸佛第二大那罗延幢勇健法。

“佛子！一切诸佛能于一念起不可说不可说世界微尘数步，一一步过不可说不可说佛刹微尘数国土，如是而行，经一切世界微尘数劫。佛子！假使有一大金刚山，与上所经一切佛刹其量正等。如是量等大金刚山，有不可说不可说佛刹微尘数，诸佛能以如是诸山置一毛孔。佛身毛孔与法界中一切众生毛孔数等，一一毛孔悉置尔许大金刚山，持尔许山游行十方，入尽虚空一切世界，从于前际尽未来际，一切诸劫无有休息，佛身无损亦不劳倦，心常在定无有散乱。是为诸佛第三大那罗延幢勇健法……

“佛子！一切诸佛皆以德相庄严胸臆，犹若金刚不可损坏，菩提树下结跏趺坐。魔王军众其数无边，种种异形甚可怖畏，众生见者靡不惊慑，悉发狂乱或时致死。如是魔众遍满虚空，如来见之，心无恐怖，容色不变，一毛不竖，不动不乱，无所分别，离诸喜怒，寂然清净，住佛所住，具慈悲力，诸根调伏，心无所畏，非诸魔众所能倾动，而能摧伏一切魔军，皆使回心，稽首归依，然后复以三轮教化，令其悉发阿耨多罗三藐三菩提意永不退转。是为诸佛第六大那罗延幢勇健法。”

第六法 回望青莲

回朝青蓮

七二、清淨心

七三、恭敬心

七四、誠有心

七五、初飛天

七六、九曲珠

七七、再飛天

七八、處淩頂

七九、再飛天

八十、靈微妙

八一、初飛天

八二、處淩頂

八三、初飛天

八四、虛凌頂

八五、混元坐

八六、俯仰天

八七、俯仰天

八八、俯仰天

八九、鳳還巢

九十、如如手

九一、蓮花藏

九二、指花定

（6–1–1）

（6–1–2）　（6–1–3）

（6–1–4）　（6–1–5）

（6–1–6）

（6–1–7）

（6–1–8）

（6–2–1）

（6–2–2）

（6-2-3）

（6-2-4）

（6-2-5）

（6-2-6）

（6–3–1）

（6–3–2）

(6-3-3)

(6-3-4)

（6-4-1）

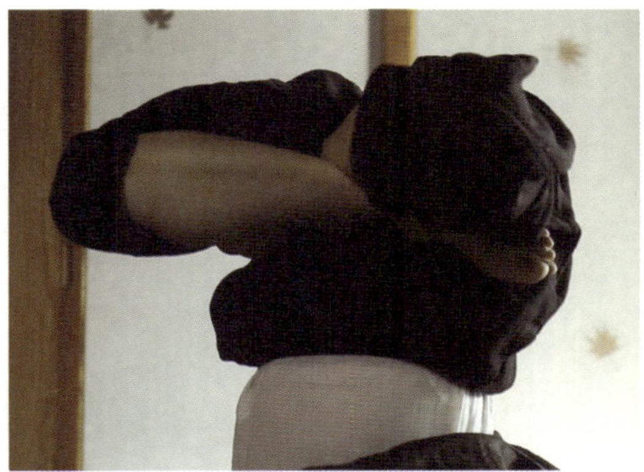

（6-4-2）

（6-4-3）

（6-4-4）

（6-4-5）

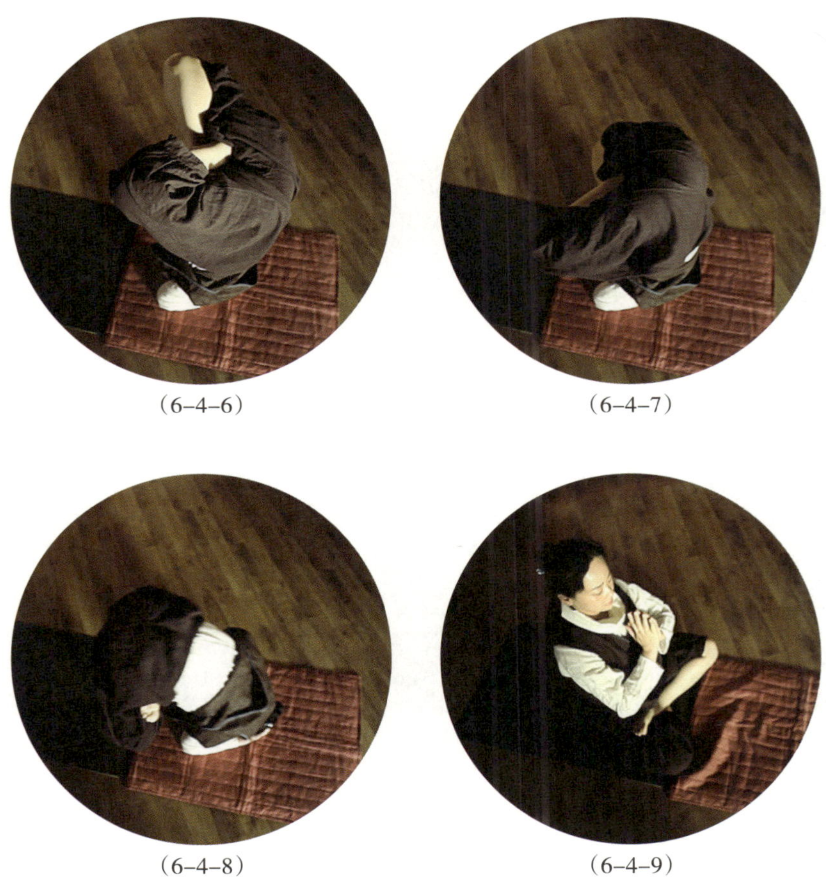

（6-4-6）　（6-4-7）

（6-4-8）　（6-4-9）

（6–5–1）

（6–5–2）

（6–5–3）

（6–5–4）

（6–5–5）

（6–5–6）

（6-5-7）

（6-5-8）

第六法　回望青莲

1、问:“回望青莲”是瑜伽的头倒立双盘功夫吗?

答:您又开始比较了！其实这个习惯不仅您有,许多人都这样,看到一件新事物时,习惯快速找到相似物然后下定义,这种轻易下结论的习惯是通过修行需要转化的。用您的结论来看,“白莲”和太极拳相似,“红莲”和外家拳相似,如果再把“青莲”往瑜伽上攀,结果会被演绎出个四不像的“莲花太极”。“青莲”的修法和瑜伽头倒立双盘虽然在体势上看上去接近,内在心法是千差万别的。

2、问:修“青莲”是为了呼应“白莲”和“红莲”吗?

答:“青莲”是“莲花太极”中,内气由刚转柔,或由柔回刚的桥梁。

3、问:为什么修者非要倒着才能建立这桥梁?

答:其中有多种原因,从心法的角度讲,头向下行,为修者谦虚之态。修者放下了身段,放下了执著,将身体伏至最微处,心中能于尘埃中开出禅花来。从气机的角度讲,阳气由脊柱生成,脊柱倒行并人为上下摆动时,引发全身的巨震,这也是“开窍”的方法,即用全身的震动唤醒生命的玄空造化场,逐渐增进影响生命气机的能量,这便是“生气”。修者一旦可以自“生气”,相当于身上安装了“信号放大器”,可以更快更大地“夺天地之造化”,

感应天地的契机。从经络的角度讲，如《琐言集》所云："要知任督二脉，体不端直，则气塞；体一端直，则气机无阴，百络通利，关系非细。"倒立状态是最容易打通背脊堵塞，使得脊背挺直，督脉流通顺畅，因为修者如果背不直，则立不稳。从生机的角度讲，如达摩祖师在《洗髓经》中言，"动中之静为真静"。修炼"青莲"时，身体在激烈晃动，但六根则全然收摄，修者于动中处于"真静"态，因为心存一丝杂念则无法保持平衡。修者内心越空虚，外观则越发挺拔，通过脊椎的上下起伏这就是揉洗衣服一样在按摩、激活骨髓，这种"洗髓"法是通过持续震动激发脊椎骨里的神经功能。从功能的角度上讲，修炼"青莲"是最佳活脑和回春修法，我们看人脑里有什么呢？例如，西医发现有松果体，松果体内有一种"向性腺激素"。人体不单单有"性激素"，还有"向性腺激素"，性激素是本能的，可以促使生命体精强力壮，可人类除了"性"还有"情"，产生"情"的生理基础是什么？就是"向性腺激素"。"性"是本能冲动，"情"是情义慈悲，菩萨皆因有情而驻世。如果产生情的激素不充分，人就冷漠、钝化，所以修炼"青莲"可加强松果体的功能。从修法的角度看，"青莲"是倒行逆施的逆法，有力倒转乾坤者非大丈夫莫为也。修炼"青莲"对禅定能量提高也是大有裨益的，因此，您要充分理解修习"青莲"的重要性，不要简单理解为一个头倒立体式。

4、问：是不是大脑的功能弱化，人会更加钝化和冷漠？

答：当然，大脑是情感、思维、形成意识的基地，大脑功能越弱，人越发固执和偏激。滋养脑部的骨髓由脊椎生成，我在《本能》一书第一章，即和读者们谈到了脊椎的重要性。脊椎如果长期受压迫，督脉必然不通，阳气不升，阳气是生命的正气，正气衰弱时，人心中的小心、焦虑、多疑、抱怨等各种阴性能量就有了活力。我们修禅，修者越修身体触觉会越敏锐，佛法中有“六十四种触”，随着修者修行境界的提升，身体的触感也会越来越敏感。为什么呢？从西医角度讲是脊柱里的神经功能开始恢复正常了。什么是正常？便是能恢复像儿童一样的天真、敏感，才是没有被世俗熏染的正常人。从修行角度讲，就是心能入微，平时钝化的六十四种触觉就逐渐清晰了。触觉清晰后，修者能“内观”自己身体的变化的起因，如痛和寒气相关，麻和胃经相关，痒和肺经相关，有蚁走感和肾经相关等等。知道起因，防微杜渐就有办法了。

5、问：医圣们能在没有X光、红外线的基础下，清晰地找出经络、穴位、气脉是因为内触敏感，具有“内观”功夫吗？

答：是的，李时珍曾说：“内景隧道，唯返观者能照察之。”东方传统的医者是长期自我修行、具足有内观返视的功夫的人，这点和现代医学院里培养出来的医生本质不同，古代有志向的医者多随侍师父多年，每日上山采药，修炼功夫，精通药性、食性、气性和人性之间的变化，出师后本着悬壶济世的精神从医，医生不是一个职业，而是一份使命。这些修行的医者能通过修行照见身体内部的景象和气血流通的变化，这就是“内景隧道”，并据此绘制出了经络、穴位、气脉运行图。如果缺乏了实证实修的功夫，中医就变成了一门技术、一门科学、一门学术，此和古代以实修为主的医者相去甚远。西方本无修行的传统，西医用解剖尸体的方法研究人的身体，这只能检查到人死之后固态的血液、骨骼、神经，而活着的生命体无常的气血、气脉之应时、应机的变化，是西医无法理解的。其实，人之气和精神状态有莫大联系，怎能仅以死尸论断？您情绪发动时的身体情况和平时一样吗？那如何照见“内景隧道”呢？《周易参同契》云：“原本隐明，内照形躯。”即人如能运用处于隐处、明了一切的“元神”，便能“照见”体内的“内景隧道”。我们可以说西医是身体观，东方传统修养则是整体生命观。“身体观”重视肉体，把人看成是一个静态的、实质性的、固定不变的、可分拆的物质，而“生命观”是把人看成是动态的、整体的、变化性的，受精神和气脉影响甚大的活动生命体。东、西方对生命的认识其实是朝着两个方向发展的，西方本着还原思想，用数学的可拆分方法；东方本着整体统一思想，演化出动态的、玄妙的、不断运行的、不可分割的生命观。故此，对于内观、内视之类的景象，西方人通过解剖法是无论如何不能理解的。解剖所能见的只是生命死亡后遗留下的遗迹，而非活着的生命本身。西方人产生这种思维局限，是由于其观察世界的角度是立于事物外面来观察现象，故一切外求解答，最后将一切现象，都化为数学方式表示出来。不仅医学，连音乐也可以被数学化，把活动的音符最后也变成了数字规则。科学的原则是将世界上万事、万物、万有量化、数化、物化的过程。而真实宇宙、世界、事物却是独立的、整体的、活动的、不可思量的。故我们说要收视返观，一切向内用力，不用眼看、耳听外面世界，完全属于东方传统的修养特色。司马迁在《史记·扁鹊列传》中言：“舍客长桑君过，扁鹊独奇之，常谨遇之。长桑君亦知扁鹊非常人也。”说的是扁鹊没有出名时，曾遇到了一位名叫长桑君的奇人，它给了扁鹊一种药，告诉他，用未沾及地面的水服用此药，三十天后，可见隐秘之物，同时将自己所藏的医书授与扁鹊。扁鹊依师之语服药三十天后，“视见垣一方人。以此视病，尽见五藏症结，特以诊脉为名耳。”可见，扁鹊是具有内观的能量的，能透视人的五藏 ，具备了这种功夫后，扁鹊开始在齐国和赵国行医。长桑君究竟给了扁鹊什么药？医书中又提及了什么修炼内视功夫的方法，司马迁在《史记》中没有细说，不过，我们可以肯定的是，此必然是修行功夫，而非什么偏方。

6、问："五脏"为什么叫"五藏"呢？

答："五藏"源自《黄帝内经》，书中将"心、肝、脾、肺、肾"称为"五藏"，而不是后世医学说的"五脏"。其中的区别在于"五藏"之称呼，视其不仅仅是实物脏器，不仅以看得见、摸得着为标准，"藏"有藏神之能，这是在肉眼看不到的一种象，即《内经》说的"藏象"。从名称的变化我们可以看出，古人更重视神气，而后世之人逐渐落入实体，这是由于医者思想已经越来越忽略精神的缘故。

7、问：现代科学不是已经可以拍照发现人体经络的能量光点了吗？

答：前苏联科学家曾发明的一种克里安照相机，利用高伏特电压的瞬间激发，将人或是物件的影像摄入底片中，可以拍摄出人或物的"气场"、"能量场"。不过这只是人、物的最基本能量场，如人体周围的各种射线等，但人体还有更高的能量场,如灵体是拍不出来的。现代科学认为,宇宙中的一切物质都有自己的频率,即一切物质都以各自不同的频率振动着,我们人类的感知器官仅仅能接受非常小范围内的频率,一旦某个事物的大频率超过了这个范围,就无法被人类感知。例如,海豚之间交流传递信息的超声波,人类无法听到,但是可以被科技仪器探测到。不过,又有多少现代科学仪器还探测不到的领域呢?之后,德国科学家发明了彩光针灸与多种彩光疗法,以及核磁共振功能成像技术等,如今西医开始重视核磁共振成像技术揭示出的人体经络,学界也发表了诸多研究报道和论文。

8、问:现代科学不也证实了人体有非眼图像识别功能吗?

答:是的,经过大量考证,现代科学已经通过定量实验证明了,不通过人眼,而通过人的其它部位,如耳朵、手指、牙齿等器官,识别颜色、图像、文字等等的情况存在。这就是我们在智慧篇里提到的“内碍”通了,不过如果不是通过修行打通身体内碍,只能称为“特异功能”,其有几个特点:一、受者自己并不知道这些特异功能怎么来的,自然也不知道何时会消失,也就是局限于自己无法控制的“时”。二、如能用手指识别文字、图像的人,其他部位并无特异功能,也就是局限在自己无法控制的“空”,而佛法中的所谓打通“内碍”并非指一处无碍之意。三、这些特异功能多数并不能帮助受者觉悟、人生幸福或者提高智慧。因此,科学证明的这些功能只能证明这些功能存在,而不能证明这些功能从何而来。此外,西方科学将禅门的“心心相印”称为:心灵传感,即无需感官器官,两人或多人之间可以单向或双向用意识传递心灵信息。例如,日本有位本山博士通过实验证明,施者可以将思想和意志穿透电磁波无法通过的房间,成功传递给另一房间内的受者,并且证实了志同道合者之间心灵传感更准确和迅速。这些都属于科学现在只能证明而无法解释的"非科学现象",当然,科学家们还证实了,人眼确实还有"X"光一样的"透视"功能,这接近传统的"内观"功能了。古代医圣如扁鹊、华陀等都是具有内观能量的神医,曹操脑子中的瘤子就是华佗通过透视能量"看"见的。除此之外,还有"遥视",即千里眼。西方科学至今不能理解,所有身体的特殊能量皆发自于心,是心能来而支持生理反应的,有了心能的支持,生命体可在大脑中反应出来,从物质成分上看,心能用来直接滋养大脑的是脊柱里的精髓,精髓又和肾气相关,而督脉是精髓的通道,这条人体的最主要通道如果堵塞,各种能量和能力便无法开发和使用。

9、问:脊椎既然这么重要,为什么现代人几乎都不重视?大多数人弯腰驼背?

答:因为现代生活已经西化了,人常坐松软的沙发,睡柔软的席梦思,坐着跷二郎腿,行、住、坐、卧皆在散漫中,长时间对着电脑、手机,想不驼背都难。修行之人,入门即注意三挺:颈挺,脊柱挺,肋骨挺,此"三挺"有利于气贯全身,精气灌顶,任督正位,气生神生,气活神活。修炼"青莲"能像桥梁一样帮助身体和精神的沟通,为什么呢?因为所有的修炼中,唯有"青莲",心一点也散漫不得,杂念一起,必然保持不住平衡。

10、问:为什么“青莲”的作用如此显著呢?

答:我们头顶的穴、窍是接“天气”的,何为“天气”? 即宇宙天空的“电波”,修者因为气脉通顺,则加强了生命的“信号接收”功能,所以时刻能接收到宇宙天体的“电波”和“气机”。修者和天能能互相交感。除了“天气”之外,我们还要能接受“地气”,何为“地气”? 即地下的磁场,这和变化不定的电波不同,地下的磁场是稳定有脉络走向的,也就是地脉。地脉有“遇风则散,遇水则聚”的特性,民间也叫“风水”,古时叫“堪舆”,堪是天道,舆是地道。修炼中要想接地气,命门下的尾闾窍特别重要,因为这里和性激素的存储地“气海”相对,属于下丹田区域,是人的肾上腺素比较集中的地方。肾上腺素是发挥人潜力的激素,我们生命机能想要保持精力旺盛,和肾上腺素的充足密不可分。肾上腺素如何激活? 不是去打肾上腺素针,那是救命时才用的,激活肾上腺素的关键便在“尾闾窍”。这个区域包含了中医的长强穴,瑜伽派的海底轮,除此之外,各个修门为了如何发动身体的灵热而创造了各种修法,发动灵热在哪里? 道家说“牝门”,也叫“会阴窍”,注意不是二阴中间的“会阴穴”,而是在肛门前口。凡能接“地气”的修者,必须激活这个区域,那么如何激活呢? 我们来看,“青莲”修法有几步:一、先倒立帮助脊髓倒流入脑,再通过上下激荡脊柱促使督脉气动。二、倒立“莲花”,这又叫“上莲花倒立”或“倒锁莲”。“倒锁莲”的姿势如同胎儿在母体子宫里一样,倒立在宫体内,使得修者在最放松状态下能使得下盘闭锁。三、“移位震荡”,用上下激荡脊椎法刺激脊椎活跃,还精髓入脑,激活“气海”里储存的性激素和“尾闾窍”中的肾上腺素。四、能量被激活涌动发热后,修者在“倒锁莲”的姿势中大力跌下地面，恢复“莲花坐”。为什么要大力下落？因为可以冲击“阴窍”部位，再次激荡下丹田能量，帮忙身体链接“地气”。

11、问：啊！原来如此！天、地之气有了，是不是还应该接引人气？

答：打开人气的关键链接点在中丹田，《莲花太极》“智慧篇”里已经介绍了中丹田的功能了，我们胸前的黄庭穴附近区域是胸腺所在地，这是心、肾相交处，这里和背后两胳膊的连接处“夹脊窍”对应的，此处即接引“人气”的关隘。没有修行过的人，夹脊窍多是闭塞的，修时要打开它。“青莲”的震荡能帮助打开夹脊窍，人气旺了，会时刻在“开心”状态。

12、问：“青莲”需要每天修炼吗？

答：是的，一天之中修炼“青莲”的最佳时间是清晨，如能在日出时于户外倒立着感受紫气东来，和天地交汇感通，清冽的晨气是修者最好的早餐！早晨修“青莲”还能改善一夜酣睡造成的身体滞气，保证全天的脑部供血、供氧，使得头脑清晰，并改善面色，还能唤醒和刺激大脑沉睡区域的苏醒。此外，精进修行了一段时间的男性修者，有不少人就像男孩每天早起时产生自然勃起现象，这种无性的勃起是生命力旺盛、身体恢复年轻态的表现。早上的勃起和本能有关，和性冲动无关，早晨的修炼可以转化身体的本能，有些修者，一旦本能苏醒，便感觉自己性功能增加了，沉迷于性欲，这样修行不仅没有补充元精，反而减损肾能，故此，我们需要通过修炼使元精从会阴区上升，逐渐脱开性欲，以此提升修者的精神境界和品位。我们刚才也提到了接引人气需要打开胸腺，“青莲”可以激发胸腺乃至所有的腺体的分泌，包括上丹田中松果体腺的能量，一段时间修行后，直觉力、洞察力都会同时增强。长期坚持修炼“青莲”，对转化生命有各种帮助，其中感觉变化最快的是大脑。我们一直提到“青莲”对松果体有作用，松果体位于脑中心，其位置和道家的泥丸宫和佛门所言的天目位置吻合，它仅有米粒大小，因其形状像一颗松果，故名“松果体”。现代科学家透过对大脑解剖和对胚胎学的研究发现，人类确实存在第三只眼，而松果体，正是第三只眼所在处。松果体是有感光组织架构基础的，而且有完整的感光信号传递系统。例如，最新发现，没有眼睛的墨西哥盲鱼就是利用松果体来“看”外界的。人的肉眼也只是像照相机的镜头一样起对焦、采集光线的作用，而松果体却是像照相机的CCD或底片，起真正感光成像的作用。科学家们还发现在松果体的前方有一个生物磁场，可聚集射线，并能起到扫描图像的作用。许多修者精进修行后，能感觉两眉之间有个深邃的隧道，这便是聚集射线的能量在恢复。人体的松果体在儿童时期比较发达，七岁后便开始退化，从身体机能上说修炼“青莲”能够帮助恢复“眼视”的功能，也有修者能因此打开眼通，不过，这些都是不可追求的，越追求便离道越远。

13、问：修炼真有这么不可思议吗？

答：我记得老有人问我，为什么能在短短四五年时间写出来这么多书的？还有人问为什么您懂得这么多？还有人问您这些功夫是怎么修的？

其实我还差得远，我师公白云禅师原是韩国智异山华严寺佛学院的院长，他前任院长是著名的龙夏禅师。龙夏禅师自小出家，虽然刻苦精进修学，但由于天资愚钝，入门多年还是摸不着佛法的门。师父因看他是法器，苦于身心没有打开，就让他做了自己的侍者，带他上山结庐安居。一年，师徒两人在茅棚里整夜打坐，突然，师父清晰地见到了文殊菩萨，并听见了文殊菩萨的声音，而与此同时，龙夏禅师也清晰看到和听到了文殊菩萨的模样和声音，但和师父不同的是，他当时一直心念的却是观音菩萨。可见，无论文殊还是观音，这些菩萨的形象、音声都只是在化身、报身有别，而在法身上，是无二分别的。师徒两人是子夜听到的法音，可是两人一睁眼的时候却已是太阳升起的早晨了。龙夏禅师此时方觉何为一念万年，万念一念！也就这一次，龙夏禅师顿悟了。安居结束后，他下山读书，一目十行，过目不忘，并且能举一反三，观前知后。不久，他便成为了韩国曹溪宗两座本庙即华严寺和泉隐寺的住持，他也是这两座本庙历史上最年轻的住持。除了龙夏禅师，还有1993年入寂的韩国海音寺住持性彻禅师，他曾长坐不卧八年，属于顿悟顿修，顿至佛地的大禅师。不仅近代韩国的禅师，中国近代独承五家禅法的虚云老和尚，坐下也有大德应世，如弥光法师，法师是2008年5月坐缸圆寂的，并且在入寂后四十四小时内，头顶一直温暖。法师入缸后神态安详，身有体香，光鲜洁净，肌肤如同婴孩。三年后开缸时发现当初装缸时的头发、指甲已长，多呈金黄色，眉毛、胡须亦有生长并变黑，双腿结跏趺而坐，法相庄严。禅门祖师的过往奇迹已经数不胜数了，您说这些近代大德，是不是也是不可思议？

14、问：是不是因为这些大德们早已打通气脉了？佛法、禅法中也讲气脉吗？脊柱是脉吗？我修"青莲"时横膈膜区域很痛，这里是脉吗？

答：佛法中唯有"法相唯识"学派提及脉体，"中国禅"各位祖师无此方面论述。佛法、禅法讲的是闻、思、修，至于究竟如何修，各个修门师徒之间各有各修法，没有人可以看看书便胡乱自己修成。脊柱在古瑜伽学里，叫"业脉"，您感觉疼痛的横膈膜区域叫"断脉"，为什么会痛？因为那里积累了寒气，堵塞了，需要打开才行。

15、问："青莲"修法，是禅门古来有之的吗？

答：当然！达摩祖师是大瑜伽士，"倒锁莲"这些都是禅门功夫。我们再看看少林的童子功里也有相同功夫，其中的"倒拜佛"功夫就和"倒锁莲"功夫接近。少林童子功本有外功、内功和柔功三种，为了辅助禅者的禅定修炼，童子之意不仅是孩童，而是无漏的修者皆为"童子"。修者坐禅久了行功运气可缓解全身气血不畅，无漏可使禅者轻如燕、软如棉、硬如铁，内壮外柔，藏而不露。

16、问：隐峰禅师是倒立圆寂的，为什么圆寂后衣服能顺着身体不下垂呢？这违背常理啊！这也属于功夫吗？

答：不仅隐峰禅师啊，我们提到过永嘉玄觉禅师的妹妹玄机禅师也是倒立圆寂的，她衣服也是顺着身体没有倒垂的。宋朝时有一位吴敦夫居士，读到此事时，惊叹不已，他和您现在一样想不通为什么衣服能顺着身体

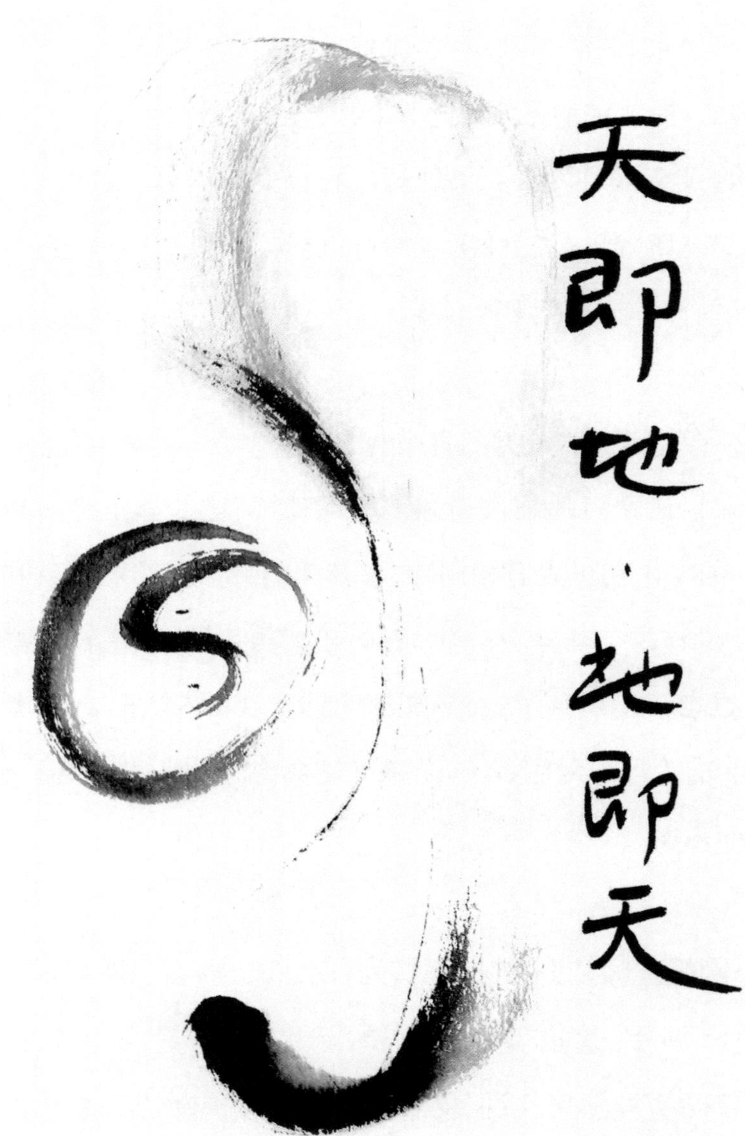
天即地·地即天

不下垂？一日，吴居士有缘拜见黄龙祖心禅师，他就问了这个问题。禅师说："您现在的衣服是顺着身体垂下的，您觉得奇怪吗？"吴居士道："不奇怪。"禅师接着道："既然您的衣服顺着身体不觉得奇怪，隐峰禅师倒立而化，衣服顺着身体下垂，有何疑问呢？"

17、问：啊！我明白了！颠倒才是不颠倒！世人因带着成见，认为倒立才是颠倒，其实倒立而化本就是不可思议，衣服和禅师本是一体，既然禅师无方向，为什么衣服有方向？

答：最是平常最神奇，说出悬空人不知。好笑纷纷学道者，意中疑是又疑非。

18、问：我初修行时，对于禅的境界总有各种童话般的浪漫想象，仿佛达到某种境界后，所有问题都会自动迎刃而解。今天我似乎明白了，真实的生命只在当下！我精进修行以后也能和禅师们一样潇洒自在吗？

答：无论是把修行当作童话或者贡品供奉，那都是水中捞月，可望而不可即的。赵州禅师曾问师父南泉普愿："如何是道？"答："平常心。"赵州进一步问："如何达到？"师当即棒喝："起心思维，即与'道'背离！"您如果能远离大脑的游戏，活在当下便是"入道"了。《楞严经》云："心能转物，即同如来。"如能转物，不被物所转，便能如隐峰等祖师一般，潇洒自在，人法皆空，处处皆真。可惜世人的心好似墙头草，东风吹来向西倒，西风吹来向东倒，跟着潮流时尚乱飘，从来自己没做过自己的主。白云禅师颂曰："若能转物即如来，春暖山花处处开。自有一双穷相手，不曾容易舞三台。""中国禅"是生活禅，修禅在静中修成无用，必须能于跌宕起伏中不动，可在滚滚红尘中如如，才是真功夫。

19、问：这幅画"人在天在，人在地在"，有什么含义？

答：佛法说"心生则种种法生"，又说"一切唯心造"，也就是您的所见、所闻、所感、所触、所思、所想、所言、所行、所得……都源自于您的心，您的心即您的全部世界。天地本有缺憾，因人而补足，或者说，对您来说，自己以外的客观世界不存在什么实际意义。王阳明先生一次和朋友上山看花，说："汝未看花时，此花'与汝同寂'，晦暗不明；当汝来到花前，它才与汝一同'明白起来'"。

20、问：是不是个人的所见、所闻等意志构成了个人世界的全部，能不能认为某人见闻越多，个人世界就越大？

答：那岂不是搞新闻的记者、旅行家的个人世界最大了？虽然读万卷书不如行万里路，但万里路相对整个世界、整个宇宙法界来说是根本微不足道的，例如诸葛亮当年纵论三分天下的地方，是他的草庐。

21、问：那么，个人世界的大小究竟和什么相关？

答：只和心量有关，一切唯心造。心量不可思量，不可感触，不可揣摩，"人在天在"之"天"是天之性，主变化无常、不可测的慈性，"人在地在"之

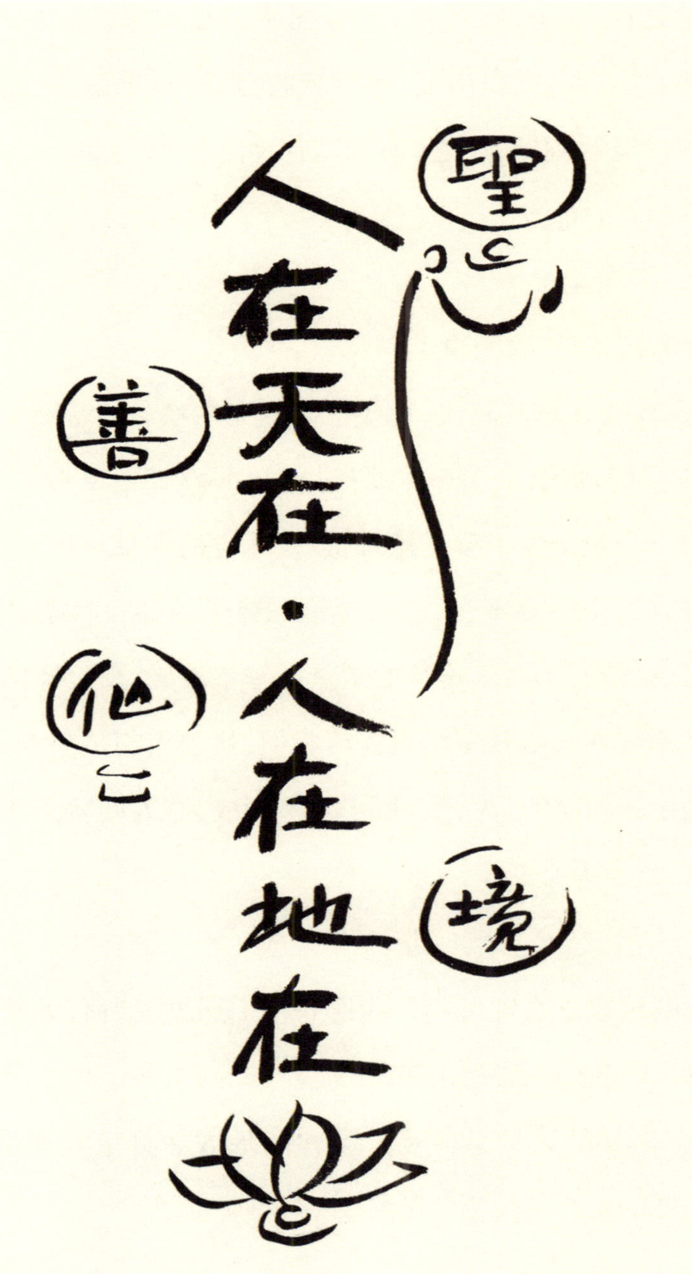
聖
心
人在天在·人在地在
善
仙
心
境

“地”是地之性，主起用、生发、养育而不图报的悲性。凡人能与天性相应者，即能随缘自在，随机应变，事事皆善，此种具足慈悲、通天彻地之人，可谓之“神”、“灵”。其所在之“地”即“善地”，何为“善地”？就是能使人作为人而成其为人的地方。

22、问：这就是“人间净土”吧？

答：世界变化越来越快，现代社会建立在科学的基础上，而科学是依据物质而建立的理论。1926年，德国科学家海森堡已经提出了“测不准原理”，即对一个粒子处于哪个位置，以及速度的测量永远无法精准。因为科学家们观察这个举动本身，就会影响到粒子的存在状态。即：对粒子的位置测量得越准确，则对其速度的测量就越不准确，反之亦然。除了“测不准原理”，星系红移和哈勃定律也告诉我们：每个人都是宇宙的中心。既然每个人都是宇宙的中心，为什么每一处不能成为“人间净土”呢？之所以还有“不净”在，是因为心不净。

23、问：可以这么理解吗？我这一生中遇见的所有风景，都只因我的到来而存在？因我的离去而消失？

答：您遇到的风景是什么？存在的地方在哪里？消失是在哪里消失的？您从哪里来？又往哪里去？

24、问：为什么您总能问出这么多问题？

答:能发现问题,才是人类智慧的价值。不过会发问不能发傻问,例如,修炼有什么好处?为什么要双盘?怎样才能长生不死等等的问题是死问题,是没有独立思考的伪问题。未来世界,人必然和机器人共存于世,人类的作用是灵性,和机器人相比,人的特性是独立思考,而非解决问题。机器或许会比人更擅于找到解决问题的答案,解决问题不是智慧,没有自主意识,却有丰富知识的机器人未来会更精于此道。

25、问:如果未来机器人这么厉害,那么不会独立思考的人的人生意义何在?

答:这些人本能性不如动物,解决问题能力不如机器,除了消费地球资源,随大流活着,您说其人生有何意义?找不到人生意义的"人"能称其为"人"吗?人应能明白宇宙、生命的真相,这样生活才有意义和价值,才会每天成长,生命无悔。故此,由于每个"人"对宇宙、生命、价值的觉悟能力不同,其人生意义和价值也不同,也就是说,能做自己的主人还是奴隶,取决于本人的追求。人生的意义和价值不同,表现出的生命境界也不同。因此,每个生命的价值,取决于其内在的认知程度。

26、问:三祖大师的《信心铭》中有"能随境灭,境逐能沉"两句,是否便是此意?

答:"能随境灭"的"能",是指生命内在的主观意识。"境"是指相对外在的客观环境。"灭"不是修者要灭掉什么境界或者杂念,而是指内心空性显

现谓之“灭”,也就是主观意识不见了,没有了主观意识,外在的客观境界属于“无自性缘起”。不过我们要充分理解“缘起”,能缘的主观意识跟所缘的客观境界是相互依存的。客观不存在时主观也就不存在,主观因客观的存在而有意义,这才叫“境逐能沉”。什么是“境逐”?就是人如果不明白真理,拼命追逐各种客观境界,是毫无意义的,是被动地被客观境界转。不明此理时,修法被法转,生活被生活转,工作被工作转,慈悲被慈悲转……我们修炼“青莲”是逆转,以常为无常,将变化多端的天之性转为无比稳固坚实的地之性,将长期依赖的各种行、相大逆转。“天”与“地”与“人”本是同一“性”,同一“本性”、同一“佛性”、同一“如来藏性”。何为“正”?上“一”下“止”,“一”即本来如如,一即一切,“止”即人空法空,一切即一。所以,但有能、所,俱是戏论,一切的“正”必以绝对平等为基础,其大无外,其小无内,心、佛、众生三无差别。

27、问:“莲花太极”八法中,是不是“青莲”最能帮助修者入静?

答:我们前面已经提到过,其他修法,无论抄经、行禅、立禅、坐禅、白莲、红莲等,修者还是会忍不住在习惯带动下,有心猿意马的时候,因为习气是最难转化的,南传佛法中有“无余涅槃”说,没有达到“无余”前“余”什么?便是习气了!没有功夫、智慧的人难以控制杂念,这和习气难转有关。修炼“青莲”时,是人为地必须制心一处,统摄六根,否则必然难以保持身体平衡,故此常修“青莲”能帮助修者转化胡思乱想的习气,逐渐净化大脑意识。

28、问：现代人为什么入静这么困难？

答：这是从小养成的习惯，现代生活中人从小就处在动态中。被各种事物、现象、语言团团包围。例如，从小就习惯了各路人等在同一个房间里各说各的，各玩各的；从小就习惯了吃饭聊天；从小就习惯了一心多用等等，这些习惯是古人反对的坏习惯。再如，我们以为睡觉是静，其实噩梦、春梦、幻想从没有断过，本应在睡眠中修复的大脑细胞，始终处在兴奋状态下，怎能不疲惫？还有人以为独处是静，其实只要妄想、痴心不改，独处又有什么用呢？现代人有几人能享受清福的？人精神之病有多种，自闭、焦虑、昏沉、狂躁、不安、暴怒、抑郁等等，这些都源于生命中动静不平衡。从修禅的角度看，心不能静时，全属于“动”。由此可见，现代社会的人几乎全天处在动态中，想静的人，通常自己无法带动自己的精神停歇下来，所以情绪起伏大，也容易走极端。有人意识到了这个问题，想通过闭门修炼或者坐禅调节情绪，结果情绪确实没那么容易激动了，却修出了其他问题，例如，因不会控制杂念，而致气病，又如变得更加胆小，容易昏沉，还有人睁眼闭眼即见神见鬼的。禅之修养，全在一心，心中能像湖水一样清澈明亮，非关乎外在动不动，或者以为隐居、独处、睡觉、看书就可以静。

29、问：为什么看书也不算静？

答：看书时心动得其实更厉害。

30、问:静心便是不心动、无思想吗?

答:《坛经》中有僧举卧轮禅师偈曰:“卧轮有伎俩,能断百思想,对境心不起,菩提日日长。”六祖闻之,对曰:此偈未明心地,若依而行之,是加系缚。因示一偈曰:“惠能没伎俩,不断百思想,对境心数起,菩提作么长。”

31、问:如何能做到“不断百思想,菩提作么长”呢?

答:菩提只向心觅,何劳向外求玄? 静心应从实修开始,而非从理论上寻找答案 。

32、问:真正能静心的人,生活中是什么表现呢?

答:遇事不动,安稳如山;言行利众,柔情似水。

33、问:禅者不仅能“静”,而且能“净”时,又是什么表现呢?

答:沩山禅师言:“实际理地,不著一尘。万行门中,不舍一法。”“不著一尘”乃“本来无一物”,“何处惹尘埃”?“不舍一法”,乃六度万行皆方便,无缚无著,这就是菩萨道。

34、问:我在生活中遇到危急、困境、烦恼总想找人倾诉,倾诉后才感觉自己能静下来,这样做对吗?

答:当然不对! 自己每天出现情绪危急,遇到困难事情,或者感觉烦恼焦虑,这些都是个人的修为不够、智慧不够产生的私事,这就像人吃了东西每天都会大便一样正常。大便拉出来后您会带在身上四处游荡吗？大便本就应该随出随冲，没有人自己每天带着垃圾乱跑，不仅自己带着垃圾，随时翻出来闻一闻，刺激自己还不够，还去找人分享垃圾，把恶臭和垃圾倾倒给关心自己的人，然后仿佛自己释放了，轻松了，舒服了，可是垃圾和大便却留在了朋友、亲人那里，您说这种行为善良吗？无扰他人为“善”。因为自己难受，故而逼着他人也一起享受垃圾，还美其名曰：闺蜜就是一起分享秘密的，或者哥们之间无所不谈等等言论，为自己的行为找借口。这样修行有什么用呢？不过是自欺欺人。

35、问：那我遇到烦恼，情绪发动时该怎么办？直接修“青莲”吗？

答：心情起伏时不要马上进入修炼，一方面容易岔气，一方面也难以保持平衡和发力，肌肉、骨骼容易受伤。情绪起伏时找人倾诉是绝对不可取的，但是有人不找人倾诉，却去找机器倾诉，去打游戏、上网找“人”解闷儿，还有人找“酒”倾诉，借酒消愁等等，这些也都不是有修养者所为。修者如果遇到情绪起伏不定、烦恼顿生时，最好的方法是一个人品茶。茶是寒性之物，能降燥热之心火，茶气有温发之效，还能温暖人心。通过品茶闻香，修者慢慢返观情绪的缘起、发生、变化，回顾自己的心态。等到发现所有问题都很可笑时，可配合默诵或高声诵读经典，或者开始默写经典……用这些无扰他人的修法，同样能很快使心情稳定。

36、问：烦恼转菩提时，便是西方极乐净土吗？

答:“若悟无生顿法,见西方只在刹那。不悟念佛求生,路遥如何得达。”禅门智慧,须切实修证方可领悟,莫作儿歌背过即罢。

先师云：

大珠慧海禅师《顿悟入道要门论》节选

一、

问：欲修何法？即得解脱。答：唯有顿悟一门，即得解脱。云何为顿悟？

答：顿者，顿除妄念；悟者，悟无所得。

问：从何而修？答：从根本修。云何从根本修？

答：心为根本。云何知心为根本？

答：楞伽经云：心生即种种法生，心灭即种种法灭。维摩经云：欲得净土，当净其心；随其心净，即佛土净。遗教经云：但制心一处，无事不办。经云：圣人求心不求佛，愚人求佛不求心；智人调心不调身，愚人调身不调心。佛名经云：罪从心生，还从心灭；故知善恶一切，皆由自心，所以心为根本也。若求解脱者，先须识根本；若不达此理，虚费功劳，于外相求，无有是处。禅门经云：于外相求，虽经劫数，终不能成；于内觉观，如一念顷，即证菩提。

二、

问：云何为禅？云何为定？

答:妄念不生为禅,坐见本性为定。本性者,是汝无生心。定者,对境无心,八风不能动;八风者:利、衰、毁、誉、称、讥、苦、乐,是名八风;若得如是定者,虽是凡夫,即入佛位。何以故?菩萨戒经云:众生受佛戒,即入诸佛位;得如是者,即名解脱,亦名达彼岸、超六度、越三界、大力菩萨、无量力尊,是大丈夫。

问:心住何处即住?

答:住无住处即住。

问:云何是无住处?

答:不住一切处,即是住无住处。云何是不住一切处?

答:不住一切处者,不住善恶有无内外中间,不住空、亦不住不空,不住定、亦不住不定,即是不住一切处;只个不住一切处,即是住处也;得如是者,即名无住心也,无住心者是佛心。

问:其心似何物?

答:其心不青不黄、不赤不白、不长不短、不去不来、非垢非净、不生不灭,湛然常寂,此是本心形相也、亦是本身。本身者,即佛身也。

问:身心以何为见?是眼见、耳见、鼻见及身心等见?

答:见无如许种见。

问:既无如许种见,复何见?

答:是自性见。何以故?为自性本来清净,湛然空寂,即于空寂体中,能生此见。

问:只如清净体尚不可得,此见从何而有?

答:喻如明鉴,中虽无像,能见一切像。何以故?为明鉴无心故。学人若心无所染,妄心不生,我所心灭,自然清净;以清净故,能生此见。法句经云:于毕竟空中炽然建立,是善知识也。

问:涅槃经金刚身品:不可见、了了见,无有知者、无不知者,云何?

答:不可见者,为自性体无形,不可得故,是名不可见也。然见不可得者,体寂湛然,无有去来,不离世流,世流不能流,坦然自在,即是了了见也。无有知者,为自性无形,本无分别,是名无有知者;无不知者,于无分别体中,具有恒沙之用,能分别一切,即无事不知,是名无不知者。般若偈云:般若无知,无事不知;般若无见,无事不见。

问:经云:不见有无,即真解脱。何者是不见有无?

答:证得净心时,即名有,于中不生得净心想,即名不见有也;得想无生无住,不得作无生无住想,即是不见无也;故云不见有无也。楞严经云:知见立知,即无明本;知见无见,斯即涅槃,亦名解脱。

问:云何是无所见?

答:若见男子女人、及一切色像,于中不起爱憎,与不见等,即是无所见也。

问:对一切色像时,即名为见;不对色像时,亦名见否?

答:见。

问:对物时从有见? 不对物时,云何有见?

答:今言见者,不论对物与不对物。何以故? 为见性常故,有物之时即见,无物之时亦见也;故知物自有去来,见性无来去也,诸根亦尔。

问:正见物时,见中有物否?

答:见中不立物。

问:正见无物时,见中有无物否?

答:见中不立无物。

问:有声时即有闻,无声时还得闻否?

答:亦闻。

问:有声时从有闻,无声时云何得闻?

答:今言闻者,不论有声无声,何以故? 为闻性常故,有声时即闻,无声时亦闻。

问:如是闻者是谁?

答:是自性闻,亦名知者闻。

问:此顿悟门以何为宗? 以何为旨? 以何为体? 以何为用?

答:无念为宗,妄心不起为旨,以清净为体,以智为用。

问:既言无念为宗,未审无念者无何念?

答:无念者,无邪念;非无正念。云何为邪念? 云何名正念?

答:念有念无,即名邪念;不念有无,即名正念。念善念恶,名为邪念;不念善恶,名为正念;乃至苦乐生灭、取舍怨亲憎爱,并名邪念;不念苦乐等,即名正念。

问:云何是正念?

答:正念者,唯念菩提。

问:菩提可得否?

答:菩提不可得。

问:既不可得,云何唯念菩提?

答:只如菩提,假立名字,实不可得,亦无前后得者;为不可得故,即无有念,只个无念,是名真念。菩提无所念,无所念者,即一切处无心,是无所念;只如上说如许种无念者,皆是随事方便,假立名字,皆同一体,无二无别;但知一切处无心,即是无念也。得无念时,自然解脱。

问:云何行佛行?

答:不行一切行,即名佛行,亦名正行,亦名圣行;如前所说,不行有无憎爱等是也。大律卷五菩萨品云:一切圣人,不行于众生行,众生不行如是圣行。

问:云何是正见?

答:见无所见,即名正见。

问:云何名见无所见?

答:见一切色时,不起染著;不染著者,不起爱憎心,即名见无所见也;若得见无所见时,即名佛眼,更无别眼。若见一切色时起爱憎者,即名有所见;有所见者,即是众生眼,更无别眼;作众生眼乃至诸根亦复如是。

三、

问:于来世中,多有杂学之徒,云何共住?

答:但和其光,不同其业,同处不同住。经云:随流而性常也。只如学道者,自为大事因缘解脱之事,俱勿轻未学,敬学如佛;不高己德,不嫉彼能;自察于行,不举他过;于一切处,悉无妨碍,自然快乐也。

重说偈云:忍辱第一道,先须除我人。事来无所受,即真菩提身。金刚经云:通达无我法者,如来说名真是菩萨,又云:不取亦不舍,永断于生死;一切处无心,即名诸佛子。涅槃经云:如来证涅槃,永断于生死。

偈曰:

我今意况大好,他人骂时无恼。

无言不说是非，涅槃生死同道。
识达自家本宗，犹来无有青草。
一切妄想分别，将知世人不了。
寄言凡夫末代，除却心中蒿草。
我今意况大宽，不语无事心安。
从容自在解脱，东西去易不难。
终日无言寂寞，念念向理思看。
自然逍遥见道，生死定不相干。
我今意况大奇，不向世上侵欺。
荣华总是虚诳，敝衣粗食充饥。
道逢世人懒语，世人咸说我疾。
外道瞪瞪暗钝，心中明若琉璃。
默契罗侯密行，非汝凡夫所知。

第七法 雪莲幽冥

雪蓮幽冥

雪山静岩

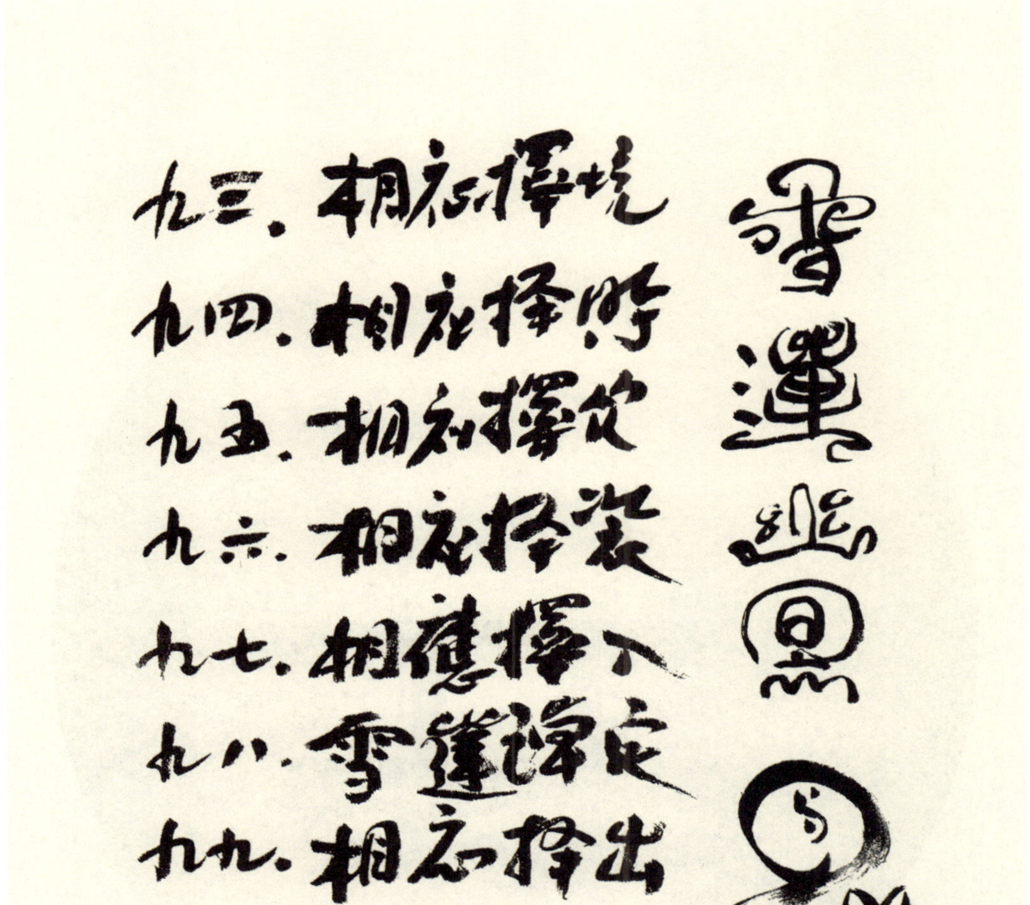

雪蓮遊圖

九三、相視擇境
九四、相視擇時
九五、相視擇位
九六、相視擇姿
九七、相應擇下
九八、雪蓮禪定
九九、相視擇出

（7-1）

（7–2）

（7–3）

（7–4）

（7–5）

（7–6）

（7–7）

（7–8）

（7–9）

（7–10）

（7–11）

（7–12）

（7–13）

（7–14）

第七法　雪莲幽冥

1、问:“白莲”是身体的温水,“红莲”是身体的热水,“青莲”修炼则打开了身体清凉甘露水的源泉,是不是“雪莲幽冥”的坐禅功夫,在于维持这些能量的平衡呢?

答:……

2、问:为什么双盘有这么多神奇作用?我看您修炼时手结“三昧定印”,正好是放在肚脐前方,西医说肚脐正好处于人体高度的黄金分割点上。就像中东在地球的黄金分割点上,所以石油特别丰富,那么肚脐周围的下丹田,是不是也和中东一样应该炎热,并且为生命生产石油一样的养料呢?

答:……

3、问:修炼“雪莲”能提高禅定功夫,修禅定和修禅是一回事吗?

答:……

4、问:行、住、坐、卧既然都能入禅定,为什么坐禅是最佳姿势?是不是因为稳定的坐禅如同金字塔一样,身体呈两个稳定的三角形,这种坐姿最稳定?

出世間
世間

答：……

5、问：入定后修者一定能保证出定吗？万一出不来怎么办？

答：……

6、问：什么是“一念万年”、“万年一念”？如果“一念万年”了，岂不是意念的速度比光速还快？意念能往来于过去、未来吗？

答：……

7、问：道家的神仙之境，瑜伽的三摩地和四禅八定有什么区别？哪一个定境更深？

答：……

8、问：我以前尝试过念咒、辟谷、瑜伽、转山、禅舞等各种修法，但实在是有去大海里抓老虎，去深山里捉鲨鱼一样矛盾的感觉。修了多年也没有找到方向，始终似懂非懂，晕晕乎乎的。现在才发现其实是没有搞清楚何为世间法和出世间法。这不仅是我的问题，我认为其实带我修的师父们，自己也都没明白，所以走了许多弯路。“我眼本明，因师故瞎”，现在我体会到身体、物质、现象范畴为主的锻炼是世间法，而出世间法是以精神能量为主的心法，如果把此二者混淆，则是四不像。怪不得您总在说，没有搞清楚禅的内涵，光学姿势、拉筋、开胯、训练爆发力这些，修成还坏。这么理解对

吗?

答:……

9、问:我修了“莲花太极”后感悟到,为什么您将“中国禅”比喻为“莲花”,因为出世间法就如同“莲花”一样,重视心的清净,而世间法就像咱们禅画里处处可见的“茶壶”,只有用茶壶里源源不断的茶水浇灌着心里的莲花,才是“出世间法”离不开“世间”灌溉的人,否则“出世间法”也就不存在了。对吗?

答:……

10、心理学还是偏重在身体物质层面的学问,坐禅不是研究心理学,对吗?

答:……

11、问:沟通世出世间之间的桥梁,是“太极”吧?因“太极”的变化,世间可瞬间变为出世间,出世间也能刹那变成世间,变化的根本在人心。对吗?

答:……

12、问:您前面提到了痛苦的本质,我反复体悟其实世间法也常常讲苦,讲无常,但是没有进一步深入到对之“因”如何“集”,以及“灭”、“道”的

修禪定煉氣脈

认识，所以才不究竟，对吗？

答：……

13、修炼的目的，在于“因上努力”，这是不是说即通过修行能使自己驾驭各种变化，并且在变化发生前就能反应，而非被动地等待，对吗？

答：……

14、问：我现在大致能看懂这第二幅禅画了，由于“中国禅”的境界是不可说、不可思议的，所以只能用抽象的禅画表示，一旦具象了，就等于自我设限，对吗？

答：……

15、问：这画中的修者，肚子里有个茶壶，代表是世间、是物质、是精髓、是有为，头顶的莲花，代表是出世间、是清净、是无为……下丹田的茶壶就是表明下丹田需要温泉一般的茶水，并且，要想浇灌头顶的莲花则需倒行，气脉畅通是倒行的保障，可以说气脉越通顺，茶壶里的清凉甘露水就越能逆上，浇灌头顶的自性莲花。对吗？

答：……

16、问：啊！第三幅画我也明白了！即“雪莲”功夫能帮助禅定能量。能进入深层禅定境界的修者，对内来说，如同道家说的成就了“金丹”，对外

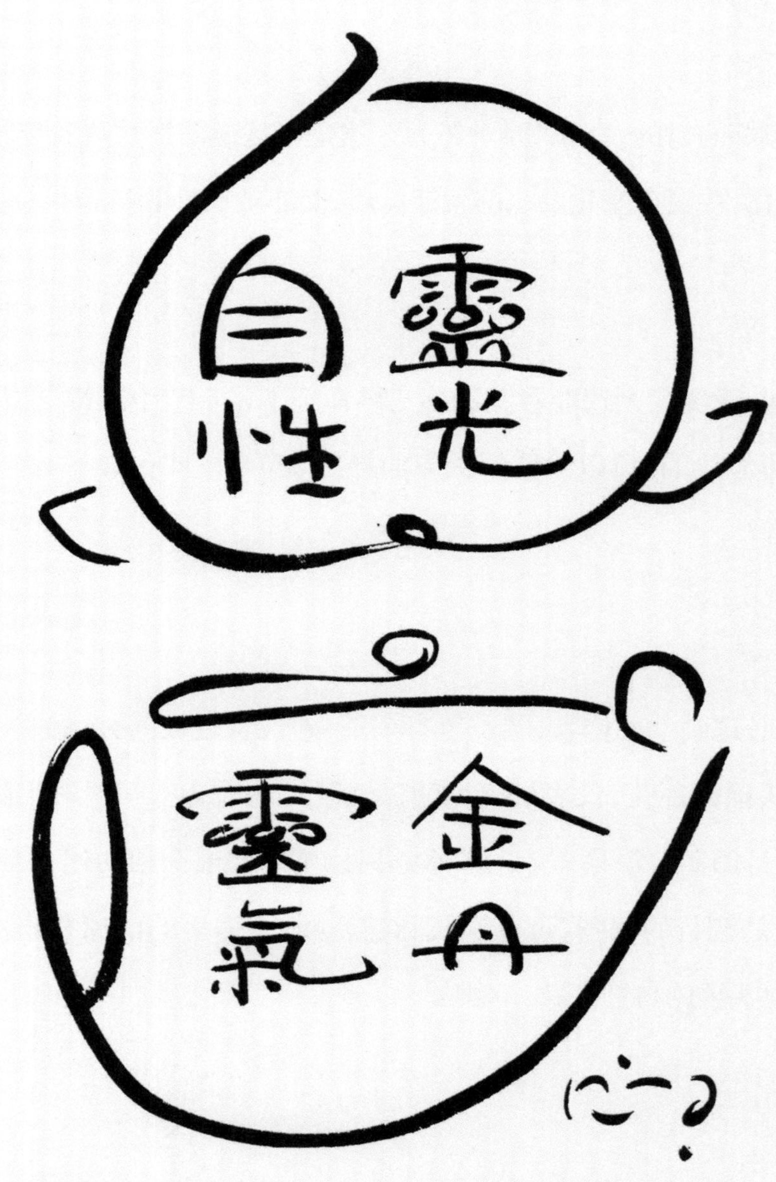
靈光
自性
金丹
靈氣

来讲，便是开启了自性“灵光”？

答：……

17、问：是不是开启了自性“灵光”的人，整个人看上去是透明的？身上常随着一层光晕？

答：……

18、问：为什么自性灵光发出的光是水晶一样清明的寒光？这使得我想起苏格拉底和柏拉图师徒二人提到的，已经消失的古亚特兰提斯文明。据说这是个高度文明的社会，和谐、平等，那里的人能用水晶作为能源发电，这种能源采集依靠的不是技术，而是凭藉采集者精神的能量。他们深信宇宙中能量和磁场的力量，认为这些看不见的能量可以改变物质性质、状态的。他们也是最早能够心心相印的“人”，心灵越纯净的人之间传导越通畅，当然他们还能与动物顺利沟通。他们的孩子从小修习打坐冥想。我感到奇怪的是，为什么现代西方文明没有继承这些？这里的人以成为一位受人尊重的“智者”为荣。并且尽管灵性这么发达，也没有人试图用精神去控制他人思想，因为当精神与物质划为一性时，控制别人精神就等同于偷窃和犯罪。至于这个“理想国”被何毁灭，至今还是个谜。大部分说法是因为地震、海啸和火山爆发，但没有人能说明为什么突然发生这么大的地震、海啸和火山爆发，是完全天灾还是人祸所致？因为有学者认为，这个国度的人后来开始发展科学，部分科学家们自私的人性，以为自己的发明了不

起，自己成为了拯救人类的造物主，变得想要控制他人，改变人类。科学的发展导致了环境的大变化，最终崩溃……这些究竟是猜测还是事实谁也说不清了，现代人类既无法证明其存在，但也无法证明其不存在。然而发达如亚特兰提斯文明，最后仍免不了被毁灭，无论是自然还是人为，这些和社会失去了原有的公平、精神和物质发展失衡有没有关系？现代人类的未来也会是这样么？

答：……

19、问：为什么修“雪莲”初关要坐三小时如如不动，第二关是八小时，第三关是一昼夜？能忍辱修行过三关者，就具足禅定能量了吗？

答：……

20、问：原来深密无难处，我终于明白了“一处透，千处万处一时透；一机明，千处万处一时明”。整整一天了，怎么问您，您都一言不发。看来禅境不可说，禅定之境需自修，我自己参禅去！

答：“信心不二，不二信心。言语道断，非去来今”。

先师云:

一、三丰真人“参禅歌”

初打坐,学参禅,这个消息在玄关。密密绵绵调呼吸,一阴一阳鼎内煎。性要悟,命要传,休将火候当等闲。闭目观心守本命,清静无为是根源。百日内,见效验,坎中一点往上翻。黄婆其间为媒聘,婴儿姹女两团圆。美不尽,对谁言,浑身上下气冲天。这个消息谁知道,哑子做梦不能言。急下手,采先天,灵药一点透三关。丹田直上泥丸顶,降下重楼入中元。水火既济真铅汞,若非戊己不成丹。心要死,命要坚,神光照耀遍三千。无影树下金鸡叫,半夜三更现红莲。龙又叫,虎又欢,仙药齐鸣非等闲。恍恍惚惚存有无,无穷造化在其间。玄中妙,妙中玄,河车搬运过三关。仙是佛,佛是仙,一性圆明不二般。三教原来是一家,饥则吃饭困则眠。假烧香,拜参禅,岂知大道在目前。昏迷吃斋错过了,一失人身万劫难。愚迷妄想西天路,瞎汉夜走入深山。天机妙,非等闲,泄露天机罪如山。四正理,着意参,打破玄机妙通玄。子午卯酉不断夜,早拜明师结成丹。行一日,一日坚,莫把修行眼下观。三年九载功成就,炼成一粒紫金丹。要知此歌何人作,清虚道人三丰仙。

二、"四种决定清净明诲"——《楞严经》节选

佛告阿难：汝常闻我毗奈耶中，宣说修行三决定义。所谓摄心为戒，因戒生定，因定发慧，是则名为三无漏学。

阿难，云何摄心，我名为戒？若诸世界六道众生，其心不淫，则不随其生死相续。汝修三昧，本出尘劳。淫心不除，尘不可出。纵有多智禅定现前，如不断淫，必落魔道。上品魔王，中品魔民，下品魔女。彼等诸魔，亦有徒众，各各自谓成无上道。我灭度后，末法之中，多此魔民炽盛世间。广行贪淫，为善知识，令诸众生，落爱见坑，失菩提路。汝教世人修三摩地，先断心淫，是名如来先佛世尊，第一决定清净明诲。是故阿难，若不断淫，修禅定者，如蒸沙石，欲其成饭，经百千劫，只名热沙。何以故？此非饭本，沙石成故。汝以淫身，求佛妙果，纵得妙悟，皆是淫根。根本成淫，轮转三途，必不能出。如来涅槃，何路修证？必使淫机，身心俱断，断性亦无，于佛菩提，斯可希冀。如我此说，名为佛说。不如此说，即波旬说。

阿难，又诸世界六道众生，其心不杀，则不随其生死相续。汝修三昧，本出尘劳。杀心不除，尘不可出。纵有多智禅定现前，如不断杀，必落神道。上品之人，为大力鬼；中品则为飞行夜叉、诸鬼帅等；下品当为地行罗刹。彼诸鬼神，亦有徒众，各各自谓成无上道。我灭度后，末法之中，多此鬼神炽盛世间。自言食

肉，得菩提路。阿难，我令比丘食五净肉，此肉皆我神力化生，本无命根。汝婆罗门，地多蒸湿，加以沙石，草菜不生。我以大悲神力所加，因大慈悲，假名为肉，汝得其味。奈何如来灭度之后，食众生肉，名为释子？汝等当知，是食肉人，纵得心开似三摩地，皆大罗刹，报终必沉生死苦海，非佛弟子。如是之人，相杀相吞，相食未已，云何是人得出三界？汝教世人修三摩地，次断杀生，是名如来先佛世尊，第二决定清净明诲。是故阿难，若不断杀，修禅定者，譬如有人自塞其耳，高声大叫，求人不闻，此等名为欲隐弥露。清净比丘，及诸菩萨，于歧路行，不蹋生草，况以手拔。云何大悲，取诸众生血肉充食？若诸比丘，不服东方丝绵绢帛，及是此土靴履裘毳、乳酪醍醐。如是比丘，于世真脱，酬还宿债，不游三界。何以故？服其身分，皆为彼缘。如人食其地中百谷，足不离地。必使身心，于诸众生，若身、身分，身心二途，不服不食。我说是人，真解脱者。如我此说，名为佛说。不如此说，即波旬说。

阿难，又复世界六道众生，其心不偷，则不随其生死相续。汝修三昧，本出尘劳。偷心不除，尘不可出。纵有多智禅定现前，如不断偷，必落邪道。上品精灵；中品妖魅；下品邪人，诸魅所著。彼等群邪，亦有徒众，各各自谓成无上道。我灭度后，末法之中，多此妖邪炽盛世间。潜匿奸欺，称善知识，各自谓己得上人法。誸惑无识，恐令失心。所过之处，其家耗散。我教比丘，循方乞食，令其舍贪，成菩提道。诸比丘等，不自熟食，寄于残生，旅泊三界，示一往还，去已无返。云何贼人，假我衣服，裨贩如来，造种种业，皆言佛法，却非出家具戒比丘为小乘道。由是疑误无量众生，堕无间狱。若我灭后，其有比丘，发心决定修三摩地，能于如来形像之前，身燃一灯，烧一指节，及于身上爇一香炷。我说是人，无始宿债，一时酬毕，长揖世间，永脱诸漏。虽未即明无上觉路，是人于法已决定心。若不为此舍身微因，纵成无为，必还生人，酬其宿债。如我马麦，正等无异。汝教世人修三摩地，后断偷盗，是名如来先佛世尊，第三决定清净明诲。是故阿难，若不断偷，修禅定者，譬如有人，水灌漏卮，欲求其满，纵经尘劫，终无平复。若诸比丘，衣钵之余，分寸不畜。乞食余分，施饿众生。于大集会，合掌礼众。有人捶詈，同于称赞。必使身心二俱捐舍，身肉骨血，与众生共。不将如来不了义说，回为己解，以误初学。佛印是人，得真三昧。如我所说。名为佛说。不如此说，即波旬说。

阿难，如是世界六道众生，虽则身心无杀盗淫，三行已圆。若大妄语，即三摩地不得清净。成爱见魔，失如来种。所谓未得谓得，未证言证，或求世间尊胜第一。谓前人言：我今已得须陀洹果、斯陀含果、阿那含果、阿罗汉道、辟支佛乘、十地、地前诸位菩萨。求彼礼忏，贪其供养。是一颠迦，销灭佛种。如人以刀断多罗木。佛记是人，永殒善根，无复知见，沉三苦海，不成三昧。我灭度后，敕诸菩萨及阿罗汉，应身生彼末法之中，作种种形，度诸轮转。或作沙门、白衣居士、人王宰官、童男童女，如是乃至淫女寡妇、奸偷屠贩，与其同事，称赞佛乘，令其身心入三摩地。终不自言我真菩萨、真阿罗汉，泄佛密因，轻言未学。唯除命终，阴有遗付。云何是人，惑乱众生，成大妄语？汝教世人修三摩地，后复断除诸大妄语，是名如来先佛世尊，第四决定清净明诲。是故阿难，若不断其大妄语者，如刻人粪，为栴檀形，欲求香气，无有是处。我教比丘，直心道场，于四威仪一切行中，尚无虚假，云何自称得上人法？譬如穷人，妄号帝王，自取诛灭。况复法王，如何妄窃？因地不真，果招纡曲。求佛菩提，如噬脐人，欲谁成就？若诸比丘，心如直弦，一切真实，入三摩地，永无魔事。我印是人，成就菩萨无上知觉。如我所说，名为佛说。不如此说，即波旬说。

第八法 宝莲茶丸

百〇〇、相依择材
百〇一、相依择枝
百〇二、相依择时
百〇三、相衬择装
百〇四、云掌相依
百〇五、灵气相依
百〇六、水火相济
百〇七、宝莲生丸
百〇八、无在不在

宝莲禅气

莲台

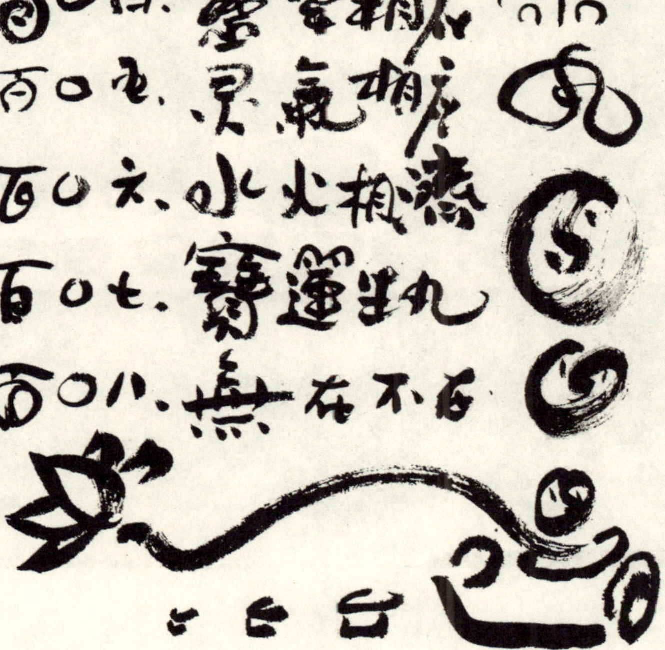

(8-1-1)

（8–1–2）

（8–1–3）

（8-1-4）

（8-1-5）

（8-1-6）

（8–2–1）

（8–2–2）

（8-2-3）

（8-2-4）

（8-2-5）

(8-2-7)

(8-2-6)

（8-3-1）

（8-3-2）

（8-3-3）

（8–3–4）

（8–3–5）

第八法　宝莲茶丸

1、问:“宝莲茶丸”也是太极功夫吗?

答:是的。

2、问:“宝莲茶丸”和道士炼丹、医者制药有什么区别?

答:看来您还是习惯比较,现在不和太极、瑜伽、外家拳比较了,又开始比炼丹、制药,可见凡事您的第一反应就是攀比。于人而言,五脏六腑是“共性”,眼、耳、鼻、舌、身五根也是“共性”,人于“共性”中产生“共识”。但“五藏”之神明是差异性,六根之“意根”是差异性。后人之所以不谈“五藏”而讲“五脏”就是避谈差异性,因“共性”容易讲,大家可以接受,逐渐将以心为主的灵性生命变化为以物质为主的肉身,忽略差异性使得人越来越失去自信。人本因这些差异而有认识、修为、境界的差别。但是对于普通人而言,由于害怕讲不清楚,害怕被边缘化,害怕被群体异化,害怕被社会孤立化,故此,逐渐变得随波逐流,即使有了新想法也希望寻找所谓“合理性”和“共性”,以便于大众的理解。试想,哪一位祖师的言论不是创新?佛陀在婆罗门教的思想中变革,道信祖师在头陀行修行体系中变革,惠能祖师在宗教思想中变革,各位禅门祖师在传统教育方法中的大变革等等。敢于变革和创新是建立在具足了自信、自强、自立、自觉、自发、自主基础上的,普通人见新事物便习惯套用一些常见的名词、说法,希望找到所谓的“共同语言”，以这些“共性”来为自己的言、行背书，而缓解压力，潜意识中希望不被人视为异类，这些心理都是源于不自信。相反，有独立思想的人，却害怕被同质化，他们自愿处于孤独的高处，犀利地从差异性中寻求人类精神的突破和升华。不同思想的人同处一个世界，然而视角不同，世界就完全不同，您的世界大小，取决于您的心量，如果想人生自在，首先要突破时（潮流）、空（地域）的思维共性。

3、问：是不是我们喜欢下“结论”和“定义”，就是佛法中的“断”见？

答：龙树菩萨“八不中道”思想是大乘佛法的核心，“断见”属于其中之一。《中论》的篇首说：“不生亦不灭，不常亦不断，不一亦不异，不来亦不出。能说是因缘，善灭诸戏论，我稽首礼佛，诸说中第一。”生、灭、常、断、一、异、来、出，是佛法的八种“边见”，是世人误把执著当实在的八种典型邪见，世人由于不明“正”见，而堕于此八种邪见中自寻烦恼。您喜欢套用别人的说法来“定义”和下“结论”，这不是“断见”，“断见”不是“套用”，而是全然否定。例如著名的人死之后“神灭”和“神不灭”之争，说人死之后烟消云散，什么也不存在的“神灭”论，这是“断见”。说人死之后，灵魂不死，好像一个杯子里的水倒入另一个杯子一样的轮回，这属于“神不灭”说，大多宗教皆属于“神不灭”说，此为“常见”；再如，有些人执著于自己的见解，不能容纳不同意见，此属于“一见”，有了“一见”便产生阶级、分别，会排斥其他人，例如有些宗教斥其他人为“异教徒”，这属于“异见”。再如“不来不出”是何意？如《金刚经》所云：“不可以身相见如来，不可以三十二相见如来，不应以具足色身见如来，如来不可以色见，不可以音声求。否则便是人行邪道。不能见如来。”由此我们应该知道，“如来”是非坐、非卧、非行、非住的，如某人说某某佛像、法器即是“如来”者，属“来见”，说“如来”灭者、说“末法时期”等皆是属于“去见”。“八不中道”思想是破除世人“见惑”的关键，佛法本是不生不灭的“不二之法”，一切的偏见皆非“中道”。关于“不生不灭”的含义，《中论》中详细解释了“不生”，“不生”即“无生”，龙树菩萨用“不生”来代表“八不”。菩萨在颂中用“自因、他因、共因、无因”四句，推检诸法，以证明诸法“不生”，故“不灭”、故“不可得”。此所谓“诸法不自生，亦不从他生，不共、不无因，是故知无生”，法因是觅生不可得的，所以才说诸法无生，法无自性。此八种“中道”是从不同角度讲的，其中，“不生不灭”是从超越时间角度说的，“不常不断”是从本质角度说的，“不一不异”是从性质角度说的，“不来不出”是从超越空间角度说的。不深契“不二之法”，很难理解何为修禅，很难契合到禅法的出世间语境、意境、心境中，也很难讲禅法融入生活。

4、问：“莲花太极”是出世间修法，您曾提到出世间法的特点是以精神为主的，可“宝莲茶丸”是物质啊！物质不是属于世间法吗？

答：我们一直都在说世出世间不二，如果定性了物质就是“世间法”，这又属于“一见”，有了“一”，便有“异”！便是“二”！禅法是“不二”之法，所谓“竹密何妨流水过，山高岂碍白云飞”，世间和出世间本来无碍，禅的净土中，没有一个专门的地方叫出世间，也没有一种法，能脱离世间而成为单独的所谓“出世间法”。我们说“出世间法”以精神为主的含义，不代表是要脱离物质的精神修养，而是能在物质基础上的升华。故此修炼“宝莲茶丸”也是太极功夫，也是以精神为主的一种禅修。禅法多途是因修禅之人有多种，有些和中药相应的修者可通过修茶丸而成就，修的过程中，修者能逐渐契合“太极法界”，自己和茶丸一起修成了一朵朵宝莲，宝莲盛放，修者的身心和食、药一切凝聚成“茶丸”，这是活生生的法器。所以，这不是制药，也不是炼丹，而就是修炼“宝莲茶丸”。我们反复强调，一切修炼因其心法不同而不同。例如，有人身心不健康，有些人脏器老化，有人寒湿入骨，有些人筋骨僵硬，有人经血淤堵，有些人呼吸短浅，有人二便不利等各种身体疾病，还有些人深陷猜疑、焦虑、不安、恐惧、暴躁等精神疾病，有人虽然通过修习诵读法、抄写法、参究法但迟迟不能入门，故此禅修中有的修法是通过身体修炼进入，有的修法是通过止语静坐进入，当然还有观音、观想、鼻根、眼功等六根净化修炼法进入的，同样，修炼“茶丸”也是入道的一种修法。

5、问：是不是无论什么事情，做好了都可以成为入道之门？

答：是的。例如庄子的“庖丁解牛”中，如何解牛就是丁厨师的入“道”要门。

6、问：什么人可以修炼“宝莲茶丸”入道？

答：一切发愿自利利他的修者。

7、修“宝莲茶丸”要先学习中医吗？

答:禅法中的医道和中医是有一定区别的,医者的角度主要在治疗身病,故此用的是顺法防病和治病,而禅法是心法,治的是心病,这和世间法不同,以逆法为主的。修“宝莲”虽通过食、药同源的道理,借助草药种植、培育、采集、发酵、调配、梳理、制作、包装、使用、传播的过程修炼,但目的在于修者借此转化内心,使自己和万物更加相应。您若能与万物相应,便是天地、万物与“我”共生,这便是“生生不息”了;您若能心怀天下,那么天下就是“您”,“您”就是天下,这便是“富甲天下”了;您若能不忘慈悲布施,力有作用力和反作用力,天地万物也必会时刻慈悲布施与您,这便是“心想事成”了……修者通过茶丸的修炼,理解这些宇宙与生命的真相,从而更加珍惜生命的宝贵。故此,修炼“茶丸”未必是有身病者才修,或者必须是对医道感兴趣者修。“茶丸”的物质成分各种草药、水果、五谷等,这些未必是用来吃的,也可以用来熏、洗、泡、蒸、揉、发、闷、贴、染等等,修者可以在各个过程中心有所感,感有所悟,心契太极法界。故此,“茶丸”也属于太极功夫的一种,其重点不在治病、养身或减肥、美容,如果一味将“宝莲”修法世俗化、商业化、规模化,这就和修炼“茶丸”的初衷背道而驰了。“宝莲茶丸”是用心制作的修炼法,不是大规模生产的保健品,如果制作者缺乏了修养的心,这就真变成了制药。大规模生产后,必定会涉及市场销售,这就需要广告宣传了,广告都有夸大的作用,这样就和修炼“宝莲茶丸”初衷相悖了。“宝莲茶丸”有没有效? 对有心者有效,所谓“心诚则灵”。《坛经》云:“正人用邪法,邪法也是正;邪人用正法,正法也是邪 。”故此,我们在修炼、制作“宝莲”时,最重要是莫忘修炼“茶丸”的初衷。

8、问：啊！我明白了，这是不是就像祖师们当年借用书画、茶、香、诗、剑、建筑等等工具来显禅一样？这些茶、香、剑、建筑、书画等也是物质。

答：是的，“宝莲”是以食、药显禅。

9、问：我有一些西医基础，自己曾看过几本中医书，但是可以说根本不理解，例如中医说“左肝右脾”，这不就奇怪了吗？明明肝脏在右边，脾在左边啊？

答：这就是中、西医的区别了，您说到的肝和脾，西医讲的是实体脏器，中医讲的是一种气，故此不是实体。例如脾，中医的脾气是主运化、主统血、主束肌、主升清降浊之气，故，“脾”为仓廪之官，是身体的动力系统。所以失眠会开“归脾丸”，用西医来说，失眠多虑和脾脏有什么关系啊？

10、问：我胃不好，中医说是脾胃虚，是不是脾胃虚指的不仅是脾、胃两个脏器啊？

答：是的。我在《本能》一书中详细提到过，脾胃是中土，胃不好只是现象，除了和冷饮冷食、暴饮暴食、乱饮乱食这些因素有关外，主要病因在情绪上。情绪不稳，肝木克脾土，表现就在胃部。其实世界上所有的武器都是为人所用的，唯有情绪这种武器是在使用人类。正所谓：“一念嗔心起，百万障门开。”

11、问：现代人爱乱吃保健药，是不是也会爱修“宝莲茶丸”？

答:现代人爱吃药、吃保健品是受到西方影响,西医有三素:抗生素、激素、维生素,维生素的各种产品被商业化成了各种保健品,进入人的日常生活。为什么古人不吃这些?因为正常饮食、生活,健康的人本不缺乏这些,越人为补充得多,则自产机能退化得越快。另一方面来说,不代表爱吃保健品的人就会爱修"宝莲",因为吃的药可以花钱买,"宝莲茶丸"却不是花钱可以买到的。其实爱吃补药的人想想,古往今来,皇帝们的保健品吃得还少吗?但能长寿者有几人?古德云:"药能医假病,酒不解真愁。"不管多贵、多稀有的药物,只能医治假病,对于生命来说,身死、生死、心死才是真病。并且是药三分毒,药的作用从来都是有两面性的,越有效的越有毒,例如人参是大补,可是虚不受补,对于虚弱之人可能就是毒药,汝之蜜糖,我之砒霜。现代社会上宣传药效的人,基本处于商业目的,只宣传他想让您看到的一面,另一面则不说,而关键是大多数人也只考虑对自己有利的一面,完全不理解还有另一面。世人之态,无非是自欺、欺人、被人欺,混过来混过去的,这些道理我们在《饮食》《本能》《生存》等书里已经反复讨论了。因为自己不懂,所以吃补药看广告吃、看价格吃、看稀有吃、看产地吃,唯独不懂得看自己吃。什么是看自己?食物物性您了解吗?药物药性您了解吗?搭配禁忌您了解吗?吃下去的和自身相应与否您了解吗?食用季节、时间您了解吗?……故此,如果修者带着反正我有钱,我能花钱买到"茶丸"的想法,是无法和"茶丸"能量相应的。

12、问:人因何而病?

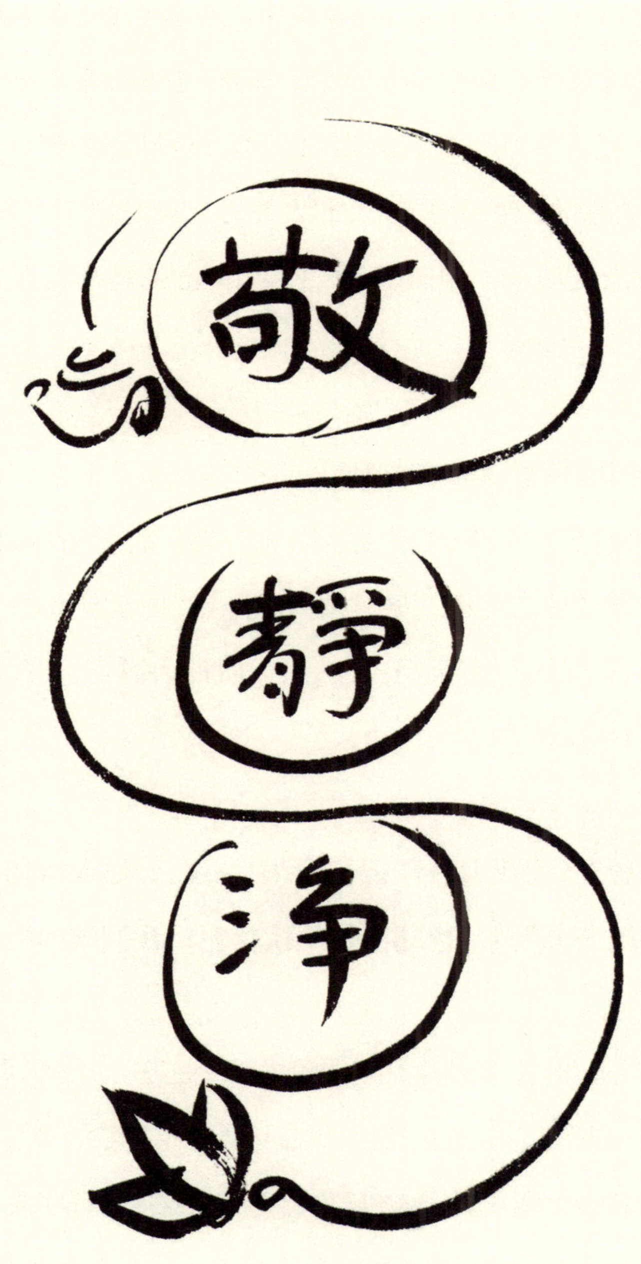
敬
靜
浄

答:《维摩》云:“何谓病本?谓有攀缘。从有攀缘,则为病本。”什么是攀缘?就是想抓着什么东西,世人抓财、抓名、抓利、抓爱……修行人想抓神通、抓法……反正一切都想抓在自己手里,这样感觉安全!岂不知,因为人之愚痴在于越关心,便越想靠近,如果关心之切是出于自私之心者,越靠近则目光越短浅,以至于一叶遮目不见泰山,也就是抓得越紧,越抓不住,此为病本。

13、问:如何能真正断离病本呢?

答:《维摩》经云:“云何断攀缘?以无所得。若无所得,则无攀缘。云何无所得?谓离二见。何谓二见?谓内见外见,是无所得。”以无私之心可断离病本,心因无量而可观全局。故,以无所得为禅心,契此心,即入禅门;不契此心,皆门外汉也。

14、问:您曾在《莲花太极》“智慧篇”中说过,普通人净化血液是从饮食入手的,是不是“茶丸”就是帮助净化的饮食呢?我们该如何和日常食物相应呢?

答:是的,“茶丸”是帮助净化的饮食,不仅是吃,“茶丸”更重要是修,也就是采集原料、制作、分享的过程。没有开始修炼“茶丸”时,我们需要先学习如何和食物相应。首先吃食物时我们要心怀感恩,有些人以为感恩就是感恩为我们提供食物的厨师和种植食物的农民,当然这些是需要感恩的,但我们不要忽略,我们更应该感恩被我们吃下去的食物本身。食物拿自己的生命供养您，难道不应该更加感恩它们吗？可怎么感恩呢？不是心里想想我应该感恩食物这样想想就可以了。所谓“味道”，是味短道长，真正的感恩是可以从味觉入道，您把它吃下去了，它就成为您身体的一部分，如果不相应，它会变成什么？会停留在哪里？会供养谁呢？有些人特别残忍地杀害动物，然后大快朵颐，岂不知会自食因果？被杀害动物已经变成了您的一部分，其被杀时的痛苦、恐惧、无劢都变成了食者的一部分，食者食后能健康吗？这些痛苦、恐惧、无助的细胞因子被食用后会更快地变异成人体的病变细胞，病变细胞是人体中生命力最强的组织和细胞，就像魔力通常比道力更强一样。其具有无穷的吞噬的活力，食者的身体里如果充斥着各种邪恶、恐惧的病变细胞，这个人必然是生活在黑暗中，难道这样的生活状态能通过吃些补品解决吗？补品吃进身体后，首先供养什么细胞、组织呢？细胞难道没有思想？不会分别吗？例如，骨髓产生的NK 细胞如果没有自我识别性，您的身体早就被外来的细菌、病毒侵占啦！所以，人要行善，千万不要滥杀无辜。例如，我常劝人莫食大闸蟹，为什么呢？不仅是大闸蟹性极寒，您想想被活活蒸死的滋味好受吗？大闸蟹不会痛吗？您如果吃下如此充满了濒死的恐惧、痛苦的尸体，身体能健康吗？舒服的是舌头，不是心，难道您愿意成为舌头的奴隶吗？生活中不要忽略任何微小的生命和事物，食物是活生生的，如果食物没有活力，您吃干吗？如果食物有活力，为什么您不尊重、不感恩？如果感恩，食者就自私地为了口腹之欲而残害生灵，吃是循环，但不能建立在残害的基础上，这样便是不平等。什么是循环呢？人吃食物，死后的皮肉被老鹰、蚂蚁、老鼠等动物吃，骨头变成肥料滋养树木，生于自然，还于自然，这种循环是平等的，谁吃谁是平等的，这就不是残害，不生分别，吃与被吃都彼此尊重。还有人误解，既然要感恩就不能浪费，所以凡是剩菜必须吃完，吃进肚子里就不浪费了，这就是最好的感恩。岂不知垃圾桶里多余的垃圾可以倒掉，而吃多了分布在脏腑、血液、脂肪堆里的垃圾怎么倒？所以感恩一定是需要智慧的，您身心健康、自利利他才是对食物最好的感恩，故此平时吃饭不多做，不多食，才是真正的不浪费。因为我们的贪吃，社会上充斥着各种铺张浪费，给地球造成了不必要的负担，农民被迫需要多种，供应不够时便需要用农药、催化剂、化肥。如果多些人恢复有节制的生活，才是不分地域、种族、宗教的人类社会真正有序发展的保障。您善待万物，万物必会善待于您，"茶丸"修炼是从吃开始的修炼，饥来吃饭，困来眠，一米一菜皆是禅。修者通过修习，进一步理解食物、理解生命、理解何为相应、理解为何大修行人不需要通过吃也可以获取营养，通过感受食物的生命力，加强对食物的感恩心。

15、问：善待食物，是不是就是善有善报的因果关系？

答：准确地说，对农作物而言，种子长在地里。而对于活着的生命而言，种子是种在心里的。您善待了某人、某些生物时，感恩的种子不仅会种在受恩生命的心里，还种在和这个生命相关的生命里，最重要的是，这个善种被您自己种在了自己的心田里。您心里的善种多了，自然会在内心的阳光下发芽，人便会安心、幸福、快乐，被天地"加"持着，故此当您以后需要帮助时，天地万物，一切相关的能量都会跑来帮您。所以，一个有智慧的人，会不停地播种，四处做功德，有时候，跑过来帮您的"贵人"，看上去不见得和您帮助过的人、事、生命直接相关，可能是个出乎意料，完全无关的人、事（机会）从天而降一般出现，这其中内含着必然的因果，只是普通人自私，不相信，也无从知晓而已。相反，如果您常常妨碍、干扰、残害其他生命，那么就会莫名其妙地遇到各种从天而降的"横祸"，这是您自己心中"恶"的种子发芽所致，和他人无关。其实无论什么种子，其发芽速度完全取决于您种的是什么，您如果是在悲天悯人的大悲心下播种，那么种子发芽后的花朵一定是在天地眷顾下茁壮成长的，反之亦然。

16、问：是不是每个念头皆自有其因果？

答：是的，但因未必有果，果却必然有因。故此，菩萨在因上努力，果上随缘，而世人只看重其果，忽略其因。如果忽略了尊重每个生命之因，忽略了每个生命、细胞皆有其独立思想，您吃什么也不会健康。我们前面谈到现代科技可以克隆动物了，通过细胞可以克隆和繁殖，如果每个微小的细胞没有思想，怎么能克隆成新的生命？食物也是一样，没吃前，食物是独立的种子，吃下肚子后种子就在您的身体里发芽，和您一体。一部分不吸收的通过排便排出，但大部分成分会转化成您身体的血液、细胞，营养和破坏生命体。至于是正面的营养还是负面的破坏完全取决于您的行为，正、负都已经成为了您不可分割的一部分！这些能量和您的行为、举止、思想、精神、气场、情绪、念头、呼吸、健康无不密切相关，生命是一个整体，您身体哪一部分可以分割？

17、问:可现代人都是装进棺材或者火化的,尸体没被动、植物吃啊?

答:是的,这是因为现代人类自认为高于其他动物、植物,感觉自己是地球的主人,可以主宰环境、众生生死,故而不愿意再次进入食物链。

18、问:我还是不太能理解食和被食之间的平等关系。

答:这么说吧,一种生物只能吃和自己接近的同类生物为食,例如人就无法以石头、树木为主要食物。为什么说是无法以此为主要食物呢?因为石头、树木也能吃,例如古人的丹药中多有矿石,魏晋名士常服的"五石散"就是以五种矿石为主要成分,服后浑身发热,气血通畅,性能力提高,生成各种幻觉。其实这种丹药本就不是给普通人吃的,没有修炼的人如果乱吃丹药,会因不懂排解而中毒。道家修炼的丹药本是配合修炼所用,故此,剂量、服食时间都是因人而异,严格控制的。可惜,因为所谓的"有效果",所以流传至民间后大量被没有修炼的人服食,结果自然是可悲的。出世间的修法、饮食因为看上去有"效果",所以不明所以的普通人会滥用,例如,道家"辟谷"乃是修炼时的修法,却被借用来减肥、美容,有人以此牟利,这就是知其然不知其所以然,害人害己。我们再说回正常饮食,食和被食者之间本就是平等的,互相依存的,例如动物吃植物,吃后产生的粪便就是植物的食物,能互为食物,表明本属一类。这种"一类"我们称之为"同一性",从科学的角度讲,无论动物、植物的生命都是以碳为基础的。碳原子彼此相连,这是生物大分子的基础。地球上的任何生物都在"吃"自己的同类。例如,动物可以吃植物(食草);动物可以吃动物(食肉);细菌和真菌既可以吃腐尸,也可以吃活体,比如脚气和癣就是真菌吃活体,比如肺结核和败血症就是细菌吃“活人”;除此之外,病毒就是在用健康细胞为母体生出新病毒。故此,食和被食之间是宿主关系,吃就是拆分被食者,来完善和补充食者生命。如果被食的是不健康的、疾病的、恐惧不安的,食者何谈完善和补充?

19、问:啊!所以食和被食真是平等的!那为什么人的食物种类如此广泛?

答:人的食物种类之所以如此广泛,一方面是因为人和被食用的生物本身同源,彼此都是或远或近的亲戚,只是在竞争中更加进化了,故此食物链更加广泛。另一方面,由于人掌握了烹饪技术,所以贪吃、爱吃、享受美味的感觉。并且以前无法食用的食材经过烹饪后可以变成美食,但现代人不清楚,我们吃的食物其实多半是无益健康的。

20、问:除了正常的家畜、海鲜、蔬菜,人究竟还在吃些什么?

答:人吃细菌啊,例如各种酸奶就是单细胞的细菌;人吃真菌啊,例如各种酵母、蘑菇、木耳、银耳;还吃藻类、蕨类、被子类等植物;还吃软体动物(蜗牛、泥鳅)、甲壳动物(螃蟹、虾)、腔肠动物(海蜇)、爬行动物(蛇)、昆虫(蚕蛹、蚂蚁、蝎子)、两栖动物(青蛙、蟾蜍)、哺乳动物(牛、羊),还有鸟类、鱼类等等,涵盖了几乎所有门类的生物。我们应该反思的是,人需要吃掉这么多吗?注重灵性修养的古印度等国度的饮食就极其简单。所有生物虽然表现不同,其实都是由二十种氨基酸在生命活动中起关键作用的蛋白质所组成，也就是吃来吃去，就是这些蛋白质的不同方式组合，一切生物的基本零部件是相同的，因为组合不同，故此生长环境不同，食者品尝的滋味不同，因为贪之故，我们就需要尝试各种滋味来“丰富”生活、“改善”生活。人之所以压力越来越大，就是贪久了，自己增加了自己生活的负担，误把根本不需要的东西执为必需品，这样生活，能幸福吗？修“宝莲茶丸”就是从饮食入手，改变人的口腹之贪。

21、问：这样讲，我心中特别惭愧！我本来就是个吃货，好吃，爱吃，以后一定从简、从俭、从减生活。我们修“宝莲”应该从何入手？

答：从“敬、静、净”三心。

22、问：敬心放在第一，是否因为“恭敬心生一切法”？

答：八万四千法，祖师们所说的百千语录，都是为了明心。故此，一切修法不离自性，不离自心，若人识得心，大地无寸土。由于世人不识自心，故被物所转，心外求法，心外求玄。六祖大师言本来无一物，既然心外无物，明白后哪还有什么八万四千法门分别？更没有实有的“莲花太极”、“宝莲茶丸”。诸多修法，无非就是为了对治世人杂乱的心而已。因为习气毛病有八万四千，才需要八万四千法门来对治。这是祖师们的善巧方便，您生什么病，就开什么药。佛说一切法，为度一切心，若无一切心，何用一切法？但断除固有习气，粗心转为微细心，粗身转成微细身，这些都不容易，皆需要从有为法开始。有修者上来就说要证“空”，其实智慧、功德这些资粮不具足时，证“空”容易落入邪见中，故此，我们才需从有为法入手，实实在在发信、发心、发愿，通过和生活有关的修法修正自己的习气，否则以为背出来一些理论就是修禅，就懂了佛法，这就是被妄想所惑。缘随愿来，当您开始脚踏实地地修，迟早会遇到殊胜的悟道因缘。修证先需用一颗恭敬心去恭敬法，带着恭敬心，每天行、住、坐、卧和法相应，如切如磋、如琢如磨，这样方开始艰难转化固有习气。否则大脑意识想修行，言行却依然马马虎虎、大大咧咧、心浮气躁，这样是在浪费时间。您刚入门，经典可以看不懂，师父说法也可以听不懂，但绝对不能轻易下结论，或许感觉什么都是不过如此，平常心有什么了不起？本分事谁不会做？如果这样对师、法不起恭敬心，您修“宝莲”时会认为这不就是五谷、花草、中药吗？不就是发酵、封存吗？不就是这个，不就是那个吗？……心里已经装满了傲慢的人，如何能够理解这些平常的物品都是修法、修定的法器。心中不起恭敬时，它们是随处可见、花钱可买的物品，当心中产生了恭敬时，它们便是能助您成佛的法器。

23、问：怎样才算恭敬心起？

答：对外恭敬法、师、同修、天地自然、父母亲友、六道众生、修法的法器、环境；对内恭敬体内的内众生，恭敬自心。恭敬是互相尊敬，而非一方高于另一方，是次序和规则，是人在社会上生存的基础。就像您的本行是商业，商业的生存之道是敬畏，敬畏客户的核心价值，这不是指围着客户的要求团团转。有些人误以为围着客户，讨好客户就是客户第一了，这是源于不明白什么是核心价值故。例如，您的专业是做食品的，就要认真地做好良心食品，不是为了满足客户欲望，提高销售而搞的各种促销、包装、广告活动，也不是用一些噱头来赚眼球，替代做食品的本分，做好良心食品是真正尊重客户的核心价值。有些人做商业把战线拉得很长，以为自己一处成功就能处处成功，结果是这也没做好那也没做好，这就是本末倒置了。所谓做好商业不是市场占有率、销售收入等数据，而是您能把您要做的事情，用心做好！这才是商本！为什么有些人会做着做着就偏？因为心中没有敬畏，缺乏对客户的敬畏，缺乏对行业的敬畏，感觉自己赚到钱了了不起，或者感觉客户太笨一忽悠就付钱等等，这些傲慢的心态使其失去敬畏心，这就意味着其必然会失败。因为偏离了根本，一切"成功"都只能是暂时的成功，民可载舟，亦可覆舟，无论您现在有多辉煌的业绩，如果不懂得敬畏，被抛弃不过是刹那的事。

24、问:您是说商业不可以多元化吗?

答:我是说商业的基础是敬畏！是尊重客户的核心价值！有了这个基础，单一化还是多元化发展是个人的能力问题。我们修炼"宝莲"也一样，敬畏心是修炼的基础，是修本。不过我们说的敬畏是心，不是行为。有些人行为看上去很谦虚，很有礼貌，但内心却傲慢得很，禅者的敬畏是发自内心的，祖师们说法是因为敬畏众生平等的佛性，尊重学人的核心价值——悟道，故此，嬉笑怒骂、棒喝羞辱皆可成文章。如遇学人身陷知识大海，迷途不知返时，便出来掀翻法海，踢倒须弥，喝散乌云，打破虚空，杀破业识，直指人心，这般大丈夫行为，难道不是出于敬畏心吗？

25、问：这就是祖师们的"直心"吗？

答：顺应自心，应机接物便是直心。生活中，直心的修者就是像"水"一样，水德是"大曲而直"，在别人需要时及时出现，雷霆雨露，滋润万物而不与万物争利。在别人不需要的时候，默默无闻，不打扰他人，停留在众人都不注意的地方。

26、问：是不是有了敬畏心，才会有静心和净心？

答：静和净是建立在敬心的基础上的。如果缺乏了敬心，想单纯地通过坐禅、立禅、行禅等等修法修炼静心，是很难成就的。禅法是从心起用，敬，方始能修。

27、问：静和净有什么区别？

答：静是在生理和心理范围上讲的，修者能细胞平稳、安住不动是生理上的"静"，能意念放松是心理上的"静"。例如修炼"莲花太极"时，需内、外静则筋骨关节无不放松。放松则内气能行于经络，经络犹如身体的江河，是内气运行的通路，也是修炼的敏感处。如不放松，则气循行不利。我们前面提到过，如果百会穴能松，修者自然"虚领顶劲"；肩井穴能松，自然"沉肩坠肘"；劳宫穴能松，拇指自然内合；涌泉穴能松，双脚则能如树根一般钻入地下汲取地能……这些是修炼功夫里的身"静"。而禅法主要重视的是心"净",即自心、自性、佛性、如来藏清净,这种清净不是和污染相对的干净、整洁、宁静,也不是和紧张相对的身心放松,静心静意。"净"之意如大珠慧海禅师在《顿悟入道要门论》中云,有僧问禅师:"维摩经云:欲得净土,当净其心。云何是净心?"答:"以毕竟净为净。"问:"云何是毕竟净为净?"答:"无净无无净,即是毕竟净。"问:"云何是无净无无净?"答:"一切处无心是净,得净之时,不得作净想,即名无净也。得无净时,亦不得作无净想,即是无无净也。"

28、问:具备清净心的修者有什么表现?

答:具备了平等的清净心,您就可以和宇宙法界中一切清净的能量相应,无论是有形、无形,凡具备了清净特质的能量会自然和您同在。而相反,如您的心不清净时,和清净能量相对的宇宙法界中杂乱的、无序的、嘈杂的各种有形、无形能量也会和您相应。

29、问:这是吸引力法则吗?

答:吸引力法则属于新科学范畴,是自然规律,凡规律者是"常",清净是心的本来面目,是非常非无常的;是不生不灭、不垢不净、不增不减、不来不去的。它不属于能被发现的有理可循的规则、规律。

30、问:我们平时常说的"静坐"和"静心",是何意?

答:例如,真正的儒家本有"静坐" 法门,谓之"坐忘",语出《庄子·大宗师》。颜回谓师父孔子曰:"堕肢体,黜聪明,离形去知,同于大通,此谓坐忘。"也就是忘却形体,抛弃聪明,摆脱心智的束缚,与大道融通为一,这是儒家的静坐法门。郭象注曰:"夫坐忘者,奚所不忘哉? 既忘其迹,又忘其所以迹者,内不觉其一身,外不识有天地,然后旷然与变化为体而无不通也。"任何一门技艺,能到物外、物我两忘时,皆为"合一"之境。道家谓"静心"何意? 老子说"至虚极,守静笃"便是。心如止水,澄心昧象,契合自然,返朴归真,于是便能使自己清静、恬淡、寂寞、无为。所以"静坐"指的不是坐在那里不动,有些人虽然外形上不动,心里却开着杂念运动会,这都不算"静"。

31、问:"静"的诀窍是什么?

答:"静"之道,不离阴阳,如果心不能松,越是外在坐着不动,杂念就越活跃。因为如果外在事物繁杂时,心被事物带着,不会关注到潜伏的杂念。就像一杯浑水,如果一直晃动,是沉淀不了杂质的。同样道理,外动得越厉害,心必须更静才能保持平衡。例如,走平衡木、走钢丝的人,心能入微,纤毫不染,外越动则内需越静,才能平稳地走下来。再如足球前锋,在对方这么多后卫夹击下,能否破门而入,主要在于当下的心态,从技术上讲,明星球员的差别都不大,但是关键时刻,谁更能保持动中静,心态放松到人球合一,令球能在其脚下有了新生命,和本人心心相应,球便会如同长了眼睛一样从各种角度破门,所以比赛时球员的心态是否稳定是关键。"静"是在大千世界中,无论境遇如何,能保持内心完全放松,在修法中,能

識
城
成

静是指“定”，所谓“定力”是深度的静态。修行中无论什么功法，皆从“静”始入。《黄帝内经》曰：“怒则气上，喜则气缓，悲则气消，恐则气下，寒则气收，热则气泄，惊则气乱，劳则气耗，思则气结。”种种后天情志所生之气的变化伤人内气，致人不能入静，故修者怡情养气，如内气得养，则生机蕴藏，自会滋养元“炁”，而为生本。不过元“炁”发生，其中变化和景象须修者亲身体验，文字语言不能尽言。修的过程之中，一切“炁”的发生和变化，都要求修者对境无心，不假人为，方合先天，故此，修炼“宝莲”，须以敬心入道，静心下手。

32、问：现代人根本静不下来，一静就心慌怎么办？

答：我们反复讲，现代社会的病大多是动性过强所致，例如饮食，本是人之大欲，每个人每天都会吃东西。除了刚才提到的丰富食物，还有液食、气食和精神三方面，各类饮食是生命体重要的营养摄入渠道。而现代人粗枝大叶，在这么重要的事情上其实糊涂得很。这么重要的饮食，却只考虑饮食的滋味，至于饮食究竟是否清洁？生产、加工和制作过程是否安全？饮食是否顺应时令？搭配是否合理？进食次序应该怎样？吃了以后对身体有什么作用等等，很少有人会去关心和留意。大家嘴上说关心养生，实际上多数是一方面最重视吃，一方面最忽略吃。重视的是此次聚会的地点是否高大上？谈的项目怎么样？领导开不开心等等与饮食无关的方面，人如果长期这样本末倒置地生活，岂能不病？岂有不病？

33、问:第二幅画上讲的“诚、城、成”是什么含义?

答:“敬、静、净”三心是开始修炼“宝莲”的基础,没有具备这三心,您就不会有修炼“茶丸”时的“用心”。六祖云:“但用此心,直了成佛。”具足了“敬、静、净”三心后,我们开始正式进入“宝莲茶丸”修炼,第二步是“诚、城、成”三心。

34、问:“诚心”我明白,就是“心诚则灵”,修者必须诚恳才能开始吧?

答:您理解的是一部分,诚心为什么是制作茶丸的第一步呢?因为世间万事、万物实以“诚”为本。中国传统文化各家思想是在“诚”的基础上展开的。人的自性,本与太极法界同体,圆通太虚,无欠无余,清净虚无是本来面目。出生之后,产生种种后天妄心,种种习气成见,如云遮月,蒙蔽自性,为障道因缘,使人不见本心,迷失本性。然,习气、成见、妄想难除,故需种种修法转化。修“宝莲”,从修的角度来讲,主要在于转化习气,培养修者谦虚、柔和、忘我、不争的坦荡胸怀,去妄归真,此时下功,则见性易而进功深。所谓:“德正则心安,心安则气顺。”相反,若无内德,则心神不清、性地不纯,如此心态,修炼功夫,无异沙地造厦。所以修炼强调修德,乃与个人的修行息息相关。有德就有道,无德即失道,道以德为基,德高道更高。修者之德行,首推诚心,“昆虫草木犹不可伤”,乃以好生之德,珍惜万物之缘,并不局限于狭隘的个人修炼,而是广义的道德观,利济他人就是成就自己。《老子》云:“圣人不积,既以为人己愈有,既以与人己愈多。”明白了此理,大道就在眼前,人人可为,此所谓百姓日用而不知。

35、问：儒家是不是更加注重“诚”？

答：各家都注重“诚”。例如，法家先驱管仲认为诚信是天下行为准则的关键，商鞅也把个人和国家诚、信的建立和施行，认为是践行变法的重要保障，法界先驱靠诚信为变法打基础，用诚信赢得民心，从诚信入手树立个人和国家形象。荀子的门生韩非，集儒家、法家之大成，进一步崇尚诚信；在道家方面，经典中也处处提及诚心实为修道之本；从儒家角度说，推崇诚为本的思想可以以《中庸》为代表。何为万物之本？曰：天、地、人。天生之，地养之，人成之。天生之以孝悌，地养之以衣食，人成之以礼乐，三者不可分割。万物固由天地所生所养，但只有通过人成，天地才有意义，离开人的存在，夏虫与冰就不能进入同一个世界。故此，同一个时、空内虽有不同存在者，因人的存在，使之实际发生关系、有了链接而存在。人之性、物之性与己之性，在当中得以一同显现，但这种一同显现是有条件的，这就是“诚”。“唯天下至诚，为能尽其性；能尽其性，则能尽人之性；能尽人之性，则能尽物之性；能尽物之性，则可以赞天地之化育，可以赞天地之化育，则可以与天地参矣”“诚者物之终始，不诚无物”。也就是说，人在当下与万有、万物、万事的维系于“诚”。“诚”是人进入社会、打开世界、接纳万物、利于天地的根本，有了诚心才可“合内外之道”。故此，我们要清楚现实世间不是以人的存在作为参照物，时、空也不属于某个人，相反，人的生存空间却属于时、空。在这个意义上，我们无论科技多么先进，拥有多少财富，也只是财富的保管者、使用者而非拥有者，没有什么能被“我”真正占有和拥有的。天地之道，是待人以诚，从不欺人的，而人之道，是否待天地、万物以诚呢？我们一定要理解，“诚”是相对“不诚”而讲的，“诚”本身不是一个已经存在或要抵达的目标，而是修者在修炼中不断转化的过程，也就是修者通过修行，能从“不诚”往“诚”的方向转化。

36、问：“诚心”怎么转呢？

答：诚心不是人独有的。例如，动物中我们一致认为狗狗最忠诚，但这个本具的忠诚是一成不变的吗？如果主人待之以诚，狗狗会不离不弃，危难时会奋不顾身，挺身而出，但如果主人长期不尊重狗狗，在危难时狗狗同样会熟视无睹。您用一颗诚心对待身边的万事、万物时，万事、万物同样也会报之以诚。修炼“宝莲茶丸”时，修者用诚心对待一切原料，就能得到同样有诚心的、灵性的茶丸。

37、问：手工产品比机器制作的贵，是因为制作者的诚心吗？

答：是的，东、西方的许多传统手工业者，技艺是代代相传的，手工产品稀有和昂贵是因为其中包含了制作者的诚心，经由手工业者精心雕琢的产品，是被赋予其活生生的生命之过程。而工业化的生产车间里，都是千篇一律的复制，这种生产出来的产品是死板的。故此，许多国家都会尊重传统手工业者，保护这些难得的传统，我们看就连汽车，也是手工生产的更昂贵。

38、问：第二个“城”为何意？

信新心

答:有了和原材料互通的诚心,下一步是开始将原材料分割,切、割、碾、磨、剁、揉、踩、压、打、晒、滚、熬、蒸、煮、熏……这一切粉碎,都是推倒重来,将食性、药性散发出来的过程。接下来,再通过发酵、冷冻、调配……将原有的材料和修者的心,原有材料和材料之间,原有的材料和环境、气场之间,重新融合出一个新生来。

39、问:经过这样的融合,这些食材就已经脱胎换骨了,虽有原名,实非原用,对吗?

答:同样的材料,因修者的心念、能量、制作的环境、周围的气场、时间、温度等不同,"茶丸"的功效也大不相同。

40、问:为什么是"城心"?

答:粉碎之后,需要凝固,凝固到像城墙一样坚实、稳固和厚重,使之能量不散。

41、问:最后的"成心"又是什么?

答:是成就和回向之心。"茶丸"不是做出来就结束的,否则还是一种普通产品。修者最后要有"愿以此功德,庄严佛净土。上报四重恩,下济三途苦"的回向心,成就茶丸,成就修行,成就功德,利益大众。 如果仅仅满足在个人成就,这种心不是菩萨心,菩萨心是回向给大众的。一滴水只有身处江河、湖海中才有生命力,修行亦是如此。独自躲进深山,就像一滴脱开了江河的水，就算有些境界，也还是个自了汉！一颗有灵气的茶丸，虽然是微小的，但不论是制作的精诚心还是成就的回向心，都不仅是为了个人养生而做，制作的过程便是修者修心的过程，最后成就大我的功德心，带着这颗回向众生的心时，您就变成了大海里的一滴水，处处有，也处处无。如佛在《金刚经》中言："须菩提！若福德有实，如来不说得福德多；以福德无故，如来说得福德多。"

42、问：第三幅画中的"信、新、心"又是指什么呢？

答：是品味茶丸的三心。

43、问：品味茶丸还要有三心吗？

答：我们前面提及过，即使是普通饮食，吃的时候也要尊重它，感恩它，何况这么精心制作的茶丸？所以在品味时第一要具足信心，具足什么信心？就是相信自己、相信茶丸、相信彼此之间能够相应的信心。我们吃东西，其实没有吃到嘴里，就已经在发生作用了。

44、问：望梅止渴就是这样吧？

答：这仅仅是眼见的作用，不仅如此，耳闻、鼻嗅、身触、意念物品时都会起到作用。所以，万不可忽略在品味茶丸前的心念力量，如果把茶丸当作普通食物，囫囵吞枣一般吃下去，就实在太浪费了。得到一颗修者静心调制的茶丸，受者心中一定要充满感恩，之后闭目用心感受茶丸的暗香浮动，酸辛苦辣……在浅尝辄止中感受回味无穷。如果对茶丸没有信心，它如何能变化成您体内精妙的能量？

45、问："新"是何意？

答：品味茶丸后，会感觉有一股精气在体内循行，此时，身体已"新新非故"了。这个"新"是新陈代谢、新旧更替、循环往复、无常非常之意。如僧肇法师于《物不迁论》中论及何为"新"："故仲尼曰：'回也见新，交臂非故。'如此，则物不相往来，明矣。既无往返之微联，有何物而可动乎？然则旋岚偃岳而常静，江河竞注而不流，野马飘鼓而不动，日月历天而不周。复何怪哉？噫！圣人有言曰：'人命逝速，速于川流。'是以声闻悟非常以成道；缘觉觉缘离以即真。苟万动而非化，岂寻化以阶道？复寻圣言，微隐难测。若动而静，似去而留。可以神会，难以事求。是以言去不必去，闲人之常想；称住不必住，释人之所谓往耳。岂曰去而可遣，住而可留邪？"

46、问：既然都"新新非故"了，最后这个"心"是什么"心"？

答：您说呢？是心脏？心念？还是禅心？

47、问：哈哈，是禅心吧？禅心就是灵性、灵心、自性、本性吗？

答：禅本是如击石火，似闪电光，一切分析、思辨致丧失修者慧命。此"心"是明心的"心"，明心不是看见"心"，而是身、心如两镜相照，心心相印，却无影像可观。此时，如明镜现前，明珠在掌，胡来胡现，汉来汉见，风尘草动，皆知端倪，万物万事，心意通而语无隔，不将有事为无事，明晓事从无事生。如"茶丸"修成，可知"茶丸"和药丸、食物一如，举一不得举二。《楞严经》云："方便有多门，归元无二路。"禅者需一门深熏，余者助行，由一而三，步步皆有着落。至此，能明心，亦能见性矣。

先师云：

达摩祖师《血脉论》

三界兴起同归一心。前佛后佛以心传心。不立文字。问曰。若不立文字。以何为心。答曰。汝问吾。即是汝心。吾答汝。即是吾心。吾若无心。因何解答汝。汝若无心。因何解问吾。问吾即是汝心。从无始旷大劫以来。乃至施为运动。一切时中一切处所。皆是汝本心。皆是汝本佛。即心是佛亦复如是。除此心外。终无别佛可得。离此心外。觅菩提涅槃。无有是处。自性真实。非因非果。法即是心义。自心是菩提。自心是涅槃。若言心外有佛及菩提可得。无有是处。

佛及菩提皆在何处。譬如有人以手捉虚空。得否。虚空但有名。亦无相貌。取不得舍不得。是捉空不得。除此心外觅佛。终不得也。佛是自心作得。因何离此心外觅佛。前佛后佛只言其心。心即是佛。佛即是心。心外无佛。佛外无心。

若言心外有佛。佛在何处。心外既无佛。何起佛见。递相诳惑。不能了本心。被他无情物摄。无自由分。若又不信。自诳无益。佛无过患。众生颠倒。不觉不知自心是佛。若知自心是佛。不应心外觅佛。佛不度佛。将心觅佛。而不识佛。但是外觅佛者。尽是不识自心是佛。 亦不得将佛礼佛。不得将心念佛。佛不诵经。佛不持戒。佛不犯戒。佛无持犯。亦不造善恶。若欲觅佛。须是见性。性即是佛。若不见性。念佛诵经持斋持戒亦无益处。念佛得因果。诵经得聪明。持戒得生天。布施得福报。觅佛终不得也。若自己不明了。须参善知识了却生死根本。

若不见性。即不名善知识。若不如此。纵说得十二部经。亦不免生死轮回。三界受苦。无有出期。昔有善星比丘。诵得十二部经。犹自不免轮回。为不见性。善星既如此。今时人讲得三五本经论。以为佛法者。愚人也。

若不识得自心。诵得闲文书。都无用处。若要觅佛。直须见性。性即是佛。佛即是自在人。无事无作人。若不见性。终日茫茫。向外驰求觅佛。元来不得。虽无一物可得。若求会。亦须参善知识。切须苦求。令心会解。

生死事大。不得空过。自诳无益。纵有珍宝如山。眷属如恒河沙。开眼即见。合眼还见么。故知有为之法如梦幻等。若不急寻师。空过一生。然则佛性自有。若不因师。终不明了。不因师悟者。万中希有。若自己以缘会合得圣人意。即不用参善知识。此即是生而知之胜学也。若未悟解。须勤苦参学。因教方得悟。

若自明了。不学亦得。不同迷人不能分别皂白。妄言宣佛。谤佛妄法。如斯等类。说法如雨。尽是魔说。即非佛说。师是魔王。弟子是魔民。迷人任他指挥。不觉堕生死海。但是不见性人。妄称是佛。此等众生是大罪人。诳他一切众生。令入魔界。若不见性。说得十二部经教。尽是魔说。魔家眷属。不是佛家弟子。既不辨皂白。凭何免生死。

若见性即是佛。不见性即是众生。若离众生性别有佛性可得者。佛今在何处。众生性即是佛性也。性外无佛。佛即是性。除此性外。无佛可得。佛外无性可得。

问曰。若不见性。念佛诵经。布施持戒精进。广兴福利。得成佛否。答曰。不得。又问。因何不得。答曰。有少法可得。是有为法。是因果。是受报。是轮回法。不免生死。何时得成佛道。成佛须是见性。若不见性。因果等语是外道法。若是佛。不习外道法。佛是无业人无因果。但有少法可得。尽是谤佛。凭何得成。但有住著一心一能一解一见。佛都不许。佛无持犯。心性本空。亦非垢净。

诸法无修无证。无因无果。佛不持戒。佛不修善。佛不造恶。佛不精进。佛不懈怠。佛是无作人。但有住著心见佛。即不许也。佛不是佛。莫作佛解。若不见此义。一切时中。一切处处。皆是不了本心。若不见性。一切时中。拟作无作想。是大罪人。是痴人。落无记空中。昏昏如醉人。不辨好恶。

若拟修无作法。先须见性。然后息缘虑。若不见性。得成佛道。无有是处。有人拨无因果。炽然作恶业。妄言本空。作恶无过。如此之人。堕无间黑暗地狱。永无出期。若是智人。不应作如是见解。

问曰。既若施为运动。一切时中。皆是本心。色身无常之时。云何不见本心。答曰。本心常现前。汝自不见。

问曰。心既见在。何故不见。师云。汝曾作梦否。答。曾作梦。问曰。汝作梦之时。是汝本身否。答。是本身。

又问。汝言语施为运动。与汝别不别。答。不别。

师云。既若不别。即是此身是汝本法身。即此法身是汝本心。此心从无始旷大劫来。与如今不别。未曾有生死。不生不灭。不增不减。不垢不净。不好不恶。不来不去。亦无是非。亦无男女相。亦无僧俗老少。无圣无凡。亦无佛亦无众生。亦无修证。亦无因果。亦无筋力。亦无相貌。犹如虚空。取不得舍不得。山河石壁不能为碍。出没往来自在神通。透五蕴山。渡生死河。一切业拘此法身不得。此心微妙难见。此心不同色心。此心是人皆欲得见。于此光明中。运手动足者。如恒河沙。

及于问著。总道不得。犹如木人相似。总是自己受用。因何不识。佛言。一切众生尽是迷人。因此作业。堕生死河。欲出还没。只为不见性。众生若不迷。因何问著其中事。无有一人得会者。自家运手动足。因何不识。故知圣人语不错。迷人自不会晓。故知此难明。唯佛一人能会此法。余人天及众生等尽不明了。若智慧明了此心。方名法性。亦名解脱。生死不拘。一切法拘他不得。是名大自在王如来。亦名不思议。 亦名圣体。亦名长生不死。亦名大仙。名虽不同。体即是一。

圣人种种分别。皆不离自心。心量广大。应用无穷。应眼见色。应耳闻声。应鼻嗅香。应舌知味。乃至施为运动皆是自心。一切时中。但有语言。即是自心。故云。如来色无尽。智慧亦复然。色无尽是自心。心识善能分别一切。乃至施为运用。皆是智慧。心无形相。智慧亦无尽。故云。如来色无尽。智慧亦复然。

四大色身即是烦恼。色身即有生灭。法身常住。而无所住。如来法身常不变异。故经云。众生应知。佛性本自有之。迦叶只是悟得本性。本性即是心。心即是性。即此同诸佛心。前佛后佛只传此心。除此心外。无佛可得。颠倒众生。不知自心是佛。向外驰求。终日忙忙。念佛礼佛。佛在何处。不应作如是等见。但识自心。心外更无别佛。经云。凡所有相皆是虚妄。

又云。所在之处即为有佛。自心是佛。不应将佛礼佛。但是有佛及菩萨相貌。忽尔现前。亦切不用礼敬。我心空寂。本无如是相貌。若取相即是魔。尽落邪道。若是幻从心起。即不用礼。礼者不知。知者不礼。礼被魔摄。恐学人不知。故作是辨。诸佛如来本性体上。都无如是相貌。切须在意。但有异境界。切不用采括。亦莫生怕怖。不要疑惑。我心本来清净。何处有如许相貌。乃至天龙夜叉鬼神帝释梵王等相。亦不用心生敬重。亦莫怕惧。我心本来空寂。一切相貌皆是妄相。但莫取相。若起佛见法见。及佛菩萨等相貌而生敬重。自堕众生位中。若欲直会。

但莫取一切相即得。更无别语。都无定实。幻无定相。是无常法。但不取相。合他圣意。故经云。离一切相。即名诸佛。问曰。因何不得礼佛菩萨等。答曰。天魔波旬阿修罗示见神通。皆作得菩萨相貌。种种变化。皆是外道。总不是佛。佛是自心。莫错礼拜。佛是西国语。此土云觉性。觉者灵觉。应机接物。扬眉瞬目。运手动足。皆是自己灵觉之性。性即是心。心即是佛。佛即是道。道即是禅。禅之一字。非凡圣所测。直见本性。名之为禅。若不见本性。即非禅也。

假使说得千经万论。若不见本性。只是凡夫。非是佛法。至道幽深。不可话会。典教凭何所及。但见本性。一字不识亦得。见性即是佛。圣体本来清净。无有杂秽。所有言说皆是圣人。从心起用。用体本来空名。言尚不及。十二部经凭何得及。

道本圆成。不用修证。道非声色。微妙难见。如人饮水冷暖自知。不可向人说也。唯有如来能知。余人天等类。都不觉知。凡夫智不及。所以有执相。不了自心本来空寂。妄执相及一切法。即堕外道。若知诸法从心生。不应有执。执即不知。若见本性。

十二部经总是闲文字。千经万论只是明心。言下契会。教将何用。至理绝言。教是言词。实不是道道本无言。言说是妄。若夜梦见楼阁宫殿象马之属。及树木丛林池亭。如是等相。不得起一念乐著。尽是托生之处。切须在意。临终之时。不得取相。即得除障。疑心瞥起。即被魔摄。法身本来清净无受。只缘迷故。不觉不知。因故妄受报。所以有乐著不得自在。

只今若悟得。本来身心。即不染习。若从圣入凡。示现种种杂类等。自为众生。故圣人逆顺皆得自在。一切业拘他不得。圣成久矣。有大威德。一切品类业。被他圣人转。天堂地狱。无奈他何。凡夫神识昏昧。不同圣人内外明彻。若有疑即不作。作即流浪生死。后悔无相救处。贫穷困苦皆从妄想生。若了是心。递相劝勉。但无作而作。即入如来知见。初发心人神识总不定。若梦中频见异境。辄不用疑。皆是自心起故。不从外来。梦若见光明出现过于日轮。即余习顿尽。法界性见。

若有此事。即是成道之因。唯可自知。不可向人说。或静园林中。行住坐卧。眼见光明。或大或小。莫与人说。亦不得取。亦是自性光明。或静暗中。行住坐卧。眼见光明。与昼无异。不得怪。并是自心欲明显。或夜梦中。见星月分明。亦自心诸缘欲息。亦不得向人说。梦若昏昏。犹如阴暗中行。亦是自心烦恼障重。亦可自知。

若见本性。不用读经念佛。广学多知无益。神识转昏。设教只为标心。若识心。何用看教。若从凡入圣。即须息业养神随分过日。若多嗔恚。令性转与道相违。自赚无益。圣人于生死中自在。出没隐显不定。一切业拘他不得。圣人破邪魔。

一切众生但见本性。余习顿灭。神识不昧。须是直下便会。只在如今。欲真会道。莫执一切法。息业养神。余习亦尽。自然明白。不假用功。外道不会佛意。用功最多。违背圣意。终日区区念佛转经。昏于神性。不免轮回。佛是闲人。何用区区广求名利。后时何用。但不见性人。读经念佛。长学精进。六时行道。长坐不卧。广学多闻。以为佛法。此等众生。尽是谤佛法人。前佛后佛只言见性诸行无常。若不见性。妄言我得阿耨菩提。此是大罪人。

十大弟子中。阿难多闻第一。于佛无识。只学多闻。二乘外道皆无识佛。识数修证。堕在因果。是众生报。不免生死。违背佛意。即是谤佛众生。杀却无罪过。经云。阐提人不生信心。杀却无罪过。若有信心。此人是佛位人。若不见性。即不用取次谤他良善。自赚无益。善恶历然。因果分明。天堂地狱只在眼前。愚人不信。现堕黑暗地狱中。亦不觉不知。只缘业重故。所以不信。

譬如无目人不信道有光明。纵向伊说亦不信。只缘盲故。凭何辨得日光。愚人亦复如是。现今堕畜生杂类。诞在贫穷下贱。求生不得。求死不得。虽受是苦。直问著亦言。我今快乐。不异天堂。故知一切众生。生处为乐。亦不觉不知。如斯恶人。只缘业障重故。所以不能发信心者。不自由他也。若见自心是佛。不在剃除鬓发。白衣亦是佛。若不见性。剃除须发亦是外道。

问曰。白衣有妻子。淫欲不除。凭何得成佛。答曰。只言见性。不言淫欲。只为不见性。但得见性。淫欲本来空寂不假断除。亦不乐著。何以故。性本清净故。虽处在五蕴色身中。其性本来清净。染污不得。法身本来无受。无饥无渴无寒无热无病。无因爱。无眷属。无苦乐。无好恶。无短长。无强弱。本来无有一物可得。只缘执有此色身因。即有饥渴寒热瘴病等相。若不执即一任作为。于生死中得大自在。转一切法。与圣人神通自在无碍。无处不安。若心有疑。决定透一切境界不过。不作最好作了。不免轮回生死。

若见性。旃陀罗亦得成佛。问曰。旃陀罗杀生作业。如何得成佛。答曰。只言见性。不言作业。纵作业不同。一切业拘他不得。从无始旷大劫来。只为不见性。堕地狱中。所以作业轮回生死。从悟得本性。终不作业。若不见性。念佛免报不得。非论杀生命。若见性疑心顿除。杀生命亦不奈他何。

西天二十七祖。只是递传心印。吾今来此土。唯传一心。不言戒施。精进苦行。乃至入水火登剑轮。一食卯斋长坐不卧。尽是外道有为法。若识得施为运动灵觉之性。即诸佛心。前佛后佛只言传心。更无别法。若识此法。凡夫一字不识亦是佛。若不识自己灵觉之性。假使身破如微尘觅佛。终不得也。佛者亦名法身。亦名本心。此心无形相。无因果。无筋骨。犹如虚空。取不得。不同质碍。不同外道。此心除如来一人能会。其余众生迷人不明了。此心不离四大色身中。若离此心。即无能运动。是身无知如草木瓦砾。

身是无情。因何运动若自心动。乃至语言施为运动。见闻觉知。皆是心动。心动用动。动即其用。动外无心。心外无动。动不是心。心不是动。动本无心。心本无动。动不离心。

心不离动。动无心离。心无动离。动是心用。

用是心动。即动即用。不动不用。用体本空。空本无动。动用同心。心本无动。故经云。动而无所动。是故终日见而未曾见。终日闻而未曾闻。终日觉而未曾觉。终日知而未曾知。终日行坐而未曾行坐。终日嗔喜而未曾嗔喜。故经云。言语道断。心行处灭。见闻觉知。本自圆寂。乃至嗔喜痛痒何异木人。只缘推寻痛痒不可得故。经云。恶业即得苦报。善业即有善报。不但嗔堕地狱。喜即生天。若知嗔喜性空。但不执即诸业脱。若不见性诵经。决无凭。说亦无尽。略标邪正如是。不及一二也。说颂曰。

吾本来中土。传法救迷情。

一华开五叶。结果自然成。

槎分玉浪。管炬开金锁。

五口相共行。九十无彼我。

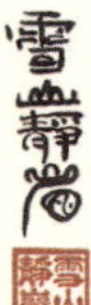